小故事 大历史

一本书读完

人类谍战的历史

崔佳◎编著

中华工商联合出版社

图书在版编目（CIP）数据

　　一本书读完人类谍战的历史／崔佳编著.— 北京：
中华工商联合出版社，2014.3
　　（小故事，大历史）
　　ISBN 978 - 7 - 80249 - 929 - 4

　　Ⅰ．①—… Ⅱ．①崔… Ⅲ．①间谍 - 情报活动 - 世界
- 通俗读物 Ⅳ．①D526 - 49

　　中国版本图书馆 CIP 数据核字（2014）第 010246 号

一本书读完人类谍战的历史

作　　者：崔　佳
责任编辑：王　欢
封面设计：映象视觉
责任印制：陈德松
出版发行：中华工商联合出版社有限责任公司
印　　刷：天津市天玺印务有限公司
版　　次：2014 年 5 月第 1 版
印　　次：2024 年 2 月第 2 次印刷
开　　本：710mm×1000mm　1/16
字　　数：500 千字
印　　张：22.25
书　　号：ISBN 978 - 7 - 80249 - 929 - 4
定　　价：98.00 元

服务热线：010—58301130
销售热线：010—58302813
地址邮编：北京市西城区西环广场 A 座
　　　　　19—20 层，100044
http://www.chgslcbs.cn
E - mail：cicapl202@ sina.com（营销中心）
E - mail：gslzbs@ sina.com（总编室）

序 言

英国媒体曾评选"影响力最大的英国人",答案不是伊丽莎白女王、不是丘吉尔首相,也不是球星贝克汉姆,而是一个虚拟的间谍人物:詹姆斯·邦德。

英国学者雷蒙德·帕尔默认为:"在家庭生活、部落生活中有争斗以来,间谍活动就一直是斗争的重要武器。"美国学者拉·法拉戈认为:"人类最早使用的武器就是石块、木棒和情报。"可见谍战的历史同人类的文明史一样久远。

翻开这本《一本书读完人类谍战的历史》,伴随着一个个生动的谍战故事,你会了解到一幕幕此前从未领略过的别样斗争历程。

在人类历史的发展过程中,间谍活动逐步渗透到政治、经济、军事、科技等各个领域中,并起着越来越大的作用。中国《三十六计》里的反间计、离间计,以及被广泛应用的美人计,都是经典的谍战范例。

在人类社会的早期阶段,间谍活动是隐隐约约的,但却产生着巨大的社会影响。如果非要用一句话概括谍战,谍战就是人类惯用的四两拨千斤的手段。

到了近现代,有些国家把间谍活动直接用于侵略战争之中;被侵略的国家和人民则把间谍和反间谍活动,作为反抗和反击的重要手段。20 世纪发生的两次世界大战,为间谍活动提供了广阔的舞台,谍战成了名符其实的第二战场。

"一战"中,同正面战场一样,交战各国彼此间的间谍战与反间谍战也进行得如火如荼。窃取情报、深入敌后搞破坏,以及策反或暗杀敌方重要人物,都是"一战"谍战的重要特征。

人类的谍战,在"二战"中发展到了高潮,这场空前的世界大战给各国间谍提供了一个可以大展拳脚、各尽所能的舞台。这期间发生的间谍战,可以说是人类谍战史上最为"壮观"的阶段。同前线战场那些生死战役一样,这些谍战同样进行得惨烈而悲壮,涌现出了众多可歌可泣的传奇式人物。世界各国的战争影视作品中,无一不充斥着谍战元素。正面间谍、反面间谍、双重间谍,甚至还有三重间谍,你中有我,我中有你,你来我往,你争我夺,展开了一场场生死攸关的巅峰较量。

"二战"结束后,国际社会进入了"冷战"时期,超级大国为推行争霸世界的全球战略，展开了激烈的明争暗斗，战争也从正面冲突转入到暗中角力，谍战开始成为斗争的主要形式。超级大国把间谍触角伸向了世界的各个角落，间谍活动也渗透到了各个领域。经典大片《谍影重重》系列电影，就很直观的反应了这一时期的谍战情景：纽约、莫斯科、罗马、开罗……你身边每个人都可能是间谍。

"冷战"结束，谍战进入了新阶段。这个时期发生的谍战，有一个比较鲜明的特征，那就是商业谍战频发，商业的间谍活动已经超过了政治的、军事的间谍活动。其实，商业谍战很多时候也是出于政治斗争和军事竞赛的需要。众多好莱坞影视作品，已对这方面的谍战活动，做了最生动的注解。

纵观人类谍战的历史，可以说谍战是一个没有硝烟的战场，然而却同样充满了凶险、诡诈和血腥。现在就让我们撩起谍战大幕的一角，来领略一番人类谍战的奥秘。

目　录

人类早期的谍战

人类最早的女间谍——娣莱拉／2

西方间谍学校认为娣莱拉是"地球上第一个女间谍"。称她为"将人的性功能融入谍报技能的催化剂"连《圣经》上也记载了她的事迹。她为菲利斯人除去了大力士参孙，为菲利斯人立下了汗马功劳。

古希腊时期的"天书"情报／4

在有文字记载的历史上，斯巴达统帅莱桑德是第一个发现古希腊人的"天书"——移位法密表。并成功地破译该密表的人。

古印度成熟的间谍理论／6

在所有国家早期情报工作中，印度古代的情报和间谍工作，已达到了理论、实践均日臻成熟的程度。考提利亚的情报理论是其中赫赫有名的巅峰之作。

中国古代早期的间谍活动／8

我国早期的间谍理论和间谍活动要早于西方诸国以及日本、俄国等。两千多年前的《孙子兵法》一书，被许多国家政治家、军事家列为必读书，奉为"兵经"。其中《用间篇》关于间谍的理论对各国情报界产生了重大影响。

中世纪英国的谍战活动简述／14

沃尔辛厄姆、瑟洛以及弗朗西斯·沃尔辛厄姆爵士均是中世纪英国大名鼎鼎的间谍大师，他们的活动给世界间谍活动注入了新鲜的血液，带来了活力。

中世纪西方和沙俄在中国的间谍活动／15

为了获取情报，欧洲在中世纪初就开始向东方各国派遣间谍。法国、葡萄牙、沙俄、英国等国先后在我国开展了程度不一的间谍活动，刺探我国的军事和经济等情报。一定程度上，这些刺探来的情报为西方侵入我国奠定了基础。

美国历史上首个间谍——黑尔上尉／17

"我唯一的遗憾，是我只有一次生命献给我的祖国。"这是美国历史上第一个间谍内森·黑尔在被英军俘获英勇就义前留下的一句掷地有声的名言。多年来，这句名言已经成为众多爱国者的座右铭。

改变英法历史的"谍王"德博蒙／19

谢瓦利埃德昂·德博蒙是法国情报机构的一名最为不寻常而出色的情报人员。他在 1754 年被国王路易十五的"秘密信件"间谍组织招募。那年他26岁，具有出众的外貌。德博蒙的出色工作曾改变了英俄、英法的关系，一定程度上了改变了历史。由此，他在间谍界有"谍王"的美誉。

第一次世界大战及后期的谍战

"一战"爆发前的间谍活动 / 22

在许多情况下，间谍的工作成功地使世界避免了战争的巨大灾难。但是，在一个场合下，几个不同国家具有奉献和牺牲精神的间谍却图谋将世界颠覆到血腥灾难的边缘——这就是1914年的"以战争结束战争"的事件。

黑汤姆的爆炸声 / 24

黑汤姆爆炸是第一次世界大战期间德国谍报机关在美国留下的战斗业绩。但这场由德国最杰出的间谍所策划和执行的破坏活动对德国人来说却是一场噩梦的开始。德国人不但没有达到预期的目的，而且还给自己带来了一系列的恶果。对美国人来讲，黑汤姆爆炸案使他们更加厌恶德国，这场事件终于导致美国宣战，黑汤姆事件由此成为宣告德国在第一次世界大战中失败的决定性事件之一。

英军设计骗局计胜土耳其 / 28

英统帅艾伦比声东击西，大搞欺骗行动，把真实的意图隐藏在虚假的表象下面，成功地转移了土耳其军队的注意力，使其发生了误判，最终以微小的代价取得了巨大的胜利。

窃取新生苏维埃情报 / 30

卡拉马季安诺是沙俄的后代，继父是法国贵族，夫人是俄国伯爵小姐，本人又是搞沙俄情报的老手，因此美国派他去苏俄从事间谍活动是再好不过的人选了。他也不负美国总统的厚望，窃取了新生苏维埃的大量机密，并组织了颠覆破坏活动。但最终却没能再获得美国情报界的信任，最后孤独地死去。

玛塔·哈丽的双面间谍生涯 / 33

作为美丽的舞娘，她有着靓丽令人难忘的容貌和颠倒众生的曼妙舞姿。作为间谍，她为德国提供了极有价值的军事情报，也为英法提供了同样珍贵的军事情报。她在谍报史上留下了辉煌的战绩，也成为谍战史上最让人争议的谍战女星。

关东军间谍在华的活动 / 37

1931年9月18日，一个让国人蒙耻的日子，在这一天，日本关东军将魔爪伸向了中国东北，将几万万无辜的中国人拖进战争的灾难之中。日本关东军悍然发动"九·一八"事变，固然是日本军国主义分子长期推行侵略扩张政策的结果，但关东军中的几个臭名昭著的间谍，在这次事变中也是扮演了极重要的角色。

东洋魔女在华的间谍活动 / 42

在第一次世界大战中，曾有一位无与伦比的妖艳女人，活跃在德、法军之间，以色相换取大量情报，她就是间谍史上赫赫有名的德、法双重间谍——玛塔·哈丽。20世纪30年代，间谍史上又出现了一位名噪一时的女间谍，她就是轰动一时的传奇人物，被视之为"东方的玛塔·哈丽"的日本间谍——川岛芳子。她助纣为虐，其在中国进行的间谍活动给中国人民带来了巨大的伤害。

土肥原贤二在华的间谍活动 / 45

"历史将无可辩驳地表明，日本陆军的既定政策就是（在中国）挑起各种争端，从各种挑衅事件中取利，在所有这一切阴谋诡计、阿谀讨好和凶相毕露的威胁声中，日本方面有一个小人物始终在活跃地上窜下跳——那就是土肥原大佐所扮演的角色。无论什么地方，只要有他沾边，哪怕是写上几个字，作上一番鼓动，就注定要出现乱子……无疑，他搞这一套的功夫是炉火纯青了。他在中国的各社会阶层中制造纠纷，一般是无往不胜的，藉此而为侵略者铺平道路。"这是英国驻日本大使罗伯特·克雷吉对土肥原的描述。

美国对日托管地的间谍侦察 / 54

美国对由日本托管的太平洋中的群岛耿耿于怀，这对美国的海洋霸权是个危险。为了除去肉中刺、眼中钉，美国海军情报局派出了精干分子企图获取情报，但没有成功，不甘心的美国情报机构第二次派出了人手，但依然没有收获，直到厄哈出现，但她也离奇失踪了。

纳粹恶魔海德里希借刀杀人 / 58

"大清洗"运动是苏联历史上一场空前的大浩劫，在这次运动中，大批苏联党和政府的高级官员、文化和科学界的精英遭到迫害。1937 年，"大清洗"开始推广到军队中，19 位军团司令被杀掉 13 位，135 位师、旅指挥员被处死 110 位。"大清洗"给苏联武装力量造成了重大损失。

给苏联造成这场空前大浩劫的幕后黑手却是纳粹德国，为了让苏联"自毁长城"，纳粹德国一手炮制了这场惊天骗局。

第二次世界大战的谍战

"康多尔小组"在行动 / 62

熟悉二战历史的人知道，阿拉曼战役是北非战场的转折点。然而，人们并不知道，为了取得这场战役的胜利，英国第 8 集团军司令有"沙漠跳鼠"之誉的蒙哥马利及相关谍报人员绞尽脑汁，利用间谍战，将德国"非洲军团"司令、有"沙漠之狐"之称的隆美尔拉进了一个个精心设计的圈套中。

西线无战事——精心策划的"肉馅计划" / 71

1943 年初，二战局势有了明显变化，希特勒的军队再无当年神勇之势，不肯轻易认输的希特勒集结兵力，准备与盟军决战到底，但盟军能选择哪个登陆点呢？崇尚情报战的纳粹头子恐怕怎么也不会想到，会被一具无人认领的尸体、一份精心编造的情报、一条声东击西的妙计完全蒙骗。就在他调兵遣将备战希腊时，迅如疾风的盟军已登陆西西里岛——这一切都得归功于英国情报部门一手执导的"肉馅计划"！

瞒天过海的"卫士计划" / 79

"卫士计划"是第二次世界大战中最大胆也是最复杂的一项心理欺骗计划。这一计划将被用来掩护 1944 年春天盟军决定在法国诺曼底海岸登陆的"霸王行动"。这一独特的隐蔽战计划能否顺利实现，将会对战争的结局发生重大影响，甚至会改写历史，因此，"卫士计划"得到了盟军情报部门的高度重视。

美国人破解"超级密码" / 91

1929 年，美国军队信息谍报机构还只是个新成立的部门，虽然新成立，却极为秘密，美国军队通讯部门将它作为获取敌人核心秘密的武器。在组建人威廉·F. 弗雷德曼的费尽心血的组织下，该机构很快成为谍界的一柄利刃。弗雷德曼倾研究小组全力破解日本的"超级密码"，费尽周折终于成功破解，"超级密码"的破译是美国谍报界的大事，也是世界谍报界的大事。

SS 与英国情报机构的较量 / 95

为了打击并摧毁英国在德的间谍力量，也为了调查慕尼黑爆炸案，SS 长官华尔兹·斯切伯格建立了与英国人的联系。虽然最终的结果没有像德国人想象中那样圆满，但也起到了打击英国在德国的间谍力量的作用。

活跃在敌情报机构的 OSS / 97

英国想在纳粹德国建立一个间谍网络的企图从一开始就受到挫折，而美国则比英国幸运得多。OSS 的成立及其卓有成效的工作给美国带来了巨大的实惠。

法国油漆工窃取诺曼底海岸防线图 / 99

一个法国油漆工利用为德国服务之便，成功地窃取到了对盟国来说非常重要的诺曼底海岸防线图，为盟军成功登陆诺曼底、减少伤亡立下了汗马功劳。

英国人保护"超级机密" / 101

英国是世界上公认的现代谍报战的先驱。在第二次世界大战中，英国的情报机关施展绝技，上演了一出出令人眼花缭乱的谍报好戏，为同盟国赢得第二次世界大战的最后胜利，立下了不朽的功勋。而这一切功绩的取得，与英国情报机构的一部"超级机密"有着密不可分的关系。而英国也为保护这一"超级机密"付出了不小的代价。

佐尔格力挽狂澜拯救苏联 / 105

第二次世界大战中，日本特高课破获了一个间谍网。此案震惊日本朝野，引起世界轰动，日本政府近卫内阁因它而倒台。这一间谍案就是在世界谍战史上赫赫有名的佐尔格间谍案。谁也不会想到，这位毕业于柏林大学和基尔大学的举止高雅，气度雍容的理查德·佐尔格博士，在东京德国使馆内有单独办公室并与使馆官员亲密无间的著名记者竟然是为莫斯科工作的。

活跃在纳粹总部的阿贝尔 / 115

鲁道夫·伊凡诺维奇·阿贝尔生于苏联高加索，精通几国语言，同时又是摄影艺术家，对绘画、音乐、文学也有较深造诣。1927 年，他被吸收到苏联谍报部门工作，加入苏联国家政治保卫局。第二次世界大战期间，打入纳粹德国情报部门从事谍报活动。他的谍报活动对苏联以及世界反法西斯同盟都有着重大的意义。

新东线情报处的间谍活动 / 117

在纳粹德国东线情报处处长莱因哈德·盖伦的领导下，东线情报处被彻底改组，大换血，开始变得犀利，无孔不入，情报工作开始有了起色，特别是对苏联的情报工作做得周全细致，堪称完美，是德国军队对苏采取行动必要的参考。

女老板"玩偶隐语"活动 / 120

一个玩偶店女老板落入日本精心布置的圈套，无奈之下成了日本在美国的一个重要间谍成员。她利用自己熟悉的玩偶，大玩起了"玩偶隐语"，为日本送出了很多极有价值的情报，但最终在美反间谍人员细心地追查下原形毕露，落得个锒铛入狱的可悲下场。

偷袭珍珠港前的侦察 / 127

在偷袭珍珠港前，日本对珍珠港的情况不甚了解，日本海军军令部负责情报工作的第三部决定派人去摸清那里的动态，为偷袭做好万全准备。同年 5 月，吉川猛夫被派往日本驻檀香山总领事馆工作。吉川猛夫由此开始了一段紧张的侦察活动。

塞波尔德的反间谍行动 / 133

虽然他曾经是一个德国人，但是他帮助了美国人对付纳粹政权；虽然他力避不想参与战争，但最终还是被卷入战争的漩涡中。他的反间谍行为使德国在美国的情报系统顷刻间遭到了摧毁，间谍精英遭到了毁灭性打击。

一个王牌纳粹间谍的援助 / 137

不可否认，保罗·蒂默尔确实是首批纳粹分子，一个资历非常深的纳粹分子，可是以后的恐怖事件均非他在加入纳粹时所能想象到的。在内心的驱使下，他选择了反纳粹行动。无论是在对捷克斯洛伐克，对荷兰，还是在对英美以及苏联等情的"输出"上，他都做到了及时、精准，世界正义的人们都应该感谢这个来自纳粹的王牌间谍。

间谍与反间谍的终极之战 / 142

英日两国在1938年进行的一次间谍与反间谍之战是世界谍战史上的大事件。这次交战，日军借美女奇兵出险招，深入对方刺探军情，其手段之狠惨绝人寰，方法之绝闻所未闻，而英军无意中识破敌意后，将计就计，以其人之道还治其人之身，其对策之妙更是令人称绝！

"三轮车"以假乱真行动 / 146

"三轮车"是盟军埋藏在纳粹德国的一枚重磅炸弹，作为双面间谍，一方面他成为德国情报机关中一颗冉冉升起的新星，取得了高位，成为德国情报机关中的宝贝。另一方面，他利用自己的地位和人脉，为英国情报机关提供了大量的极有价值的情报，也成为盟军情报机关中的宝贝，为世界反法西斯做出了杰出的贡献。

断送德国秘密的"新人"行动 / 150

一个名为"新人"的间谍一手披露了在希特勒的兵工厂里发生的每一件重要的事情。他断送了德国科学的秘密，一种可能使战争进程逆转的武器。"新人"使这种武器失去机遇，在整个战争中拯救了无数的生灵，对打败希特勒做出了难以磨灭的功绩。很少有人能如此彻底地揭露一个国家的技术和科学的能力。"新人"的贡献中最主要的就是揭露了德国科学所发展的最恶毒的武器——原子弹。

联邦调查局的"美人计" / 154

一个财大气粗、玲珑八面的盖世太保，一个貌美如花、精明过人的美女间谍，在硝烟弥漫战场的大后方，展开了一次兵不血刃的斗争，看看"英雄"能不能过了美人关，看看谁是最后的胜利者。

截留巨额南美纳粹活动经费 / 158

德国盖世太保间谍组织的一名间谍以衣料生意为掩护，准备将筹集到的巨额现金运往南美做间谍活动的经费。联邦调查局的特工人员在获知准确的信息后，千里追踪，终于将运送巨款的间谍人员一举抓获，使盖世太保在南美的间谍组织不得不"收兵回国"。

施伦堡的间谍人生 / 160

施伦堡是德国帝国保安局第六处国外政治情报处处长，军事安全部部长，二战时纳粹德国最后的国外情报头目，1933年加入纳粹和党卫队并进入纳粹情报机构党卫队保安处，在纳粹情报机关工作长达12年，是最年轻也是晋升最快的。在第二次世界大战末期，早已看出德国必败的施伦堡利用希姆莱，企图背着苏联与西方单独媾和，形成对抗苏维埃的同一阵线。

卡纳里斯的谍报生涯 / 168

威廉·弗朗茨·卡纳里斯曾是一个被人认为"才能很平庸"的人，然而，他却颇受战争狂人希特勒的青睐，不仅掌管了纳粹德军统帅部唯一的情报机构——军事情报局，而且由上校一直升到上将。他曾那样狂热地崇拜希特勒，然而到头来，他却因背叛元首而成了希特勒的刀下之鬼。

杜勒斯的"日出"行动 / 174

苏联的《真理报》曾这样评论杜勒斯：假如人们由于一时疏忽而让艾伦·杜勒斯这位间谍进入天堂的话，那他一定会着手炸毁云彩、颠覆星座并屠杀天使。杜勒斯的确是一位美国大间谍，他在第二次世界大战期间功勋卓著，他领导的间谍组织为美国情报机关搜集了大量的有价值的情报，他的"日出"行动给美国和德国都带来了好处。

"大赌博"反间谍行动 / 177

利奥波德·特雷伯1914年出生于波兰一个贫苦的犹太家庭。第二次世界大战前夕，被苏联情报部门派往比利时、法国，领导一个被称作"红色乐队"的间谍网，为反法西斯斗争作出巨大贡献。情报网被破获后，他被逮捕。他又利用敌人企图拆散同盟国反法西斯联盟的诡计，进行了名为"大赌博"的反间谍活动。

"毁掉"德军装甲部队的"露茜行动" / 183

"露茜行动"是与"红色乐队"同样有名的另一个间谍网。这个间谍网从1939年到1943年在瑞士进行活动。在库尔斯克战役中，"露茜行动"发挥出了巨大的作用，对库尔斯克战役的结局起了关键作用。

愚弄英国的"北极行动" / 185

英国的情报机关是世界公认的诈骗高手。在第二次世界大战中，伦敦监督处和英国情报局策划的"肉馅"诈骗计划和"卫士"诈骗计划，让德国人吃尽了苦头。然而，英国人也有上当的时候，1942年至1944年，他们就被德国盖世太保策划的"北极行动"计划骗得挺惨，不仅损兵折将，还白白送给德国人大批电台、枪支弹药和经费。

辛西娅窃取维希政府密码 / 190

辛西娅身材苗条，有着一头漂亮的金发，还有一双蓝色的大眼睛。正是这位骄艳迷人、富有勇气和智慧的非凡女人，在第二次世界大战中大显身手，为盟军在北非成功登陆建立了卓越的功勋。就工作效率和成果而言，辛西娅完全有资格同第二次世界大战中最优秀的间谍左尔格相提并论。在人类谍战史上，辛西娅拥有无可动摇的完美女谍的称号和骄人的战绩。

犹太美女韦芳菲以命阻止细菌战 / 197

为了复仇，她从难民营到训练营，用了8个星期完成了间谍训练。临危授命，她用1个月炸毁了德军细菌武器的全部实验成果。没有她，也许希特勒的一个战争阴谋又将得逞，没有她，也许半个伦敦亦将遭受史无前例的细菌战。

"红衣女谍"与"铁砧行动" / 201

1944年，在第二次世界大战的关键时刻，原纽约一个美艳绝伦的女模特，为确保美英联军在法国南部登陆作战的胜利，立下了汗马功劳。事后，盟军总司令艾森豪威尔这样评论道："在我们的'铁砧行动'中，很难想象一位美丽的小姐所做出的巨大贡献，她是这次胜利的功臣。"

要了山本五十六性命的电报 / 205

以山本五十六大将为首的日本军国好战分子制造了珍珠港事件，这成了美国人的耻辱。山本五十六也成了美国人眼中罪恶滔天的战争罪犯。美军破译的一份密码将山本的行踪暴露无疑，也为除掉山本创造了机会，一场"复仇"之战开始打响。

重水在爆炸声中沉入湖底 / 210

1938年，德国两名科学家发现了原子分裂，并发现其在分裂的过程中能放出巨大的能量，整个世界都为之震动了。各国的间谍机构都争先恐后地收集这方面的资料，他们明白，如果希特勒抢先研制出了原子弹，后果将不堪设想。为此，围绕着原子弹的研究，盟军与纳粹德国展开了一场惊心动魄的间谍战。

"阿尔索斯"在行动 / 219

1943年到1945年，在欧洲大陆战场上，活跃着一支小小的谍报队伍。他们的任务是搜捕纳粹德国科学家、搜集重要的战略物资、刺探有关德国秘密武器的情报，这就是经常随同美军一起行动的"阿尔索斯"工作队——美国的科学间谍小组。当时他们的行动极端机密，只有美军最高领导层的少数人，像国防部长史汀生、参谋总长马歇尔将军等知道。直到40多年后，人们才终于了解了它的内幕。

暗杀希特勒的"女神行动" / 223

希特勒是法西斯德国的统治者，一个嗜杀成性的战争狂人。对内，他采取血腥统治，镇压反抗斗争；对外进行军事侵略，大肆奴役被占领国的人民，罪行累累，令人发指。对于这样一个战争疯子，德国的有识之士曾发起过几起谋刺事件，"女神行动"便是其中之一。

"石油商人"的深入虎穴行动 / 226

"为了纳粹的利益，可以允许艾理库森在德国各地自由参观，并发给他特别通行证。"这是盖世太保头子希姆莱给艾理库森开的绿灯。然而，这个受希姆莱青睐的石油商人在战争期间，周游于盖世太保内部，为盟军做出了巨大贡献。

窃取原子弹机密的"蜜糖行动" / 230

在历史上，很少有像这次间谍活动对世界政治的进程产生如此深远的影响。"蜜糖行动"是苏联谍报机关给这次行动所取的代号，这是一次极为成功的行动，也许是空前绝后的成功。这次行动使苏联获得了梦寐以求的关于原子弹制造的大量信息，使其在美国成功制造出世界第一颗原子弹后也拥有了制造原子弹的能力，在与美国对抗中大大加重了自身的砝码，对世界的格局起到了有力的平衡作用。

智取绝密"V-1"火箭图纸 / 234

1943年10月，盟军的轰炸机一架接一架飞过德国的上空，把数万枚炸弹投下，准确地炸毁了73个"V-1"火箭发射台。5个星期的轰炸，使德国大伤脑筋。希特勒曾夸口要往伦敦发射5万枚新式飞弹——"V-1"火箭的发射台由此成了一片废墟。希特勒为此大发雷霆："是谁泄露了我们的'V-1'号绝密档案？"

美苏冷战时期的谍战

为苏联服务的"剑桥团伙" / 240

对于俄国间谍机构来说，20世纪30年代是他们征募的黄金年代。在英国，他们培养了一些富有的终身间谍。其中就包括著名的"剑桥团伙"。

为苏情报机关赢得美名的菲尔比 / 242

菲尔比无疑是世界间谍史上最著名的间谍之一。他以出色的成就被同行们冠以"神奇鼹鼠"的称号。即使他的对手也对他尊敬有加。正是由于有菲尔比等这样的优秀间谍，才为苏联情报机关赢得崇高的声誉。

盖伦组织帮助美国对付苏联 / 248

东线情报处准确的情报不被纳粹头子希特勒所认同，最终惹祸上身。早有准备的盖伦实施了自己的秘密计划，在成功抱住美国人的大腿后，竭尽所能为美国情报机构收集、分析情报，特别是在对付另一个超级大国苏联的时候，盖伦和他所领导的小组更是起到了巨大的作用，在他们面前，苏联几乎没有什么秘密可言。盖伦小组无孔不入，极尽所能，创下了众多的谍报奇迹。

富克斯使苏联原子弹提前爆炸 / 252

1945年7月16日，美国第一颗原子弹爆炸成功。时隔四年后，即1949年8月，苏联也成功地爆炸了第一颗原子弹。这个消息令美国震惊，他们认为苏联人不可能这么快就仅凭自己力量把原子弹研制成功，这背后肯定有问题。是不是他们在多年以前就开始了原子弹的制造工作？在研制过程中是否得益于从美国搞到的有关情报？

答案是肯定的。苏联人之所以在短短几年之内就追上了美国人，在很大程度上是靠一个神秘人物富克斯传递的情报。

温纳斯特洛姆—仆三主提供情报 / 257

史迪克·温纳斯特洛姆1949年被派往美国任瑞典驻华盛顿武官。1954年回国，被任命为瑞典国防司令部空军的负责人。可令人没有想到的是他是一名活动了 20 年的多重间谍。二战末曾为德国、1948 年开始一直为苏联,也曾一度为美国充当间谍,提供情报,但同时为瑞典情报工作服务。直到 1963 年 6 月被逮捕法办,结束间谍生涯。他的间谍案是瑞典有史以来最大的一件间谍案。

窃取北大西洋公约组织密件 / 260

作为一名学者、教授,休·汉布尔顿没有安心于本职工作,却意外地走上了间谍这一危机重重的凶险之路,在上级组织的谋划下,他成功地窃取了北大西洋公约组织的秘密文件,并将之赠送给苏联克格勃。

令美国损失惨重的埃姆斯 / 263

埃姆斯 1962 年进入中央情报局。1983—1991 年间任中央情报局苏联东欧反间谍处处长。后在中央情报局缉毒中心任职。埃姆斯及其妻玛利亚自 1985 年开始为苏联和俄罗斯情报机构服务,为其提供了一系列绝密情报,成为双重间谍,给美国造成巨大损失。

瑞士有史以来最大的间谍案 / 266

14 年来,这个坦率忠诚的爱国者把瑞士的秘密向苏联公开。是什么使他背叛自己的祖国? 不是金钱,也不是美色,更不是权力,那么到底是什么? 他的背叛使他的同胞感到痛心,感到意外。他的背叛给他的国家带来了巨大的损失,也伤害了同胞的民族自尊心。他们庆幸的是背叛及时被发现,否则后果不堪设想。

鲁德克携带苏联机密叛逃美国 / 269

鲁德克 1929 年出生于捷克斯洛伐克的摩拉维亚,前苏联克格勃上校。从小接受共产主义教育,17 岁时加入共产党,并进入查理大学学习国际关系,毕业后被分配到捷克边防旅当兵。1955 年参加克格勃,被派往加拿大、美国长期潜伏,担任克格勃非法常驻代表,但却在美国联邦调查局的策反下,叛逃了。

"美国秘密"的窃贼 / 274

肯特是美国驻英大使肯尼迪的首席密码员,由于自己的疏忽和不检点,他在苏联克格勃的诱惑行动中成为俘虏,带着怨恨和对金钱的觊觎,他开始把美国的秘密泄露出去,这其中包括美国总统和英国首相的私人通讯电文。他哪里知道,看过这些秘密文件的不止有苏联人,还有德国人。

活跃在英国夜总会的朗斯达尔 / 278

戈登·阿诺德·朗斯达尔在 1961 年 3 月被英国法庭审判时,曾轰动了英国。在认识朗斯达尔的英国人眼中,朗斯达尔是慷慨无私的生意人,与间谍给人的阴暗印象大相径庭。朗斯达尔的被捕是因为克格勃给他的警报错发给另一名间谍,使他来不及逃走。朗斯达尔这个活跃在娱乐场所和生意场的苏联间谍是如何为他的祖国服务的呢?

从天而降的"永别"号绝密情报 / 280

莱斯基柯是一名苏联克格勒的高级官员,他向法国领土保安局提供了 4000 份西方一直未能得到的绝密情报,内容包括克格勒的官员名单、机构及西方间谍名单等。这份代号为"永别"的特级绝密文件使西方各国如获至宝,而苏联的克格勒遭受了有史以来最沉重的打击。

"印第安人行动计划" / 285

并非所有的间谍都是专业的情报人员。有些人只是进行合法参观的普通游客,他们可能是为了生意,也可能是为了寻找快乐来到了目标城市,情报专家只是简要但确切地告知他们要看什么。这就是美国中央情报局精心组织并富有成效的"印第安人行动计划"的主旨。"印第安人行动计划"最大限度地利用了在冷战期间到苏联参观的美国人。

彭科夫斯基事件 / 287

在 20 世纪 50 年代末期,奥列格·彭科夫斯基上校深切地担心赫鲁晓夫的领导可能会引发一场世界大战。所以他觉得唯一能阻止这一事件发生的方法就是和西方合作，提醒他们密切注意这个威胁，并给西方提供能免除这一事件发生的重要情报。由此，他走上了一条"不归路"。

无处不在的现代谍战

法国将埃及大使馆变成阅览室 / 290

法国秘密行动分局由法国情报局和反间谍局成立，在阿尔及利亚战争时期，它的任务是潜入埃及大使馆，搞到埃及武官定期向开罗呈送的报告。埃及大使馆是阿尔及利亚民族解放阵线的活动基地，主要负责给武装部队输转武器和资金，平日戒备极其森严，外人休想进入，而且绝不能被卫兵抓住而引起外交纠纷。法国间谍是如何做到神不知鬼不觉地一次次将秘密文件取出送进的呢？

切瑞尔诱擒核专家 / 293

切瑞尔 1960 年生于美国，17 岁时赴以色列学犹太史和希伯米语，逐渐倾心于这个国家。1985 年，与以色列情报部的少校欧弗·本托夫结婚。从此，她以她的美貌开始接受足以令她自豪和光荣的国家使命，成为以色列"摩萨德"情报机构中忠实而又得力的一员干将。1986 年 9 月，她诱擒核专家瓦奴奴，名震天下。

米格—21 飞往以色列 / 297

米格 -21 是以色列等国家觊觎已久的先进战机，因此，这次行动的成败关系重大。基于同样的目的，美国情报机关也加入进来，积极帮助以色列搞到米格 -21。在以色列情报机关摩萨德的努力下，也在美国等国的帮助下，这架关系重大的米格 -21 终于成功地飞往以色列。在以色列谍战史上写下了光辉的一笔。

"开罗之眼"透视导弹基地 / 302

沃尔夫冈·洛茨，这位以色列除了伊莱·科恩之外的王牌间谍潜伏在埃及几年来，数度出没于导弹基地，戒备森严的导弹基地在他看来如若无人之境，他为以色列情报部门送去了极有价值的情报，为此，以色列摩萨德局长梅厄·阿米特称他为"开罗之眼"。

窃取 200 吨铀矿的"桔红蝙蝠"行动 / 307

拥有核武器一直以来是以色列政府的梦想，为此，他们付出了许多努力。缺少制造核武器的铀矿是他们最大的障碍。另外，富铀的制造和销售受到世界核武器俱乐部的严格控制也加重了他们的忧患，他们的核武器梦似乎遥不可及。就在以色列政府的头头们为此深感绝望的时候，出生于丹麦犹太人家庭的阿尔伯利奇迹般地解决了这个令以色列政府头痛的问题。

劫持"瑟斯别格"号 / 311

以色列情报机关"摩萨德"获得消息，法国驻印度首都新德里的间谍头目奥弗基尔将军，为印度从巴黎私买了一批铀，准备从安特卫普港装入"瑟斯别格"号货轮运抵印度。

铀！是以色列梦寐以求的东西，得到它，以色列就可以顺利开展自己的核研究。因此，摩萨德决定尽全力将这批铀弄到以色列。

潜伏在巴黎的"摩萨德"间谍乌里迈受命负责将"瑟斯别格"号货轮劫持到以色列。一场惊心动魄的激战便拉开了序幕。

萨拉赫获取大量以色列情报 / 314

萨拉赫 1954 年出生于西奈半岛以色列占领区，埃及国籍。1968 年被发现为埃及间谍。萨拉赫乔装成"卖蛋少年"出入于苏伊士运河岸边的以色列军营，获取了大量军事机密。他还成功地把七个微型窃听器安放在以色列军营内，致使大量的军营秘密被埃及情报机关获取。

达罗比赫5人间谍网的行动 / 317

达罗比赫出生于法国。父亲是埃及人，母亲是法国人，他父亲去世后，随母亲到了开罗获得一笔遗产，并与埃及情报局建立了联系。后受埃及情报局指派，以法国富商的身份到以色列特拉维夫市建立情报网，先后发展了5名间谍成员，获取了大量有关以色列军事技术方面的情报，为第三次中东战争埃及初战获胜立下了汗马功劳。

充当苏联间谍的南非将领 / 320

格哈特生于德国首都柏林。第二次世界大战后随父移居南非，毕业于南非军事学院。1952年加入南非海军。1956年被派往英国受训。曾先后任南非驻英国等几个国家的武官。还是南非总理博塔的军事顾问。当过开普顿附近西蒙斯顿海军基地的指挥官。是南非重要将领之一。但他却一直为克格勃工作，出卖了美国、英国、南非、瑞士等国大量机密。

潜藏在总理身旁的"鼹鼠" / 323

1974年，德国发生了一件大事，那就是，1974年4月24日凌晨的波恩乌比尔大街，前联邦德国总理维利·勃兰特的政治秘书纪尧姆和妻子克里斯特尔同时被警察逮捕。更为震惊的是纪尧姆和妻子克里斯特尔被证实是民主德国的间谍。这个没有任何文凭、曾是希特勒纳粹党成员的纪尧姆，是如何打入政府内部，成为总理的亲信，进而接近权力中心，成为超级间谍的呢？

美雷达专家贝尔为克格勃卖命 / 327

贝尔是美国一名成就卓著的雷达专家，他被苏联克格勃特工拉下水，成为一名苏联间谍。从此贝尔从不自觉到自觉地为克格勃提供大量尖端技术情报，为苏联一些领域的高端技术跃上新台阶立下了汗马功劳，同时，也使美国及其同盟国损失惨重，一定程度上改变了历史格局。

卢默尔同东德情报机关的谈话 / 331

卢默尔不到40岁就成为西柏林情报机构的最高负责人，负责内政事务的副市长。但是1981年4月，却在东德女间谍苏珊的引诱下，到东柏林向东德情报机构透露了大量政治机密。

美日历史上最大的工业间谍案 / 334

世界电脑界的擎天柱，美国国际商业机器公司IBM的总部位于美国纽约市的市中心。这家美国电子计算机公司历史悠久，实力雄厚，是世界电子计算机界的风向标。世界各大商业机器公司都在觊觎它的新动态，甚至不择手段去盗取IBM的商业机密，发生在1980年的日本窃取IBM情报是美日历史上最大的一场工业间谍案。

"星球大战计划"失窃案 / 338

1986年，美国视若宝贝的"星球大战计划"实验资料不翼而飞。中央情报局立即在世界各地展开追查，最终在一次偶然的事件中终于在实验室的电脑上发现了这只"黑手"——"超级用户亨特"，这场无影无踪的间谍与反间谍案最终尘埃落定。

人类早期的谍战

　　人类的间谍活动历史悠久，其萌芽可上溯到原始社会的石器时代。人类为谋求生存，本能地就采用了这种斗争方式。在部落之间、家族之间相互交战中，间谍活动成为双方攻与防的重要谋略手段。谍战从本能的不自觉到自觉行动，从低级形态到高级形态，人类的谍战就这样发展着。尽管人类早期的间谍活动与后来社会中出现的间谍活动在形式上和内涵上有着较大的差别，但谍战是正面战场的补充这一实质并没有变化。人类进入阶级社会以来，全世界共发生了约1.5万多次战争和武装冲突，可以说，战争历来离不开情报，而情报又离不开间谍。

人类最早的女间谍——娣莱拉

　　西方间谍学校的教科书认为，娣莱拉是"地球上第一个女间谍"。称她为"将人的性功能融入谍报技能的催化剂"，连《圣经》上也记载了她的事迹。她是为菲利斯人除去了大力士参孙，为菲利斯人立下了汗马功劳。

　　娣莱拉的传说是这样的：

　　公元前 10 世纪的地中海东岸，小亚细亚，自从一个叫摩西的希伯来人受命于上帝，把他的同胞带出埃及后，终于在一块绿洲上（巴勒斯坦附近）安顿下来。然后他们又遇到了强大的菲利斯人，双方为了争夺地盘而展开了厮杀、搏斗，一时间血流成河。

希伯来人

　　希伯来人属古代北闪米特民族，是犹太人的祖先。历史家们使用"希伯来人"一词来指称《旧约全书》中那些族长们（如：亚伯拉罕、以撒等人）的后裔，其时间即从那些族长们生活之时直到他们在公元前 2000 年末期征服迦南为止。以后这些人就被称作以色列人，直到他们由巴比伦流亡返回迦南的前 6 世纪之末为止。此后这个民族便称为犹太人。

　　菲利斯人渐渐抵不住希伯来人的攻击，因为在希伯来人的队伍中，有一位年方 20，长得人高马大、健壮异常的勇士，名叫参孙。参孙体力超群，勇气过人，有一次，他挥舞一根驴腮骨，竟一口气打死 1000 多名菲利斯人。据参孙的母亲说，她受孕于上帝，而且还说上帝命令参孙为希伯来人抵抗菲利斯人的英雄。

　　参孙能赤手空拳将凶猛的狮子撕成碎片，然而它有一个最致命的弱点，那就是好色，见到美貌女子就腿软骨酥。菲利斯部落的酋长针对参孙的弱点，给他找了一个克星，那就是娣莱拉。一个以美貌动人而闻名的女子。

　　那时娣莱拉 18 岁，18 年前娣莱拉出生于菲利斯部落，正当她成为豆蔻年华、亭亭玉立的少女时，希伯来人的一个部落包围了她所在的这个小部落。一场血战，菲利斯部落的男人全部战死，女人和孩子成为了俘房。娣莱拉被一大群希伯来武士糟蹋后扔到了路边，一个放牧的老人将她救回家。半年后，娣莱拉恢复了元气，长得更加丰满了。娣莱拉变得自暴自弃起来，成了地中海边苏勒峪一带的名妓。

　　菲利斯人找到娣莱拉，要求娣莱拉做内线，从参孙口中探知他最惧怕什么。娣莱拉满口答应了。

　　菲利斯人设计将参孙赶到了苏勒峪，正中参孙下怀，因为他早就听说这里有个大美人娣莱拉。他急急忙忙找到娣莱拉的住所，一头闯了进去。

　　娣莱拉早就准备好了，她施展媚术，参孙渐渐在娣莱拉的柔情面前失去了警戒之心。娣莱拉娇滴滴地问参孙："我的英雄，你是世间第一强人，世界上不会再有你害怕的东西了吧？"参孙本不想说，可禁不住娣莱拉的挑逗与诱惑，终于忍不住说："这世上没有我害怕的东西。我出生后，至今没有剃过发，只要剃去我七绺头发，我便浑身无力。"

参孙酣睡时，娣莱拉剪去了他的七绺头发，再把他的手脚捆起来，然后开门放进了菲利斯人。

参孙醒来，发现已经被捆上，周围站满了菲利斯人。他猛地一挣扎，发觉自己浑身无力，身上的绳子纹丝不动。他看到娣莱拉手里正拿着七绺头发，顿时明白过来。

"参孙，我们菲利斯人终于报仇雪恨了！"娣莱拉愤怒地说道。

于是，参孙被挖去了双眼，钉上了铜链，被绑在石磨旁。第二年，菲利斯人准备用参孙的头祭夏收节。这些日子里，参孙开始悔恨自己的过失，并积蓄力量，随着他那被剃去的头发慢慢地长出，他又获得了超人的力量。菲利斯人却忽略了这一点。

夏收节到了，参孙被押进菲利斯人的大殿，娣莱拉也来了。参孙紧靠着大殿中间的柱子，他猛地摆头，朝柱子撞去。"轰隆"一声，大殿的柱子被撞倒了，大殿也随之倒塌了下来。全屋的人都被压在下面，娣莱拉和参孙也被砸身亡。

希伯来人并没有瞧不起因好色而失去生命的参孙，他们为参孙举行了隆重的葬礼，在他的基碑上写着："他是一位真正的英雄，假如没有女人的话；但即使有了女人，他仍不失为一位民族英雄。"他们也被娣莱拉的事迹所感动，在离参孙不远的一个山沟里厚葬了娣莱拉。娣莱拉的基碑上写着："她毁了一个英雄，同时也造就了一个英雄，毕竟，能够这样做的女人，她是千古第一位。"

▲伦勃朗油画《参孙被弄瞎眼睛》

古希腊时期的"天书"情报

在有文字记载的历史上，斯巴达统帅莱桑德是第一个发现古希腊人的"天书"——移位法密表，并是成功破译该密表的人。

▲古希腊战士像

公元前四世纪，古希腊的雅典城邦用"天书"给驻守在拉赛德蒙的部队写了一封密信。发信人和收信人各有一根形状相同的特别圆棍。发信人将一张羊皮纸呈螺旋形地卷在他的圆棍上，然后写上要写的消息。当把羊皮纸从圆棍上取下来时，写在羊皮纸上的消息变成混乱不堪的字母。信使将它送到收信人手里。收信人将这封信卷到他所持的形状与发信人一样的圆棍上，便知道了信的内容。

在有文字记载的历史上，斯巴达统帅莱桑德是第一个发现古希腊人的"天书"——移位法密表，并成功地破译该密表的人。

公元前405年，正当斯巴达的统帅莱桑德将军指挥大军全力以赴向雅典发起最后攻击的时候，曾经怂恿支持他们同雅典人打仗的波斯帝国却早已对他妒火中烧，断绝对斯巴达的一切援助和支持。

正当莱桑德心急火燎，束手无策之际，他的部下捕获了一个风尘仆仆的赶路人。来人是一个被割去舌头的奴隶。莱桑德仔细审视这个奴隶，猛然发现他的羊皮腰带上乱七八糟地写满了希腊文字母，他便仔细端详。为了证实来人的身份，他命人将奴隶的头发剃光，果然，哑奴白里泛青的头皮上，烙着两行希腊文。原来这哑奴正是雅典首领派往波斯帝国的间谍。

莱桑德仔细地琢磨着这个奴隶腰带上杂乱无章的字母，下意识地胡乱卷曲着羊皮腰带。蓦地，他发现经过卷曲的腰带上的字母，似乎有一定的排列规律，他立即找来一根根圆筒形的木棒，然后试着把羊皮腰带一圈一圈地成螺旋形缠绕在木棒上，试了一根又一根，终于挑出了一根最合适的木棒。果然，腰带上那些原来毫无规律的字母，就组成了一个又一个单词，显露出一封重要的情报，从而取得了战场

早期间谍技术：隐痕迹墨水

与现代间谍技术相比，18世纪的间谍从被破坏的城市传送信息具有很多的困难，因此，他们更多地依靠隐迹墨水，使用这种墨水在洁白的纸张上记录信息。这种墨水记录的东西只有通过正确的处理才能读取。

上的优势。

同样，罗马也使用间谍和密码。军事统帅朱利叶·恺撒将经过编码的信件传给西塞罗以及其他朋友，他们通过简单地变换3次信件中字母的编排顺序，就可以获得信件内容，这种密码被称为恺撒符号表。随后，阿拉伯人首先尝试了一种逻辑研究，考察怎样通过某种特定语言中字母的使用频率来破译密码；同时，这也提供了一种隐藏信息的途径。例如，英语中"e"是使用频率最高的字母，其次是"t"。

即便是最残酷、暴虐的征服者也发现，在很多方面使用间谍是非常有效的。13世纪时，令人闻风丧胆的成吉思汗曾率领蒙古军队横扫中亚以及欧洲，就是由于以下原因使用间谍机构的：除了通过情报来获取敌人的实力、驻地信息、计划、优劣势外，他利用这些信息来增加敌人的恐慌。当某个城市进行防卫时，他的间谍就会散布谣言，例如投降会换来仁慈的待遇，虽然事实往往并非如此。当被攻打的城市向蒙古兵敞开大门时，他们会残杀大量的居民；当被攻打的城市全力抵抗时，城破后，他们就会杀害全城的居民。

▲成吉思汗在获得了蒙古间谍提供的波斯防御信息后，攻打波斯要塞的恐怖血腥示意图。

古印度成熟的间谍理论

在所有国家早期情报工作中，古印度的情报和间谍工作，已达到了理论、实践均日臻成熟的程度。考提利亚的情报理论是其中赫赫有名的巅峰之作。

考提利亚是古代印度孔雀王朝的开国君主旃陀罗笈多的宰相，据传《政事论》是他的著作。他把间谍基本分为两大类，即本地间谍和流动间谍（也叫监视人）。本地间谍主管伪装成教徒、隐士、管家、商人以苦行僧进行活动的人。流动或监视间谍则主管同伙间谍、煽动者、犯人和女巫。他还讲到了僧侣和苦修女间谍，生动地论述了各式各样的间谍。

在正常的社会里，间谍虽然也是信徒，但他们善于利用人们对宗教的感情。而且，以各种面目和方法伪装起来的间谍是互不相识的。

旃陀罗·笈多与孔雀王朝

旃陀罗笈多又译月护王，是印度孔雀王朝第一任君主（公元前324—300年在位）。幼年丧父。青年时期正逢马其顿国王亚历山大三世入侵印度西北部，他乘机起事，建立军队，抗击马其顿占领军。约公元前324或公元前321年自立为王，率军攻打难陀王朝都城华氏城（今比哈尔邦巴特那），创立孔雀王朝。后统一印度北部地区，建成中央集权国家，建立一支包括步兵、骑兵、战车兵、水兵、象队和后勤部队号称60万人的常备军，为建立印度历史上第一个统一帝国奠定基础。

考提利亚还说，国王不能单靠一个间谍的报告。他主张用五种间谍来统管整个情报部门，核实来自各方面的报告。他主张间谍使用密码并用信鸽传递秘密报告。间谍的任务很多。他们要监视政府各级官吏的活动，让国王了解国内的民情。他们要协助司法部门侦察骚乱和犯罪活动。最后，同样重要的是，他们要搜集邻国的准确情报，发现并挫败对方的阴谋，使敌人不能得逞。

大体来说，搜集外国情报，尤其是关于政治、外交和军事方面的情报，一般采用三种方式。

政治情报包括设法通过秘密间谍同敌国的不满或动摇分子接触，然后利用他们去破坏自己的国家。考提利亚阐述了这类间谍的各种方法。他主张外交谍报工作应由派驻在外国宫廷中的使节或外交代表去做。在和平时期，这些官员的职责不仅限于谈判，而且还要监视驻在国所发生的事情。他们应把注意力放在会直接或间接影响本国利益的各种情报上。在谈到使节的职责时，考提利亚说：使节应当同分管驻在国原野、边疆，城市和农村的官员交朋友。要把对方的兵站、装备和据点同本国的情况对比，弄清对方的要塞地形、大小和重要据点，以及可以攻打或不能攻打的地点。

考提利亚还通过自己的信徒，或伪装成医生、异教徒的间谍；通过苦修团体和间谍商人，或领取两国薪俸的人，弄清倾向于自己的各派之间的矛盾的性质和敌对集团的阴谋，除了可以弄清敌人的弱点之外，还要了解敌方人民是否忠诚。如果不能做到上面这些，考提利亚说，那就应该注意乞丐、醉汉和做梦者的言谈话语，朝圣者在圣地和寺庙里留下的记号；或者破译他们的秘密书画。

军事情报工作包括用秘密情报员搜集有关敌国的军事力量，敌军的计划和活动的准确情报并保护自己的营地和军队不受敌特的侵害。考提利亚在这方面已讲到了"伪装成商人居住在敌人要塞里的间谍，以及扮成放牧人或苦行僧住在敌方边境地区的间谍"。

▲印度苦行僧

考提利亚主张在行军、宿营和作战中也使用间谍。他们的任务之一是使自己的军队保持士气旺盛，宣传"我方占优势，敌人处于劣势"，对敌人发动广泛的心理战。此外，他们还要扰乱敌人，在敌人中制造分裂。欺骗敌人的国王，说他的要塞已被攻破或被包围；或者说他家族里的什么人、某个对手或某个有野心的部族首领已开始背叛他等，以瓦解他的斗志。

在谍报工作中，从刺探情报、造谣、收买、下毒，利用女色直到行刺等一切手段都可以使用。

考提利亚主张：当一个弱国受到强邻的威胁时，弱国的君主应该使用间谍，进行他所说的"间谍战"和"秘密战"。为了达到自己的目的，间谍要施展各种各样的骗术、诡计和盗窃活动。他们要散布假情报，瓦解敌人的士气；诱使敌方的官员为自己工作。这样做的根本目的是要使强邻困于内患，不能向外扩张。

所以，用各种身份建立的间谍的任务都是为了搜集情报。同伙间谍把情报（如搞煽动活动的间谍搜集到的情报）转给谍报组织，然后再由谍报组织用隐语密码通知自己的间谍采取行动。谍报组织之间和流动间谍之间都互不相识。当从不同的三方面来的情况完全一致时，这项情报才算可靠。如果三方面的情况总有出入，那么有关间谍将暗中受到处分或被淘汰。

由此可见，印度古代的情报和间谍工作，已达到了理论、实践均日臻成熟的程度。

中国古代早期的间谍活动

中国很早就有间谍理论和间谍活动。两千多年前的《孙子兵法》一书，被许多国家政治家、军事家列为必读书，奉为"兵经"。其中《用间篇》中关于间谍的理论对各国情报界产生了重大影响。

公元734年，日本留学生吉备真备就把《孙子兵法》等书带回日本，至今，日本已将该书译成百余种版本。英国人理查德·迪贝在其《日谍秘史》中指出："日本人从事情报搜集活动，得自2450年前的中国兵法家孙子的启示。他曾阐述了自己的谍报技巧。"孙子的"知己知彼，百战不殆"被一代又一代的日本谍报机关奉为主旨。美国前中央情报局局长杜勒斯、前联邦德国情报局局长莱茵哈德·孟伦等，屡次在他们的间谍著作中引用孙子的话，并认为《用间篇》中有关间谍的精辟论述仍为现代间谍活动所遵循。美国人桑契·德·格拉蒙特在其《秘密战》一书中甚至认为美苏间谍机关首脑都把孙子当作他们精神上的祖先。

公元前2070年，在华夏大地上建立起第一个奴隶制国家——夏朝。根据文字记载，中国古代间谍活动的起源"始于夏之少康"，传说少康为夏禹的第四代孙，其父夏后相在少康未出世时就被寒浞的儿子浇杀害了。其母逃回娘家后生下少康。少康长大后与寒浞展开了激烈的战争。少康在同姓部落和夏朝遗臣的协助下敢于进攻，富于谋略，他派精明能干的心腹女艾到过国去探听浇的动向，终于掌握了浇的生活和爱好等详细情报，先后伏击两次，终于将浇杀死，割下其首级回报少康。少康又派季杼到戈国进行间谍活动，季杼善用计谋，诱杀了浇的弟弟殪。过、戈两国就这样被消灭了。少康率军进攻寒浞，寒浞兵败身亡。少康恢复了夏朝统治，遂成为历史上有名的"少康中兴"。少康成为中国历史上第一个有文字记载的使用间谍活动的国君。

在夏之后，又有"昔殷之兴也，伊挚在夏；周之兴也。吕牙在殷"之说，伊尹本名挚，商朝建立之初大臣。伊尹足智多谋，志向远大，看到夏王桀暴虐残忍，民不聊生，就以自己高超的烹调手艺接近夏属国商的头领商汤，劝他高举义旗取夏桀之位而代之。二人相见恨晚，商汤当即命伊尹为阿衡（宰相）。商汤想进攻夏桀，伊尹建议先停止向夏桀进贡，看看夏桀的反应，以探测夏桀的实力。商停止向夏进贡后，夏桀

▲孙子画像

果然非常愤怒，征调许多兵力，要来伐商。伊尹劝商汤说：夏桀还能调动兵力，我们伐夏的时机还未成熟。于是，商汤又向夏桀进贡。当伊尹看到时机成熟时，又一次劝商汤停止向夏桀进贡。此时因为夏桀的暴行，各诸侯国都不听他的话，他未能调动军队，于是伊尹就向商汤建议起兵。夏朝就此灭亡。

在商汤积极进行灭夏的各种准备期间，为了做到知己知彼，商汤决定派遣伊尹打入夏朝内部，收集各种情报。为了不使夏桀起疑心，商汤让伊尹故意犯罪，而汤假装盛怒，挽弓欲射之，伊尹便逃亡至夏。伊尹入夏三年，以厨人的身份四处活动，收集了大量关于夏的军政情报，以及夏桀本人的宫廷生活秘闻，而后秘密潜回商都汇报。商汤非常高兴，与伊尹筹划了灭夏大计。

▲伊尹像

可是伊尹觉得有必要再次赴夏，掌握其兵力部署情况。这一次伊尹选定夏桀所宠信的妃子妹喜作为利用对象。妹喜十分受宠于夏桀，夏桀"常置妹喜于膝上，听用其言，昏乱失道"，妹喜实则参与影响了夏的国政，且对夏的虚实了如指掌。至于伊尹如何发展妹喜为内间以刺探情报，现在已经无法考证，但最终伊尹的反间计取得了成功，据《吕氏春秋》说，妹喜乘人不备时告诉伊尹："天子梦西方有日，东方有日，两日相斗，西方日胜，东方日不胜。"这里的东方与西方、胜与不胜，都是极具情报价值的暗语，提示了夏朝防务的虚实之处。

伊尹返回商都面见商汤后为商汤制定了"从东方出，于国西以进"的作战方案，即避开商夏边境夏朝兵力集结的东部防线而从防守薄弱的西方防线进攻。商汤依计而行，商的攻击使夏措手不及，最终夏桀兵败，夏王朝最终走向覆灭。

妹 喜

妹喜来自山东蒙阴县境内的有施部落，是夏朝最后一个君王夏桀的宠妃。公元前18世纪，夏桀发动军事战争，攻击有施部落，有施部落顿时处于岌岌可危的境地。有施部落的首长选择了屈膝求和，他献出了牛羊、马匹和美女。妹喜是首长的妹妹，是有施部落里最美丽的女子，被有施氏献给夏桀。

商汤推翻夏朝后，建立了我国历史上第二个奴隶制王朝商朝。从商汤到纣王，共延续了十七代。在商周兴亡之际，周武王也派间谍侦察殷商虚实，获得了大量情报。特别是周武王起用了吕牙（即姜子牙），使得间谍活动有了重大发展。

周武王得到姜子牙在政治、军事、谍报方面的指导，联合诸侯各国举兵伐纣。商军临阵倒戈，纣王自焚，商朝灭亡。

西周末年，间谍斗争有了新的发展。郑桓公在进攻邻国前，先派间谍探知邻国的忠臣良将和智勇将士的姓名，尔后登记造册，并将邻国土地分赐到这些人名下，又赐给官爵，然后将这部名册埋在本国城外的祭坛下面，以牲血祭之，十分隆重，宛如设盟立誓一般。邻国国君早有间谍探之，于是掘土得其名册，以为名册上的都欲降郑，便"尽杀其良臣"。郑桓公于是兴兵袭击邻国，很快将其灭掉。

春秋战国时期，群雄争霸，百家争鸣，为我国历史上一个大动荡时期，也是间谍活动大显身手，活跃于政治、军事舞台的有利时机。他们或以敌方俘虏、官员、使者为反间，传递假情报欺敌，以达到预期目的；或秘密收买敌方为内间，或策反敌方关键人物。越王勾践复国就是其中很明显的一例。公元前496年，吴王阖庐举兵讨伐越国。越王勾践派遣越国勇士迎战吴军。经过一场场惨烈的激战，越国的勇士在檇李大败吴军，并射伤了吴王阖庐。

伤重的阖庐在弥留之际告诫儿子夫差说："千万不能忘记越国的仇。"夫差含泪答应了。

公元前493年，吴王夫差动用全国精锐部队与越军在夫椒这个地方交战。最后勾践战败，只聚拢起大约5000名残兵败将退守会稽。夫差派兵围困。

勾践找来朝中大臣范蠡商议。范蠡让勾践首先给吴王送去丰厚的礼物，接着，亲自前往侍奉吴王。但是，吴王在他的大臣伍子胥的建议下拒绝越国的要求。越国的另一大臣文种让勾践用重金和美色贿赂吴国的太宰伯嚭，让伯嚭为其说好话。文种给太宰伯嚭送去大量的美女和昂贵的珠宝玉器。伯嚭得了越国的这些美女和财宝，答应做越国的内间。伯嚭劝说吴王："希望大王能赦免勾践的罪过，越国将把传世的宝器全部呈送。如果逼得他们没有路可走，决意与我们死战，虽然胜负已定，但我国也将付出不小的代价。越王已经甘心情愿地做您的奴仆，如果赦免了他，将对我国有利。"吴王觉得很有道理，就不顾大臣伍子胥的阻挠，答应了越国的要求。

勾践将国家大事托付给文种，自己带着夫人和范蠡到吴国去。在吴国，勾践给吴王夫差喂马，做夫差的车夫，范蠡跟着做奴仆的工作。勾践在吴国侍奉了吴王三年，三年后返回到自己的国家——越国。

勾践回国后，一方面自己勤俭劳作，一方面勤练兵马，越国的实力一天比一天强大起来。

吴国方面，吴王夫差要讨伐齐国，遭到了大臣伍子胥的阻止。伍子胥认为，日渐强大的越国才是吴国的心腹之患。齐国没有多大危害。吴王没有听信伍子胥的进谏，出兵攻打了齐国并取得了胜利。文种借吴国这次得胜，吴王夫差高兴之际，准备向吴王借粮，以探吴王对越国的态度。对于越国的要求，吴王满口答应。伍子胥听说后极力阻挠，但吴王不听，还是把粮食借给了越国。太宰伯嚭在吴王面前诽谤伍子胥："伍子胥表面很忠厚，实际上却根本不是那样的人，想他连自己的父兄都不顾惜，又如何能为大王您着想呢？大王上次想攻打齐国，他极力阻挠，后来您作战有功，他不但不恭喜，反而打击您。您一定要对他有所防备，有朝一日他一定会作乱。"吴王听信了太宰伯嚭的谗言，决定去掉这颗"眼中钉"。他派伍子胥出使齐国，等伍子胥出使齐回国后，吴王就派人赐给伍子胥一把"属镂"剑让他自杀。伍子胥无奈之下自刎而死。伍子胥死后，太宰伯嚭掌握了吴国的大权。

除掉伍子胥后，为了进一步削弱吴国的实力，范蠡给勾践献了一条计策，投其所好，给夫差施展"美人计"，就是把美女献给吴王夫差，用美色来迷惑夫差。于是勾践派人在越国境内四处搜寻美女，结果找到了苎罗山的两个美女，一个叫郑旦，另一个便是古代四大美女之一的西施。找到这两位美女后，"饰以罗縠，教以容步，习于土城，临于都巷，三年学服而献于吴。"译成白话就是用三年的时间教会了西施和郑旦琴棋书画、歌舞艺技、宫廷礼仪等，然后将西施和郑旦送给了吴王夫差。

夫差在得到两位国色天香的美女后，十分宠爱。西施和郑旦凭借倾国倾城的相貌和高超的琴棋歌舞，致使吴王日日沉迷酒色，不理朝政。在她们的内应下，越王勾践于公元前473年兴兵伐吴，最终彻底灭了吴国，吴王夫差自杀而死。勾践的复国大业终于完成了。

战国中期，张仪、苏秦作为纵横家卓有成效地开展了带有战略性质的间谍活动。张仪从秦国来到魏国，担任了魏国宰相，提出了"以魏合于秦、韩而攻齐、楚"的主张，其间谍活动败露后被驱逐回秦国。尔后，他又到楚国，用重金收买了靳尚等人，使其成为内间，然后游说欺骗楚怀王，使楚国汉中郡被秦攻占。上当后的楚王对张仪十分仇恨，后来当秦想用商于之地换取楚国黔中之地时，楚王竟要用张仪来换，而张仪却向秦王请求，愿意回到楚国。当楚王囚禁张仪并准备处死他时，内间靳尚找到楚王夫人郑袖说，秦王正准备用土地和美女将张仪换回，秦美女一来夫人定会失宠，夫人不如向楚王进言，放了张仪，阻止秦美女进宫夺宠。郑袖醋意顿生，劝说楚王，张仪果然被放回。由此可见，张仪对楚国的间谍活动，简直到了出神入化的境地。

魏国信陵君也擅长侦察间谍活动，其门客常充当间谍，刺探各国情报。一次，信陵君与魏王在后宫下棋，北方边境传来警报，说赵王率领军队进犯魏国，快到边境了。魏王大惊，丢下棋子，欲召集群臣商讨对策。信陵君却笑着劝告魏王："此乃赵王打猎也。"说完又劝魏王继续下棋。不久，北方传来消息："赵王打猎，不是侵犯我国。"魏王十分惊异，问道："公子怎么知道的呢？"信陵君告诉魏王，其门客中有人能刺探赵王的秘密，赵王所作所为，他们都能报告给他。

李牧是赵国的一名战将，在抗击匈奴的战争中，他"谨烽火，多间谍。"曾大败匈奴入侵。然而，这位擅长用间谍的大将也被秦国的反间计所害。秦国派间谍潜入赵国，用重金收买了赵王的宠臣郭开，使之成为内间，郭开在赵王面前散布李牧谋反的消息，昏愦的赵王听信谗言，秘密将李牧杀害。李牧一死，秦军长驱直入，一举灭赵。

秦末时期，楚汉相争，刘邦与项羽都配合军事斗争开展了间谍侦察活动。其中刘邦尤为成功。刘邦在谋士陈平建议下，派遣间谍，携带重金潜入敌方，先是散布项羽部将钟离眜因功大而无分封，准备叛楚投汉，裂土为王。多疑的项羽听到流言后便不再信任钟离眜。又巧妙利用项羽的使者来访，用酒菜羞辱使者离间项羽与范增的关系，除掉了项羽的军师。

刘邦的大将韩信，运用间谍手段，探知赵王拒绝广武君李左东深沟高垒、坚守不战的战略措施，从而设计出连环计，背水一战，大破赵军。又以郦食其为死间，大破齐军。次年，刘邦又派间谍秘密策反了项羽的大司马周殷，使汉军攻克九江，造成项羽四面楚歌，落个霸王别姬的下场。

三国时期，间谍斗争伴随着政治、军事斗争，十分激烈。其中关羽败走麦城遭擒杀这一斗争尤为复杂。公元219年，关羽按刘备意图，发动了对曹操的襄樊战役，获得大胜。曹操便派间谍离间了孙刘联盟，造成了曹孙联合对付关羽的局面，东吴吕蒙派间谍策反了关羽部属士仁和靡芳，又用关羽的间谍为反间，展开有力的政治攻势，使关羽军队丧失斗志，关羽自己也败走麦城。

曹操是三国中最善于用间者，他手下有一个能干的幕僚叫国渊。一次，曹操收到一封诽谤他的匿名信，十分气愤，想查出作者。国渊知道此事后向曹操请求秘密将匿名信原件留下，经语词分析后，发现此信中多次引用《二京赋》内容。国渊于是派遣三个年轻的间谍以学《二京赋》为名在郡内有目标的寻访老师，不久。这三位青年学成后又都带老师一封信回来。国渊"此方其书，与投书人同乎"，经过笔迹鉴定，破获了匿名信案件，从而开创了中国古代侦察、间谍史上运用语言分析和笔迹鉴定开展侦察间谍活动的成功范例。

▲刘邦画像

南北朝时，北周武帝名将韦孝宽，善于用间。无论他派到北齐的间谍，还是他从北齐收买的间谍，都竭力为他尽忠。北齐左丞相斛律光，字明月，能征善战。韦孝宽为了除掉这个敌手，先叫参军曲严编民谣："百升飞上天，明月照长安。""高山不推自溃，槲树不扶自竖。"百升等于一斛，影射斛律光的斛字，北齐王姓高，"高山"影射北齐王；"槲树"影射斛律光。韦孝宽令间谍们把民谣写成传单，散布到北齐京城邺，这些谣言正中斛律光的政敌下怀，他们一面令顽童大街小巷传唱，一边添油加醋说斛律光要谋反，北齐主听信谗言竟将他杀死并灭了九族。

唐太宗李世民不仅开创了历史上有名的"贞观之治"，同时，他在唐初的统一战争中，派李宗道等人策反刘武周的猛将尉迟敬德，派间谍离间突厥各可汗之间的关系，派间谍打入窦建德内部收集机密情报而大败窦军；在玄武门之变中，他又用重金收买了负责玄武门警卫的常向及掌管东宫机密的王晊，从而杀掉其兄李建成，遂立为太子，尔后登基称帝。

唐王朝时期，还出现了我国历史上第一个间谍组织——察事厅子。唐肃宗时的太监李辅国，权重位高，竟达到威逼皇帝、擅杀皇后的地步。为了维护其权势，李辅国特地组织了一个由数十人组成的"察事厅子"，专门对廷臣官吏进行政治侦察，控制活动。从而建立了中国侦察、间谍史上第一个特工组织。

宋辽金时期，是我国古代间谍斗争的高峰时期。公元974年，宋太祖命曹彬率兵十万伐南唐。为打过长江去，曹彬命人制作浮桥，"三日而成"，原来在安徽涂县长江南岸的采石矶上，早有宋人间谍装扮成和尚，修了一座石塔，浮桥一端系在塔上，这座我国历史上第一座"长江大桥"使十万宋军顺利过江。

明王朝为我国古代使用间谍以控制社会，且达到比较严密的历史阶段。明太祖朱元璋建立明王朝后，为加强其统治，开始派检校用间谍手段侦察臣属的言行。

检校职责系专门侦察朝廷内外，大小衙门的各种不法之事，并随时向朱元璋报告。1382年，朱元璋特地成立了"锦衣卫"这一军事间谍机构，由皇帝来亲自指挥。锦衣卫初期为1500人，正统年间达六万人，到嘉靖年间时多达十五、六万人。朱元璋把重大案件交锦衣卫办理。

东厂、西厂、内行厂是别于锦衣卫的另一系统的间谍特务机构。他们纠集京师、地方上的流氓无赖、亡命之徒为其爪牙，让他们严密监视和告密臣民。其中内行厂是监视间谍特务的间谍机关。明代的王振、刘瑾、魏忠贤等人曾分别是上述间谍机构的头子。

清王朝是我国封建社会的末代王朝。清太祖努尔哈赤在对明朝战争中，清军的侦察工作十分出色，无论是在萨尔浒战役、攻克遵化、进抵北京战役、大凌河战役，还是清军的入关之战、松山之战，皆因清军侦知明军虚实而获胜。

清太宗皇太极还巧施反间计，以明朝太监为反间借明崇祯帝之手，除掉对清军有极大威胁的明将袁崇焕。由于用间高超，袁崇焕死后很长一段时间，普天之下都认为他死有余辜，直到清军入关，修太宗实录，方真相大白。

清军的反间活动还表现在能及时侦破明军间谍活动，同时对明军降将实施反间侦察，弄清投降原因后予以接纳，表现了应有的警觉和很高的反间水平。

清王朝对臣属的监控异常严密，超过前朝历代。清统治者主要采用了密折制度和派遣侍卫外出侦察两种方式，康熙朝的江南三织造，实际上就是康熙安插在江南地区的三个秘密情报站。对广大人民的监控，主要表现在对民间宗教和秘密结社组织的侦查上面。

在对外关系方面，对那些打着使团、传教、经商等旗号的西方殖民主义者进行的间谍活动，清政府基本上无防范，或尚未意识到。1840年鸦片战争以后，随着帝国主义入侵的隆隆炮声，清统治者才如梦初醒，终于在清末，建立了军咨府第二厅，专门负责对外各国的间谍情报活动。该厅一共设有五个科。各科的间谍情报任务分工明确：第一科对象是日本、朝鲜，第二科是俄国，第三科是英国、美国及其他使用英语的国家，第四科是德国、奥国及使用德语的国家。第五科是法国、意大利及使用法语的国家。这是中国近代史上第一个对付国外的间谍情报机关。

中世纪英国的谍战活动简述

沃尔辛厄姆、瑟洛以及弗朗西斯·沃尔辛厄姆爵士均是中世纪英国大名鼎鼎的间谍大师，他们的间谍活动给世界间谍活动带来了活力。

中世纪，为了拓展英国版图，英国人在著名的间谍大师诸如伊丽莎白女王统治下的沃尔辛厄姆和克伦威尔时期的瑟洛等领导下的间谍活动达到了一个高峰。特别是女王伊丽莎白一世执政时期，十分重视间谍情报工作。她的首席大臣弗朗西斯·沃尔辛厄姆爵士为创办间谍情报组织——维尔辛根倾入了全部家产。

维尔辛根尽管规模不大，活动范围有限，大部分经费靠沃尔辛厄姆抵押自己的财产来筹款维持，但它具有现代间谍情报机关的雏形，他们在职能上分为国内国外两种，以间谍活动为主要手段。他搜罗人才，甚至包括罪犯、冒险家和亡命徒等，并拥有一批具有专门技能的间谍，如专门挑拨离间的说客、破译密码的专家，拆阅他人信件、仿造假信件、制造假印章的行家，还用薪水雇用间谍，开创了间谍史上间谍被正式雇用的先例，同时创办一所专门训练间谍的学校，教授密写和破译技术。沃耳辛厄姆的间谍在国内外无孔不入：有的像蛇虫一样钻进了天主教欧洲情报局的心脏；有的像蚂蟥似的吸附在罗马教皇的身边，以致从罗马发出的给西班牙国王的情报还没有到达西班牙国王手中，远在伦敦的沃耳辛厄姆却早已洞悉无遗了。1587年弗朗西斯·沃尔辛厄姆爵士在英国海岸附近展开大规模海战的前夕，曾获得了关于西班牙"无敌船队"的部署计划和军力的重要军事情报。从那时起，各国的作战计划就成了极端的秘密和对方极力想盗取的目标。

▲英国女王伊丽莎白一世像

伊丽莎白一世还靠着她手下诡诈的间谍活动，粉碎了国内天主教徒和跟她争夺王位的远房姐姐玛丽·斯图亚特的"里多尔费"阴谋案。派间谍打入内部，一举将其捕获。1587年2月8日，在刽子手的利斧下，玛丽结束了梦幻的一生。

中世纪西方和沙俄在中国的间谍活动

为了获取情报，欧洲在中世纪初就开始向东方各国派遣间谍。法国、葡萄牙、沙俄、英国等国先后在中国开展了程度不一的间谍活动，刺探我国的军事和经济等情报。一定程度上，这些刺探来的情报为西方侵入我国奠定了基础。

公元1511年，葡萄牙殖民者入侵满剌加（马六甲），并切断中国同南洋各国的交往和贸易。尔后葡萄牙人买通广东镇守太监，派翻译火者亚三北上京师，朝见正德皇帝朱厚照。火者亚三名为翻译，实为间谍。他善于阿谀逢迎，赢得朱厚照宠幸，便乘机收集各种情报。此时满剌加国王向明王朝告急求救的使者到了北京，揭露了葡萄牙侵略罪行，加上朱厚照死去，于是火者亚三被捕。经审讯，他承认其所作所为"为番人所使"，最后被明朝处死。

公元1580年，一伙耶稣会传教士来到中国，并先后在各州成立了耶稣会，耶稣会规定，各分会每周必须向州耶稣会汇报一次，而州会又必须每月向总会汇报一次。此外，分会每月又必须直接向总会汇报一次。传教士们策略多变，手法翻新，按照中国的传统文化，结交士大夫。同时，他们还测绘地图，收集各种情报，通过定期汇报，将情报送到国外。

▲法国卡佩王朝第九任国王路易九世

公元1616年，沙俄托波尔斯克地方当局派秋曼尼茨和彼得洛夫为使节，他们所到之处大肆进行间谍活动，得到不少关于明王朝的情报。

公元1676年，沙俄政府派尼古拉出使中国，名为解决中俄边界争端，实则窥视清王朝虚实，他的其中一项重要使命，就是在出使过程中，"仔细研究通往中国的水路。"以便日后对中国武装入侵。尼古拉到北京后，大量窃取各种情报。

公元1720年沙俄政府派伊兹玛依洛夫出使中国，商谈恢复中俄贸易问题，由于俄方回避了勘定边界等实质性问题，三个月谈判仍无结果，然而伊兹玛依洛夫回国却带回了各种情报，甚至包括北京城城墙的情报。

公元1725年，沙俄政府派萨瓦·符拉迪斯拉维奇为全权大使，前来中国谈判恢复贸易和边界问题。萨瓦根据沙俄政府要"探知中国的军事实力和物质资源"的训令，在出使中国的过程中，干了一系列间谍活动。萨瓦到北京后给耶稣会传教士巴多明写了封密信，请求他在情报方面予以协助。经巴多明牵线搭桥，萨瓦同清廷大学士马齐

《中俄布连斯奇条约》

1727 年 9 月 1 日，中俄在波尔河畔签订条约，规定："恰克图、鄂尔怀图山之间，应即作为两国边界。"由此向东至额尔古纳河，向西至沙毕纳依岭（萨彦岭），其北归俄国，其南属中国。这就是《中俄布连斯奇条约》。《中俄布连斯奇条约》较明确规定了中俄中段边界的走向，条约签订后，萨瓦在给沙皇叶卡捷琳娜一世的奏折中说：通过条约，"不仅使中国在边境上割让有利之地带，且从未属于俄者，亦获而领有之"，俄国使团的其他官员的证词中说：条约对俄国"极其有利"。沙皇政府对萨瓦出使的成功十分满意，任命萨瓦为枢密院大臣，并授予他圣亚历山大勋章级的爵士头衔。

取得了秘密联系，并贿赂马齐 2000 卢布。同时，萨瓦又买通一个叫葛尔丹的蒙古台吉（即王太子），通过他收集情报。中国大臣们在白天所决定的事，到晚上葛尔丹就通过家属通知给萨瓦。由于窃取了清政府和中国代表团内大量机密情报，使得中国恰克图以北的大片领土出让给了俄国，签订了《中俄布连斯奇条约》。

沙俄政府还利用东正教在华布道团进行间谍活动。公元 1818 年 8 月。沙俄政府训令在华布道团："今后的主要任务不是宗教活动，而是对中国的经济和文化进行全面研究，并应及时向俄国外交部报告中国政治生活中重大事件。"为了防止泄密，警告布道团的成员们："否则，一定要受到命令中规定的惩罚，决不宽恕。"布道团成员先后对中国的政治、军事、经济、地理地形、风俗等各个方面，广泛收集情报。

与此同时，英殖民主义者派遣嘎尔尼使团出访中国，该使团到中国后，丈量城墙、测绘炮台，刺探军队人数、武器装备等状况。阿美士德号间谍船在中国沿海地区进行了长达六个月的间谍侦察活动。

美国历史上首个间谍——黑尔上尉

"我唯一的遗憾，是我只有一次生命献给我的祖国。"这是美国历史上第一个间谍内森·黑尔在被英军俘获英勇就义前留下的一句掷地有声的名言。多年来，这句名言已经成为美国众多爱国者的座右铭。

3000 人击败 35000 人

二百多年前，原英属美洲的一些殖民地，摆脱了不列颠王国的统治，联合成一个独立国家，这个国家就是美利坚合众国。1775 年美国第二届大陆会议所通过的关于建立军队、武装私掠船和成立对外关系秘密委员会的决定，为对外部门的军事侦察和情报机构奠定了基础。

1776 年 11 月，美国第一届总统华盛顿指挥的 3000 美军，被英军追赶到特拉华河南岸，由于饥饿寒冷，每天都有人开小差。而北岸 35000 多名英军，已经作好一切准备，只等河水冻冰，就立即渡过河去消灭美军。

11 月 22 日，华盛顿手下的间谍突然给他送来了英军的兵力部署和特伦顿城守敌正在准备欢度圣诞节，因而放松戒备等重要情报。

豪气万丈的华盛顿在 24 日午夜，亲自率领部队秘密渡过特拉华河，悄悄地摸进了特伦顿城。这时，敌人的圣诞节晚会还在进行，士兵们醉如烂泥，横七竖八地躺在地上。英军司令罗尔正在和他的亲信们打牌。其实午夜刚过时，有人给罗尔送来一份情报，他却放到口袋里。

华盛顿指挥部队迅速地控制了全城。罗尔听到枪炮声后，才跌跌撞撞地骑上一匹马，企图组织反击，结果中弹落马。英军兵败如山倒，很快撑起白旗投降。华盛顿以两三人伤亡的代价，活捉 900 多敌人。这时，人们从罗尔的口袋里发现了那份情报："华盛顿军队已经渡过特拉华河，正向我处移动。"

华盛顿的情报机关，效率惊人，由本杰明·塔尔悔季少校主持。其中有一名上尉军官内森·黑尔，在英占领区进行间谍活动，搜集到大量情报。

激动人心流传千载的名言

黑尔毕业于耶鲁大学，是一名满腔热情的爱国者。参加北美人民组建的"大陆军"以后，他迅速崛起，1776 年被擢升为上尉。同年晚些时候，由于受到英军的攻击，"大陆

美国民族独立战争

美国民族独立战争是英和北美十三州殖民地以及几个欧洲强国之间的一场战争。由于英国对殖民地的剥削严重阻碍了资本主义的发展，为了对抗英国的经济政策，北美人民开始了反抗。经过北美人民的艰苦抗争，终于在 1783 年迫使英国承认美国独立。美国民族独立战争取得了胜利。

军"被迫退出长岛。大陆军统帅乔治·华盛顿急需了解英军的军力和部署，为此需要派遣一名间谍打入英军控制区刺探情况。黑尔自愿接受了任务。他把这次任务看作自己应尽的爱国责任。

黑尔是自愿去的，他这样对试图劝说他放弃任务的好朋友威廉·赫尔上尉说："我希望能够对独立事业有所贡献。任何对公众利益而言必需的服务都是光荣的。"

换上平民装束以后，黑尔秘密潜入长岛。由于没有接受过间谍培训，黑尔很轻易地被英军少校罗杰斯盯上了。罗杰斯是一名有着丰富经验的军人，曾在法国与印第安人的战争中率领一队训练有素的巡逻骑兵屡立战功。罗杰斯刚刚逃脱美国人的囚禁，正在长岛为英国人征募士兵。罗杰斯已经对黑尔观察了数天，怀疑他是间谍。为了进一步核实，罗杰斯寻机与他谈话，交流对战争的看法。罗杰斯设法使黑尔相信他们两人同为"大陆军"服务，罗杰斯的任务是摸清民众的倾向以及英军的调动情况。毫无戒备的黑尔接受了罗杰斯的邀请前往后者的住处共进晚餐。在那里，罗杰斯与他的几个朋友开始了同样的谈话。就在晚餐气氛热烈的时候，一群英军士兵包围了他们，并且立即逮捕了黑尔。

▲纳森·黑尔雕像

英军在黑尔身上发现了记录英军情报的纸条，他们把他押往曼哈顿，带到英军司令威廉·豪爵士面前。黑尔报出自己的姓名、军衔，但他始终没有交代具体的任务及情报。

1776 年 9 月 22 日，恼羞成怒的英军将黑尔送上断头台，黑尔在断头台上慷慨激昂地说："我唯一的遗憾是贡献给祖国的生命只有一次。"

黑尔上尉被当作第一位为美国独立而战的间谍进行颂扬，他的名字光荣地记录在美国独立战争的史册上，他临刑前留给后人的那句名言被编进教科书在广大中小学生中流传。他的塑像立在中央情报局总部大楼的正前方。而在中央情报局总部大楼宽敞的大理石壁休息厅内，有一座群星壁，壁上的大理石上镌刻着一颗颗星星。据说，每一颗星代表一名中央情报局因在海外执行秘密任务而身亡的间谍。

改变英法历史的"谍王"德博蒙

谢瓦利埃·德昂·德博蒙是法国情报机构的一名最不寻常的情报人员。他在 1754 年被国王路易十五的"秘密信件"间谍组织招募。那年他 26 岁，具有出众的外貌。德博蒙的出色工作曾改变了英俄、英法的关系，一定程度上了改变了英法历史。由此，他在间谍界有"谍王"的美誉。

在德博蒙小的时候，他的母亲在其幼年时期常常给他穿女孩子的衣服。在学校读书时，他是一个成绩极优的学生，当其他同学还在开始学拉丁字母时，他已经在研究拉丁法律学了。他还只是一个孩子，就已获得法律博士学位。他的一篇关于法国金融财政的论文，震动了法国学术界。

德博蒙面目俊秀，像个女孩子，但却是位出色的剑术家，在他的家乡，同学们选他当学校的击剑队队长。

1750 年，德博蒙踌躇满志地来到巴黎。当时，法王路易十五正同他的群臣讨论德博蒙的那篇著名论文。路易十五对大臣说："这个德博蒙，看来聪明绝顶，我们应该用这样一个聪明人当财政大臣才对。"当时的法国国库正连年债台高筑，越来越困难。于是，德博蒙被召进宫。

路易十五用惊异的目光看着这个脸孔嫩如少女、天真无邪的小伙子，他竟然就是那个著名的法律博士和财政专家吗？这简直使他无法置信。

但是，经过几分钟的交谈之后，证明德博蒙并非等闲之辈。路易十五惊愕万分。

路易十五觉得，让德博蒙这样一个杰出人才关在国库之中运筹财经，未免大材小用，他要给他一个更重要的职位。路易十五单独对德博蒙说："我想要你为法国完成一件极其重要的秘密使命。"

原来当时路易十五打探出一个惊人的消息：他的宿敌英王乔治二世正准备同俄国结成联盟，这样会使英国更强大，成为法国巨大的威胁。

路易十五对德博蒙说道："你得到俄国去，同女沙皇伊丽莎白单独交谈，不能让任何俄国人知道你是我的特使。当你有机会单独面见女沙皇时，就把我写的一封信给她。"

另外，法王还交给德博蒙一份密码，要他设法亲手交给女沙皇，以便作为俄法之间秘密通讯之用。

德博蒙男扮女装来到俄国首都圣彼得堡，他将法国国王的一封信带给沙皇皇后，最终他成功地劝阻俄国不与英国签订条约，而是保持与奥地利以及法国的亲密友好关系。当他揭示了自己的真正身份后，沙皇皇后赐予他很高的法庭职务，但他仍然返回法国，被人们称为两国都尊贵的谢瓦利埃。

当凯瑟琳继承俄国皇位，重新表现出对英国的正面支持倾向时，德博蒙以男性的身份前往俄国，同时又一次改变了政治格局。在他 34 岁那年，德博蒙被派遣到英国工作，作为法国大使的秘书，但他的秘密目的是寻找占领英国，攻陷其首都的最佳路线。然而在他离开的时候，法国国王的情妇蓬皮杜夫人密谋陷害他，于是，他被召回巴黎来应对生活的转折。

1756 年，英法之间爆发了"七年之战"。德博蒙回到法国担任法军统帅德布洛利公爵的行营秘书，主管军事情报。他曾骑马冒着敌军炮火，押运军火，解救前线危急，扭转局势，反败为胜。但他在法国的活动却在战后突然中断，因为蓬皮杜夫人已视他为眼中钉，故意将他的一个死敌派去做他的上司。德博蒙盛怒之下，逃往英国。他将过去秘密抄录的信件取出来勒索路易十五，如果不给他惊人数目的钱，他就公开揭露路易十五阴谋对付英国的秘密。但他并未得逞，法国派出不少特务到英国去杀他灭口。可是，德博蒙也不好对付，不少特务都有去无回了。

▲黎塞留红衣主教，内阁情报机构的奠基人，该机构用于保护法国国王不受阴谋家和反叛者的伤害。

路易十五无法，派了著名作家与外交家博马舍到英国同德博蒙谈判，但德博蒙还是发表了其中几封信，气得路易十五暴跳起来，随之德博蒙也成了英国人很欢迎的知名人物。最后，德博蒙答应博马舍提出的要求，条件是路易十五不得再派人暗杀他，并给他一笔赔偿。在谈判中，路易十五驾崩，继任的路易十六深知再也不能让德博蒙闹下去了，终于在 1775 年做出了让步，不再派人刺杀他，还迎他回国，只要不再发表那些密信就算了。德博蒙于 1777～1785 年曾回法国居住了 8 年，这 8 年他是以女人身份出现的。以后在英国伦敦居住了 25 年。享年 82 岁。

第一次世界大战及后期的谍战

第一次世界大战，发生在 1914 年 7 月—1918 年 11 月。一战是一场主要发生在欧洲但波及到全世界的战争，当时世界上许多国家都以不同的方式和程度卷入了这场战争。一战也是欧洲历史上破坏性最强的战争之一，是帝国主义列强争霸世界的标志。

一战中，同正面战场一样，交战各国彼此间的间谍与反间谍战也进行得如火如荼，它虽然没有二战期间的间谍战那样波澜壮阔、气势恢宏，但从中可以窥见迅速"成长壮大"的人类谍战。

"一战"爆发前的间谍活动

在许多情况下，间谍的工作成功使世界避免了战争灾难。但几个不同国家具有奉献和牺牲精神的间谍，却图谋将世界推到血腥灾难的边缘——这就是1914年的"以战争结束战争"的事件。

战争看似不可能发生

20世纪初期，战争不再只是需要高度训练的、专门化的武装力量及军队精英的事情，它可以将更多无关的人卷入。曾经的法国大革命，就将整个国家、市民武装都卷入战争之中，动用了国家全部的人力、财富、武器和资源。

从许多方面来看，20世纪早期的欧洲正在等待一场战争的爆发。傲慢的德国在先前的100年间，差不多已经将他的邻国都占领了，现在他正为没有继续扩大建立其帝国而恼怒。但是此时，他发现了一个新的目标，这将使之确立一个能够与他的军队和经济实力相匹配的新的地位。而英国已经在担心德国会组建一支舰队来挑战英国皇家海军建立的世界统治秩序。同时法国正渴望一个机会，为1871年的失败、为阿尔萨斯和洛林省的丢失一洗耻辱。

为了抗议奥地利在6年前占领了波斯尼亚，塞尔维亚人在1914年6月28日在萨拉热窝暗杀了奥地利大公弗兰兹·弗迪南德，所以奥匈帝国也着急地去惩罚塞尔维亚，条约和同盟将德国和奥地利、俄国和塞尔维亚以及法国和俄国绑在一起，这使得战争看起来更不可能发生了。

消息传来：俄国积极备战

1914年7月23日，奥地利对塞尔维亚发出最后通牒，声称如果在7月25日6点之前塞尔维亚不在他所提出的全部10点上让步的话，奥地利将入侵塞尔维亚。由此，这种当时仍然稳定的形势最终给打破了。塞尔维亚在最后期限的前10分钟作出答复，除一点外其他都同意让步。但是10分钟后，奥地利中断了与塞尔维亚的外交关系，他们的军队也聚集到边界上。两天后，入侵开始了。

奥地利尽管很好战，但当他们得知在俄国，也就是塞尔维亚最强有力的同盟国所发生的一切后，他们变得非常绝望。由此，奥地利和德国军事情报机构的最高长官沃尔特·尼克莱签订了合约，沃尔特·尼克莱命令整个部队进入全面备战状态。与俄国、法国接壤的边界官员经常送志愿机构的人穿过各个边界，他们装作商人或是游客，从而查看部队动员的迹象。德国无线监控设施已经发现了法国艾菲尔铁塔和俄国站在7月24日发出的一长串通信密码的改变。而在接下来的第二天，一个驻沙皇皇宫的德国大使随员报告说在圣彼得堡附近军营驻扎的俄国军队已被命令撤回到他们的辖地。

越来越多的信息被情报部门揭露。俄国的边界已经处于全面警戒状态，运送军队的火车不断地往边界的方向驶来，而空载的火车也不断地从边界驶出，从而运来更多的人员和装备。在一些俄国的边界管区已经被实施军管。在 7 月 28 日的高级会议上，德国断定俄国已经进入预先动员阶段，而另一边的法国这时候依然没有任何动静。两天以后，德国注意到无论是俄国还是法国都没有任何迹象表明他们的后备役军人已被征集，而乐观、谨慎地希望目前的这种局势能够保持稳定。

间谍的使命完成了

在接下来的 7 月 29 日，却又有报告说俄国已经在秘密进行局部的战前动员。而在那一晚的深夜，情报表明，全国动员的命令已从圣彼得堡发出。起初，德国的高官们并不相信这一情报，但在接下来的一天，情报部门再次报告说看见了号召在俄国全部边界进入全面战前动员的红色布告。在 7 月 30 日，德国和奥地利向沙皇俄国发出联合通牒，要求沙皇必须最迟在 8 月 1 日中午停止动员。与此同时，德国也向法国要求，如果德国、奥地利和俄国发生战争，法国必须保持中立的立场。

俄国对此没有任何答复。驻圣彼得堡的德国大使被命令最迟在那天的下午 5 点之前要向俄国发出战争声明。同时，德国进入全面战前动员，虽然实际上一些准备在此之前就已经开始了。在柏林，战争的温度上升了，一些确实是或是被怀疑为间谍的人被大群残忍的民众打死了。

不幸的是，大型、详细、高效的军事计划，包括 11000 辆仅需要 10 分钟就能出发的德国火车，所做的准备和俄国与法国前线的准备并无差别。同样不幸的是，这个行动依赖于要在 8 月 3 日晚上 7 点之前获得位于中立的卢森堡内的铁路连接。最为不幸的是，还要穿过中立的比利时，那么这又将英国拖进了战争。在这一阶段，间谍向政客预报危机的使命已经完成，最终，等待军人的将是战争。

黑汤姆的爆炸声

黑汤姆爆炸是第一次世界大战期间，德国谍报机关在美国的战斗业绩。但这场由德国最杰出的间谍所策划和执行的破坏活动，对德国人来说却是一场噩梦的开始。德国人不但没有达到预期的目的，而且还给自己带来了一系列的恶果。对美国人来讲，黑汤姆爆炸案使美国人更加厌恶德国，这场事件终于导致美国宣战，黑汤姆事件成为德国在第一次世界大战中失败的决定性事件之一。

来自黑汤姆岛的爆炸声

在距离自由女神像不远的纽约港黑汤姆岛上，有一个伸入到上纽约湾的突出处，那是个大型的库区，只有几个国家码头和储运公司的夜班当值人员看守着这个地区。库区里存放着大量的枪支弹药，这些枪支弹药等待有朝一日被装船运往欧洲战场。一旦成行，美国的军事工业产品将变为英国、法国和俄国的战争工具。

同盟国和协约国

同盟国是第一次世界大战时期建立的国家联盟。参与该联盟的国家主要有德国、奥匈帝国、意大利等数个国家。其中值得注意的是，意大利虽然是同盟国国家，但在1915年5月加入协约国。三国同盟遂告瓦解。协约国是第一次世界大战中以英国、法国、沙皇俄国为主的国家联盟，此外，还包括南斯拉夫等弱小的欧洲国家。在战争中后期，美国、日本、中国等一些国家也先后加入协约国集团。第一次世界大战以协约国胜利，同盟国最终失败而宣告结束。

1916年7月30日的夜里，黑汤姆岛突然发生了一次巨大的爆炸，黑夜被大火照映如同白昼。爆炸所产生的冲击波使曼哈顿的窗户被震碎，弹片冲击着自由女神像，远在马里兰的人们都被爆炸时的巨响惊醒了。

天将亮时，当局才开始有点儿明白到底发生了什么。堆积在黑汤姆岛的弹药已在巨大的爆炸中化为乌有，巨大的储藏设施也成了一堆堆的灰烬，留下一堆扭曲了的钢铁。有两个人在爆炸中死亡，他俩都是黑汤姆岛的守夜人；另外还有38人受了伤，其中大部分都是曼哈顿的居民，是被飞散的玻璃划伤的。

人们（包括政府官员）都以为是不注意产生的火花或许是闪电点燃了弹药。但事实上却不是如此。事实的真相是德国间谍一手制造了这场爆炸。事实直至63年后才终于被揭露了出来。

破坏通往盟军的兵工补给线

第一次世界大战爆发后，德国驻美国的大使库恩特·约翰·冯·伯恩斯托尔夫被招到柏林外交部参加一个秘密会议。冯·伯恩斯托尔夫被告知，Ⅲ–B服务站（德国总参谋部的谍报部门）决定在美国展开一场大规模的间谍行动。行动包括4个主要的目标：（1）使美国保持中立；（2）采取广泛的宣传活动与预期的美国的宣传行动相抗衡；（3）收集有关美国港口向协约国运送武器的情报；（4）只要可能就通过收买到的间谍破坏海运计划，但决不能让人知道与德国人有关。

冯·伯恩斯托尔夫全权负责这个行动，但他还得集中精力游弋在美国政界圈中，以使美国人不参与欧洲战争，所以其他的一些工作他难以顾及，Ⅲ－B服务站向美国派出了最好的行动人员。那些到达美国的谍报员是多才多艺的，这让冯·伯恩斯托尔夫松了一口气。他们中有前海军官员卡尔·波依德；前普鲁士的骑兵军官弗朗兹·冯·帕潘。小组中的另两个成员分别叫霍斯特·冯·代尔·戈尔茨和玛莎·海尔德。玛莎·海尔德是个漂亮丰满的歌剧演员，她住在昂贵的曼哈顿褐色石头建筑物内，那是德国谍报机关秘密地买下来的，计划让她住在那里，使其成为在纽约活动的谍报员的避难所。特别是那些直接参与破坏英国海运的人员。

▲ 美国女神像

德国的间谍们一开始取得了一些成功。冯·帕潘招募了大批滨海区的社会渣滓，让他们去领取护照，然后他将这些护照交给困在美国的数千名德国后备役军人。由于战争爆发英国实施了海上封锁，他们无法通过封锁而返回德国，只好滞留在美国。有了护照后，他们摇身一变而成为中立的美国公民，可以自由地旅游并返回德国。

波依德将能致马匹于死地的传染性鼻疽病毒偷运进美国。大批马、骡由此感染生病，这些牲畜是准备运往英国和法国的。同时精力充沛的冯·代尔·戈尔茨收集化学药品，制造形如雪茄和煤块的爆炸物。装上定时器后，将它们安装在去往英国的船上。当远离海岸时，炸弹将会爆炸，引起火灾，一些船只就因此消失在深海之中。

Ⅲ－B服务站于1915年发布命令，必须作出更大的努力切断从美国军工厂通往盟军的通道。普鲁士骑兵军官冯·帕潘负责一切行动。使用了大量金钱后，他与其他的德国人在美国广大的爱尔兰移民中招募了大量的人员，并允诺寻找机会推翻他们厌恶的统治他们祖国的暴君。德国人甚至还在他们面前摆放上一份更迷人的礼物，答应在英国被击败后成立自由和独立的爱尔兰。

受这些允诺的诱惑，数百名美籍爱尔兰人和同等数量的美籍德国人一起决心为德国尽职尽责，阻止盟军得到武器。他们的第一个目标是韦兰运河，炸毁这条连接安大略湖和伊利湖的水道，以此阻止铁矿和其他原材料运往兵工厂。但他们无法对警戒韦兰运河的安全部队进行渗透，因此只得将注意力转向一个更有利的目标：黑汤姆岛。

未曾想到的后果

由于有许多爱尔兰移民在黑汤姆岛工作，德国人得知该处实际上没有安全措施可言，只有少量的守夜人。相对来说只要稍作努力即能破坏成功，由于黑汤姆岛有一个巨大的集聚场所，在那里炸药和爆炸物资杂乱地放在一起准备运往欧洲。所有的炸药随意堆放着，只要一个小炸弹就能引起一场大火。

德国小组中老练的破坏者洛塔尔·维茨克和库尔特·雅恩克假装成工人，在黑汤姆岛到处侦查，他们确信并无多少安全措施，要爆炸黑汤姆岛是比较容易的。他们确定了安放爆炸物的秘密地点，这些爆炸物现正藏在海尔德居住的褐色石头建筑物内。晚上的作战会议也在那座建筑物内举行，在会上德国人与一些美籍爱尔兰人会面，那是些招募来协助破坏活动的人员。

真正的行动时刻终于到了。1916年7月26日天亮前的那几个小时，维茨克和雅恩克同两名爱尔兰裔谍报员在黑暗中划着一只船，带着定时炸弹和燃烧弹到达黑汤姆岛。不费吹灰之力就躲过了守夜人，他们安放好炸弹后就急急忙忙地划船离开了。随后黑汤姆岛便发出了巨大爆炸声。声音之强烈超过了他们的预想。

另一个惊人的成功随即而来，这发生在设在新泽西州昆士兰的加拿大汽车和铸造公司的工厂中。该厂每月为英国生产三百万发炮弹，有许多爱尔兰移民在该厂工作。德国人利用他们在工厂内安放了炸弹。某一天晚上50万个炮弹和整座工厂被巨大的爆炸送上了天。但没有人员的伤亡。

美国安全部门的介入很快使德国间谍的这些破坏行动大白于天下，关于德国破坏分子潜伏在美国各地的可怕故事充斥着美国的报纸。

冯·伯恩斯托尔夫大使费了九牛二虎之力不断地向美国人解释德国的和平愿望，但现在只得眼望一切努力化为泡影。他疯狂地试图修补破洞，但实在是无能为力，美国公众对德国人在美国的恶行深恶痛绝。美国报纸用"野蛮人"这个词来描述德国。

柏林似乎对这场灾难无动于衷，在1917年又在墨西哥着手重建美国谍报网，并下令煽动革命，建立一个新政府，以便入侵美国。这个想入非非的主意在德国政府的上层得到了共鸣，外交部长阿图尔·齐默尔曼甚至还将此告知墨西哥政府。齐默尔曼答应德国军队将协助墨西哥收复"失去的国土"，包括加利福尼亚、新墨西哥、亚利桑那和德克萨斯的大部。英国截获了密码并破译了它，随后公之于众。在这份电报披露后两星期，美国威尔逊总统要求国会通过对德宣战。

黑汤姆事件所造成的后果还不仅如此，那些给德国帮助和同情德国的美籍德国人和爱尔兰人暴露了出来。为了对外、对内安全的需要，一个完整的国内安全机器开始运转，其中就包括司法部的一个机构——调查局，后来更名为联邦调查局，并开始推动反对内部敌人的新法律的建立。慢慢地这个法律将布尔什维克、无政府主义者和社会主义者也包括在内。

黑汤姆事件直至60多年后才得以解决。战后美国和德国政府发表了一个联合声明，同意对战争造成的损失给以赔偿。德国将为因卢西塔尼亚号轮船沉没而死亡的人的亲属赔偿 250 万美元，但对在黑汤姆爆炸中的损失赔偿谈判时遭到了失败，美国声称得赔偿 2300 万美元。但德国声称他们与黑汤姆事件毫不相干，拒绝为此付出一分钱。美国人提供了难以推翻的证据证明德国人参与了黑汤姆岛的爆炸，但德国仍旧不服，并声称他们自己的间谍记录已被毁灭，他们无法验证美国的记录。这种情况一直拖至 1936 年，那时达成了一个折中方案：德国赔偿上述数额的百分之五十。可在一年之后纳粹政府又拒绝承认协议。直至 1979 年，当时的西德政府才悄悄地付清了余款。由于所有的受害者都早已死去，钱付给了他们的继承人。

英军设计骗局计胜土耳其

英统帅艾伦比声东击西，大搞欺骗行动，把真实的意图隐藏在虚假的表象下面，成功地转移了土耳其军队的注意力，使其发生了误判，最终以微小的代价取得了巨大的胜利。

精心设计欺骗行动

第一次世界大战时，发生在巴勒斯坦境内的与土耳其的战役中，英国统帅艾伦比面对的是土耳其位于加沙的坚固防御工事。最可行改变不利地位的制胜之计就是移师东部攻打比尔谢巴，但是这个计划只有在敌人弄不清意图时，出其不意才能完成。在部队东进的过程中随时存在可能被土耳其侦查人员发现的危险，那样作战意图就完全暴露了。鉴于此，英军统帅决定蒙蔽敌人，使敌人相信任何东进的行动都是假行动，以用来转移他们的注意力，从而隐藏袭击加沙这一真正的作战意图。

为防止土耳其人对假情报持怀疑态度，英军精心设计了每一部分细节。艾伦比的参谋理查德·门尼提扎根上校向位于土耳其工事前的"无人区"进发，直到与土耳其巡逻队相遇，巡逻队向他们射击，随后他们落荒逃走，遗留下一个水壶、一个粗帆布背包和一个双筒望远镜。帆布背包在上校出发前是精心准备好的：用马血浸湿了一部分，暗示门尼提扎根上校被巡逻队的子弹射中，背包是在衰弱状况中失落的。

背包中是一些文件、一些钱、一个密码本和一封他妻子的来信，其中的每一样都是除非迫不得已不会丢弃的。有些文件是过去要攻打比尔谢巴的计划，并有最初的进攻时间表，这个时间表很有可能是土耳其军队的间谍已经掌握的。文件还表明进攻比尔谢巴的计划改变了，变成对加沙的作战。这隐藏在近期在向东进军，力图使土耳其相信比尔谢巴才是目的地的表面意图下。

▲设计的假战马是为了使土耳其人相信英国人要对加沙地区实施攻击

假中有真，真假难辨

这个计划是基于充分的真实细节之上的，与土耳其根据获得的情报而推断出的英军的意图一致。紧接着，土耳其从截获的无线电信号破译出：门尼提扎根上校因为遗失了那个帆布背包而被送交军事法庭审判。作为作战主力的机动地面部队秘密向比尔谢巴移动，留下用稻草伪装成的房屋模型在营房的原地。这个计划还辅以在加沙地区集中的无线电波，而在比尔谢巴地区则显得一片寂静。

胜利的结果表明，虚假情报在巧妙应用下呈现无限价值。对比尔谢巴的进攻，开始于精心隐藏的炮兵部队的一阵猛烈的炮轰，随后高度机动的地面部队立即推进，这场进攻完全出乎土耳其守军的意料，以至于守军很快全面败退。惊慌的气氛传到加沙的土耳其部队那里，随后加沙也很快被攻克。至此，土耳其军队全面后退，不到 6 个星期，艾伦比的军队就占领了耶路撒冷。

▲在英国工厂里正在组装的假坦克

窃取新生苏维埃情报

卡拉马季安诺是沙俄的后代，继父是法国贵族，夫人是俄国伯爵小姐，本人又是搞情报的老手，因此美国派他去苏俄从事间谍活动是再好不过的人选了。他也不负美国总统的厚望，窃取了新生苏维埃的大量机密，并组织了颠覆破坏活动。但却没能再获得美国情报界的信任，最后孤独地死去。

打入苏维埃第一间谍

卡拉马季安诺出生在奥地利。外祖父是沙皇海军上将，母亲是一位伯爵夫人。父亲去世后，母亲嫁给了法国贵族勃鲁门加利。1912 年卡拉马季安诺就读于俄国卡维克军事学院，后考入芝加哥大学。1912 年在莫斯科开了一个商行并娶了一名俄国伯爵小姐为妻。

1914 年 7 月的一天夜晚，时任美国国务卿罗伯特·兰辛派他的秘书阿瑟，用一辆黑色轿车，把卡拉马季安诺悄悄请进国务卿官邸，专门设盛宴欢迎他这位"贵客"。

兰辛对这位贵宾说："亲爱的朋友，我完全了解你是智勇双全的俄国通，因此，我们慎重研究后决定，把你作为美国派往苏俄的第一个间谍去莫斯科工作。"

卡拉马季安诺慨然应允：

"只要能办到的事，我一定努力做到。不知国务卿让我以何种身份活动？"

"美国情报枧构决定让你利用在苏俄经商的方便条件，搜集战略情报！你有许多有利条件：你出生在奥地利，你的外祖父是位赫赫有名的沙皇海军上将，你的母亲是一个极有教养的伯爵夫人，你的父亲在 1884 年的意外车祸中丧命后，你母亲改嫁给法国贵族勃鲁门加利，这使你有法国贵族的地位掩护，你先后就读于卡维克军事学院和芝加哥大学。更有利的条件是 1912 年，你在莫斯科开了一个商行，并娶了俄国一个伯爵的美丽小姐为妻。这些优越条件，都是你当好美国第一个派往苏联的间谍的可靠保证。"

停了一会儿，兰辛又继续说道："我实话告诉你，我是奉威尔逊总统的命令找你谈话的，我无论当不当国务卿，都坚决充当你的法定监护人，我的秘书阿瑟是你的联络人。为解除你的后顾之忧，情报机构不仅给你取了第二个化名——谢尔盖·谢尔布霍夫斯基，而且为你的妻子和孩子办理了加入美国国籍的手续，可把他们安排到加利福尼亚。你有什么要求尽管提出。"

开始了颠覆苏维埃的行动

就这样，卡拉马季安诺作为美国打入苏俄的第一个间谍来到莫斯科，以一家美国公司代表的名义建立了活动总部。用商业活动为掩护，形成了由 30 名间谍组成的庞大情报网，将许多苏俄官员拉入伙，其中有在红军军事交通总局工作的亚历山大·弗拉迪米罗维奇·弗里达上校，他为卡拉马季安诺提供旅行证件；有红军少将亚历山大·安德烈耶维奇·扎格里亚兹斯基和前总参谋部上校伊夫吉尼·米哈洛维奇·戈里青，不断提供高级军事情报。原在海关工作的索柳斯提供的苏俄军事运输、红军调动，以及塞斯特罗里茨克工厂情况和农民的反苏维埃情绪的情报，使卡拉马季安诺得到美国国务院的赞赏。

卡拉马季安诺与打入苏俄的英国间谍西得尼·赖利等勾结起来，策划了谋杀列宁，组织左翼社会革命党人暴动，支持沙皇军官举行反革命叛乱等活动。

最引人注目的是参与外国势力的武装干涉，妄图消灭新生的苏维埃政权。

> **克格勃的前身——契卡**
>
> 克格勃的前身叫契卡，就是肃清反革命及投机委员会，简称"全俄非常委员会"。总部原先设在彼得格勒勒霍瓦亚大街2号，后迁到莫斯科克里姆林宫附近的卢比扬卡广场11号。契卡拥有很大权力，可以逮捕一切反革命分子。1922年2月6日，经全俄中央执行委员会决定，契卡改组为国家政治保卫局。后来被克格勃所取代。

1918年5月底，美国国务院紧急指示卡拉马季安诺赴西伯利亚，与捷克斯洛伐克军团联系，同西方干涉者里应外合。

原来一次大战期间，处在奥匈帝国统治之下的捷克斯洛伐克人被驱赶上前线与协约国作战，大批人被俘虏后又编成独立军团参加对德作战。十月革命后获准赴欧洲进攻奥匈帝国，却又突然在英法侵略军支持下向苏维埃政府发动进攻，占领了西伯利亚铁路沿线大片领土。

卡拉马季安诺马上赶到西伯利亚，与捷克斯洛伐克军团指挥官进行会谈，并向美国国务院提交了有关西伯利亚形势的第一手材料报告。美国驻莫斯科总领事普尔未经华盛顿批准，就迫不及待地采取了支持捷克斯洛伐克军团进攻苏维埃政权的行动，要求捷克人坚守住他们在横贯西伯利亚铁路上的据点。

由于美国驻莫斯科总领事馆的电讯中断，卡拉马季安诺搜集的许多情报发不出去，已译成密码的报告越压越多。他指派手下特务弗里达上校和他的妹妹玛丽亚派信使送出，未料想被高度警惕的俄国情报机关契卡发现逮捕。契卡对卡拉马季安诺开始怀疑，马上对其跟踪监视。卡拉马季安诺在绝望中决定及早逃跑。

估计到契卡已严密控制了莫斯科至圣彼得堡的铁路线，走这条路太危险，他便决定逃到挪威公使馆与其他协约国人员一同避难，等待苏俄政府批准他撤离俄国。他偷偷来到挪威驻莫斯科公使馆前，看到公使

▲1918年俄共契卡的领导人

馆外严密巡逻，吓得心惊肉跳。

在一个深夜，卡拉马季安诺穿过马路，窜到挪威公使馆的高大围墙前，使足力气向上爬去，由于天黑墙滑，加之心慌意乱，他的手抓不住围墙顶端的木头滑了下来，手中的拐杖摔了出去。卡拉马季安诺十分惊慌，因为手杖中暗藏着他费尽力气力搜集的重要情报，所幸的是他终于找到了甩出去的拐杖。

他不敢停留，急忙将手杖夹在腋下，使足力气再向墙顶爬去。突然，一双有力的大手从后面将他紧紧抱住。原来他的行动被特工人员发现，他被捕了。

绝路逢生却难展宏图

被捕后，他绞尽脑汁保持自己的商人面目，说是美国商行潘基维尔公司的全权驻苏俄代表，主要业务是向俄国销售汽车。狡辩说搞情报是有必要对俄国的政治、经济、军事形势做科学的估计。莫斯科最高法院以不可辩驳的事实驳回了卡拉马季安诺的狡辩，于1918年12月3日判处他死刑，宣布此判决于24小时内生效。

卡拉马季安诺以为自己的末日到了，一度精神非常紧张，但一天天过去了，却未见有任何动静，直到第二年1月挪威驻莫斯科领事馆官员看望他时，才看到了美国国务院发表的如下声明：

"美国国务院已收到一份报告，它来自莫斯科一个与卡拉马季安诺同狱的犯人。大意是，卡拉马季安诺于1918年12月3日被布尔什维克政府判处死刑，被监禁在莫斯科的克里姆林宫，受到异常残酷的对待……布尔什维克政府几次威胁说，如果得不到美国政府关于交换俘虏建议的迅速回答，它将处决卡拉马季安诺。"

卡拉马季安诺心中燃起了生还的希望。为给回美国后的飞黄腾达创造条件，他便利用多年搞特务活动的本领，从同监犯人和苏联公开报刊中搜集苏俄情报。一天，他从报纸上看到美国国务卿兰辛下台的消息，心里顿觉失去了靠山。但是，兰辛下台后并没有忘记他亲自派出的美国第一个打入苏俄的间谍，他向威尔逊总统报告了卡拉马季安诺的情况，建议美国总统设法营救为美国搞到苏俄重要情报的卡拉马季安诺。

1921年，苏俄为解决严重的饥荒问题，以释放卡拉马季安诺作为改善关系的条件，要求美国提供粮食。美国方面同意了。这样，卡拉马季安诺结束了为时3年的苏俄铁窗生活，回到美国，准备在美国情报界大干一番。但是，美国情报部门对卡拉马季安诺已经不信任了，怀疑他在苏俄有变节行为，拒绝他继续在美国情报界任职。卡拉马季安诺怀着极为失望的心情，拿上美国政府给他的一笔钱和到芝加哥的一张火车票，回到芝加哥大学当法语教师。

1924年，卡拉马季安诺在极度失望中，因病孤独地离开了这个世界，虽然这样，他依然作为美国打入苏俄的第一名间谍，在美国对苏情报史上占有重要地位。

玛塔·哈丽的双面间谍生涯

作为美丽的舞娘，她有着靓丽令人难忘的容貌和颠倒众生的曼妙舞姿。作为间谍，她为德国提供了极有价值的军事情报，也为英法提供了同样珍贵的军事情报。她在谍战史上留下了辉煌的战绩，也成为谍战史上最让人争议的谍报女星。

漂亮舞娘进入间谍界

玛塔·哈丽原名叫德·玛格丽特·泽勒，玛塔·哈丽是她的艺名。1877 年 8 月 7 日出生于荷兰弗里斯兰省的小城吕伐登。她父亲是一位在当地经营帽子店的荷兰人，母亲是印度尼西亚爪哇人。玛格丽特天生丽质，妖娆迷人。玛塔·哈丽命运多舛，父母离婚后，18 岁的她为了摆脱寄人篱下的生活，火速与登报征婚的中年男子里奥德结婚。婚后育有一儿一女，但她的丈夫经常对她拳脚相加，她对丈夫死了心，开始醉心于一种叫"湿婆神"的印度舞蹈，那轻盈细碎的舞步、妖娆灵动的身形，深深吸引了这位从小就喜好歌舞的姑娘。1904 年，学得一身娴熟舞技的玛格丽特独自踏入了巴黎。在巴黎，她依靠在剧院表演印度舞蹈谋生，很快，她以美丽的容貌和妖冶的舞姿迅速在巴黎走红，法国上流社会为之轰动，豪商巨贾们也纷纷簇拥前来，都以能邀请她在私人宴会上表演为荣。德国皇太子、荷兰首相与将军们不停地出入她的住宅，玛塔·哈丽成了红遍整个欧洲的一流舞女！

1914 年，随着第一次世界大战爆发，玛塔·哈丽这个显赫一时的舞女又回到了贫穷，日益困窘的她不得不四处巡演。就在这时，德军统帅部的一位军官看中了她的美貌与交际手段，以 2 万法郎将其诱为德国间谍克雷默中的一员。

经过短期培训后，德国情报机关打算让这位女间谍小试牛刀，便交给她一项任务：截获俄国青年军官勒伯夫途经柏林时携带的一份西线战事计划。玛塔·哈丽仿佛生来就是当间谍的料，当列车停靠在柏林站，德国情报机关迫使列车晚点将勒伯夫滞留于此时，她无师自通地制造了一场与勒伯夫在包厢里的浪漫奇遇，就在俄国军官拜倒在石榴裙下纵享美色时，玛塔·哈丽已悄然复制了那份作战计划。

初战告捷，德国情报机关认为她完全可以单独执行任务，于是，这个曾经红遍欧洲的舞女重回舞台，时常周旋于法国、比利时、俄国、荷兰等地的娱乐场所，开始了她在世界间谍史上最为精彩的演出。

美人计百试百灵

1914 年下半年，玛塔·哈丽又回到了巴黎，刚刚经历过战争狂飙的巴黎正在日渐恢复中。玛塔·哈丽凭借靓丽的容貌，轻而易举就吸引了一大批追求者，身为间谍的她把目光投向了一位年近 60 岁的海军中将哥朗萨尔。

哥朗萨尔是个好色之徒，他在玛塔·哈丽这位高手面前根本不堪一击，数次风流过后，这位海军中将不仅和盘托出了重大军事机密"法国政府即将派他出访俄罗斯，协调法俄两军联合作战"，而且还准许玛塔·哈丽堂皇出入自己的办公室。就连玛塔·哈丽也没想到，这间办公室墙壁上就悬挂着协约国海军作战地图和法国海军的造舰计划，她居然能轻易取得如此至关重要的情报！

愚蠢的哥朗萨尔丝毫没意识到危险就在身边，他甚至将玛塔·哈丽请到法国排水量最大的"贝特罗号"巡洋舰上表演舞蹈。这艘曾被称作"巨无霸"的巡洋舰在某次出海不久后即遭到德军的猛烈攻击，巡洋舰载着几百名法国海军，瞬间便沉入了大西洋。

▲间谍舞娘玛塔·哈丽

1915年，战争阴云日益沉重，英德两国的谍报战也日趋激烈。当时，英、法两国都属协约国，正在秘密研究一种19型坦克，这项机密被隐藏在英法联军上层的一个德国间谍获知，德军情报机关对这份19型坦克设计图志在必得，当他们摸清设计图藏在法军统战部高级机要官摩尔根将军家中的绝密金库后，当即下达了任务：命令玛塔·哈丽尽快窃取此图。

玛塔·哈丽仍然使出自信的美人计，她在一次家庭舞会上请来了摩尔根，用美色加美酒，将这位法国将军轻松俘获。摩尔根疯狂地迷恋上了她的身体，玛塔·哈丽当然不会忘记自己的使命，欢娱之后，她有意无意地想从摩尔根嘴里套取金库的绝密信息，然而，摩尔根此时还未失去戒备之心，一谈及金库问题他就闭口不提。

玛塔·哈丽明白必须想方设法接近那个金库才有可能得到19型坦克图纸。她使出浑身解数，使贪恋美色的摩尔根无法离开她。其后，玛塔·哈丽又顺理成章地提出要搬到将军家里去住，摩尔根求之不得，满口答应下来。

玛塔·哈丽终于有机会接近金库了！只要摩尔根不在家，她就四处翻腾仔细寻找。功夫不负有心人，几次三番之后，她在书房的一幅油画后面找到了带有密码锁的一个黄澄澄的铜柜！毫无疑问，这就是金库，开锁密码又在哪里呢？玛塔·哈丽到处翻阅一些密码书籍资料，却始终没有找到。

就在这时，德国情报部门秘密通知她，告诉她密码应该是6位数，并命令她在24小时之内将情报送出。事情已到了十分紧急的地步，玛塔·哈丽别无选择，选择当晚就行动。晚餐时，摩尔根喝过一杯葡萄酒后，"听话"地闭上了眼睛昏昏睡去，玛塔·哈丽迅速溜进书房，尝试着按下一组又一组数字，冰冷的密码锁毫无反应，眼看着时间一分一秒地过去，她急得四处张望。突然，她注意到墙上那架早就坏了的老挂钟，指针还是稳稳指向9时35分15秒。摩尔根曾说过，这钟根本就没想过要修好，一直挂在书房是因为它颇具纪念意义。晚上9时35分15秒就是21点35分15秒，

213515，正好是 6 位数字，这会不会就是金库密码？玛塔·哈丽屏住呼吸，再一次拨动了密码锁。"咔嗒"，一声轻微的开锁声响起，那份 19 型坦克的设计图赫然在目！事不宜迟，玛塔·哈丽赶紧用微型相机完整拍摄下来，将金库恢复原状，又连夜将胶卷送到了指定地点。

不久，英法联军在战场上就遭到了德国人的猛烈打击，受创最重的即是最近投入战事的 19 型坦克！而英法联军也不会想到威风八面的 19 型坦克会败在一个娇弱的姑娘手中，泄密的根源竟是一架破挂钟！

经此一役之后，玛塔·哈丽的间谍活动几乎是顺风顺水，大量有价值的情报开始源源不断地传入德国情报机关。据后来公布的战事资料统计，由她送出的情报，直接让 5 万名法国士兵命丧黄泉，17 艘军舰沉没海底，其中竟然包括英国陆军总司令基钦纳勋爵！

▲ 玛塔·哈丽以曼妙的舞姿征服了世人

成为双料间谍

机密军情的多次泄露，最终还是引起了协约国的警惕，英、法情报部门联合成立了反间谍调查小组，派出多名特工人员全天候秘密监视玛塔·哈丽的行踪。有人注意到她常在夜深人静时偷偷写信，可却没有收到任何回信，而且她还每个月定期去巴黎一两次，拜访荷兰、瑞典、西班牙的驻法大使。著名情报机构法国二局秘密拦截并搜查了这三国大使的信件，发现每位外交信使的公文包里都有玛塔·哈丽发往国外的信件，但这些信件却只是记述一些无关紧要的平常琐事而已。

认定玛塔·哈丽有重大嫌疑却无计可施的法国二局最终决定：以高额金钱招募玛塔·哈丽，给德军递送假情报，使其成为双料间谍。于是，二局头目之一的杜拉上尉亲自策划并执行了这次招募，而玛塔·哈丽也确实没有令他失望，不久后，即用美色成功引诱了一名德军上校，从上校口中取得的重要情报迅速传往法国情报部门。很快，一战战场上的德军遭受到重大损失，双料间谍玛塔·哈丽旗开得胜，第一次就出色地完成了双重使命。

然而，自此之后，玛塔·哈丽也引起了德军怀疑，德国情报部门开始重新审视这个曾经引以为傲的雇佣间谍。1916 年，玛塔·哈丽根据拉杜上尉的建议，以巡回演出的名义来到了西班牙，在这里，她碰到了生命记忆里的最后一个男人——未来的德国谍报大王卡纳里斯。卡纳里斯当时刚从海军调入情报部门，奉命在中立国西班牙组建谍报网。就在玛塔·哈丽爱上卡纳里斯时，德军授意卡纳里斯派人潜入巴黎，卡纳里斯手头根本无人可用，虽然他也知道英法两国一直在密切关注他的情人，可是除了再将玛塔·哈丽送入虎口，他别无选择。就这样，玛塔·哈丽于 1917 年 1 月再次潜回巴黎，住进了爱丽舍饭店。就在这期间，法国情报部门截获了两份电报，一份是柏林与马德里之间的密码电报："通知 H21 速回巴黎待命，克雷默将付给其 1．5 万法郎的支票。"另一份是马德里与巴黎之间的密码电报："领取你在比利时从事谍报活动的报酬，该款由巴黎中立国银行支付。"法国二局综合各条线索，认定电文中的"H21"即是玛塔·哈丽，于是，1917 年 1 月 13 日，风云一时的谍海女皇被捕入狱。

玛塔·哈丽也许至死都不知道，那两封电报被破译并不是因为法国二局的破译能力高强，而是出于德国情报机构的有意安排，他们故意使用已被破译的密码发报，就是想将她送入牢狱，借法国之手来处置她。不幸的姑娘掉入了可怕的陷阱，虽然她也曾为协约国提供了许多极有价值的战争情报，但法官最终还是宣判了她的死刑。

关东军间谍在华的活动

1931年9月18日，一个让国人蒙耻的日子，在这一天，日本关东军将魔爪伸向了中国东北，将几万万无辜的中国人拖进战争的灾难之中。日本关东军悍然发动"九一八"事变，固然是日本军国主义分子长期推行侵略扩张政策的结果，但关东军中的几个臭名昭著的间谍，在这次事变中也是扮演了极重要的角色。

臭名昭著的关东军"中国通"

日本染指中国的非分之想由来已久，特别是对物产丰富的中国东北，更是垂涎三尺。1904年至1905年爆发的日俄战争，使日本的这份觊觎获得了良机。战争结局，俄国战败，它把在中国辽东半岛和东北南部的特权转让给了日本。之后，日、俄又互相勾结瓜分中国东北和内蒙古地区，曾三次签订《日俄密约》，将东北北部和内蒙古东部划为日本的势力范围。

1927年6月27日至7月7日，日本首相田中义一在东京主持召开了"东方会议"，抛出臭名昭著的"对华政策纲领"。此后，日本关东军加紧了对中国东北的侵略扩张，并积极进行以武力占领东北的准备。

"东方会议"将侵占中国东北作为既定方针，使关东军中的几个好战分子欣喜若狂。他们是日本关东军司令部高级参谋河本大作、板垣征四郎、石原莞尔和奉天特务机关长土肥原贤二。

日俄战争

日俄战争是日本与沙皇俄国为了侵占中国东北和朝鲜，在中国东北的土地上进行的一场帝国主义战争。战争以沙皇俄国的失败而告终。日俄战争促成日本在东北亚取得军事优势，并取得在朝鲜、中国东北驻军的权利，令俄国于此的扩张受到阻挠。日俄战争使日、俄、中三方在这场战争中都受到了不同程度的损伤，为之后各国的发展道路造成了一定的影响。

河本大作生于1882年。1914年从陆军大学毕业后，历任参谋本部中国班班长、步兵第38联队中队长、日本华中派遣队参谋、参谋本部第1部、第2部和第4部部员、日本驻华公使馆武官等职。1926年3月，河本大作出任关东军司令部高级参谋，同时晋升为陆军大佐。河本到东北后，迫不及待地提出了对中国采取积极进攻态势的侵略主张。他向士兵灌输"满蒙是日本生命线"等侵略思想；纠集一批好战分子，向日本政府和军部"请愿"，要求尽快解决满蒙问题。与此同时，他督促关东军加紧训练，以完成战争准备。1927年6月，河本作为关东军司令官武腾信义的随从出席了"东方会议"。会上，河本力主用武力解决满蒙问题。最后，"东方会议"通过的"对华政策纲领"中，基本接受了河本关于阻止北伐军进入东北，解除奉军武装和迫使"东北王"张作霖签订卖国条约的意见。

板垣征四郎生于 1885 年。1916 年从陆军大学毕业后，第二年就被日军参谋本部以大尉研究员的身份派往中国云南。1919 年调任汉口派遣队参谋，与同任参谋的石原莞尔一拍即合，两人一起详细地考察、研究了中国的政治、经济、文化、军事形势，为后来侵略中国的罪恶活动作了充分的准备。1922 年，板垣调任参谋本部中国课课员，兼任陆军大学教官。这期间他利用日本军方首脑机关所藏资料，从理论上进一步深入地研究了中国。1924 年 6 月，板垣再度来到中国，任驻华大使馆武官辅佐官。1927 年 5 月任冈山步兵 33 旅参谋，参加了青岛战役，紧接着任驻济南武官。1928 年调任天津 33 团团长，晋升为陆军大佐。1929 年又调往关东军，任高级参谋。

土肥原贤二生于 1883 年。1912 年从陆军大学毕业，第二年即作为坂西利八郎中将的副官，被派遣来中国，从此开始了其在中国长达 30 余年的间谍生涯。在此期间，土肥原贤二奉关东军命令，扶持奉系，先后出任张作霖的军事顾问和奉天特务机关长。

石原莞尔生于 1889 年。1909 年毕业于日本陆军士官学校。1918 年从陆军大学毕业后留校任教。1919 年被派往中国，先后出任汉口派遣队参谋，关东军司令部高级参谋。石原是日本侵略扩张政策的理论奠基人之一。他在所撰写的《现在及将来的日本国防》、《战争史大观》、《关东军满蒙领有计划》等文章中，提出了一系列的侵略理论和主张，被称为"石原构想"。侵占中国东北，是"石原构想"中第一步要实现的目标。

河本、板垣、土肥原和石原 4 个人作为日本侵略军的马前卒，长期在中国活动，是关东军中有名的"中国通"，尤其是板垣和土肥原。板垣从 1916 年陆军大学毕业来到中国至 1929 年任关东军高级参谋，他的足迹遍布中国云南、湖北、河北、平津和东北三省，历时 13 载，对中国的山川地理、政治形势、经济状况、军事实力无不了如指掌。土肥原在中国活动的时间更长，从 1913 年来到中国，直到战争结束，历时 30 余载。板垣、土肥原还和冈村宁次、矾谷廉介一起被称为日本陆军的四大"中国通"。

4 个人当中，除河本大作外，板垣、土肥原和石原三个人长期聚在一起策划阴谋活动。他们三个人各有所长：板垣沉着果断、富有冒险实干精神和组织才能；石原有才华，脑子灵活，主意多，长于策划；而土肥原则是搞阴谋诡计、煽动蛊惑人心制造事端的行家。凡是石原能想到的，板垣便能组织付诸实施，而实际操作的任务通常都是由土肥原去完成。由于他们三个人相互间配合默契，因此被称作"关东军三羽"。关东军在中国所干的罪恶勾当，几乎都是由他们三人策划发动的。

▲土肥原贤二

皇姑屯的爆炸声

"东方会议"确立了以独占中国东北为既定方针，可是要出兵占领东北，总得找个借口。思来想去，日本人把目光盯在越来越不肯听命于日本人的"东北王"张作霖身上。

"东北王"张作霖是土匪出身，虽身材矮小，但为人精明果断，擅于骑射，又很讲义气，在数年之内拉起了一支有模有样的队伍。日俄战争爆发后，他先作沙俄军队的间谍，后又投靠了日军，在俄军后方实施骚扰偷袭。日俄战争结束后，张作霖被清政府招安。民国成立后，他摇身一变成为第27师师长。此后，他更是官运亨通，平步青云，先后出任奉天督军、东三省巡阅使。第二次直奉战争后，于1927年就任北洋军阀政府的"海陆军大元帅"，对北自黑龙江，南至长江的广大地域发号施令。

张作霖之所以在短时间内迅速起家，主要是靠日本人的支持、扶植，特别是每当他身陷绝境时，总是由日本人出面使他化险为夷，绝路逢生。然而，自从坐镇北京，当上"海陆军大元帅"，张作霖长了不少见识，认识到要稳定自己的江山，单靠日本人的支持是不行的，还要争取英、美等西方列强的支持，于是走上了亲美英的路线。这下子可惹怒了日本人。他们扶持张作霖的用意非常明确，就是先确定日本独霸东北的地位，进而随着张作霖入关而把势力逐渐向华北、华东等地推进。

为了迫使张作霖就范，日本政府和关东军频频向他施加压力，并公开警告他：如不听劝告"日军当解除其武装"。然而，张作霖不为所动，依然我行我素。

眼见"东北王"羽翼渐丰，越来越不听使唤，当初的如意算盘就要泡汤，上任不久的关东军司令官村岗长太郎便下决心除掉张作霖，制造混乱，借机解决奉军，实现日本对全东北的武装占领。

▲ "东北王"张作霖

得知村岗长太郎的决定，可乐坏了关东军高级参谋河本大作和奉天省军事顾问土肥原贤二，他们早就想通过谋杀张作霖来制造关东军解决奉军武装的借口。河本还提出了用炸车方式干掉张作霖的方案，但村岗长太郎没有马上接受，他心里有另外的打算。

1928年春，蒋介石、冯玉祥、阎锡山、李宗仁联合北伐张作霖，奉军节节败退，张作霖自知寡不敌众，心想好汉不吃眼前亏，干脆先撤回东北，仍旧做他的"东北王"。5月31日，在张作霖临回奉天的前几天，关东军司令村岗长太郎向驻哈尔滨武官竹下义晴少佐发出密令：赴京刺杀张作霖。

竹下在关东军司令部接受密令后偶遇河本，河本对他的出现很吃惊，因为东三省

各地武官的各种活动必须经由他之手报请参谋长批准，而竹下此行他却不知道。在河本的再三追问下，竹下说出了司令官的密令。河本劝他放弃这项没有成功把握的冒险计划，而同自己合作，专门在京侦察张作霖的行踪，为河本提供确切的情报。河本还详细说出了自己的炸车计划。

竹下被说动了，他同意和河本合作。于是只身一人前往北京，去摸清张作霖回奉天的行程。

经过反复研究，河本最初把炸车地点选在巨流河铁桥，可是派去的侦察人员发现，那里的奉军警戒十分严密，于是又把炸车地点改在南满线与京奉线的交叉处——皇姑屯。此处是两条铁路线交叉点，南满线在桥上，京奉线在桥下，日本人的活动，不大会引人注意。为了确保万无一失，河本在这里给张作霖布下了"必死之阵"：在铁路交接点里埋置了30麻袋黄色炸药，在500公尺外的瞭望台上用电气机控制触发爆炸；在交接点以北装置了脱轨机，在附近又埋伏了一队冲锋队。

狡猾的河本还想出了一个事成后嫁祸中国人，而使自己金蝉脱壳的诡计。他吩咐一个名叫安达隆成的日本浪人去找几个中国人。安达隆成知道曾任奉军营长的刘戴明对免去他营长职务的张作霖怀恨在心，于是以2万元为报酬，要他去办这件事。刘戴明找来3个人，其中2个是他过去的部下，另一个姓王。刘戴明给了他们每人100元钱，又让他们洗了个澡，理了发，换上干净衣服，然后送到安达隆成那里。其间，姓王的感到情况不妙，趁日本人不注意便溜走了。安达隆成对剩下的两人说，你们的任务是向火车投炸弹，把列车炸毁。并让他们带上3封信，其中两封是刘戴明伪造的南方军队的爆破命令，另一封是伪造的国民政府写给某要员的密信。

一切准备就绪后，河本命令将他们送到爆破现场。两人刚下汽车，就被负责实施爆破任务的东宫大尉刺死。然后在他们怀里塞上早已准备好的炸弹，丢在现场。

1928年6月3日凌晨1时，挂有20节车厢的张作霖的专列徐徐开出北京站。一直在暗中监视的竹下义晴立即电告河本。此后，专列的行迹始终处在河本的掌握之中，因为专列途经沿线早已布满了河本的耳目。

6月4日清晨5时20分许，皇姑屯。东宫大尉脸色铁青，紧张地注视着向西延伸的铁道，他的额头布满汗珠，握着电门的手颤抖不停。

"报告中队长，专车已过新民，马上就到。"

东宫依旧木然地注视着西方。天色灰蒙蒙的，远方响起了迷蒙的声响。不多久，铁轨震颤起来，轰隆隆的火车驶了过来。最后的时刻到了。东宫闭上眼睛，用劲合上电门。

随着轰隆一声巨响，张作霖乘坐的铁甲列车车盖飞上了天，旁边的压道车炸成碎片四处横飞。张作霖被炸得血肉模糊，但尚有一丝气息，迎接他的宪兵立即把他抬进汽车。车队警笛长鸣，风驰电掣般驶往城里。9时30分，"东北王"永远合上了眼睛。

河本谋杀"东北王"成功了，但他预料的奉军发疯似的混乱没有出现，他所期待的武装冲突也未发生。相反，当阴谋败露后，他被当成了"替罪羊"，受到退出现役的处分。

别有用心的"参观旅行团"

黄姑屯事件发生后 4 个月，日本陆军大学教官石原莞尔被调任关东军参谋之职。不久，当河本大作被勒令退役后，板垣征四郎填补了他的空缺。两个人都是极端的好战分子，就任关东军高级参谋使他们觉得终于有了用武之地。

▲皇姑屯爆炸后的现场

1929 年 7 月，以板垣和石原为首的一行7 人开始了"参观旅行"，他们考察了长春、哈尔滨、齐齐哈尔、海拉尔、满洲里、泰来等地。板垣等人一边"观光"，一边设计关东军将来在这一地区可能采取的行动。

1931 年 7 月 11 日，在"九一八"事变前夕，板垣和石原又率领"参观旅行团"由旅顺出发，经郑家屯、洮南、昂溪、伊力克得、海拉尔到满洲里，归途经哈尔滨，于 20 日返回旅顺。这次"旅行"，他们侦察了全部地形和交通道路情况。

就这样，在板垣和石原的亲自统领下，"旅行团"对"满蒙"地区进行了 3 次大规模的"参观旅行"，"旅行"的成果颇为丰厚，他们得到了大量有价值的情报。根据这些情报，板垣和石原的吞并领土计划日趋完善、成熟起来。

东洋魔女在华的间谍活动

在第一次世界大战中，曾有一位无与伦比的妖艳女人，活跃在德、法军之间，以色相换取大量情报，她就是间谍史上赫赫有名的德、法双重间谍——玛塔·哈丽。20世纪30年代，间谍史上又出现了一位名噪一时的女间谍，她就是轰动一时的传奇人物，被视之为"东方的玛塔·哈丽"的日本间谍——川岛芳子。她助纣为虐，其在中国进行的间谍活动给中国人民带来了巨大的伤害。

接婉容皇后出皇城

川岛芳子并非日本人，原名爱新觉罗·显玗，是清恭亲王第十四女，1906年生于北京。6岁的时候，由于各种原因，恭亲王让日本一个名叫川岛浪速的三等翻译将亲生爱女显玗带到日本。从此，显玗改名川岛芳子，并接受日本教育。受亲生父亲和养父的双重影响，从小就不断被灌输"满蒙独立"、"日中提携"一类的思想，使得她满脑子充斥着复辟王朝及"满蒙独立"的念头。

"活跃在战火中的魔女"

川岛芳子从少年时代起就好着男装。上学时，她时而穿着男学生服或洋服，时而又穿裙裤短外褂的男和服。在战时，她又身穿特制的军装，脚蹬长筒靴、骑上战马、挎上军刀、奔驰疆场，成为一名"活跃在战火中的魔女"。步入间谍圈后，她则以各种"绅士"身份活动于不同场所，窃取情报。

1931年，"九一八"事变爆发后，川岛芳子奉日本驻上海特务机关长田中隆吉之命于10月上旬赶赴奉天（今沈阳），投入关东军高级参谋板垣征四郎麾下。此时，正值日本帝国紧锣密鼓地筹建"伪满洲国"的时候。关东军通过周密策划，于11月13日将寄寓天津静园的清朝末代皇帝宣统帝溥仪劫持到旅顺大和旅馆，断绝其与外界的往来。被软禁的溥仪整天由日本宪兵守护着，不得自由活动。为了使溥仪日后能安心做"伪满洲国"的傀儡皇帝，关东军又策划将婉容皇后从天津接出，使帝后夫妻得以团聚。溥仪离开天津半个月后，也就是1931年11月下旬，由奉天特务机关长土肥原贤二少将、关东军高级参谋板垣征四郎大佐、上海特务机关长田中隆吉等人策划的从天津接出婉容皇后的重大任务，交给了川岛芳子。

根据板垣的指示，川岛芳子以男装打扮秘密潜入天津。婉容皇后这时正急于去满洲同溥仪团圆，川岛芳子的出现，婉容皇后喜忧参半。喜的是她去满洲有了一线希望，忧的是她对前来接她的川岛芳子怀有疑虑。皇后对川岛芳子的名声早有耳闻。川岛芳子的名声不好，除她糜烂的私生活外，她还被认为是"天才的说谎者"。婉容搞不清川岛芳子的真正意图是什么，因而迟迟不敢跟川岛芳子走。婉容皇后以满洲不太平、生命没有保障等为借口搪塞川岛芳子，而川岛芳子则以其三寸不烂之舌巧妙地说服了皇后，解除了婉容皇后的种种顾虑。川岛芳子使用障眼法，与婉容皇后男装打扮，躲过重重监视，迷惑军警稽查人员，靠自己在上海学得的娴熟的驾车技术，乘夜色将婉容皇后带出了天津，从白河搭乘日本海轮安全抵达大连。

"日本和尚事件"

川岛芳子从天津接婉容皇后回到满洲不久，奉天特务机关长土肥原贤二即召见她，命她到上海，配合上海特务机关长田中隆吉在上海挑起事端，开辟第二战场。原来，"九一八"事变后，东北沦陷，日本人在满洲轻易得手，意欲将满洲占为己有，扶持傀儡政权，建立"伪满洲国"。对于日本在中国的行为，海内外舆论大哗，日本在国际上陷于孤立，外交被动。日本政府和军部害怕国联反对"满洲独立"，于是策划在上海挑起事端，吸引各国的注意力，平息中华大地的怒潮，而关东军则可趁机实现"满洲独立"。

▲川岛芳子

川岛芳子受命后，于1931年12月17日回到上海。1932年1月上旬，田中隆吉在上海收到了关东军通过上海横滨正金银行汇给他的两万元谋划上海事变的活动经费。川岛芳子与田中隆吉为了尽早在上海挑起事端，加紧密谋策划，终于想出了一个借刀杀人的计划。

1932年1月18日傍晚，住在上海江湾路妙发寺的日莲宗和尚天崎启升、水上秀雄带领信徒后藤芳平、黑岩浅次郎、藤村国吉一行5人向江湾内地行走。走到引翔港马玉山路上海三友实业社总厂大门口时，三友实业社的几十名抗日爱国志士受川岛芳子算计，突然袭击了这几个日本僧侣，使3人受了重伤，其中那个叫水上秀雄的和尚于24日死亡。

"日本和尚事件"发生后，川岛芳子将一笔经费交给侨居上海的日本人，委派刚到上海的重藤千春宪兵大尉，指挥这批约30余名日本青年同志会会员，以追捕凶手为名，于1月20日对三友实业社进行了报复性袭击。这群狂热的侵华分子放火焚烧三友实业社。在这次袭击中，华捕田润生曾上前阻止，结果被枪杀，另有两名华捕被打伤。1月21日，日本驻上海总领事村井苍松趁机向上海当局提出了四项蛮横要求：一、向日本表示道歉；二、严惩凶手；三、负担被害僧侣医药费、赡养费；四、立即解散上海各界抗日团体，取缔抗日活动。上海市市长吴铁城在国民党政府不抵抗政策下，一再退让、委曲求全，全部接受了日方的四项要求。然而至此，事情并没有结束。田中隆吉和川岛芳子认为他们在上海挑起的日中冲突规模还不够大，未能达到他们预想的目的。于是想尽一切办法，继续煽风点火。他们用手枪威逼有影响的日本民间人士、资本家福岛喜三请求帝国政府立即出兵上海，遏制中国的抗日运动。川岛芳子则利用其特殊身份，经常出席上流社会的舞会，从国民党行政院院长孙科那里，抢先捕捉到蒋介石下野的消息。还以记者身份从蔡廷锴军长那里，摸清了19路军坚决的抗战意向。日本政府根据这些情况，悍然决定出兵上海。就这样，震惊中外的上海"一·二八"事变爆发了。这次事变的导火索便是川岛芳子参与策划的"日本和尚事件"。

帮助日本政府

"一·二八"事变爆发后，第十九路军将士奋起抵抗，浴血保卫家园，点燃了淞沪抗战的烽火。各国的视线也都从满洲转移到了上海。"伪满"则趁机于3月1日宣告成立。"伪满洲国"的成立，果然没有引起各国的有力干涉。为此，关东军高参板垣大佐，对策动"一·二八事变"的阴谋作了极高的评价，说多亏这一击，"满洲独立"才得以成功。川岛芳子和

▲ 穿和服的川岛芳子

田中隆吉也为自己的这一"杰作"而飘飘然。川岛芳子从此声名鹊起。

日本在上海这个中国最大的贸易港挑起战火，遭到了世界各国的反对。英、美、法等国纷纷向日本政府提出停战要求。在关东军方面，因在上海挑起战火的目的已经达到，因而也有意结束战争。川岛芳子在这时也进行了一系列的活动。她曾到第十九路军蔡廷锴军长处，劝其赶快结束战争；同时她又建议日本方面，说中国军队已丧失战斗意志，日本应抓紧有利时机停战。川岛芳子还通过田中隆吉的介绍，认识了国民政府中央政治会议秘书长唐有壬，并从唐有壬那里探知，上海国民党的银行系统已濒临破产边缘，国民党政府希望停战等情况。日本政府得到川岛芳子提供的情报后，得以站在优势的立场上结束了战争。1932年5月5日，《淞沪停战协定》在上海正式签字。

淞沪之战结束后，唐有壬以泄露情报罪受到追究，命在旦夕，川岛芳子将其隐藏在家中。孙科因向日本方面泄露情报罪，而受到蒋介石的弹劾。田中隆吉命令川岛芳子协助孙科逃离上海前往广东。

土肥原贤二在华的间谍活动

"历史将无可辩驳地表明，日本陆军的既定政策就是（在中国）挑起各种争端，从各种挑衅事件中取利，在所有这一切阴谋诡计、阿谀讨好和凶相毕露的威胁声中，日本方面有一个小人物始终在活跃地上蹿下跳——那就是土肥原大佐所扮演的角色。无论什么地方，只要有他沾边，哪怕是写上几个字，作上一番鼓动，就注定要出现乱子……无疑，他搞这一套的功夫是炉火纯青了。他在中国的各社会阶层中制造纠纷，一般是无往不胜的，借此而为侵略者铺平道路。"这是英国驻日本大使罗伯特·克雷吉对土肥原的描述。

踏上异国土地

1883 年 8 月 8 日，在日本冈山县，一个新生婴儿呱呱坠地，军人出身的父亲给他起了个名字叫土肥原贤二。20 年后，为了让儿子继承父业，父亲把他送进了曾培养出无数"精英"的日本陆军士官学校。在这里，土肥原有幸与后来的侵华元凶冈村宁次和板垣征四郎成为同窗。共同的志向使三个人很快聚在一起，结成了所谓"志在大陆"的同志。1904 年，土肥原不负父望，以优异成绩从士官学校毕业，并被授予少尉军衔。此时日本和俄国为争夺中国东北正打得难解难分，好战而又雄心勃勃的土肥原迫不及待地来到战场上冒死拼杀。战后，土肥原因战功卓著，被送入日本高级军官的摇篮——陆军大学深造。

1912 年，土肥原从陆大毕业，先后担任日本参谋本部部员、第 33 步兵联队长。1913 年，土肥原因在士官学校和陆大学习期间对中国有颇深的研究，被派往他向往已久的中国大陆，在日本陆军驻华的间谍机关——板西公馆，担任日本特务头子板西利八郎中将的副官，开始了其在中国长达 30 余年的间谍特务生活。

这是土肥原渴望已久的职务。本来，在日本陆军中，他就被公认为善于揣摩人的心理，能言善辩，鬼点子多，是个搞情报的天才。土肥原觉得他终于有了用武之地。

上任伊始，土肥原跟随着板西利八郎来往穿梭于中国北方各系军阀之间，与许多军阀和政界要人建立起微妙的个人关系。在与上层人物打交道的同时，他还利用职务之便到中国各地旅行，了解中国的政治、历史和风土人情。每到一地，他常常穿着一身中国式

▲土肥原贤二

的长袍马褂，走街串巷混迹于三教九流之中，这为他在以后收买利用流氓、土匪，在各种事件中滋事捣乱打下了基础。为了方便特务活动，土肥原狠下一番苦功学习中国语言，不仅能操一口流利的中国话，而且还学会了中国很多地方的方言。土肥原因此成为日本陆军公认的"四大中国通"之一。

土肥原到中国后的第二年，第一次世界大战爆发，日本趁德国忙于欧战之机，出兵山东，夺取了德国原来在山东的权益。不久，日本又迫使袁世凯签订了丧权辱国的"二十一条"，使日本在中国的权益进一步扩大。一系列成功，一次次得手，使日本企图变中国为其殖民地的野心急剧膨胀，土肥原的间谍活动也越来越活跃起来。

20世纪20年代的中国，军阀混战，天下大乱。根据日本政府确定的"在满蒙扶植我之势力"的国策，日军参谋本部盯上了独据东北三省的奉系军阀张作霖，并打算派土肥原出任"东北王"的顾问，以图监视、控制张作霖。哪知，张作霖对外表"和蔼可亲"，但内心阴险狡诈的土肥原早有耳闻，就是不让土肥原作他的顾问。无奈之际，日军参谋本部只好派本庄繁担任此职。本庄繁到任不久，第一次直奉战争爆发，奉军的作战计划多半出自本庄之手，但土肥原也参与了这次战争的许多幕后活动。没想到这次战争以奉军败北而告终。但事隔不久，第二次直奉战争爆发，土肥原作为"板西公馆"的实力派人物，奉命全力支持奉军。他利用在陆军士官学校曾与皖系头目陈乐山是同学的关系，积极鼓动游说陈乐山支持奉系。当吴佩孚兵败逃往汉口之际，土肥原派出大批间谍四处活动，在暗中策划用停止银行兑换等手段，使吴佩孚发行的纸币变成一文不值的废纸，加快了直系军阀的垮台。在日本人的扶持下，张作霖取代吴佩孚。

1925年11月，张作霖手下将领郭松龄倒戈，率精兵7万直捣张作霖老巢奉天。此时，张作霖的主力部队已跟随他入关，当他得知郭松龄"谋反"时，惊恐万分。就在张作霖眼看着老巢危在旦夕，又干着急没办法的时候，一向让张作霖看不上眼的土肥原登场了。土肥原星三火四地赶到关东军司令部，向东关军司令陈张作霖一旦倒台后的危害，极力主张采取断然行动"援张，排郭"。在土肥原的建议下，日本军部立即出兵一个混成旅和一个步兵大队，直插奉天，阻击郭松龄大军，从而使张作霖有充裕时间调兵遣将。结果，郭松龄兵败自杀。

这期间，土肥原除了周旋于各系军阀之间，进行种种阴谋活动外，还把魔爪伸到了山西。他利用与曾留学日本的山西军阀阎锡山的同学关系，一再拉拢阎为日本服务。在土肥原的精心策划下，日本在天津的驻屯军司令铃木高桥两度到山西与阎锡山会晤。阎锡山为了能得到日本人的军火援助，对土肥原是有求必应。土肥原提出要在山西各地"旅行"，阎锡山满口应允。

土肥原在士官学校和陆军大学学到的地理测绘技能此时有了用武之地。在"旅行"中，他将山西的地形和兵力部署作了一番详尽的侦测，尤其把雁门关一带作为侦测重点，详细地记下了重武器可通过的险要地点。土肥原的"苦心"没有白费，"七七事变"后，当日军大举进犯山西时，他的情报派上了用场。当时国民党军队的高级将领均认为雁门关乃是天险，易守难攻，尤其是茹越口附近的铁甲岭更是险中之险，很难施展重型武器，日军不会由此处发起攻击，所以只布以少量兵力防守。可是，结果恰恰出乎国民党军意料，日军根据土肥原当年侦测的地图，选择了铁甲岭为主攻方向，使国民党军队猝不及防，毫不费力地挺进到山西腹地。

"九一八"事变前后

1927年夏，日本臭名昭著的"东方会议"抛出了所谓"对华政策纲领"，明确提出要把中国东北地区独立出来，变成其独霸的殖民地。然而此时，靠日本人起家，羽翼渐丰的张作霖已不再对日本人唯命是从，特别是在他出任北洋军阀政府的"海陆军大元帅"后，更是不把日本人放在眼里，这大大激怒了日本人。

此时，土肥原已出任奉天省军事顾问，他发现张作霖正与英、美大使暗中往来，还探听到张作霖想借美国人之力在满洲修建铁路等消息。土肥原顿感这个张大帅已难再为日本所操纵，便不停地向关东军司令部密报张作霖的动向。1928年春，蒋介石、冯玉祥、阎锡山、李宗仁联合北伐张作霖，奉军节节败退。张作霖自知寡不敌众，决定干脆先撤回东北，仍旧当他的"东北王"。然而，土肥原觉得，若让越来越不听使唤的张作霖带着数十万大军退回关外，一旦有事，只有万余人的关东军必然陷入四面楚歌之中，不如干脆把他干掉，以免后患。土肥原的想法与奉天特务机关长秦真次和关东军高级参谋河本大作不谋而合，三个人串通一气，极力向关东军司令村冈建议在张作霖返奉时将其除掉。村冈批准了他们的计划。

"玄洋社"

"玄洋社"是日本第一个对中国进行间谍活动的组织，这个组织得名于分隔日本九州和朝鲜半岛的玄海滩。"玄洋社"1881年由大财阀平冈弘太郎创建。"玄洋社"搜集了大量的中国情报。

1928年6月4日凌晨，当张作霖乘坐的专列行至奉天郊区皇姑屯时，被河本安排工兵预埋的炸药炸毁。几个小时后，张作霖因伤重不治而死。土肥原以为炸死张作霖，必能引起东北混乱，这样就可以借机出兵，从而以武力解决满蒙问题。哪料想少帅张学良很快稳住阵势，使他的计划落空。更糟糕的是，"皇姑屯事件"真相不久就暴露了出来，土肥原被解除奉天省军事顾问职务，调任高田步兵第30联队长。隐忍两年之后，日本参谋部又起用他在天津设立特务机关，任命他为特务机关长。土肥原的魔影再次出现在中国的土地上。

张学良掌权后，杀父之仇使他毅然决然地与日本人决裂，先是挂上青天白日旗，归顺了南京政府，继而又和英美打得火热。对于张学良这种"排日"行为，日本人是看在眼里，气在心头。他们感到让张学良做日本的傀儡已属天方夜谭，要实现独霸"满蒙"的目的，唯一的办法就是采取大规模军事行动。关东军高级参谋板垣征四郎和石原莞尔经过一番密谋，决定制造一起与中国军队的摩擦事件，然后以此为借口，出兵占领奉天，继之攻占"满蒙"全境。

可是制造事端不是板垣和石原的特长，两人想到了土肥原。土肥原不仅是个中国通，与东北军长期打过交道，对东北军的情况了如指掌，而且他最拿手的就是搞阴谋诡计，制造事端。于是，一纸调令，将土肥原调任奉天特务机关长。

土肥原不愧是个搞阴谋的高手。上任后，他与板垣和石原串通一气，决定在靠近东北军驻地北大营的柳条湖，炸毁一段由日本人控制的南满铁路，然后将此事栽赃到东北军头上。

1931 年 9 月 18 日，随着南满铁路柳条湖段的一声巨响，早已准备好的日军 240 毫米口径的大炮对准东北军北大营一阵猛轰，紧接着板垣指挥日军冲进北大营。当天夜里，日军攻占奉天城。

"九一八"事变后的第 4 天，土肥原参加了由关东军参谋长三宅主持的一次会议，会议的议题是日本应采用什么样的方式来统治"满洲"。会上争论得十分热烈，板垣和石原坚决主张吞并东北。只有土肥原一言不发，多年的特务生涯使他懂得，此时只有冷静的人才能占上风。他拿着一只洁白的细瓷杯，慢慢地品着浓茶，面对着窗外，若有所思地摇晃着脑袋。脾气暴躁的石原看着他那慢条斯理的样，气不打一处来，怒气冲冲地冲他说："请问大佐，您是什么意见？总不能这样一言不发吧？"他这才放下茶杯，说道："这个我已想了很久。我认为目前不能急于把东北变成日本的殖民地，最好是建立一个由我们控制的，而名义上是独立的'满蒙王族共和国'"。接着他又详细地道出了他对建立"新国家"的种种设想。

土肥原不鸣则已，一鸣惊人。他的"妙计"得到了与会者的普遍接受。于是，根据土肥原的建议，会议制订了一个"满蒙问题解决方案"，并确定了如下方针："在我国（日本）的支持下，以东四省及蒙古为领域，以宣统皇帝为首建立中国政权，并使之成为满蒙各民族之乐土"。

会后，土肥原因在"九一八"事变中建立"功勋"，被任命为奉天市长。

挟持溥仪

根据"满蒙问题解决方案"确定的方针，关东军立即展开了对清朝末代皇帝溥仪的策动工作。按日本人的想法，溥仪是被国民革命军轰出紫禁城、废黜帝位的，现在手里没兵没枪，知道日本人帮他恢复帝位，不定会多高兴呢。哪知，事情并不像他们想象的那么简单。当关东军派人劝溥仪到"满洲"来时，溥仪一时猜不透关东军的意图，迟迟不肯动身。见软的不行，关东军决定用硬招，派人与驻天津日军接头，打算把溥仪强行劫持出天津。但驻天津日军司令官香椎认为这种办法太鲁莽，容易引起天津英美势力的注意，因此拒不批准。

拼凑"伪满洲国"的计划一时陷入困境。关东军司令本庄繁想来想去，觉得此事只有交给土肥原才能成功。于是，召见土肥原，令其将市长一职交给汉奸赵伯欣，去执行"扰乱天津，策动溥仪出走"的秘密使命。10 月底，肩负重要使命的土肥原秘密地潜入天津。

溥仪自打被冯玉祥的军队赶出紫禁城后，住进了天津日本租界里的"静园"，当上了寓公。但他始终念念不忘恢复大清祖业，重建大清国，只是苦于无人支持。现在日本人把机会送来了，他又怕受骗上当，犹豫起来。

土肥原到天津不久，就去会见溥仪。土肥原给溥仪的第一印象还不错："眼睛附近的肌肉出现了松弛的迹象，鼻子底下有一撮小胡子，脸上自始至终带着温和恭顺的笑意。这种笑意给人的唯一感觉，就是这个人说出来的话，不会有一句是靠不住的。"

为了打消溥仪的疑虑，土肥原煽动说："张学良把满洲闹得民不聊生，日本人的权益和生命财产得不到任何保证，这样日本才不得已而出兵。我们对满洲绝无领土野心，只是诚心诚意地要帮助满洲人民建立自己的新国家。"说到这，土肥原打住话头，看了看被他的一番甜言蜜语说得不住点头的溥仪，继续说道："关东军诚心诚意地欢迎您，请不要错过这个时机，尽早回到您祖先的发祥地，亲自领导这个国家"。他向溥仪保证，日本将保护"新国家"的领土完整，作为这个国家的元首，溥仪一切可以自主。

听着土肥原充满诚恳语调的话，溥仪内心激动不已，所有疑虑一扫而空。不过，他对元首的名分提出了要求："如果是复辟，我就去，不然的话，我就不去"。土肥原微笑着说："当然是帝国，这是没有问题的。"溥仪一听能再登皇帝宝座，便一口答应了下来。

可是，"好事"多磨，由于日本军部和内阁对起用溥仪一事意见不一，这件事被拖延了一段时间，溥仪不免又犹豫起来。

眼看就要前功尽弃，土肥原决定先把溥仪弄到"满洲"再说。他看溥仪又犹豫起来，就让人给溥仪送去一份礼品，并在水果筐子里放了两颗炸弹，吓得溥仪瘫在沙发上半天站不起身来。就在溥仪惊魂未定之时，土肥原又派人对溥仪说："炸弹是张学良的兵工厂制造的"，并威胁说："陛下不要再见外人了，还是早些动身的好。"接下去两天，溥仪又不断收到恐吓信。他的待从（日本特务）也报告说发现驻所周围有形迹可疑的人在活动。接踵而来的恐吓，令溥仪心惊肉跳、坐卧不宁，终于下定决心，请土肥原"快些安排离开天津"。

为了掩人耳目，尤其不引起英国人和美国人的注意，土肥原于11月8日晚策划了一个"天津事件"。他组织汉奸便衣队对华界大肆骚扰，制造混乱。然后，天津驻屯军司令官香椎浩平中将宣布戒严，断绝与华界的一切交通。同时，日军将静园严密包围，以免走漏风声。

11月10日傍晚，溥仪藏在一辆敞蓬汽车的后备箱里，偷偷溜出静园，中途又换上日本军服，在日本人一路保护之下，来到英租界的一个码头，乘上一艘由十几名全副武装的日本兵护送的汽艇，借着夜幕逃出天津。11月13日，汽艇靠上营口码头，溥仪终于踏上了"满洲"的土地。然而等待溥仪的并不是至高无上的皇帝宝座，他先被安排作了两年"执政"，两年后才黄袍加身，但也不像土肥原允诺的那样，有什么自主权，他成了一个地地道道、受制于人的傀儡。直到这时，溥仪才如梦初醒：日本人怎会平白无故地让他做皇帝？但为时晚矣。

土肥原策划溥仪赴满成功，成为建立"伪满洲国"的第一功臣，不久即荣升为陆军少将。

土肥原贤二的间谍网

土肥原贤二能说九种欧洲语言，四种中国方言，他组织了一个庞大的间谍网，网罗了一批汉奸为他卖命。他在哈尔滨、沈阳开设妓院，作为情报据点，同时贩卖鸦片。土肥原贤二开设鸦片馆，促使中国和白俄告密者染上大烟瘾。

进军华北

关东军占领东三省后，很快又把魔爪伸向长城以南。1933 年 7 月，关东军与国民政府签订了《塘沽协定》，使关东军的势力一下子扩大到了长城以内。再次出任奉天特务机关长的土肥原的活动舞台大大扩展了，关东军将山海关、通州、唐山等华北特务机关统统纳入他的掌管之下。土肥原雄心勃勃，决心要大干一场，尽快将华北变成第二个"伪满洲国"。

为了摸清华北军阀的动向，窥探这些军阀与国民党中央间的关系，刺探中国军队的情报，1935 年 2 月，土肥原用了一个多月的时间跑遍了关内大半个中国。他装出一副"和蔼可亲"的样子，凭着他那口流利的中国话，不断访问中国各地官员，"多方侦察究竟为敌为友"，以便确定哪些人可为日本人收买利用。他还在南京遍访国民党要人，在口口不离"中日亲善提携"之类的甜言蜜语的同时，狮子大开口，以日本帮国民党剿共为条件，要求国民政府答应在中国与"伪满洲国"之间设立北起长城一带，南达淮河流域的非武装区。3 月，土肥原从青岛返长春复命，关东军司令南次郎和参谋长西尾寿造亲自听取了他此次南行的报告。3 月 30 日，关东军根据土肥原的报告，确定了对华北的策略：（一）依据《塘沽协定》暨附带协议事项伸张日本既得权益，引导华北政权绝对服从。（二）为使将来以民众为对象，在经济上造成不可分离的密切关系。

谋取华北的方针一经确定，土肥原立即展开行动。他采取软硬兼施的手段，迫使察哈尔省主席秦德纯与其签订了"秦土协定"，把国民党第二十九军从与热河接壤的察哈尔挤走，使关东军势力在察哈尔站稳了脚跟。与此同时，日本华北军司令梅津美治郎也与何应钦签订了一个"何梅协定"，把国民党中央军、国民党党部和特务组织蓝衣社、宪兵第 3 团挤出了华北。日军完成了吞并华北的第一个步骤。

土肥原在阴谋讹诈得手之后，索性坐镇北平，加紧上演"华北自治"的丑剧。就在"秦土协定"签订的第二天，在土肥原的指使下，天津特务机关长大迫通贞收买汉奸白坚武制造了"丰台事件。"

白坚武原是直系军阀吴佩孚的旧部，吴佩孚被北伐军打败后，他就弃吴投日，成了认贼作父的汉奸，来往于伪满和天津日本租界之间，专门联络失意的官僚政客、国民党军政界的亲日分子，阴谋成立华北伪组织，他曾多次收买流氓刺客行刺河北省主席，妄图取而代之，但均未得逞。1935 年 6 月 27 日晚，在大迫通贞的唆使下，白坚武率 60 余名地痞流氓，伪装成日本人，勾结丰台铁甲大队中队长段春译，开出两辆铁甲车向北平进发。当开到永定门外时受阻，急向市内连连发炮，通知城内潜伏的3千多汉奸便衣队起事。不料铁甲车上的士兵不愿充当日本人的走狗，没在炮弹上装引信，发射的炮弹一发未响。北平政府出动大批军警很快将这次暴动平息下去。土肥原利用匪徒夺取北平，成立自治政府的如意算盘被打碎。这次失败使土肥原得出教训，单靠临时收买些流氓汉奸成不了多大气候。于是，土肥原开始向华北地方实力人物开展工作，试图重温当年扶植溥仪成立"伪满洲国"的旧梦。

当时，华北地方属实力派的人物有山西的阎锡山、山东的韩复榘、河北的商震和从察哈尔进驻北平的宋哲元。土肥原在华北活动多年，对这些人的脉搏摸得一清二楚，在4人中间，他确定以阎锡山和宋哲元为策动的重点对象。

土肥原与阎锡山是故交，早在20年代，他就曾多次到山西与阎秘密会晤。土肥原知道阎锡山野心极大，一直在扩充实力，梦想一统天下。于是，他指使日本通讯社放出风来，说华北、察哈尔、山西、绥远等4省，将由阎锡山主持"华北独立政权"，目前正在进行中。他这样做的目的，一方面是想吊吊阎锡山的胃口，看看他的反应如何，另一方面是挑拨蒋阎关系，激怒蒋介石把阎锡山逼到日本人这边来。

哪知老奸巨猾的阎锡山并不上当，他认为时机尚不成熟，一则他尚摸不清华北其他实力派人物的打算，怕万一独树一帜，得不到支持；再则他也怕老蒋给他扣上一顶汉奸帽子，惹得国人共讨之，到那时，恐怕连"山西王"的宝座也保不住。于是，阎锡山一边对日本人支吾搪塞，一边在报上公开声明，表示与蒋介石并无二心。阎锡山的言行把土肥原气个半死，但对于这样一个坐地虎，他又奈何不得。

策动阎锡山不成，土肥原又把目光转向宋哲元。就在这时，蒋介石也注意到了日本人在华北的不良用心，他知道宋哲元的"背叛"事关重大，为了与日本人在华北周旋，必须拉住宋哲元。为此他授予宋哲元最高荣誉的青天白日勋章，并委以军政重任。这一举措确实稳住了宋哲元的心，土肥原的策动计划再次陷入困境。

然而，土肥原并不死心，他决定改变过去对阎锡山、宋哲元等人各个说服的办法，分三步实施自己的策动计划。第一步先说服并切实掌握真正的亲日派殷汝耕，在冀东成立伪政府；第二步再从宋、阎、韩、商4人中选择突破口，使其中一个与冀东结合起来成立一个新政权；第三步再将其他人包括进来。

殷汝耕本是国民政府冀东行政专员，是个毫无民族气节的小人，早就与日本人眉来眼去，勾勾搭搭。当土肥原提出由他主持筹建"冀东自治政府"后，殷汝耕喜出望外，满口应承下来。1935年11月25日，以汉奸殷汝耕为首的"冀东防共自治委员会"在通州宣告成立，土肥原为了给殷汝耕助威，在天津成立汉奸组织，用钱收买地痞流氓上街示威游行，向天津市政府请愿要求天津"自治"。土肥原还把日本著名的女间谍川岛芳子从奉天调到天津，策划"华北自治委员会"并组建"华北民众自卫军"，由川岛芳子亲自担任司令。在土肥原的导演下，1935年12月25日，"冀东防共自治政府"正式出笼。

策动冀东伪政权大功告成后，土肥原即开始实施他的策动计划的第二个步骤，把黑手再次伸向宋哲元。土肥原看出，宋哲元迟迟下不了决心，主要是出于对南京政府的顾忌。于是他向日本政府献策，由日本政府出面向南京政府施加压力。蒋介石再一次向日本人妥协，他不顾全国人民的反对，批准由宋哲元组建"冀察政务委员会"。1935 年 12 月 18 日，在全国人民的一片反对声中，"冀察政务委员会"终于成立。

就这样，在土肥原的一手导演下，日本人不费一枪一弹，兵不血刃地攫取了对冀察两省和平津两市的控制权，为最终用武力完全占领华北奠定了基础。日本军部当然不会忘记立下大功的土肥原，1936 年将其调回日本，任留守第 1 师团长。翌年，由天皇钦命为宇都宫第 14 师团长，并晋升为陆军中将。正是由于有了这个师团长的经历，1941 年他才得以升为陆军大将这一日本陆军的最高军衔，这是他的前辈，老牌特务头子青木、坂西都望尘莫及的。

沙场败阵，重操旧业

1937 年 7 月 7 日，"卢沟桥事变"爆发，日军在华北各地展开大举进攻。8 月下旬，土肥原奉命率领他的第 14 师团来到硝烟弥漫的华北战场。由于蒋介石奉行不抵抗政策，土肥原率领第 14 师团一路势如破竹，先是由永定河、拒马河、大清河强渡成功，然后突破保定国民党军队的防线，沿石家庄、邢台、邯郸、安阳、新乡一线向南推进，一举控制了黄河渡口。日本报纸连篇累牍地报道土肥原师团的快速进军，大肆渲染土肥原的胜利，把他吹嘘成攻无不克的常胜将军。土肥原的部队每攻一地，便烧杀抢掠，无恶不作，中国老百姓一听到他的名字就心惊肉跳，称他为"土匪原"。

就在土肥原纵兵冲杀，准备再建奇功之时，国民党军队突然决开郑州花园口黄河大堤。波涛洪流奔腾而来，使土肥原部陷入绝境。在一片黄色汪洋之中，他的军队完全失去了控制，士兵、马匹、车辆乱成一团。在泥泞中挣扎的土肥原师团成了中国飞机的活靶子，损失惨重。后来，在援军的拼死抢救下，土肥原才摆脱险境，死里逃生。

此战的失利，使日军首脑断定土肥原不是带兵征杀的料，他的更大才能是从事幕后阴谋策划，于是，1938 年 6 月，日本军部命土肥原重操旧业，组建一个"对华特别委员会"，任务是在中国日本占领区成立一个统一的伪中央政府，与国民党的南京政府相抗衡。

土肥原走马上任后，以设办事处的名义在上海设立"土肥原"机关。他根据多年对中国政界人物的了解，选择靳云鹏、唐绍仪、吴佩孚作为拉拢争取的对象，扶植其中一个充当伪"中央政府"的领袖。

1938 年 9 月，土肥原亲自出马，到上海密访唐绍仪。唐绍仪曾任北洋军阀政府第一任国务总理，是国民党的元老之一。在土肥原的反复劝诱下，唐绍仪心有所动。不料，此事被军统头子戴笠知晓。1938 年 9 月 30 日，唐绍仪在上海的寓所里，被戴笠派去的杀手用利斧砍死。土肥原的拉唐计划就此泡汤。

拉唐受挫后，土肥原并不死心，又马不停蹄地北上，开始策动靳云鹏。靳云鹏自1921 年下台后，就离开了纷乱的政界，隐居天津。土肥原赶到天津，劝靳放弃隐居生活，重新步入政界，与日合作，但被靳以自己早已遁入佛门，不愿再理俗事为由婉言拒绝。

靳、唐工作先后失败，迫使土肥原下定决心，把工作重点指向吴佩孚，决定不惜一切代价拉吴出山，建立以吴为中心的"新政府"。

吴佩孚是20世纪20年代中国政治舞台上的风云人物，北洋军阀直系的首领。这是个惯于利用政治风云变幻的老手，他看到此时中日战争不断扩大，出现许多"真空"地带，又萌动了重整旗鼓的念头。土肥原投其所好，一面命人与吴交涉，向吴许愿：日本将帮助吴建立统一的中央政权，并推举吴为领袖。一面利用汉奸从旁推波助澜。1939年1月24日，在土肥原的授意下，北平的陆宗舆，天津的王揖唐等纠集24名汉奸头目正式宣布组成"和平救国会"。第二天，王揖唐等人携委任书，以"和平救国会"的名义恳请吴出山，担任"绥靖委员长"。双管齐下之后，土肥原认为时机已经成熟，便亲自拟好"答记者问"等书面材料，宣布于1月31日在吴的寓所举行中外记者招待会。不料，在记者招待会上，吴佩孚并没有宣读他拟好的书面文件，而是大谈他出山的条件，即所谓"实地"、"实权"、"实力"的"三实主义"，使土肥原在日本政府面前大丢面子。策动吴佩孚工作一时陷入僵局。

就在土肥原极为沮丧之际，以影佐祯昭为首的"梅机关"对汪精卫的策反工作获得成功。汪精卫几乎全部答应了日本人提出的条件，甘愿充当日本人的驯服走狗。土肥原一下子又看到了希望，把精力全部投入到策动"汪伪政权"的工作上。

为了防止不再出意外，土肥原首先采取措施，来保证汪的人身安全，安排汪精卫住在他的特务老巢重光堂附近，由日本特务昼夜保护，以防重蹈唐绍仪被刺的覆辙。为了对付国民党特工在上海的频繁活动，土肥原还为汪精卫物色了两个保镖——丁默邨和李士群。丁原是国民党军统局第3处处长，李是CC团的人。两人都是从事绑架暗杀、刺探情报的老手，对国民党特务的活动方式和规律了如指掌。丁李二人不负土肥原的厚望，连续4次瓦解了戴笠亲自指挥的刺杀汪精卫行动。

在土肥原的精心导演下，1940年3月，"汪伪政权"在南京成立。土肥原不仅挽回了面子，而且还因对华工作"成绩出色"，被晋升为陆军大将。

美国对日托管地的间谍侦察

　　美国对由日本托管的太平洋中的群岛耿耿于怀，这对美国的海洋霸权是个危险。为了除去肉中刺、眼中钉，美国海军情报局派出了精干分子企图获取情报，但没有成功，不甘心的美国情报机构第二次派出了人手，但依然没有收获，直到厄哈出现，但她也离奇失踪了。

临危受命担重任

　　这里被称为托管地，位于夏威夷和菲律宾之间太平洋数千英里海域之内的成百上千的珊瑚礁和火山岛，最初被称作3个分立的群岛：马绍尔群岛、加罗林群岛和马里亚纳群岛。它们曾一度是德意志帝国野心在海域里达到极限的象征，然而，当日本在1914年对德宣战之后这些遥远的殖民地就落入了日本人手中。这是一次极为巧妙的行动。仅仅以极小的人力物力为代价，日本人就将广阔的太平洋置于其帝国野心之下。

　　正是这一点令日本称霸太平洋的最大对手美国感到不安。在此之前日本人已经取得了国际联盟的同意在这些岛屿上建立一个托管地，然而很少有人会上当：日本人绝不会像托管条约所要求的那样，在将来保证岛民们的独立。

　　只要看一眼太平洋地区的地图就会明白美国人为什么会对日本人再度兴起的控制托管地的要求感到如此不安。如果他们决定实施防御，在岛上修建军用机场和海军基地，他们将控制通往东南亚和印度洋的海上通道。一旦日美之间爆发战争，托管地将成为日本的一艘永不沉没的航空母舰，由此出发可攻取夏威夷和菲律宾，还可以威胁整个太平洋运输线。

　　在国际联盟托管条约的条文下，日本人被禁止在托管地修筑工事，美国人却开始听到从岛上传来的令人不安的消息。商船的船长们报告说日本人采取了严密的安全措施，令游客们感到沮丧并且禁止任何人在各岛间随意往返。当地人私下传言岛上正在建造大工程，包括船坞和机场。每天都有大批日本工人随船来到岛上。

　　到1920年，托管地已经成为美国海军情报局的头号情报目标。确信日本人正准备将这些岛屿变成防御基地，海军情报局试图雇佣密克罗尼西亚人去探察发生了什么事情，然而在日本人密不透风的安保工作面前，一切类似的努力都失败了。

　　海军情报局下决心要解开这个谜，他们开始寻找一位能够打入托管地并探明事实真相的特工。对这样一位特工的要求是严格的：必须有军事专长能够准确描述军事设施，同时还要对该地区的情况了如指掌，能够独自完成间谍任务并安全归来。海军情报局最终还是找到了这么一个人：美国海军陆战队中校军官厄尔·汉考克·埃利斯。

　　选择埃利斯来完成这个任务，海军情报局可以说是找到了一位出色的人物——同时又是一位有着很大缺陷的人物。这些缺陷导致了一场情报战灾难，并为一场悲剧作了铺垫。

埃利斯的朋友们叫他"皮特"，他是堪萨斯农家的孩子，在1900年他17岁时逃离他原本枯燥的日常生活加入了海军陆战队。到第一次世界大战爆发时，他已被认为是全美国军队中最为出色的军官之一，尤其以擅长制定行动计划而著称。舆论普遍认为他将成为部门首脑。

战后，他在太平洋和日本等地担任了许多不同的职务。他开始喜欢上这一地区并将主要的精力花在研究这些国家及其国民的特点上。不过，埃利斯具有一颗纳粹式的军国主义头脑，他的研究也都是从日美未来战争的战略角度出发的，在日本的这一次任务令他确信日本人准备在将来向美国叫板，因此他想的全都是美国人怎样去赢得这场战争。

死在帕劳岛

埃利斯开始相信托管地将是未来战争的取胜关键。那一场战争将取决于哪一方能控制托管地，这意味着美国获胜的基本条件就是从日本人手中夺取托管地。经过仔细研究，埃利斯将他的想法汇入一份出色的可行性研究报告中，报告的题目叫《密克罗尼西亚的前进基地行动》。这一报告详细策划了一场美军夺取该地区重要岛屿从而以海空实力控制其它岛屿的行动。首要目标集中在能使美国人进入攻击日本本土航程的岛屿。为执行这一行动计划，美国人必须发展强大的两栖作战能力。

埃利斯的研究引起了海军情报局的注意，他们派他去完成一项大胆的使命，埃利斯将以平民的身份进入托管地；去完成有关日军进展程度的详细调查。鉴于他有上述专长，埃利斯应该是重要而且危险的使命的最佳人选。

然而，在另外许多方面他却堪称最差人选。埃利斯是个酒鬼。他的优点通常掩盖了这个致命弱点，结果是埃利斯的恶习日益发展。另外，他开始表现出精神上的极度不稳定：在菲律宾的一次宴会上，他仅仅因对谈话感到不耐烦就拔出手枪击碎了碟子。他还患有肾炎，一种慢性的肾脏疾病，因为酗酒而不断加剧。

不管怎么说，埃利斯踏上了征途。1922年初在纽约的进出口公司中，又出现了一家神秘的新公司，叫"休斯贸易公司"。显然是与众不同的，除了一个整天坐在办公室里的秘书以外，就没有其他雇员，而这位秘书除了偶尔接一接电话剩下唯一的活是读杂志。

休斯贸易公司是海军情报局的掩人耳目的小把戏。除了这位秘书之外，公司的唯一大员就是 E. H. 埃利斯本人。根据公司的登记，埃利斯是公司驻太平洋地区的椰肉干贸易代理。不过埃利斯在那方面做得很少。到达日本横滨之后，埃利斯搭日本客轮前往托管地，到那儿他大喝了一通而后住进了医院。受此警示，海军情报局突然开始重新考虑他的使命，很明显，他的酗酒问题愈演愈烈，这将意味着一场纯粹的冒险。

海军情报局计划等埃利斯的健康状况一恢复就命令他回国。然而他却溜出了医院，在其后的两个月中，人们看见他驾着一条小船在托管地的各个岛屿间穿梭。尽管他对

每个人都说他在做椰肉干生意，很少有商人全心全意地做这种生意。所有的人都明白
E. H. 埃利斯不是他自己所说的那种人。日本人也一样，他们开始密切监视他。

1922 年 12 月的一个早晨，一位在贾鲁依小岛工作的传教士被当地人叫醒，他们
请他去看一位生病的美国人，那就是埃利斯。教士找了一位大夫，在几个星期之后埃
利斯就康复了。他自称是个椰肉干商人，传教士发现有一整队的日本特工跟他形影不
离。几个月之后的 1923 年 5 月 12 日，埃利斯被人发现死于帕劳岛。

接替人在一场地震中丧生

一个奇怪的间谍之谜现在解开了。日本人直到 9 天后才通知美国驻东京大使馆有
关埃利斯的死讯。而且，为了加深悬念，他们拒绝让美国船只进入托管地附近水域去
运走埃利斯的遗体。最后，经美方外交人员反复交涉后，日本人才同意让一位美国人
在帕劳登陆，从当地的一座坟中掘出埃利斯的尸体再运回美国。由于埃利斯死前曾要
求火葬，日本人同意上岸的美国人火化尸体并将其骨灰装盒运回美国。

被选中做这项工作的美国人是一位工作了 17 年的老海员，海军情报局已经将他训
练成一名间谍，他奉命去弄清埃利斯在帕劳停留了多长时间，他死时是否随身带有什
么文件或其他有趣的东西。他还被告知要时刻注意观察岛上的建筑物情况。

老海员登上了帕劳岛，开始向当地人和那位传教士打听有关情况。当地人说埃利
斯死前未显出任何症状，而他被日本人紧紧盯住，他们怀疑日本人把他关起来了。传
教士则提供了更加令人迷惑不解的情况，埃利斯就住在岛上，他每天都驾船出去搜寻
一番，在几个月之内他已经积累了大量的纸卡、笔记本和图表，当然他从不让别人知
道。他死后，日本人拿走了他的所有东西。

在日本人的严密监视之下，老海员取出埃利斯的尸体后火化，并准备将骨灰盒带
回美国。就在计划接他回国的轮船到达前 1 小时，老海员突患急病。日本人只好答应
送病者前往横滨的医院治疗。在那儿美国人没办法探视他。不过就在海员被送往医院
病室的 1923 年 9 月 1 日，日本本土爆发了一场大地震。横滨医院被夷为平地，许多病
人死于非命。而那位在帕劳神秘染病的美国海员也在死者名单之中。

由于这两位美国人的死，托管地再度被蒙上一层神秘的黑雾。海军情报局试图进
行若干其他的行动，因日本人极为周密的安保措施使最简单的情报收集都无法得逞。
海军情报局的一切努力都似乎徒劳无益，这倒进一步加深了海军情报局的预感，那就
是日本人的安保之举必然意味着他们想掩盖什么重大机密。在以后的 10 年中，海军情
报局一直没有成功。就在这时一位关键人物登场了。

飞行女神神秘失踪

在富兰克林·罗斯福的许多爱好中也包括间谍活动，他贪婪地阅读各种间谍小说
作为消遣，而且还喜欢坐在那里听别人讲一些真实的间谍故事。他是个喜欢在官方渠
道之外获取小道消息的人。他最喜欢的渠道便是被称作"房间"的那一种，一群富有

的朋友一齐涉足间谍世界，收集一些短小精悍的情报。他们的头头是纽约金融家文森特·阿斯托，他捐助建起了著名的位于曼哈顿的纽约公共图书馆，他正好拥有一艘私人远洋大游轮"内瓦尔"号。

作为罗斯福的助手和最亲密的朋友之一，阿斯托愿意为罗斯福做任何事情。1935年，曾任海军次长的罗斯福来了兴致。听说阿斯托喜欢乘游艇去不同地区做长途旅行，罗斯福建议他的朋友前去太平洋——尤其是托管地附近。

阿斯托接受了朋友的建议，但乘"内瓦尔"号公开进入那保密的地区显然太引人注目了。另外，阿斯托是个出色的金融家，可是他对船坞建筑和军用机场却显然不甚明白。就算他能够靠近海军情报局感兴趣的一些岛屿，他能否认出他所见到的东西仍是个问题。明摆着得另想办法。1937年又一个机会来了。

"我飞行的技术胜过我洗盘子的本领。"阿米莉娅·厄哈喜欢以这种直率的方式来表达她对飞行的热爱。

厄哈和埃利斯一样是来自堪萨斯州。1928年，当她在某一天注意到报纸上的一则广告时，她的生活终于起了变化。那则广告的内容是：出版商乔治·P. 普特南正在寻找一位愿意当一名不停歇飞越大西洋的飞机女乘客。

厄哈是 24 名申请者之一。最终他成功了。

1931 年她独自飞越了大西洋，这一成功使她成了国际知名人士。厄哈继续完成了若干航空史上的创举，使她自己成为航空史上最有名的人物之一。1937 年她又有了一项前无古人的计划，仅带一名领航员作环球飞行，要分成若干段令人精疲力尽的航程来完成。她将驾驶一架双引擎洛克希德式飞机，这也是那个时代最先进的飞机。

为了方便飞机穿越大西洋，罗斯福下令在位于飞行路线上的豪兰岛上修建机场，他还命令海岸警备队为她提供无线电设备和其他援助。

厄哈的这次环球飞行要经过南太平洋上若干海军情报局一直感兴趣的日托管岛屿。厄哈在 1937 年的 6 月 12 日从新几内亚起飞，开始了前往豪兰岛的 2556 英里航程。在她起飞后的 15 小时，豪兰岛收到了她的最后一次无线电信号，以后就再无下文了。厄哈和她的领航员失踪了。

罗斯福下令进行了一次空前的海上搜索。海军舰船和飞机将大约 20 万平方英里的太平洋水域搜了个遍，仍是一无所获。最后，经过整整一个星期的徒劳无功的搜索后人们放弃了努力。

当美军后来占领了原日本控制的托管地群岛时，他们听到了由一些当地岛民讲述的有关一对白人男女被日军俘获又解往日本本土的故事。日本方面否认有任何类似事件的发生。

纳粹恶魔海德里希借刀杀人

"大清洗"运动是苏联历史上一场空前的大浩劫，在这次运动中，大批苏联党和政府的高级官员、文化和科学界的精英遭到迫害。1937年，"大清洗"开始推广到军队中，19位军团司令被杀掉13位，135位师、旅指挥员被处死110位。"大清洗"给苏联武装力量造成了重大损失。

给苏联造成这场空前大浩劫的幕后黑手却是纳粹德国，为了让苏联"自毁长城"，纳粹德国一手炮制了这场惊天骗局。

两份蹊跷的情报

纳粹德国在策划第二次世界大战之时，面临军事实力强大、士气旺盛、拥有众多杰出的军事将领的苏联，一直怀有深深的畏惧，始终在筹谋怎样能够让苏联自耗实力，从一个军事强国变为一个可以任人欺凌的弱国。

图哈切夫斯基

1893年2月4日图哈切夫斯基出生于斯摩棱斯克省道罗戈布克县，父亲是位有贵族血统的地主，但图哈切夫斯基从小受到贫农女儿出身的母亲的教育。

少年时代的图哈切夫斯基对小提琴表现出超乎寻常的热爱，而对军事并没有表现异常的兴趣。但命运同他开了个玩笑。1911年，图哈切夫斯基18岁时通过了一项极具挑战性的测试，被选入叶卡捷琳娜二世莫斯科第一学生7级班培训。从此，图哈切夫斯基开始了他的戎马生涯。

1936年，原沙皇政府的将军，当时正在巴黎避难的斯科布林来到德国驻法国大使馆，把两份机密情报交给了德国盖世太保间谍卢戈森。斯科布林是个双面间谍。情报的主要内容是，苏联军队正酝酿着一场大阴谋，总参谋长图哈切夫斯基正在策划推翻苏联最高领导人斯大林的军事行动。得到情报后卢戈森立即亲自乘飞机将情报送到德国。

情报所提到的图哈切夫斯基是苏联红军总参谋长、陆军元帅、杰出的军事家。1920年，他领导高加索方面军，一举歼灭了反苏维埃的白军首领邓尼金的部队，从此，所辖红军所向披靡，队伍日益壮大。因而，他成为苏联国内战争期间著名的英雄和功臣，享有很高的声誉，人称"红色拿破仑"。

德国帝国中央保安总局局长海德里希认为，如果情报属实，那么这样一个才华横溢的军事家推翻了斯大林之后，对德国来说是个潜在的最大威胁。如果能让"情报设法落入斯大林之手"，不但能够除掉图哈切夫斯基，还能够引起苏联高层内部争斗，使德国坐收渔翁之利。由此，一个罪恶的计划诞生了，这一"借刀杀人"的想法很快就被希特勒批准了。

海德里希调阅了大量档案文献，终于找到了下手的地方。为了保密，海德里希派间谍潜入德军最高统帅部的机密档案库，盗走了关于图哈切夫斯基代号为"R"的文件。在1923年到1933年间，有一个德国商业企业家活动联合会曾和苏联打过交道，参与了一些武器和军用品的研制，所有内容都在这份文件里，其中有图哈切夫斯基的谈话。

海德里希拿到档案之后，开始篡改"R"文件，在谈话记录和往来书信中增添一些词句，加上新的书信并改变语调，特别改动了图哈切夫斯基本人的言语，充分表现出他有推翻斯大林的野心。很快，一份逼真且内容丰富的档案出笼了。

▲德国帝国中央保安总局局长海德里希

"多管齐下"阴谋得逞

悲剧的第一幕发生在1936年。当时，希特勒正准备发动对法国的战争。德国外交部企图透过捷克驻柏林公使马斯特内去确定捷克对于这场战争将会采取什么样的立场，海德里希由此暗示参加会见的德国外交官，借此把"R"文件伪造的内容透露给马斯特内。得知这一文件内容后，马斯特内立刻向捷克总统贝奈斯发了一封电报告知这个情报。

捷克总统贝奈斯马上找来苏联驻捷克大使亚历山大罗夫斯基，将电报交给他。就这样，海德里希精心炮制的一份阴谋情报，终于不露痕迹地落到了斯大林的手里。

海德里希为了确保计划万无一失，在捷克总统贝奈斯召见苏联大使的第四天，他赶到巴黎，将情报巧妙地传达给了法国总理达拉第。后者又将其传给苏联驻法国大使波特金。波特金在得知这一情报后，立即向莫斯科发出了加急电报。

紧接着，海德里希派党卫军的头目贝伦斯去捷克首都布拉格，会见捷克总统贝奈斯的代表，表示自己背弃希特勒的决心，并向他透露了几份关于图哈切夫斯基的"罪证资料"。获得了这份情报之后，贝奈斯深信不疑，立即电告斯大林。

贝伦斯又和苏联驻柏林大使馆的伊兹赖洛维奇见面，最后以300万卢布的价钱将这封"机密情报"卖给了苏联。

就这样"多管齐下"，纳粹德国的阴谋终于成功了。1937年6月11日，图哈切夫斯基元帅和其他几位苏联著名将领都被处以死刑。紧接着，苏联国防人民委员伏罗希洛夫发布鼓励告密的命令，从而掀起了一股滥杀浪潮，苏联军事将领们接二连三地被判刑和

▲穿着击剑服的海德里希

杀害，全军近80%的高级军官被杀害，苏联国防人民委员部中央机关、各军区、各兵种，以及各军、师、团的大多数主要领导干部都被逮捕处决。

苏军将领格里戈连科曾评论说："世界上任何一支军队，它的高级指挥干部在任何一次战争（包括第二次世界大战）中都没有受到这样大的损失。甚至全军覆没的结果也不至于如此。就是缴械投降的法西斯德国和帝国主义日本所损失的高级指挥将领也比这少得多。"

这场史无前例的"大清洗"最大的受益者不是斯大林，而是这场骗局的设计者——纳粹德国。德国陆军总参谋长贝克将军在评估1938年夏季的军事形势时说："可以不必把苏联军队看作一支武装力量了，因为血腥镇压大伤其元气。"

希特勒日后敢于向苏联发动进攻，在很大程度上是认为苏军经过大清洗后已经不堪一击。他在反驳某些德军将领认为不宜进攻苏联的观点时说："苏军将领中最有才华的部分已经在1937年被斯大林消灭了，这意味着那些正在成长的接班人还缺乏作战所必需的智慧。"于是，1941年6月22日，希特勒悍然撕毁苏德互不侵犯条约，出动550万大军，对苏联发动了规模空前的进攻。

曾经强大可以傲视世界的苏联红军是在缺少有效指挥的情况下去迎战当时装备最精良、最训练有素的德国军队的，其结果自然不难想象。可以说"大清洗"不但给苏联带来了巨大而惨痛的教训，同时也给世界格局带来了深远的影响。

第二次世界大战的谍战

　　第二次世界大战，发生的时间是 1939 年 9 月—1945 年 9 月，是一场世界范围内的法西斯联盟和反法西斯同盟巅峰较量的战争。这场空前的世界大战最后以美国、苏联、英国、中国等反法西斯国家和世界人民战胜法西斯侵略者赢得世界和平与进步而告终，二战期间发生的间谍战可以说是人类历史从古至今以来最为"壮观"的，同正面战场那些一场场生死战役一样，这期间的谍战同样惨烈而悲壮。这里展示的就是二战惨烈场面中的另一种生死画面，它演绎了一场场扣人心弦的间谍和反间谍生死战，在这些生死战中涌现出了大量的可歌可泣的英雄式人物。正面间谍，反面间谍，双重间谍，甚至还有三重间谍，你中有我，我中有你，你来我往，你争我夺，展开了一场场生死攸关的较量。这些间谍战，对战争格局以及战争的发展产生深远影响，有些起着决定战争命运的作用。

"康多尔小组"在行动

熟悉二战历史的人知道，阿拉曼战役是北非战场的转折点。然而，人们并不知道，为了取得这场战役的胜利，英国第8集团军司令有"沙漠跳鼠"之誉的蒙哥马利及相关谍报人员绞尽脑汁，利用间谍战，将德国"非洲军团"司令、有"沙漠之狐"之称的隆美尔拉进了一个个精心设计的圈套中。

"康多尔小组"在行动

在北非战场，隆美尔取得胜利的关键之一在于及时获得了有关英军的情报，"康多尔小组"的有效行动，是隆美尔获得有价值情报的途径之一。

"康多尔小组"是由28岁的约翰·埃伯勒领导的。他是德国谍报局的间谍，出生在亚历山大港，父母是德国人，他是伊斯兰教徒。他的父亲死后，他的母亲和一个埃及律师结婚。埃伯勒长大成为一个富有的开罗人，同时仍效忠于德国。他在第二次世界大战爆发的前夕，参加了德国谍报局。

当隆美尔要建立一个由了解开罗的可靠的德国间谍组成的小组到埃及首都从事特务活动时，埃伯勒被选中参加"康多尔小组"。

1942年4月，埃伯勒到达的黎波里，这是他去开罗的旅程的第一站，他带了两部美国海利克莱夫特无线电收发报机和英国的5镑和1镑钞票共5万英镑，还带了一本《蝴蝶梦》，因为"康多尔小组"的密码是根据这本小说编成的。就"康多尔小组"来说，埃伯勒的密码是根据事先安排好的在某些日子用小说的某几页。他的收听站，用他们手中的同样的书本来翻译密码。

▲有着"沙漠之狐"之称的非洲军团司令隆美尔

"康多尔小组"第二号人物是彼得·蒙卡斯特尔。彼得·蒙卡斯特尔也是个德国人。两个人在1942年5月11日从贾洛绿洲出发，乘坐缴获的英国车辆跨越寸草不生的沙漠奔向开罗。大约在离开贾洛二十几天以后，"康多尔小组"就到达英国的领土上了。埃伯勒和蒙卡斯特尔换上便衣，进入开罗以南近500公里的阿西尤特，这里只有英国和埃及当局的少数兵力防守着。虽然他们被制止前进，但埃伯勒是埃及人，蒙卡斯特尔冒充美国人，他们两人都会说英语，经过检查证件，他们被允许通过了。他们乘上了去开罗的晚班火车。

埃伯勒的疏忽

一到开罗，埃伯勒和蒙卡斯特尔就在郊区的"花园城"一所膳宿公寓里住下来。埃伯勒马上开始寻找他能信任的朋友。在他找到的这些朋友当中，有一个人叫黑克麦斯·法赫米，她是埃及著名的肚皮舞舞女。法赫米是强烈的反英分子和阿拉伯民族主义者，住在尼罗河札马勒克岸边的游艇上。

法赫米告诉埃伯勒她是一个间谍，为埃及军队中的"自由军官运动"从事反英活动。她的主要情报来源是她的情人，在开罗英军总司令部工作的史密斯少校。埃伯勒也告诉她，他是为隆美尔工作的人员。最后，法赫米安排埃伯勒趁着她和史密斯去睡觉的时候去看史密斯少校皮包里的文件。她答应安排埃伯勒会见一个朋友：阿齐兹·埃尔·马斯里将军。他是一个有权势的、强烈的反英人士，在英国的坚持下，阿齐兹·埃尔·马斯里被解除了在埃及军队所任参谋长的职务。

埃伯勒和蒙卡斯特尔在靠近法赫米的游艇的地方租了一艘游艇，把一架收发报机藏在札马勒克的一家奥地利牧师主持的教堂里，另一架放在游艇上，然后开始工作。

埃伯勒按照法赫米的嘱咐，在史密斯少校来访时，偷看了他的公文包里的文件，了解到许多关于英国兵力、部署、意图的情况。然后埃伯勒和蒙卡斯特尔用《蝴蝶梦》密码每天午夜报告给西波姆无线电情报连，或者发给设在雅典的德国国防军收听站。

埃伯勒和阿齐兹·埃尔·马斯里将军的会面是在一个牙科医生的诊所里进行的。阿齐兹·埃尔·马斯里将军对这个小组的证件、情报、钱财，以及埃伯勒和蒙卡斯特尔为隆美尔工作这个事实，有了深刻的印象。他听取他

> **北非战役**
>
> 北非战役是指第二次世界大战期间，从1940年6月10日至1943年5月16日发生在北非的战役。它包括发生在利比亚和埃及的沙漠战役（称为"西部沙漠战役"，也被叫作"沙漠战争"）、摩洛哥和阿尔及利亚（"火炬行动"）以及突尼斯（"突尼斯战役"）的战役。

们关于反英间谍活动的建议和他们发动圣战的计划，就是当隆美尔大举进攻并占领开罗和亚历山大港时，发动圣战。但是英国保安局知道了关于圣战的消息，他们制定计划对付这些人。

在这紧张的时候，埃伯勒犯了一个错误，这并不是很严重的错误，要不是处在紧张时刻，或许不会被人注意。他穿上英国上尉的制服，到塔尔夫俱乐部喝酒，收集最新的流言蜚语。但是他携带的埃镑已经用完，他认为英镑像以前一样仍是合法货币，于是付了一张英镑，侍者接受了这张钞票，因为它可以在英国军需处兑换埃及货币。埃伯勒在塔尔夫俱乐部喝完酒以后，来到大都会旅馆屋顶上的酒吧间，这是新闻记者经常进出的地方，他在那里又用英镑付酒钱。他还选了一个酒吧间的姑娘，她自称为叶维特。埃伯勒给她买了大量昂贵的香槟酒，他又一次付了英国货币。然后他把她带回游艇过夜。早上，他用五英镑一张的钞票付给她20英镑，并请她再来看他。她同意

了，然后走了。

埃伯勒哪里知道，叶维特是犹太间谍组织的成员，当时这个组织为英国情报局工作。叶维特把她和埃伯勒的这次的相遇向她的上级汇报了，并且说她认为埃伯勒是个德国人，并且认为他是个间谍，因为，他的钱太多了。她的上级告诉她要与埃伯勒保持接触，并和英国情报局作了安排，将这艘游艇置于监视之下。一个埃及人打扮成乞丐，坐在尘土飞扬的拖船航道的末端。就是这个乞丐，注意到法赫米来到埃伯勒的游艇上，他还注意到英军少校穿着制服来到法赫米的游艇上。

埃伯勒一行三人被捕

叶维特在与埃伯勒第一次会见后的第二天（或第三天），又来拜访他了。当她敲客厅的门时，没有人回答。但是门是开着的，她就进去了。她注意到房间里到处都是酒瓶，烟灰缸满满的，剩下的食物，脏的碟子，这是一次聚会后杯盘狼藉的景象。

埃伯勒和蒙卡斯特尔在他们的舱房里呼呼大睡。叶维特开始仔细观察这艘船。在一个小房间里，她发现有一张书桌，上面有一本书和一些便条纸，她注意到这本书的书名——《蝴蝶梦》，便条纸上是方格子和6个字母组成的词组。叶维特认为这可能是某种形式的密码，并怀疑埃伯勒和蒙卡斯特尔都是间谍。她把书打开，注意到"用过"的页码，抄下便条纸上每一行的第一组密码。然而在她离开游艇时，她被逮捕了，并被带到警察局审问。这个乞丐一直盯着这只游艇，并在她离开的时候，向警察发了信号。他们不知道她与英国情报局有联系，因而怀疑她并把她拘留了。同时，袭击西波姆无线电情报连时被俘的两名俘虏被押解到开罗。在他们的帆布包里有一本《蝴蝶梦》。这本书立即引起了他们的审讯者的怀疑：一个德国人读这样一本英文书干什么？此外，当这两个人被问到他们是从什么地方买到这本书时，他们很不安。仔细检查后发现，几乎可以肯定，这本书是在葡萄牙买的。有人把空白页上用铅笔写的50个埃斯库多（葡萄牙货币单位）用橡皮擦去了。这本书作为某种密码的基础是相当肯定的，开罗的英国情报局打电报给在里斯本的英国情报局，查询最近是否有人在那里的书店里买了两本或两本以上的《蝴蝶梦》。

因为葡萄牙只有几家英文书店，到这几家书店访问一遍是相当容易的事。一星期之内，英国情报机关就查明德国助理武官的妻子在1943年4月3日在伊什图里尔买了6本。

《蝴蝶梦》的确是作为一种密码使用的这件事，现在已是很明显的了。但是谁在使用呢？被俘的两个情报连的俘虏怎么也不肯开口。但英国军需官提供了另一个线索，他怀疑向他兑换的英镑新钞票。他通知开罗前线安保工作的负责人桑森少校。经过技术鉴定，发现"英国上尉"在塔尔夫俱乐部付酒钱用的英镑是德国人精心制作的假钞票。这个发现使桑森少校有理由认为，他正在对付一个德国特务组织。恰逢此时，一个希腊给养供应商人在札马勒克岛向驻在克萨厄尼尔军营对面的军需处兑换300英镑时，更多的假钞票出现了。巨大的伪钞数目引起了军需处工作人员的注意，他们把情况向桑森少校汇报了。桑森少校去看这个商人，商人告诉他曾经把大量的奢侈品卖给两个住在札马勒克的年轻人，并把货物送到他们的家——尼罗河上的一艘游艇。很快检查出这些钞票也是伪造的，现在桑森确定无疑地认为埃伯勒和蒙卡斯特尔就是他要寻找的人。

8月10日下午5点，桑森少校采取了行动。他放了几条船在河上，与游艇保持一定距离，并设置了路障。然后用部队包围了这个地区，封锁了拖船航道的两头。

桑森少校下令活捉嫌疑犯，他自己和一队武装人员爬到跳板上，把游艇的舱门捣碎。两个嫌疑犯都在船上。当英国人从甲板上过来时，蒙卡斯特尔潜入舱底的污水里，打开暗门，把一架收发报机，一本《蝴蝶梦》和所有电报底稿都扔到尼罗河里。他企图从这条路线逃走，但是当他浮出水面时，他被一条船上的英国人抓住了，然后被拖上船来，戴上了手铐。

在甲板上，埃伯勒把袜子卷得很紧，成为球状，扔向走过甲板的人，使这些人不敢上来。他们以为是手榴弹，于是趴下来以便掩护自己，这样使蒙卡斯特尔有足够的时间处理掉电讯设备。最后，埃伯勒被打倒了，戴上了手铐，和蒙卡斯特尔一起被捕了。此外，肚皮舞舞女黑克麦斯·法赫米也被捕了。

破译《蝴蝶梦》密码

埃伯勒、蒙卡斯特尔和法赫米被带到设在马迪的英国三军联合审讯处受审。埃伯勒、蒙卡斯特尔拒绝回答任何提问，但是法赫米把她所知道的一切都讲了。她说出她与史密斯少校的联系，还把埃伯勒的埃及接头人告诉了桑森少校。把埃伯勒、蒙卡斯特尔的另一架收发报机隐藏在教堂祭坛后边的奥地利传教士也被逮捕了。最后，第一架收发报机也被找到了。在蒙卡斯特尔打开船底的暗门后，这条船慢慢地沉下去了。但是这条船被打捞起来了，这架收发报机在船下的尼罗河的淤泥里也被发现了。它的机构装置不能使用了，但是它的指示器仍然对着最后一次向雅典发报的频率。

可是，关于这个特务小组的密码，却找不到更多的线索。它的电报底稿和一本《蝴蝶梦》都不见了。这部密码对英国人来说是极其重要的，因为这次向游艇的突然袭击和决心活捉埃伯勒和蒙卡斯特尔都是为了达到这唯一的目标。英国人希望冒充"康多尔小组"发报，给隆美尔发假情报和使他上当的情报。他们把埃伯勒和蒙卡斯特尔监禁起来。他们有了雅典收听站的波长，但是他们却没有密码，虽然他们猜想这密码是根据《蝴蝶梦》编写的。埃伯勒和蒙卡斯特尔知道这个密码的重要性，他们拒绝开口。后来，蒙卡斯特尔企图自杀。他用餐刀割自己的喉管，他被送到医院，没有死。

最后，英国人从犹太特务组织的间谍、酒吧间的女招待叶维特那里得到了密码。在对埃伯勒和蒙卡斯特尔的整个审讯期间，叶维特一直在警察的手中。但是，当她的上级与在英国情报局工作的一个朋友接触以后，她最后获得释放。当他们办理释放她的技术性手续时，叶维特对英国情报局的官员说，她在被捕的那天下午曾到过埃伯勒的游艇。这个官员偶然问到她是否看到过放在那里的一本书。

叶维特一闪念意识到她在游艇上发现的这本《蝴蝶梦》的重要性，她说出了她抄下的页码，还有埃伯勒和蒙卡斯特尔发报用的主要的密码组。她的笔记尽管不完全，但是能够使英国破译密码人员认定密码所根据的页码和段落的连续性。最终《蝴蝶梦》密码被破译了。

现在英国人掌握了模拟埃伯勒和蒙卡斯特尔发报的全部材料，并恢复向雅典发报。他们开始做了。这样隆美尔的秘密情报来源被有效地堵塞住。更重要的是，"康多尔小组"的通讯渠道仍然通畅，隆美尔会继续信任它。这个错误改变了北非战争的进程。

军事天才隆美尔

隆美尔，一位在世界军事史上声名显赫的德国装甲兵战将，第二次世界大战中的军事天才。因为他精明能干，战功卓著，因而素有"沙漠之狐"之称。在第二次世界大战的璀璨将星中，能做到生前显赫，死后殊荣不断，特别是被敌对双方都认可的，只有隆美尔一人。

▲隆美尔和希特勒

隆美尔一生具有传奇的色彩，他身材矮小，具有狐狸般的狡诈和诡秘的微笑。二战中，他在北非沙漠中指挥德国的装甲部队，通过运用高超的军事指挥艺术，声东击西、神出鬼没，常使英军措手不及。

隆美尔出生在德国南部一个中学校长家庭。1910 年中学毕业后从军，入但泽皇家候补军官学校学习。第一次世界大战期间任连长，先后获得 3 枚十字勋章。一战后，历任德累斯顿步兵学校战术教员、戈斯拉尔市猎骑兵营营长、波茨坦军事学校教员、维也纳

新城军事学校校长等职，因著有《步兵进攻》一书面引起希特勒的重视。1938 年调任希特勒大本营卫队长，曾陪同希待勒巡视捷克斯洛伐克。

第二次世界大战爆发后，隆美尔作为德国最高统帅部的指挥官之一，受到希特勒的器重。1940 年 2 月，希特勒任命他为第 7 装甲师师长。5～6 月间，在德军闪击西欧的侵略战争中，隆美尔指挥装甲第 7 师冲在最前面，先克比利时，接着是阿拉斯、索姆，最后直捣法国西海岸，被法国人称之为"魔鬼之师"。

1941 年 2 月，希特勒又任命隆美尔为"德国非洲军"军长，前往北非援救一败涂地的意大利军队。他到达北非的黎波里前线后，立即作了一次侦察飞行，得出了"最好的防御就是进攻"的结论。于是他便改变"固守防线"的命令，指挥他的装甲部队冒着沙漠风暴勇猛穿插，全速前进。

他在战役中采用了兵不厌诈的手段，凭借坦克的高度机动性，实施奇袭，在沙漠

地区的恶劣环境和缺少制空权的情况下，一反常态地以少击众，出奇制胜。英军猝不及防，节节败退。德军直逼亚历山大和苏伊士。他还奇袭了著名的昔兰尼加地区，攻克托布鲁克要塞。隆美尔因此名声大振，赢得了"沙漠之狐"的美名。年轻的"沙漠之狐"隆美尔因战功卓著，荣升为德军最年轻的元帅。

1942年5月，他又在比哈凯姆坦克会战中大败对手，把英军逐回埃及。1942年6月，"沙漠之狐"隆美尔遵照德国元首希特勒的命令，对驻守北非的英军发起了猛烈进攻。英国将军奥金莱克率领的英国第8军团节节败退。

但就在这危急时刻，陆军中将蒙哥马利临危受命，被首相丘吉尔任命为总司令，1942年8月正式接管英国第8集团军。蒙哥马利从此开始了他最为辉煌的军事生涯。

▲手持元帅杖的隆美尔

开始了真正的较量

8月15日天亮之前，蒙哥马利来到了阿拉曼前线，他很快发现，军队的士气十分低落，不过，蒙哥马利并没有气馁。他决心首先鼓舞部队的斗志。经过蒙哥马利出众的演讲，英军士气迅速好转。

但隆美尔显然还没有意识到英军正在发生的变化，他指望一鼓作气突破阿拉曼防线。8月31日，隆美尔调集200辆坦克，向阿拉姆哈勒法一带的英军防线发动猛烈攻击。他没有想到，蒙哥马利早已料定隆美尔将会在这里发动进攻，并作好了充分的迎战准备。等到德军坦克攻上来后，蒙哥马利组织英国皇家空军对这些坦克展开狂轰滥炸。看见敌军坦克一辆辆被炸毁，战壕里的英军士兵信心大增，终于以密集的火力成功击退了德军狂涛般的进攻。经过一周鏖战，德军伤亡惨重。隆美尔被迫停止进攻。这对骄横的"沙漠之狐"来说，无疑是一个沉重的打击。他感到自己遇到了真正的对手，不得不对蒙哥马利另眼相看。

重新启用"康多尔小组"

德国和英国的兵力仍然沿着阿拉曼防线在对峙着，但是英国第8军很快整顿了它的力量。隆美尔知道，如果他希望征服埃及，他就必须迅速转移。他的流动司令部设在靠近海岸的、空气稀薄的峡谷里，他在那里计划突破阿拉曼防线，摧毁蒙哥马利的军队，

▲陆军中将蒙哥马利

然后进军开罗。他的军事地图和情报记录告诉他，英国人在阿拉曼防线的南端，兵力薄弱。因而这里是发动进攻的好地点。他将在极其秘密的情况下把非洲兵团从这条防线的北端转到南端。当所有的部队都进入阵地，他将冲破英国的防线，向北打到海边，把英军装入阿拉曼"口袋"，从而将它歼灭，然后向东推进到尼罗河三角洲。

这是一个实际的、干脆利落而又简单的计划，如果对这个计划严守秘密的话，胜利的机会是存在的。到了晚上，隆美尔偷偷地把他的部队向南移动，留下了模拟的坦克、卡车等。这样，部队的转移无论从地上或空中都不至于被发现。部队完全不发无线电报，以免英国无线电情报觉察到南下的行动。

但是，隆美尔犯了两个错误。为了得到空军最大限度的支持，隆美尔把他的计划通知了德国空军；为了从意大利得到最大限量的汽油、军火以及其他供应，他用无线电把他的意图通知了罗马和柏林。他哪里知道，他的计划到蒙哥马利的办公桌上，几乎同它到达德国人那里是一样迅速。

蒙哥马利迅速秘密调动他的军队迎击隆美尔的进攻。丘吉尔当时视察了前线，他后来这样写道："他们把我带到鲁威萨特山岭东南的关键地点。在这令人难以忍受的、起伏滚动的沙浪里，有我们大规模的装甲部队，他们分散在各地，用伪装隐藏起来……蒙哥马利告诉我各种火炮的部署。在沙漠的每一条裂缝里都排满了伪装起来的火炮。在我们的装甲部队投入战斗以前，三四百门大炮轰击了德国的装甲部队。"但是，即使是事先知道敌人的意图，正如丘吉尔于8月21日从开罗向战时内阁报告的那样，"接踵而来的战斗是艰苦的、严重的"。因为德国军队是难以对付的。丘吉尔后来的评论说：

"隆美尔在任何时候都能以装甲部队的突击，发动摧毁性的进攻。他能够从金字塔旁边过来，在到达尼罗河以前，除了一条运河外，他几乎是不可阻挡的。"那么，他怎么能被挡住呢？

蒙哥马利召开了一次重要的军事会议，参谋长德甘冈将军等人参加了会议，他们一齐看了拉吉尔洼地的地图，估计隆美尔会在那里发动进攻。德甘冈从早先缴获来的一套地图中注意到，隆美尔对拉吉尔周围的地形几乎不了解。在这个地区的某些地方，沙漠很深，流动性大和变化莫测，肯定不是德国装甲部队能够活动的那种地形。此外，空中侦察几乎肯定地不能纠正隆美尔对这种情况的错误了解。因此，阻止隆美尔前进的办法，不是去阻止他发动攻势，而是要鼓励他越过拉吉尔地区进攻。

为了达到这个目的，过去为隆美尔服务得很好的战地情报来源现在转而对他不利了。德甘冈等人制定了计划，引诱隆美尔上钩。

计划的第一部分涉及"康多尔小组"。克拉克上校负责假冒"康多尔小组"发电报。他们决定发一个电报，说明英国人准备在阿拉曼前线的南端阿拉姆·哈勒法山岭抵抗任何的进攻，但是现在他们的防御力量很薄弱，如果隆美尔现在进攻，他就很容易突破英军阵地。电文如下：

"康多尔"开始发报。据最可靠的来源证实，英国第8军准备在阿拉姆·哈勒法进行最后抵抗以保卫埃及。他们仍在等待援军，充其量只能勉强抵挡一阵。随后是一些关于增援部队和供应物资抵达塞得港的情报。

据悉，隆美尔收读了这个电报，因为在后来俘获的电报稿上还有隆美尔阅后所作的记号。

几天以后，"康多尔小组"发了另一个电报。这次是报告英国沿阿拉姆·哈勒法山岭的作战命令。这个电报使隆美尔"高兴地拍起他的大腿来"。他宣布："我们在开罗的密探是他们之中最伟大的英雄。"并要求德国最高统帅部奖给他们铁十字勋章。如果他知道这是英国人故意引诱他进入拉吉尔变幻莫测的沙漠的话，他就不会这样高兴了。

▲视察中的蒙哥马利元帅

为了证实隆美尔已经吞下了这个诱饵，英国设计了另一个计划。德甘冈参谋长指示他的绘图员画一张拉吉尔地图，表明这个地区是"硬地"，是对德国装甲部队有利的地形。而且这张地图还得以不致引起隆美尔怀疑的情况下到达他的手中。史密斯少校被选中执行这个任务。自从他与法赫米的联系暴露以来，他就被逮捕了。现在他被迫开了一辆侦察车，来到德国防线附近的沙漠中，身上带了这张假地图。德国人看见他来了，突然间他们听见了巨大的爆炸声，只见这辆侦察车飞向天空。他们派出了一个巡逻队，找到了少校的尸体和一张假地图。隆美尔决定按照地图上标明的"硬地"记号作进攻的路线。

隆美尔上当惨败

1942年8月24日，隆美尔通知柏林，他将于8月30日至31日夜间发动进攻。

隆美尔的进攻开始了。但是，蒙哥马利正严阵以待。地雷工兵就在德国主力部队猛攻的地方设置了一个新的布雷区。当德国的工兵被命令进入布雷区以扫清道路时，英国飞机在夜空里活跃起来。第一批飞机投下了照明弹，把一长串装甲部队照得通亮。接着来的是轰炸机，在这个地区倾泻了高爆炸弹。

黎明时刻，隆美尔连一个目标也没有达到。他曾计划乘着月光向东推进30英里，然后转向北方，直捣地中海。隆美尔作了这样记述："袭击部队被强大的和迄今为止没有预料到的地雷障碍耽误了太长的时间，整个计划的基础是突然袭击，这个因素已经丧失了。"他应当放弃进攻吗？他收到一个报告说，通过雷区的道路已经扫清，这时他决定继续东进。然而一个新的困难又出现了。隆美尔被告知，这一地段只由一个装甲师守卫着，他的情报是不正确的。蒙哥马利秘密地用三个装甲师加强了这个地区。面对这个情况，隆美尔命令非洲军团比原定计划提前转而向北。他已落入蒙哥马利的圈套，因为前面就是变幻莫测的沙漠和阿拉姆·哈勒法山岭，这里的防御力量现在已是不能攻克的了。

隆美尔继续前进不久，非洲军团开始进入流沙地区。几十辆坦克、装甲车、半履带车、卡车在英国的假地图上标明"硬地"的地方东倒西歪地挣扎前进。当车上的人下来想去推动车辆时，皇家空军的几个中队的战斗机飞来轰炸和扫射他们。那一天，灾难接踵而至。答应给隆美尔发动攻势用的汽油还没有运到。原来，供应船只离港的日期和时间早已经被蒙哥马利掌握了，三艘油船在它们离开意大利横渡地中海时就被英国的皇家空军和海军击沉了。

▲隆美尔在看地图

夜幕降临，沙漠里成百辆被烧毁的德国车辆到处都是。

战役结束了，战役是英国只用了一小部分的装甲部队，步兵根本没有参加战斗。隆美尔一方损失是非常惨重的。这注定了隆美尔夺取开罗的最后一次机会一去不复返了。这个"沙漠之狐"遇到了更狡猾的狐狸。隆美尔感到痛苦，而且疲惫不堪，开始丧失了信心。他知道上了当，他写道："……英国统帅部早已知道我们进攻的意图。"然而，隆美尔永远也没有搞清楚他们到底是如何知道的，他是如何受骗的。

至于蒙哥马利，他在几周之前就丢开了隆美尔了。他没有整顿他的前线，也没有夺回失去的任何地盘。他认为隆美尔败局已定。于是，他就回到他的司令部，"有条不紊地准备后来的大反攻"去了。

西线无战事——
精心策划的"肉馅计划"

1943 年初，二战局势有了明显变化，希特勒的军队再无当年神勇之势，不肯轻易认输的希特勒集结兵力，准备与盟军决战到底，但盟军能选择哪个登陆点呢？崇尚情报战的纳粹头子恐怕怎么也不会想到，会被一具无人认领的尸体、一份精心编造的情报、一条声东击西的妙计完全蒙骗。就在他调兵遣将备战希腊时，迅如疾风的盟军已登陆西西里岛——这一切都得归功于英国情报部门一手执导的"肉馅计划"！

聚焦西西里岛

1943 年，盟军总司令艾森豪威尔将军统率下的盟军准备在北非地区登陆作战，进行战略性反攻。为了给这次战役做准备，不可避免地要进行一系列的频繁的调兵遣将，特别在与北非一海之隔的直布罗陀军港，盟军海军舰艇与各种船舶的突然集中，十分明显地预示着即将有一场大的战役揭开，问题在于战役在何时、何地以及如何展开，这也是当时德军统帅部最为关心的一个问题。

当时，盟军对法属北非进军的战役，代号为"爱斯基摩人行动"。负责实施该计划的是英国亚历山大将军指挥的盟军第 15 集团军群，下辖英军第 8 集团军和美军第 7 集团军，共13 个师（包括 10 个步兵师、1 个装甲师和两个空降师）又 3 个独立旅，总兵力达 47.8 万

艾森豪威尔将军

在美军历史上，艾森豪威尔是一个充满戏剧性的传奇人物。他曾获得很多个第一：美军共授予 10 名五星上将，他是其中晋升得"第一快"；他出身"第一穷"；他是美军统率最大战役行动的第一人；他是第一个担任北大西洋公约组织盟军最高统帅；他是美军退役高级将领担任哥伦比亚大学校长的第一人；更为显赫的是，他还是美国唯一一个当上总统的五星上将。

人，作战飞机 4000 余架，战斗舰艇和辅助船只约 3200 艘。英第 8 集团军由蒙哥马利将军指挥，其任务是在岛东南的锡腊库扎到帕基诺地段登陆，向摩洛哥前进；美军第7 集团军由巴顿将军指挥，其任务是在西西里岛西南的杰拉到利卡塔地段登陆，通过该岛中央把敌军切成两半，并肃清岛西北角的敌军。登陆时间定在 1943 年 7 月 10 日。

为了保障"爱斯基摩人行动"的成功，也就是在北非大举登陆之前，必须首先拿下被德军重兵设防的地中海重要战略据点西西里岛。对西西里岛实行强攻，在军事上是可取的，但这种进攻势必要付出巨大的人力与物力的代价，要以成千上万的士兵生命作为血的代价，如何能以最小的损失来换取最大的胜利果实，这是盟军统帅部要考虑的一个严峻的问题。

北非战争进入尾声时，卡萨布兰卡会议及时召开。根据这次会议，盟军高级将领的眼光几乎都集中投向了一个焦点——地中海上最大的岛屿西西里岛。西西里岛地势险要，易守难攻，是进攻意大利本土、扫清地中海交通线的主要障碍，如果能够顺利攻占，那么盟军在地中海的运输线将会安全顺畅，同时也会分散德军对苏联前线的压力，增强对意大利的压力。但眼下这座面积仅有 2.5 万平方千米的小岛上，居然驻扎了 36 万德军，修建了 14 个飞机场、近百个炮兵阵地，还配备了 1400 多架飞机和几千门大炮。毫无疑问，希特勒早已盘算好在此严防死守，如果让他明确知道盟军的下一步登陆目标是西西里岛，那就会继续增加兵力，盟军登陆行动将大大受阻。

▲乔治·S. 巴顿将军，虚构的美军第一军团盟军登陆西欧计划骗局的司令官以及后来盟军诺曼底登陆的设计者

开战前，双方都虎视眈眈，暗自揣摩着对方的战略意图。其实无论是德意还是英美，他们的考虑重点都在西西里岛，但是面对辽阔海峡、坚固工事和德军的精良装备，哪个盟军将领愿花难以估量的巨大代价去征服呢？联合计划参谋部决定不能硬碰，只能考虑智取：一定要让希特勒相信，由于西西里岛太过明显，所以盟军打算在南欧沿海其他地区进行登陆，这样才能使进攻西西里岛的"爱斯基摩人行动"按计划顺利实施。为此，联合计划参谋部确定了两个假进攻点：一是进入希腊向巴尔干推进，二是进攻撒丁岛作为进攻法国南部的跳板。

显然，这是一次冒险的声东击西，就是一次巨大的战略欺骗。那么，由谁来策划这场骗局呢，任务很快交给了伦敦监督处。伦敦监督处有"诈骗总管"之称的英国陆军队中校约翰·比万立即行动，迅速制订出进攻希腊和撒丁岛的假计划，就在这时候，"诺曼底登陆计划"将伦敦监督处牵扯进去，无法多头顾及的比万遂将这个传递假情报的任务交给了英国皇家海军情报局 17F 科。

"肉馅计划"出炉

17F 科的负责人伊凡·蒙塔古少校在服役前曾是律师，为人精明强干，且行事谨慎细致，他与得力部下乔治一起商讨对策。

要使战役取得成功，务使敌方不能察觉自己意图。蒙塔古少校和乔治定下了策略方针，那就是：以虚掩实，以假乱真。

商量来商量去，最终两人决定制定这样一个方案：用一具尸体扮成一个参谋军官，携带绝密文件，在去往非洲英军司令部进行联系的途中，因飞机失事坠入大海，军官的尸体落入敌人手里。

方案很快批了下来。连续几天，蒙塔古和乔治在隔音室里想着计划实施的每一个细节，生怕有一丝疏漏。

"乔治，设想你自己是德军谍报人员，当你听到打捞上来一具尸体，且带有重要文件，你首先的反应是什么？尔后又是什么？"

乔治想了想说："首先我是惊喜，尔后我就开始怀疑，是否会上圈套？尔后就会开始调查，调查死者身份，亲属关系，对尸体进行解剖，看死的时间、死因，情报准确度，敌军是否会改变已泄露的计划……"

"肉馅计划"的基本内容是：在反攻北非与夺取西西里岛战役前不久，假装有一架英国军用飞机失事，飞机上的一具尸体要设法被德国人在西班牙海岸附近发现并弄去研究，这具尸体随身携带的"重要文件"，要使德国人看了信以为真，从而改变整个防卫部署，把注意力从真正的目标西西里岛引向别处，闪开空隙，为盟军进攻创造方便条件。

整个"肉馅计划"就是如此简单，但要诱使德军统帅部上当，却不是那么简单。特别是由于整个北非和地中海地区的德军统帅是号称"沙漠之狐"的隆美尔陆军元帅，这是一个很难对付的敌手。要想骗过这只狡猾狐狸的锐利眼光，这一计划从每一个细节到整体，必须做到天衣无缝。

"肉馅计划"的实施要领是：1. 尸体约 35 岁，身高 1.85 米，体重 187 磅，无外伤，肺部有少量积水，着陆战队少校野战军服，无帽，外着橘黄色救生衣（便于打捞）。2. 计算好潮汐，用潜艇把尸体运到韦尔发港，抛弃尸体。3. 把装有密件的文件袋系在尸体的内腰带上，造好飞机失事保护文件的假象。4. 把尸体装入特别容器内，里面塞满冰块，重量 400 磅。容器外面用油漆漆上"光学机械"字样，通知潜艇乘员要试验新式武器。5. 预先知道本计划的人，只限于直布罗陀军港的谍报处长和潜艇艇长。6. 计划实施后，回电："肉馅计划实施完毕。"

在开始实施"肉馅计划"之前，英国情报机关先做了准备性部署，给德国人先下一点毛毛雨。方法是指使叛变的纳粹间谍、深受德国人信任的达斯科·波波夫（代号"三轮车"），通过秘密电台向德国报告："有一大批流亡到英国的南斯拉夫军官被英国人特地送到苏格兰接受跳伞训练，似在准备一项重要军事行动，但具体目的尚未查明！"这样一份假情报，妙就妙在只点出了题目，而没有答案，答案留给德国人自己作出判断。他们牵着德国人的鼻子走，这份情报必然要引导德国人考虑：为什么要专门训练南斯拉夫军官？显然计划中的军事行动与南斯拉夫或与南斯拉夫接壤的国家有关，这是其一；为什么要选在苏格兰地区进行训练？因为苏格兰的地形构造与希腊十分相似。问题很清楚："英国人可能在酝酿对希腊展开某种军事行动！"德国人这样做出军事判断，应该说是合乎逻辑的，但实际正是从这里开始，他们陷入了圈套。

寻找尸体的工作在秘密进行着。乔治拿着墨绿底印红字的特别证件，出入各种场所，亲自寻找尸体。德军空袭伦敦，每日都有数百名市民死亡，可是被炸死的人和飞行事故溺死的人有着很大的区别，之所以秘密进行，是因为一旦有军方寻找尸体传闻，将会使整个计划不露自泄。

最后乔治找到一个因患肺病刚死去的病人。这位 30 多岁的男子，相貌堂堂，高大英俊，只是由于肺病的折磨略显清瘦，正好符合乔治需要的尸体要求。

蒙塔古少校起草了一份"死尸诈骗"报告，签名后，立即送到军事情报总局五局。正式计划批下来时，定名为"肉馅计划。"

实施"肉馅计划"

尸体找到后，就是给死者配个身份。为了避免太过招摇，蒙塔古最后将他定为"联合作战司令部参谋，皇家海军陆战队上尉（代理少校）威廉·马丁，09560号"，按照预想，马丁少校是坦克登陆艇专家，正准备去阿尔及尔解决问题。然后便是对尸体进行巧妙的化装安排：军装、绶带、照片、情书、存折、戏票，无不精细妥切，惟妙惟肖。至于那几封至关紧要的信件，更是经过精心制造，完全同真的一模一样，这些重要物件都装在一个黑色的大公文包里，紧贴在"马丁少校"身边。

在实施"肉馅计划"过程中，最棘手的是密件的形式和内容。形式不当，内容不巧妙，敌人不会轻信，但两者都做得太过分，容易让敌人认出是圈套。经过反复论证，英国谍报机构决定由英军总参谋部的实权人物皮尔德·奈副总参谋长给英国驻北非突尼斯的远征军司令部华德·亚历山大将军写一封亲笔信。如此，德军统帅部会把这封信作为极为珍贵的材料而加以重视。

计划决定将这具尸体丢在西班牙，西班牙虽然不是参战国，但西班牙弗朗哥政权与纳粹德国关系密切。当地环境又比较落后，无论是验尸还是搞什么科学鉴定都不大容易。丢失地点选定了在西班牙的韦尔瓦，因为这是飞往北非的必经之地，而驻该地的纳粹德国领事又是个嗅觉灵敏、贪功心切的老牌职业特务，他对于到手的"猎物"是决不会轻易放过的，另外，当地的潮汐情况也适合于"运尸"活动。

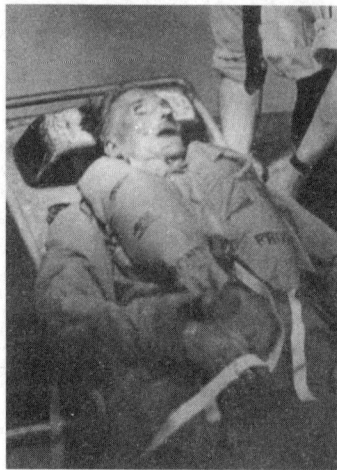

▲皇家海军"马丁少校"的尸体，穿着制服，戴着救生圈，并显示出所有飞机失事后淹死的迹象

4月19日5时10分，运载尸体的"塞拉夫"号潜艇从格里纳克港驶出。"塞拉夫"号潜艇在北非登陆作战时，曾执行过秘密运送克拉克将军的任务。艇长皮克逊少校有执行情报任务的经验。

潜航10天，时间是4月29日，"塞拉夫"号抵达预定海域。蒙塔古看了一下手表，4时15分。"行动开始，4时30分完毕！"装着"马丁少校"的容器便被4位军官从浮槽中搬了上来，放在甲板上。4时30分，在艇长的低声命令下，尸体滑向大海。"马丁少校"出征了，军服的内腰带上紧紧地系着文件袋。

当即，伦敦立即收到信号："'肉馅计划'实施完毕。"

5月3日，马丁少校的尸体先被一位渔民发现，当他看到公文包里印有绝密字样的纸张后，丝毫不敢耽搁，将尸体转交给驻地海军。

西班牙发现这具死尸不久，英国驻西班牙大使馆的海军武官，便匆匆忙忙地来到西班牙海军部正式提出交涉，紧急要求协助寻找失事飞机上的马丁少校及其随身物品。

英国大使馆郑重要求寻找失事飞机的残骸，以证实文件是否已被焚毁或掉进大海之中。盟军方面表现出来的难以抑制的惊慌恰好说明这一事件的非同小可。西班牙当局未能满足英国的要求，他们对尸体和文件进行了全面检查。检查证明，死者身份为"盟军最高统帅部参谋、英国皇家海军陆战队马丁少校"。这位少校身穿战地服装，一定是在失事中勋章失落，胸前只留下了绶带。从绶带上能看出这位年轻的军官"屡立战功，功勋卓著"，否则很难在最高司令部里担任如此重任。在尸体上还带有一张妩媚多姿的少女照片和她写给少校的情意缠绵的书信，一张透支 7 英镑 19 先令两便士的银行存折。马丁少校的上衣口袋里装有两张 4 月 22 日的戏票存根，说明那天晚上他还在伦敦看戏，后来才登飞机启程执行任务。尤其令人吃惊的是，马丁少校身上所携带的文件绝顶机要，其中有英国皇家海军上将蒙巴顿勋爵写给地中海联合舰队司令长官肯宁汉上将的信，

▲为明确"马丁少校"的身份，尸体上所带的一些经过精心选择的证物

信中说明了马丁少校这次出差的使命。还有一封是英军总参谋部副总参谋长写给亚历山大上将的一封绝密私人信件，派马丁少校面交亚历山大将军"亲拆亲启"。这封信的主要内容是说西西里岛实际上并不是盟军下一步的进攻目标，在地中海将有另外两次战役行动。信中详述总参谋部是怎样做出这个地中海战役决策的，信中提出已决定在希腊萨洛尼卡和多德卡尼斯岛进行登陆作战，陆空部队及海军舰队均已准备就绪，现正整装待发。信中还说："威尔逊上将决定：利用西西里岛作为佯攻目标来掩护对希腊的登陆作战。"信中又提请亚历山大上将"为了掩护对希腊的进攻，可以故意在西西里岛一带部署进攻姿态以迷惑敌军"。写信的日期为 4 月 23 日。

如此重要的文件把西班牙当局惊呆了。西班牙总参谋部立即将这些绝密文件连同一切有关物证拍成放大精密照片，秘密地送交给德国。

自作聪明的希特勒

正如英国谍报机构所预料的，德国间谍在西班牙的活动极为活跃。德国谍报人员意外地得到了"马丁少校"的书信，他们如获至宝。因为英军奈副总参谋长致北非英军司令官的绝密亲笔信可不是那么容易得到的。

德国方面认真研究了密件和"马丁少校"携带的物品，向希特勒提交了一份报告，"虽然文件的可靠性无可置疑，但是尚需进一步调查有关细节。"

希特勒认真阅读了报告，批示：事关战局，慎重调查马丁。

德国情报部门经过重重的考核，最终认定"马丁少校"的事件是真的。

在发现"马丁少校"尸体的消息发布10天后，西班牙方面才把公文包送到马德里的英国大使馆。西班牙方面解释说，他们本来打算按照通常的外交途径将文件送还的，但是，他们估计到包里所装的东西的重要性，因此就用这种方式以最快的速度送来了。

大使馆的官员当着西班牙人的面检查了文件包里的东西。这些东西似乎都没有人碰过。

大使馆的官员表示很满意，他们向西班牙人致以最真挚的谢意。

但是，英国人早已通过窃听西班牙发往德国的电讯，获悉德国的谍报机关已经把文件包里所放物品的详细情况，连同有关"马丁少校"的其他所有文件都向上级作了报告。英国人甚至还了解到，德国的上层首脑希望进一步了解"马丁少校"搭乘的飞机以及同机其他乘客的情况。

英国情报人员收到包后，经过仔细检查，在显微镜下发现信口的皱痕已作改动，也就是说，密件已被德国人用盐水软化纸张的技术拆开过。这无疑是个好消息，蒙塔古非常高兴。

没过多久，英军情报部门炮制出来的第二具尸体又被冲上了假目标撒丁岛的卡利阿里海滩。死者穿着皇家海军陆战队服装，从身上遗留的文件看出，他是一支正在侦察撒丁岛海岸的小分队成员。这具尸体其实是蒙塔古为了印证"马丁少校"携带的密件内容，也是"肉馅计划"的收尾之作。

至此，德国西线情报处处长冯·罗恩纳等绝大多数人都肯定地认为：盟军主攻方向将在撒丁岛和伯罗奔尼撒群岛，同时会对西西里岛采取佯攻。当他们将全部情况详细汇报给希特勒后，狡猾的法西斯头子也完全被这一幕幕连环假象蒙骗住！希特勒在5月12日的一份命令中明确指出：

"在即将结束的突尼斯战斗之后，可以预料，英美联军将试图继续在地中海迅速行动……准备工作已经就绪，最危险的地区有下列各地：在西地中海有撒丁岛、科西嘉和西西里；在东地中海有伯罗奔尼撒和多德卡尼斯群岛。对此，我要求一切与地中海防御有关的德军指挥机构迅速密切合作，利用一切兵力和装备，在所余不多的时间内，尽可能地加强这些危险地区的防务。其中，首先应加强撒丁岛和伯罗奔尼撒的防务。"

奉希特勒的命令，隆美尔元帅被派往希腊，组织一个集团军群，会同随后从法国南部调来的第1装甲师，在希腊东部的爱琴海域设下3道防线，希特勒又从苏德战场抽出两个装甲师，命9天内抵达希腊。同时，他又把党卫旅派往撒丁岛，从西西里岛抽出装甲部队加强科西嘉岛的防卫。而在盟军要登陆的真正地点——西西里岛，其防御力量却较弱。

功不可没的协助计划

西西里岛登陆的成功，"肉馅计划"功不可没，当然，"肉馅计划"能得以顺利实施，绝不是单方面的，而是还有其他一系列计划的配合。

从准备登陆到登陆成功，英国双重间谍的花名册上载有 39 名情报员，其代号为"加宝"、"彩虹"、"威廉"、"宝贝"、"塔特"、"三轮车"等。

情报部门在开展双重间谍活动中，不断施展招数，欺骗敌人，其中一些方案，实施很成功：

"四号计划"：系一系列假文件，目的引诱德空军轰炸英国机场而不要轰炸城镇工厂，因为机场防范严，可以对付。这些文件装在一个大公文袋里被人从某部办公室里偷走。文件的内容是"空袭检查委员会"关于 2 月底和 3 月初对德国空袭造成危害的估计。在

▲盟军西西里岛登陆

几份文件中从不同角度上故意谈到英方机场遭受的损失最为惨重，防卫也最薄弱，训练很差，并指出英方许多飞机是在机场地面被炸毁。这个公文袋的"绝密文件"由两面间谍中的 G.W 通过西班牙大使馆传递到德国。德国人认为这个文件有极高的价值，即认为轰炸英国机场收效最大，应作为今后纳粹空军进行轰炸的主要目标。他们的权威人士在文件中认为："英国地面组织集中在东南部的一些机场，这些是皇家空军的致命弱点，有计划地轰炸这些地方将给英国空军以最沉重的打击。"

"米达斯计划"也很成功，由双重间谍"三轮车"在里斯本向德国人汇报说，他认识一个经营剧场的犹太富翁，此人在伦敦有巨额存款而担心英国一旦战败会受损失，因此急于想把存款转移到美国去，于是搞了一个套汇的安排，即由"三轮车"在里斯本从德国人手中取出两万英镑汇往美国，另外由那个犹太富翁在伦敦将两万英镑现款交给"三轮车"指定的人，实际上也就是由德国指派专人在伦敦接收这笔巨款。德国人对此十分感兴趣，专门派了一位财政专家来到里斯本进行具体研究。最后由德国人将两万英镑交给了"三轮车"汇往美国。当然，暗中回扣了一笔为数可观的经费给德国情报机构的经手官员。与此同时，德国人指派另一名双重间谍"塔特"去伦敦从那个"犹太富翁"手中取来了两万英镑，一切顺利，"塔特"立即向德国人报告款已如数收妥。

这个计划使"塔特"变成了替德国人保存大量经费的可靠人员，他要向其他潜伏间谍支付活动经费，可以借机搞清潜伏谍网的全貌。此外"三轮车"在德国情报官眼中有钱又有威信，对他很帮忙。

"公共汽车计划"是一个根据国防部提出的要求而制造在挪威进行登陆作战的假象。为此计划，动用了马特、杰夫等 5 名双重间谍。英国人从四面八方放出即将进攻挪威的信号，如在难民当中绘声绘色散布传闻，什么登陆部队正在苏格兰集训待命，正在招募熟悉挪威沿海情况的渔民，挪威国王在苏格兰检阅作战部队，以及企业界人士已在准备在挪威开业等，声势凶猛。

德国人对此十分重视，给了马特和杰夫500英镑奖金，鼓励他们进一步搜集详情。

马特和杰夫是"盖·佛克斯计划"的主要执行人员，为了在德国人面前挽回声誉，恢复信任，也可以多捞点敌人经费并进一步摸清敌方搞其他破坏行动的情报，特别是必须把德国最新式爆破器材搞到手，开始实施这一计划。对韦尔德斯通地方的一家食品仓库进行爆炸，当然是小范围，假戏真做，既要有轰然巨响，震惊远近一带，引起熊熊大火，同时又不能使火势蔓延，造成过大损失，以便消防队能及时扑灭。同时要欺骗己方的新闻记者，因为德国人必然从报纸上验看这次爆炸事件的惨状。结果，报纸大肆渲染后德国人很满意。后来，马特和杰夫执行了"布鲁克计划"，又搞了一次破坏行动，办法是在英国南部军区司令部的默许下，在汉普郡地方爆炸几座"尼森"式兵营，结果弄巧成拙，爆炸威力不小，炸死几头绵羊，一个英军士兵因路过现场，目睹详情而不得不暂时禁闭，以防暴露，并在当地报纸上故意渲染爆炸经过，以便取信于敌。

为了掩护北非登陆战役的"爱斯基摩人行动"，双十委员会搞了两个掩护计划："独唱一号"和"推翻"计划，主要是在挪威和法国北部海岸一带布置佯攻。为此，将大量情报素材分配给了双重间谍，从而使"爱斯基摩人行动"极为成功。

当英军在北非潮水般登陆时，德国人毫无准备，大吃一惊。而对于提供假情报的双重间谍，德国人并没有过多为难他们，只被提了几个问题。如他们询问双重间谍德拉贡弗莱："你是否曾有印象觉得敌人是在准备一项大的军事行动？如果有，是针对大西洋还是非洲？"这个双重间谍回答得十分圆滑："据了解，有些军人相信不久将进攻法国的迪埃普，但更大的可能是指向法国北部海岸。至于法国南岸，没有看到任何针对大西洋或非洲的行动迹象。但在报纸上并且有许多谣传说将对达喀尔有行动。"答复面面俱到，无懈可击，德国人很难责怪他。

巨大的成功

最终，声东击西的"肉馅计划"取得了极大成功！借助这一有利战机，"爱斯基摩人行动"于1943年7月10日凌晨，由3200艘舰船载着16万英美官兵，在3680架飞机的掩护下，大批量向西西里岛南岸登陆。此时尚被蒙在鼓里的希特勒，还以为是盟国发起的佯攻哩！

正当德军根据绝密可靠的情报调兵遣将，进行新的战役部署时，想不到大批盟军部队突然从西西里岛东南方潮水般地涌入，风卷残云，迅速荡平了全岛，揭开了北非战役胜利的序幕。

据统计，在西西里岛登陆战役中，盟军共伤亡22811人，其中5532人死亡，14410人受伤，2869人失踪。德意军伤亡3.3万人，被俘13.2万人，此外还损失坦克260辆，大炮500门，飞机1700架。这次战役虽然没能消灭德军大量有生力量，但达到了迫使意大利退出战争的政治目的。另外，也同时达到了保证盟军在地中海的运输线安全顺畅和大大分散了德军对苏联前线的压力的目的，因此"肉馅计划"可以说取得了完全的成功。

瞒天过海的"卫士计划"

"卫士计划"是第二次世界大战中最大胆也是最复杂的一项心理欺骗计划。这一计划将被用来掩护1944年春天盟军决定在法国诺曼底海岸登陆的"霸王行动"。这一独特的隐蔽战计划能否顺利实现，将会对战争的结局发生重大影响，甚至会改写历史，因此，"卫士计划"得到了盟军情报部门的高度重视。

"霸王计划"出炉

早在1941年9月，苏联领导人斯大林就向英国首相丘吉尔提出在欧洲开辟第二战场对德国实施战略夹击的要求，但当时美国尚未参战，英国根本无力组织这样大规模的战略登陆作战。对于苏联的建议，英国的回应只是派出小部队对欧洲大陆实施偷袭骚扰。

1942年6月，苏美和苏英发表联合公报，达成在欧洲开辟第二战场的充分谅解和共识，但英国在备忘录中对承担的义务作了一些保留。

1942年7月，英美伦敦会议，决定1942年秋在北非登陆，而把在欧洲开辟第二战场推迟到1943年上半年。但此时苏德战场形势非常严峻，德军已进至斯大林格勒，苏联强烈要求英美在欧洲发动登陆作战，以牵制德军减轻苏军压力。英国只好仓促派出由6018人组成的突击部队在法国第厄普登陆，结果遭遇惨败，伤亡5810人，伤亡率高达96.5%。

▲斯大林与丘吉尔

1943年1月，英美卡萨布兰卡会议决定把在欧洲大陆的登陆时间推迟到1943年8月。在这次会议上，英美两国成立英美特别计划参谋部，负责制订在欧洲的登陆计划。由英国陆军中将F.摩根担任参谋长。摩根上任后立即组建"考萨克"，"考萨克"就是同盟国欧洲远征军最高参谋部的英文缩写，主要成员有副参谋长美国陆军准将雷·巴克，陆、海、空军及所有与登陆有关的各军兵种代表，负责指挥对欧洲大陆偷袭骚扰作战的英国联合作战司令部司令蒙巴顿海军中将也是其中成员之一。

1943年5月，英美华盛顿会议，决定于1944年5月在欧洲大陆实施登陆，开辟第二战场。"考萨克"立即开始制定登陆计划，首先确定登陆地点，根据历次登陆作战的经验教训，登陆地点要具备以下三个条件：一是在从英国机场起飞的战斗机作战半径内；二是航渡距离要尽可能短；三是附近要有大港口。那么从荷兰符利辛根到法国瑟堡长达480千米的海岸线上，以此条件衡量，有三处地区较为合适：康坦丁半岛、加莱和诺曼底。再进一步比较，康坦丁半岛地形狭窄，不便于展开大部队，最先被否决。加莱和诺曼底各有利弊，加莱的优点是距英国最近，仅33千米，而且靠近德国本土。缺点是德军在此防御力量最强，守军是精锐部队，工事完备坚固，并且附近无大港口，也缺乏内陆交通线，不利于登陆后向纵深发展。诺曼底虽然距离英国较远，但优点一是德军防御较弱，二是地形开阔，可同时展开30个师，三是距法国北部最大港口瑟堡仅80千米。几经权衡比较，"考萨克"选择了诺曼底，于1943年6月26日起制定具体计划，以"霸王"为作战方案的代号，以"海王"为相关海军行动的代号。初步计划以3个师在卡朗坦至卡昂之间32千米宽的三个滩头登陆，即后来的"奥马哈"、"金"和"朱诺"滩头，同时空降2个旅。第二梯队为8个师，将在两周内占领瑟堡。整个计划中最大的难题是港口问题，也就是在占领瑟堡前，如何解决部队的后勤补给，要知道诺曼底在五六月间，多为大风大浪，光靠登陆滩头无法保证后勤供应——这似乎成为无法克服的困难。束手无策中，"考萨克"的海军代表英国海军少将约翰·休斯·哈维特建议制造配件装配成人工港来解决问题。最终，他的设想获得批准。7月15日，摩根将"霸王"计划大纲呈交英美联合参谋长委员会。

1943年8月，英美魁北克会议批准"霸王"计划。1943年11月，苏美英三国经过长期的交涉和争论之后，终于达成了对法西斯德国开辟第二战场的协议。根据这一协议，英美将于1944年5月在西欧登陆，苏军也将在东线同时发动攻势。这个作战方案，就是著名的"霸王"行动。

1943年12月，美国陆军上将艾森豪威尔被任命为欧洲同盟国远征军最高司令，于1944年1月2日抵达伦敦就任。最高司令部的其他成员有：副司令英国空军元帅特德，参谋长美国陆军中将史密斯，副参谋长英国陆军中将摩根，陆军司令英国陆军上将蒙哥马利，海军司令英国海军上将拉姆齐，空军司令英国空军上将马洛里。

丘吉尔对"霸王行动"的指示

同盟国阵营对"霸王行动"能否成功并没有多少把握。盟军最高统帅艾森豪威尔将军在给一位朋友的信中写道："这一次，紧张的情绪和气氛都是空前的。因为我们不是在冒一次战术行动失败的危险，而是生死存亡在此一举。"丘吉尔也指出："要摧毁那些用现代火力装备起来的由训练有素的将士防守着的钢铁工事，可供选择的余地很小。只能用出奇制胜的办法。"也就是说，只有在进攻时间和地点上使希特勒措手不及，"霸王行动"才有可能取胜。

1944年2月，英美联合参谋长委员会批准了"霸王"计划大纲和修改后的作战计划，但是随之对登陆舰艇的需求也增加了，为了确保拥有足够的登陆舰艇，英美联合参谋长委员会决定将登陆日期推迟到6月初，并且将原定同时在法国南部的登陆推迟到8月。

由于登陆日（代号D日）推迟到6月初，盟军统帅部开始确定具体的日期和时刻，这是一个复杂的协同问题，各军兵种根据自己的需要提出不同要求，陆军要求在高潮登陆，以减少部队暴露在海滩上的时间；海军要求在低潮时登陆，以便尽量减少登陆艇遭到障碍物的破坏；空军要求有月光，便于空降部队识别地面目标，最后经认真考虑，科学拟定符合各军种的方案，在高潮与低潮间登陆，由于五个滩头的潮汐不尽相同，所以规定五个不同的登陆时刻（代号 H 时），D 日则安排在满月的日子，空降时间为凌晨一时，符合上述条件的登陆日期，在 1944 年 6 月中只有两组连续三天的日子，6 月 5 日至 7 日，6 月 18 日至 20 日，最后选用第一组的第一天，即 6 月 5 日。

战役目的是横渡英吉利海峡，在法国北部夺取一个战略性登陆场，为开辟欧洲第二战场最终击败德国创造条件。战役企图是在诺曼底登陆，夺取登陆场，到登陆的第 12 天，把登陆场扩展到宽 100 千米，纵深 100 千米。计划在登陆场右翼空降 2 个美国伞兵师，切断德军从瑟堡出发的增援，并协同登陆部队夺取"犹他"滩头，在左翼空降 1 个英国伞兵师，夺取康恩运河的渡河点，然后首批 8 个加强营在 5 个滩头登陆，建立登陆场，在巩固和扩大登陆场后，后续部队上岸，右翼先攻占瑟堡，左翼向康恩河至圣罗一线发展，掩护右翼部队的攻击；第二阶段攻占冈城、贝叶、伊济尼、卡朗坦，第三阶段攻占布勒塔尼，向塞纳河推进，直取巴黎。

为实施这一大规模的战役，盟军共集结了多达 288 万人的部队。陆军共 36 个师，其中 23 个步兵师，10 个装甲师，3 个伞兵师，约 153 万人。海军投入作战的军舰约 5300 艘，其中战斗舰只包括 13 艘战列舰，47 艘巡洋舰，134 艘驱逐舰在内约 1200 艘，登陆舰艇 4126 艘，还有 5000 余艘运输船。空军作战飞机 13700 架，其中轰炸机 5800 架，战斗机 4900 架，运输机滑翔机 3000 架。

德国为抗击盟军的登陆，早在 1941 年 12 月起就开始构筑沿海永久性防御工事，即所谓的"大西洋壁垒"。但由于种种原因，直到 1944 年 5 月，在塞纳河以东地区完成了 68%，塞纳河以西地区仅完成了 18%，只有在加莱地区基本完成。

▲霸王行动之诺曼底登陆

拟定"卫士计划"

德国那边，早在 1942 年，德国就敏感地察觉到，英美有可能在欧洲联合行动，通过登陆来开辟第二战场。是年 3 月，德军最高统帅部发布了第 40 号元首指令，指出欧洲所有沿海地区都面临着盟军登陆的危险；次年 11 月，希特勒又发布第 51 号指令，进一步重申第 40 号指令的内容，强调登陆的威胁已经迫在眉睫，并把丹麦至法国的沿岸列为主要防御地段。

更为重要的是，德军虽然已在苏联、意大利和北非受到巨大损失，但它仍然十分强大。仅在西线，就有将近 100 万军队据守在"大西洋壁垒"后面。倘若德国人判断出盟军登陆的确切地点，他们就能以逸待劳，将登陆部队全部消灭在海滩上。即使"霸王行动"在诺曼底取得了立足点，希特勒也会迅速把兵力集中起来，使盟军难以向前推进半步。因此，盟国阵营对"霸王行动"能否成功并没有多少把握。英国首相丘吉尔指出："要摧毁那些用现代火力装备起来的由训练有素的将士防守着的钢铁工事，可供选择的余地很小。只能用出奇制胜的办法。"也就是说，只有在进攻时间和地点上使希特勒措手不及，"霸王行动"才有可能取胜。可是，怎样才能做到这一点呢？

当最大规模的人员和装备在英格兰集结准备进攻时，怎么才能掩盖它们的真实面目？仅凭其安营扎寨的地点，就足以使希特勒推断出，诺曼底是他们的目的地。即使这数量众多的人员和武器能够隐蔽起来，他们又怎能在离港登船时不被发现呢？因为有些进攻部队需要花费近两天时间才能渡过海峡。当德国的飞机、雷达、哨兵和间谍都处在高度戒备状态时，要想使盟军进攻的时间和地点不被希特勒发现，这几乎是不大可能的。事实上，到了1943年冬季，双方都已经知道对西欧某个地方的进攻已是指日可待了，双方还知道这次进攻的成功与否完全取决于德国人对进攻时间和地点的了解。

正是在这种情况下，伦敦监督处受命制定一个"对敌人实施心理欺骗"的计划。监督处处长约翰·比万上校和温盖特中校精心制定了"杰伊"计划。按照伦敦监督处的设想，"杰伊"计划将从5个方面为"霸王行动"提供掩护，它们包括窃取情报、反间和保密、敌后特别行动、政治宣传和心理欺骗。其中心理欺骗是秘密武器的最后一招，也是一切行动中最为机密的一项。"杰伊"的目标是：通过这些手段，特别是欺骗手段，使希特勒深信，盟军进攻的矛头不是诺曼底，而是斯堪的纳维亚、巴尔干半岛、法国的加莱海峡或者其他任何一个地方。在"杰伊"计划中，总共包括着6个大的蒙骗计划，36个附属计划以及一些零散的相关计策。其中，专门围绕诺曼底登陆的欺骗计划被命名为"坚韧"。它又分为两个部分，一个用来牵制德军在斯堪的纳维亚的27个师，称为"北方坚韧"；另一个用来把德军最精锐的装甲部队第15军拴在加莱地区，称为"南方坚韧"。

伦敦监督处召开会议，准备在把"杰伊"计划提交给华盛顿的盟军联合参谋部会议前，宣读和通过该计划的最后草案。实际上，这个计划早在1943年11月的德黑兰会议上，就已经得到了丘吉尔和罗斯福（时任美国总统）的首肯，同意将其作为同盟国心理欺骗行动的总方针。所以，这次极其重要的秘密会议很快便宣告结束。唯一的一点变化是，根据丘吉尔的提议，计划被重新命名为"卫士计划"。因为丘吉尔在几天前描述"杰伊"计划时，曾经说过这样一句名言："在战争期间，真理是如此宝贵，因而必须用谎言去保卫它。"

根据"卫士计划"，这场心理欺骗战的范围将覆盖参战双方和每一个中立国家。它由伦敦监督处负责组织实施，在监督处认为需要时，英国情报局、美国战略情报局、英国特种行动局以及盟军中专门从事欺骗的单位的特工人员，甚至包括盟军的政府首脑和国家机构都将为其服务。为了取得苏联的支持，比万于1944年1月29日专程飞往莫斯科，同苏军总参谋部进行了一个多月的谈判和协调。3月3日，双方达成协议，"卫士计划"从此开始正式成为苏美英三国一致行动的纲领。

"卫士计划"成功的有利条件是很多的。首先，英国已经掌握了德国的无线电密码，并且通过这一"超级机密"，知道希特勒对盟国行动的预测方向在加莱海峡；此外，德国派到英国的间谍几乎全部落网，不少人已向盟国投降，成了双重间谍。

英国有一个专门控制双重间谍活动的"双十字委员会"，可以利用这些人来散布关于"卫士计划"和"坚韧"计划的假情报。而由于在英国没有可靠的情报来源，德国几乎全部依赖无线电侦听和空中侦察或者依靠盟国方面"走漏"的点滴消息来搜寻"霸王行动"的秘密，盟国完全有可能让德国人得到一些有意编造的消息。尤为重要的是，德国的两大情报机构——谍报局和党卫军安全局正在进行着激烈的争斗，它们辨别实情的能力已经大为下降。因此，伦敦监督处对"卫士计划"抱有很大的希望和信心。但是他们也清楚，"卫士计划"也潜伏着致命的危险性。不管假情报多么富有说服力，也不管所使用的特殊手段何等高明，只要在整个欺骗链带上有一个小小的裂痕，真相便会暴露无遗。随着登陆准备工作的进展，要把希特勒的注意力从海峡地区引开将变得越来越困难。

很显然，如果"卫士计划"一旦失败，那么"霸王行动"将无可置疑地也会失败。然而，伦敦监督处和盟军的将士，却依然决心同希特勒进行一次史无前例的谍战较量。

"卫士计划"的目的主要有两个：一是通过各种途径，诱使德军分散在欧洲各地，从而使德军在法国，尤其是诺曼底地区的守军降低到最低限度。二是要使德军统帅部相信，诺曼底登陆只是一场佯攻，目的就是诱使德军过早投入后备部队，从而为下一次更大规模的主攻创造条件。后一个目的就是"卫士计划"的核心内容，而且这个内容不能直接落入德军之手，而是要虚虚实实，真真假假，颠来倒去，以间接方式，让德军费了好大的气力才获得那么一星半点，然后再根据这么点线索，去分析、推理、归纳，得出符合盟军希望的错误结论。盟军最高司令艾森豪威尔听取了比万的计划后，写下"我喜欢这一切"的批示，并派最高司令部的欺骗专家"特殊手段委员会"主任美国陆军上校怀尔德全力协助比万。

"蒙哥马利的幽灵"

为了确保两个目的的达成，比万设计了多达几十项的附属计划。在这一系列的情报欺骗计划中，"铜头蛇"行动取得了巨大的成功，以至在战后这次行动还被加上了许多浪漫色彩，并以名为"蒙哥马利的幽灵"的传奇故事广为流传。

1944 年 3 月 14 日，英国特种战委员会的副主任杰维斯·里德中校，偶然从报纸上看到了一张剧照，上面是一个酷似蒙哥马利的陆军中尉。他名叫詹姆斯，曾在伦敦戏剧院照了一张头戴贝雷帽的剧照，结果被刊登在伦敦的《新闻时报》上，剧照的旁边用典型的广告语写道："你错了——他的名字叫詹姆斯！"

看到这张照片后，杰维斯·里德灵机一动，脑子里冒出一个近乎荒诞的点子：为什么不让詹姆斯扮演蒙哥马利，故意让敌人拿到一些"证据"，证明英国登陆部队的司令官蒙哥马利元帅，已经离开英国本土，到直布罗陀和阿尔及尔视察去了，以诱使德国人作出错误的判断呢？

里德中校马上把自己的想法向上司和盘托出，他没有想到的是，这恰巧也是比万曾经的一个设想。只不过还没有来得及实施而已。现在天才的演员已经送到了门口，英国伦敦监督处自然是高兴不已，立即同意将其付诸实施。于是这个以无名小卒扮演大军主帅的欺骗计划正式启动了。

里德向詹姆斯介绍了这次行动的目的与实施的计划，让詹姆斯明白了，此次他的"演出"，事关盟军登陆成功与否的大局，其惊险不亚于行军打仗、冲锋陷阵。在一阵惊慌和紧张之后，詹姆斯终于下定了决心，为了这个国家，他只有横下心来做一次"假冒元帅"，着手去扮演他一生中最重要的一个角色。

在此后的一段时间内，詹姆斯埋头琢磨和模仿蒙哥马利的一举一动。里德中校告诉他："要记住，你周围的观众中就有德国间谍，你必须能欺骗得了敌人统帅机关的耳目，这是对你的扮演是否成功的唯一检验标准。"

詹姆斯不愧是演员出身，经过几天的"体验"生活和数日的苦练，他已经把元帅讲话的语调、姿态举止和生活习性模仿得惟妙惟肖，已经和真的蒙哥马利所差无几了。

▲詹姆斯假冒的蒙哥马利走下机舱

1944 年 5 月 25 日夜晚，詹姆斯开始了他的冒险行动。他穿上人们熟悉的元帅的野战军服，戴上那顶上面缀着装甲兵团军徽的贝雷帽，驱车前往诺思霍尔特机场，在群众的欢呼声中，他潇洒地致以"蒙哥马利式"的敬礼，登上了早已等候在机场的专机。5月 26 日清晨，阳光微露。这架满载着英国情报机关冒险计划的飞机，平稳地降落在直布罗陀机场。詹姆斯在随从的簇拥下，步履稳健地走下舷梯，同早已等候在此的官员们一一握手。

在机场的欢迎人群中，混杂着不少名德国间谍。詹姆斯故意让他们看清自己，然后驱车前往总督官邸。直布罗陀总督伊斯伍德将军是蒙哥马利的老同学。

根据事先的安排，詹姆斯和伊斯伍德将军迎面"巧遇"了两位前来拜会总督的西班牙"金融家"。而早已从酒精中清醒过来的詹姆斯，此时完全进入了角色。他假装没有看到陌生的人出现，若无其事地向伊斯伍德谈起英国最近制订的"303"作战计划。

他的一席谈话，在两个小时之后就被德国在马德里的情报官员，通过秘密渠道汇报上去。德国人很快就收到了这份有关蒙哥马利行踪和"303"计划的报告，柏林方面立即发来指示，要求所属间谍部门尽快查清"303"计划的详细情况。

当日晚，詹姆斯在返回机场的途中，再次在公众面前亮相。伊斯伍德特意让车队经过一条正由英国工兵修建的道路，而且为了使更多的人能看到告别场面，还有意让飞机出了点小小的故障。在候机期间，詹姆斯不经意丢掉了一条他事先准备好的上面绣有蒙哥马利名字缩写字母 B. L. M 的土黄色手绢，并听任一位西班牙仆人捡了回去。

"演出"结束，詹姆斯登机起航。还未等他抵达阿尔及尔，他的谈话内容就已经报到了马德里德国情报站。

在随后的几天内，有关蒙哥马利的消息传遍了整个阿尔及尔，人们经常可以看到他的高级轿车挂着三角旗，在摩托护卫下风驰电掣般地从大街上穿过，也有人看到他叼着雪茄在林荫小道上信步游逛。直到诺曼底登陆行动开始的前几天，这一切才悄然消失，"铜头蛇"计划顺利宣告结束。

詹姆斯"主演"的这出以假乱真、冒名顶替的好戏，对盟军反攻欧洲大陆发挥了极其重要的作用："蒙哥马利元帅"视察非洲，诱使德军终于确信盟军要在法国的加莱地区登陆，促成了盟军在诺曼底登陆的成功。

无孔不入的"水银计划"

当然，要使希特勒轻易地相信盟军的假登陆地点，光有一个假蒙哥马利是不够的，还应该有更大规模的欺骗行动，才能确保欺骗计划的成功。于是，就在詹姆斯表演的前后，比万又精心设计了一次罕见的富有戏剧性的欺骗行动"水银计划"——虚构了两个集团军，结果让希特勒信以为真。

英国情报机关为实施比万的"南方坚韧"计划而虚构的是"美国第 1 集团军"，驻扎在英国的多佛尔地区，出任其司令官的是美国著名战将乔治·巴顿将军。就是这支完全虚构的"美国第 1 集团军"，竟然让德国情报机关信以为真，让希特勒相信了盟军重返欧洲的主攻地点是加莱地区，使盟军在诺曼底登陆后，德军的主力部队不敢从加莱地区向诺曼底增援。这一行动堪称二战谍战中极富传奇的精彩一笔。

为了使德军坚信这支虚构部队的存在，比万采取了两个步骤，一是建立模拟无线电通信网，以便让德军的无线电侦察部队侦听获取此类情报；二是通过双重间谍向德国情报机构发送这方面的假情报。这两项工作便构成比万的"水银计划"。他们组织 300 多名报务员伪装成集团军、师、团、营之间无线电通讯，严格按照同级别单位的日常通信量进行联络，并在多佛尔设立假司令部，使用大功率电台与各下属部队联系，甚至真正的登陆部队第二集团军群司令部的部分命令也先通过电话传递到多佛尔的假司令部，再由假司令部的电台发送出去。比万为这支虚构的部队建立了一整套完善的无线电通信体系。这些无线电通信台的组网方式、呼号组成、频率使用的方式方法，通信联络时间的使用规律，通信联络的程序，改变频率、

▲美国猛将乔治·巴顿将军

约定联络时间、电台代号，通信联络使用的机器、报务员，所发电报的外形特点，以及通信结束时的关闭机器的动作，与真正的英美战斗部队无线电通信一模一样。这样一来，德军的无线电侦察单位通过侦听、测向、报务分析，以及密码破译等手段，逐步把这些部队的隶属关系、番号、代号，各部队的分布、部署情况、战斗实力、主管人员的姓名，以及作战任务等情况，搞得一清二楚。就这样真真假假，虚虚实实，再让历尽辛苦突破盟军空中防线的德军侦察机侦察照相，造成了盟军在英格兰东南集结了约 40 个师组成的第 1 集团军的假象。至于登陆地面部队的司令人选，众所周知能担当此任的盟军将领，不是美军中将巴顿就是英军中将蒙哥马利。比万将计就计，让巴顿来担任第 1 集团军的司令，1944 年 1 月 26 日，巴顿到达英格兰东南地区，视察部队，会见当地官员，拜访各界名流。新闻界不断报道他的行踪。

很快，德国间谍把这些"有价值"的情报层层呈报上去。

在实施"南方坚韧"的同时，比万还策划了一个"北方坚韧"计划，虚构了另一支影子部队——英国第 4 集团军，"驻地"在苏格兰，其目的是要把希特勒部署在丹麦、挪威和芬兰的主力作战部队共 27 个师 38 万人，牢牢地拴在斯堪的纳维亚半岛。

不久，德军的间谍机构便把目光聚集到了"虚拟军团"身上，他们通过无线电侦测准确地测定了"军团"的所在地。4 月中旬，一架德军战斗机飞临爱丁堡上空，对"第 4 集团军司令部"进行空袭。与此同时，英国情报机关为了加深德军对"第 4 集团军"的印象，还通过当地媒体对"虚拟军团"的活动予以配合。如"第 4 集团军足球比赛"、"第 4 集团军司令部的一名少校举行隆重婚礼"等这类消息经常见诸报端。苏格兰广播电台则适时开播了"第 4 集团军"下辖的"第 7 军""随军一日"报道，全天 24 小时跟踪报道他们的各种"活动"。苏联方面也故意向德国人透露，他们正在科拉海湾集结部队和船只，准备进攻挪威，并正在组建一个新的集团军，拟于 1944 年 6 月初向德军发动一次"北极战役"。而且英国的 BBC 广播电台对挪威、瑞典的广播中要求两国的百姓进行防空准备，并尽量多储备食物、燃料、药品等必需品。这些措施，使德军在挪威和瑞典部署了 13 个师，其中包括一个装甲师，以应付盟军的进攻。这 13 个师直到战争结束都没离开挪威和瑞典，他们一直在专心致志地等待着英国"第 4 集团军"的进攻。

第二次世界大战结束后，西方一些军事记者公开了这两支虚构军团的内幕，并冠以"世界谍报史上的奇迹"这样醒目的标题，令世人对谍报工作刮目相看。

双重间谍的活动

利用双重间谍是"卫士计划"的重要组成部分。由于英国反间谍机关的出色工作，在开战后不久即破获所有在英国的德国间谍组织，并对德国侨民进行隔离审查，彻底肃清了在英国的敌特。尽管德国情报机关不断派遣特工渗透潜入英国，但是一则英国反间谍机关工作效率较高，二则英国的货币、度量衡与欧洲大陆完全不同，使得进入英国的间谍很容易被察觉，所以德国一直无法在英国开展情报工作。而英国专门组建"双十字委员会"，从事将被捕的德国间谍策反成为英国服务的双重间谍。经过长期耐心细致的培养，终于拥有4位被德国情报机关相信的双重间谍："加宝"、"珍宝"、"三轮车"和"布鲁斯特"。其中最受德国信任，最有影响的便是"加宝"。战后"双十字委员会"认为"加宝"是他们最大的成功。"加宝"是西班牙人，真实姓名不详，1941年1月和1941年12月两次要求加入英国情报机关，都遭拒绝。1941年7月，投靠德国情报机关，奉命经葡萄牙潜入英国，但他到达葡萄牙后就谎报已进入英国，并根据一些英国出版的报纸杂志，凭着编造情报的天赋，杜撰出一些情报，而且大多正确，所以深受德国的器重和信任。直到1942年2月，英国发现德国海空军大举出动截击一支盟国开往马耳他的护航船队，可根本没有这样的船队，英国情报机关随即查出这正是"加宝"的杰作，于是便同他接触，将他秘密接到英国，在"双十字委员会"的协助下，将精心策划的真假情报源源不断送往德国，从而在德国情报机关确立了王牌特工的地位，领受了查明第1集团军群（也就是"水银计划"所虚构的部队）的任务，乘机堂而皇之地报告了第1集团军群的兵力编成等情报。在6月6日登陆前半小时，"加宝"向德国报告盟军正向诺曼底发起进攻。这一时间是比万精心设计的，德国收到情报也根本来不及作出反应，相反更提高了"加宝"的地位。到6月9日登陆后最关键的时刻，"加宝"向德国发报长达120分钟，详尽报告第1集团军群的40个师正进入临战状态，大量登陆舰艇正集结在多佛尔，真正的登陆就要开始。这一情报严重干扰了德军统帅部对战况的正确分析和判断。

"卫士计划"中英国还组织过一次异常狡诈，甚至可以说残忍卑劣的行动。1943年7月，法国北部隶属于英国特别行动处的代号为"繁荣"的抵抗运动小组，由于亨利·德里古的告密而被德国盖世太保破获，包括负责人弗朗西斯·苏蒂尔在内数十名抵抗运动成员被捕。盖世太保胁迫被捕的"繁荣"小组报务员继续保持与英国总部的联系，因为报务员的收发指法如同人的笔迹，难以假冒。报务员乘机按照事先规定不发安全密码向总部告警，所谓安全密码就是在规定的某行某个单词，故意拼错或重复，如果没有在约定的地方拼错或重复单词，就意味着电台已被德国控制。但总部不顾警告继续保持联络，并按照德国的要求空投大量的武器、爆炸器材、通讯器材、活动经费甚至新的特工。这些物资和人员一落地就落入德国盖世太保之手。众所周知，盖世太保的刑讯逼供是常人无法忍受的，英国所有派遣到被占领土的特工都携带剧毒，以便在被捕时或无法忍受刑讯时用以自尽。梵蒂冈的罗马教皇还专门为无法忍受盖世太保刑讯而自尽的基督徒颁布特赦，赦免他们自杀的罪过。可"繁荣"抵抗小组的骨干人员和后来空投的特工携带的却是无毒的药丸，他们被捕后，历尽严刑拷打，求生无门，求死无望，最后供出了自己的任务：袭击德军在加莱的指挥部、通信中枢、岸炮以及供电系统，配合盟军的登陆。盖世太保对这些口供的真实度深信不疑，因为这些口供大多是在多次刑讯逼供之后才得到的，从而得出盟军将在加莱登陆的结论。实际上，告密者德里古是根据伦敦监督处的绝密指令以此方法获取盖世太保的信任，从而打入德国情报机关。而盖世太保怎么也想象不到，英国情报机关会无耻到这样地步，用价值数十万美元的武器装备和数十名忠贞部属的生命为代价，只为了提供一条假情报。

此外法国的抵抗组织也充当了重要角色。在 6 月 6 日登陆时，BBC 广播电台向诺曼底地区的抵抗组织播发了大量暗语指示，要求他们破坏铁路、公路、桥梁、通信线路，协助配合盟军的登陆。而在 6 月 9 日，诺曼底的激烈战斗正处在关键时刻，BBC 又向法国加莱、比利时、荷兰的抵抗组织播发大量暗语指示，要求他们按预定计划，袭击交通线、德军指挥通信中枢，配合即将开始的加莱登陆。由于德国情报部门已破获了一些抵抗组织，明白暗语指示的含义，据此向驻加莱的部队发出登陆在即的警报。

启动"顽固者程序"

比万的战略欺骗可以说是令人叹服，但是如果不能作好保密工作，泄露了真情，那么不但精心策划的战略欺骗毫无作用，更会给登陆带来灭顶之灾。所以英国采取了史无前例的保密措施，代号为"顽固者程序"。

首先，为防止德意从爱尔兰获得情报，英美迫使爱尔兰关闭了德、意驻爱使馆，并没收其无线电设备。1944 年 2 月 9 日起，英国中断同爱尔兰的一切民间交往。3 月 17 日，又进一步宣布封锁爱尔兰，拦截所有未经许可离开爱尔兰的飞机、舰艇。

其次，为防止驻英国的外交人员获取情报，于 4 月 17 日起英国宣布暂时取消外交特权，禁止外交人员在英国的旅行和出入英国；禁止使用外交邮件；禁止外交使馆使用电台与本国联络，如有紧急事件，只能使用英国提供的电台和报务员；对各国外交使馆实行全面警戒。

再次，对民间新闻报道实行严格的新闻检查，所有报道都必须经多道检查才可登报。禁止记者向海外发报，禁止出口报纸杂志，以防德国从中获取情报。5 月 25 日起所有从英国发出的信件都被延期发出。除必要人员外，限制公民出入英国。

对参战部队的保密措施也前所未有，4 月 1 日宣布登陆部队集结的英格兰南部沿海 16 千米为军事禁区，4 月 6 日起部队取消休假，军人和公务员的所有公文信函、电话均受到检查。美军人员被禁止擅自使用越洋电话、电报同美国本土联络。5 月 28 日起所有登陆初期的参战部队均不得擅自离开由铁丝网围成并有宪兵检查的营区。有关登陆计划，始终限制在经过仔细甄选的军官范围里。D 日（即登陆日的代号）前七天，登陆日期及计划下发到师级指挥官。D 日前三天，登陆区地图、海图和其他敌情资料下发到营级指挥官。D 日前二天，向各部队下达作战指令。同时有 2000 名情报人员对参战部队各级官兵实行严密监视、检查。

被愚弄的德国谍报部

"卫士计划"是世界历史上罕见的"间谍战"，其规模之庞大、构思之大胆、计划之周密令人叹为观止。

德国国防军谍报部的陆军上校阿历克西斯·冯·罗埃尼面对众多的来自盟军的情报大感头痛。

在 1944 年的初春，冯·罗埃尼相信加莱海峡将会是盟军入侵地点。他也听到过入侵挪威、巴尔干半岛和意大利北部的传闻，但一切军事逻辑都表示将会是加来海峡。除了内心的感受外，他还有少许情报来支持这个假设。一个难得的线索来自于土耳其的安卡拉，英国大使的贴身男仆得到机会看到了雇主上锁的急件箱内的信件。他复制了一份并将它卖给了德国人，这才首次得知入侵行动的代号为霸王，入侵的特定地点没有指出，但从外交关系所得的其他情报都暗示霸王行动将会在沿法国海岸线的某处展开。同时反间谍机关设在斯德哥尔摩的情报站也作出安排招募了一些在英国工作的瑞典大使馆的武官；他们的报告指出同盟国计划在 1944 年 5 月 15 日或 6 月 15 日之间的某一时刻，在法国沿海的诺曼底进行大规模的水陆两栖的登陆行动。

反间谍机关总部拒绝了这份情报，认为可能是英国谍报部门炮制的假情报，但冯·罗埃尼开始犹豫了起来：一些慢慢积聚起来的情报支持以下的观点，即"霸王行动"趋向于入侵沿法国海岸的某处。问题是要找出计划中要登陆的军团和确切地点。

希特勒不相信"霸王行动"的目标会是法国，只下令进行一般的准备来击退针对围绕着德占其他欧洲地区的潜在入侵点的攻击。在西欧，希特勒下令沿整个海岸构筑庞大的防御工事体系，以拖延在水域附近发动的入侵，等待德国后备队集结及粉碎入侵。这个防御工事称之为"欧洲要塞"，它对从挪威到西班牙的整个欧洲西海岸加以巩固——它是由 15000 个加固的水泥碉堡、火力点和机枪网组成的城墙。

在几周之内，已渴望得到一些仍不成熟的数据达几个月的德国谍报机关突然获得了大量的情报。所有这些情报都是经过深思熟虑后才泄露出来的有关庞大的同盟国军队在英格兰南部集结的情况。德国人至此才第一次听说美国第 1 集团军的情况，这个集团军将作为即将发动攻击的主力部队。甚至国家地理杂志

▲刚愎自用的希特勒

也热心地刊登了美国军队情况的彩色照片，其中也包括了 24 个根本不存在的师。这些传闻最终通过某些途径传到冯·罗埃尼的总部，并迫使他将这些师列入他的位置图中。正如骗局的设计者们所期望的，冯·罗埃尼将这些神秘的师集中在直接面对加莱海峡的英国南部。而当他将这些师用墨水标在地图上时，也就代表着在德国人的头脑中这已开始成为真正的威胁。

盟军控制中的双重间谍也参加了表演，发出了无数的期望中的报告，告知在冯·罗埃尼预计会集结军队的地点亲眼见到了大量的军队驻扎。

冯·罗埃尼的位置图逐日填满了新的盟军部队，都是来自英国的近期间谍报告的内容。一切好像都从军事上坚定了如下的假设：主力部队集结在加莱的对岸，而一支较小的军队针对着诺曼底。显然，集结在诺曼底对岸的部队为佯攻部队；这些部队将

在诺曼底海滩登陆并吸引德国的后备队和集结在加莱海峡的装甲部队的注意。一旦德国军队调动，则主力部队开始攻击加莱，使德国的防御陷入难以自拔的困境。

根据这些情报，冯·罗埃尼在诺曼底登陆的中午给希特勒发去一份情报，这无疑是射向希特勒的一颗子弹。冯·罗埃尼在情报中说，鉴于仅有 12 个盟军师已参与战斗，显然主力部队仍未卷入，几乎可以肯定，他们准备进攻加莱。

"卫士计划"空前成功

1944 年 6 月 6 日凌晨，美国和英国的 2390 架运输机和 846 架滑翔机，从英国 20 个机场起飞，载着 3 个伞兵空降师向南疾飞，准备在法国诺曼底海岸后边的重要地区着陆。这就是著名的"诺曼底登陆"的开始。

黎明时分，英国皇家空军的 1136 架轰炸机对事先选定的德军海岸的 10 个炮垒，投下了 5853 吨炸弹。天亮以后，美国第 8 航空队又出动了 1083 架轰炸机，在部队登陆的前半个小时，对德军海岸防御工事投下了 1763 吨炸弹。接着，盟军各种飞机同时出动，轰炸海岸目标和内陆的炮兵阵地。5 点 50 分，太阳已经升起来了，盟军的海军战舰开始猛轰沿海敌军阵地。诺曼底海滩成了一片火海，地动山摇。

进攻部队由运输舰送到离岸约 16 千米的海面，然后改乘大小登陆艇按时到达预定攻击的滩头。跟在后面的是运载重武器和装备的大型登陆艇。

盟军选择的登陆地点诺曼底海滩，位于法国的西北部，从东到西有 5 个滩头——剑滩、朱诺滩、金滩、奥马哈滩和犹他滩，全长约 80 千米。登陆计划第一批进攻部队是 5 个师，每个师占领一个滩头。

▲盟军抢占海滩

6 点 30 分，盟军开始了登陆作战。当天傍晚，盟军已在欧洲大陆建立了牢固的立足点。伤亡人数比预计的要少。有将近 10 个师的部队连同坦克、大炮及其他武器都上了岸，后续部队也源源而来，不断扩大盟军对德国守军的优势。盟军的诺曼底登陆成功了。

"卫士计划"可以说是前无古人的惊世之作，在英国谍报部门悠久的历史中，这也是极为精彩的篇章。

美国人破解"超级密码"

　　1929 年，美国军队信息谍报机构还只是个新成立的部门，虽然新成立，却极为秘密，美国军队通讯部门将它作为获取敌人核心秘密的武器。在组建人威廉·F. 弗雷德曼的费尽心血的组织下，该机构很快成为谍报界的一柄利刃。弗雷德曼倾研究小组全力破解日本的"超级密码"，费尽周折终于成功破解，"超级密码"的破译是美国谍报界的大事，也是世界谍报界的大事。

组建美国信息谍报机构

　　这是一个隐藏在华盛顿特区老军需大楼一个角落内的简陋办公室，没有通常这些高级机密行动的特征：武装警卫、身份徽章、进出登记等。墙上的装饰只有一个巨大的牌子，写着 THINK（思考）。

　　这就是美国军队信息谍报机构的办公室，这是个新成立的机构，极为秘密，在1929 年的美国谍报部门只有少数人知道它的存在。甚至在这些少数人中也有人不知道它存在的目的：截听和破译外国的通讯密码。

　　弗兰克·B. 罗莱特被招到美国信息谍报机构是由于坐在桌子后面的那个瘦小、秃顶的男人，他的名字是威廉·F. 弗雷德曼，是这个机构的首脑。作为一名杰出的数学家，被弗雷德曼招募的罗莱特将从事一种被称为"令人激动的冒险"，可没人能说得一清二楚。弗雷德曼透露这种冒险就是破译世界上的顶尖密码。罗莱特感到迷惑不解：他对密码一窍不通，可为什么弗雷德曼这么急切地寻求他的服务呢？

　　由于好奇心的驱使，罗莱特同意成为美国军队信息谍报机构的第一批雇员之一。当时大约招募了十几个人，就是他们将去实现密码史上最令人吃惊的功勋之一，这个功勋的影响从法国海岸至东京无处不在。

　　仅在 12 年前，当美国参加第一次世界大战时，整个军队中只有可怜的 3 个人懂得一些密码，知道如何破解密码。而当欧洲国家开始一场激烈的谍报竞赛，纷纷发展先进的密码系统并扩展它们的谍报组织以破译敌人的通讯时，新的美国战争部的电报暗码表刚开始使用，并交由华盛顿的一个商业印刷厂印刷。没有采取任何起码的安全措施。

　　可在那一年的 6 月份发生了巨大的变化，一位名叫海尔伯特·O. 雅德利的年轻人成了国务院的密码官员，他非常关注神秘的密码学，他受命组建美国的第一个通讯谍报组织，称之为 M18 的军队谍报机关部门。在短期内，雅德利就建立了一个一流的组织，在西线对德密码战中取得了令人瞩目的成功。

　　在雅德利的早期雇员中有一位名叫威廉·弗雷德曼的人。雅德利让他为美国密码破译员制定一个速成训练计划。这个任务完成后，弗雷德曼被任命破解德国军事密码。在他的妻子伊莉莎白的协助下，他破译了一些主要的德国军队战场通讯密码，他的妻子也深深地被密码术所吸引。同时伊莉莎白、弗雷德曼还试图破解印度土著所使用的密码，这是他们的印度总部和处于世界各地的各种革命活动相联络时的密码，伊莉莎白在这个领域所取得的成绩受到英国当局的关注。

由于他们的爱国心与对密码术的热爱，军队决定雇用弗雷德曼和他的妻子作为雇员，让他们创建一个新的组织——信息谍报机构。弗雷德曼受全权委托选择地点和雇佣他所需要的人。弗雷德曼招募了7名他所能找到的最出色的数学家，并对他们进行了密码术的训练。至此他们才明白弗雷德曼招募他们的原因。

"紫色行动"

弗雷德曼决定与他最得意的学生罗莱特一起，集中精力啃最硬的骨头——日本的通讯密码。困难是双重的：不仅是由于日本人在译码机开发上取得了令人瞩目的进展，一切高级外交和军事通讯都使用译码机，而且也因为日本语本身就是个复杂的迷宫，学习掌握日语难度也是很大的。日语使用音节主音系统，而且在日语中还有5000个汉字，这些汉字无法在通讯中使用，所以日本人又发明了一套特殊的用于通讯的拉丁字母，但还是有许多语言上的微妙和奇怪之处。弗雷德曼给这次行动取名为"紫色行动"。

日本的密码专家求助于盟国德国。德国人给他们的盟友提供了一台艾尼格玛译码机，可日本人并不满意。当日本的技术人员检查了这部译码机后指出，虽然艾尼格玛非常复杂，但还是有可攻击的弱点。日本的技术人员精确地预言，艾尼格玛将会被密码专家破解，他们能从艾尼格玛发出的信号中演绎出它的结构，并加以复制。

中央情报局纹章

中央情报局的纹章颇有意味：银质，十六个红色尖角镶成罗盘形状。银质上方的饰章刻着银红两色花纹的花环，环上有一个美丽秃鹰的头，盾牌下面是一个金黄色的卷轴，上面写着"美利坚合众国"几个红字。围绕着盾牌和鹰头的则是"中央情报局"几个白字。

日本人决定制造一部类似于艾尼格玛的译码机，但要大得多，为它安装了第二级译码系统，这意味着由艾尼格玛产生的密码将被再次译码，这要通过一个电子线路迷宫，每当按动一个键都要产生无数个可能的信号组合，这将远远地超出数学家们的想象力。

有着超凡创造力和生产能力的日本人终于成功了，他们生产出了当时世界上最先进的译码机，这将被用于最重要的外交通讯。这部译码机被称为"字母打字机97型"，这个顶级技术的成果被冠以一个散文体的名字。它安装了六层电池、25个点布开关、一个插座和一套错综复杂的电路系统。由操作者来决定插头在插座上的位置，然后插到插座板上，并将机器的转鼓设置在指定的位置。（插头位置逐日变换）操作者随后就可输入内容，经过复杂的电路系统进行编码，为了高度保密将编码后的信息再次编码。在接收端的译码机使用同样的插座位置，将整个过程反转，并得出解密后的原文。

收到从新机器上发出的第一段电文后，弗雷德曼就感到面临新的挑战，刚一开始所有的办法全都失败了。弗雷德曼马上就得出结论，新的机器有点像艾尼格玛，但要复杂得多，可称为"超级密码"。接着他就作出了一个大胆的设想：任何密码总是能用数学表达出来的，美国信息谍报机构总能推断出排列组合的次序，从而解开密码。以此为依据，他们就能开发出自己的译码机，用它来解决截听到的密码。这样的想法以前从未试过。

但刚一开始这种想法同样地失败了，一种忧郁的情绪在弗雷德曼的同事中滋生了起来，并影响到全部的 11 个人。他们在破译各种各样的密码上所取得的成功使弗雷德曼认为他们是无所不能的魔术师，但不管如何给他们打气，对于日本人的机器仍是一筹莫展。到 1938 年他们都干了快两年啦，还是一无所获。慕尼黑危机和日本入侵中国使弗雷德曼预感到战争将要爆发，所以破解日本的通讯密码更是件刻不容缓的事情了。

1939 年 2 月，弗雷德曼命令他所有的雇员放下手上的一切工作，集中精力于"紫色行动"，期望集中破解会产生效果。几乎是夜以继日地工作，弗雷德曼和他的同事们从各种他们所能设想的角度来分析紫色行动；他们只是用纸与笔来寻找可能揭开密码的语言结构，这些数学家们与几个雇佣的日本语专家一起竭尽全力地工作。首先他们了解到极讲究礼貌的日本人有在他们的电文中使用典型的华丽外交问候语的习惯，例如他们经常地使用"日本帝国政府高兴地通知您……"这样的固定格式，故这些精英们着手分析电文开头和结尾的格式。数学家们慢慢地开始明白密码中的语言格式。他们中一个叫吉纳维夫·格罗杰恩的人终于有了重要的进展：发现了揭示密码工作原理的语言格式的数学公式。

在 1940 年夏天，弗雷德曼已具备开始制造"紫色行动"译码机的条件。在机器制造出来后，他从技术上实现了人们从未见过的奇迹。美国的紫色行动终于成功了，弗雷德曼感到轻松愉快，刚投入使用的译码机立刻就破译了 90% 的截听到的日本密码通讯。从那时起日本成了一本打开的书，至少对他们的高级外交通讯来说是确定无疑的。

由于每天超过 18 个小时的紧张工作，弗雷德曼本人付出了额外的代价。在 1940 年 12 月他病倒了，在医院里待了 3 个月。

"超级密码"带来的好处

通过译码机，美国人能审视日本人的内幕。他们得知日本正在加强与纳粹德国的联盟关系，正在讨论建立三国集团（轴心联盟），更主要的是日本人决定与美国保持距离。完全意外的收获是美国从日本的动态间接地了解了纳粹德国。

对德国动态的了解是由于一名日本人大岛希市，他是日本驻柏林使馆的武官，是一名激

美国"黑宝"

1919 年 4 月 18 日，美国国务院的机要员赫伯特·亚德里向美国政府建议成立一个密码组织，聘用 50 名密码专家和机要员，由他挂帅，美国的"黑宝"由此诞生。它打着商业电码公司的旗号隐匿在东三十八街三号一座四层楼房里，并把破译日本的秘本和密表体制作为主要目标。

进的亲纳粹分子。他渴望劝说日本政府与希特勒并肩作战；大岛希市向东京发出了一份有关德国军事力量与计划的长篇报告，是以"紫色行动"所了解的密码拍发的。1941年魔术小组（弗雷德曼）收到了无疑可称为重磅炸弹的情报：一份大岛发出的有关希特勒入侵苏联的计划，其中包括飞机的数量和参加攻击的师团代号等详细资料。罗斯福总统立即下令将这份无价之宝送给温斯顿·丘吉尔，让他告知斯大林，但没有说明情报的来源。但是斯大林拒绝相信这是事实。

　　同时，他们还获悉了日本将在南半球发动进攻的计划，但由于日本外务省未谈及将以珍珠港作为第一次打击的目标，故在破解的密电中也无从得知。弗雷德曼小组得出日本将要发动攻击的时间是在1941年12月，当时日本政府命令驻美国的日本外交官们销毁一切密电码。

　　在珍珠港事件之后，弗雷德曼小组还源源不断地获得日本战争机器的无价情报。这提供了高度准确的日本军事命令和军队的布置，披露了日本决定不协助希特勒进攻苏联的事实，最后还得知了日本人决不投降的决心，甚至面对美国军队入侵日本本土也在所不惜（这个情报导致美国决定投掷原子弹）。另外弗雷德曼小组仍在继续分析日本驻柏林武官大岛的报告。其中就有德国在诺曼底防御工事的详细资料，这足以帮助轰炸机和海军极其精确地发动打击，摧毁德国人能用来击毁大规模登陆工具的大口径武器。

　　与德国的艾尼格玛情况相类似，日本人也莫名其妙地相信"紫色行动"不会造成损害。日本人步德国人的后尘，那些制造了这部译码机的人决不相信人类的头脑能破解如此精妙的译码机。但日本人还有一个只有他们才有的因素：傲慢充斥着整个日本通讯部门。日本人确信凭西方人的头脑是无法破解"紫色行动"所用的密码的，同时也无法掌握复杂的日语。弗雷德曼那些讲日语的魔术师们证明了日本人的错误。（在日本人投降之后，美国谍报机关的人们想要找到日本人使用的译码机。日本人销毁了全部的机器，只有日本驻柏林使馆的那部译码机留了下来，但已拆散成八个部分，等待最后的销毁。这已足以证明弗雷德曼的巨大成功，他在5年前就已精确地复制了这部机器。）

　　到战争结束时，信息谍报机构的人员已扩展到9000人，并成为冷战时期美国新成立的国家安全局的基础。

SS 与英国情报机构的较量

为了打击并摧毁英国在德的间谍力量，也为了调查慕尼黑爆炸案，SS（希特勒的卫队及秘密警察）长官华尔兹·斯切伯格建立了与英国人的联系。虽然最终的结果没有像德国人想象中那样圆满，但也起到了打击英国在德国的间谍力量的作用。

与英情报机构接触

1939 年 10 月 8 日，希特勒在慕尼黑召开的纳粹党集会上发表讲话。他离开后几分钟，一枚炸弹在地下室爆炸了。希特勒怀疑是英国情报局干的，命令 SS（希特勒的卫队及秘密警察）的驻外情报部门绑架他们的成员。凑巧的是，SS 早已在荷兰组织了一次可靠的双重间谍行动，其中有一名代号为 F479 的间谍是一名政治流亡者，他对英国称与德军内部一个大的敌对组织有联系，能通过 SS 上级把大量假情报传递过去。

10 月份，SS 的长官华尔兹·斯切伯格命令 F479 安排他（斯切伯格）和 F479 在荷兰的熟人（英国情报骨干）会面，他假冒德军运输官汉普特曼·斯凯麦尔。

斯切伯格与英国人第一次会面是 1939 年 10 月 21 日在荷兰祖特芬镇，会面者有悉格斯马德·派尼·贝斯特上尉，瑞查德·斯蒂文斯少校和荷兰官员里卡奈特·考朋斯，会谈势头似乎很好，他们计划 10 月 30 日进行下一次会面。

这一次，德国接头人准时来到了事先约定的阿海姆的十字路口，但英国人却未出现，荷兰的一名巡逻警察逮捕了德国人，审问并仔细地搜身，之后，英国人来了，解释说他去错了路口，但斯切伯格对他们产生了怀疑。

▲瑞查德·斯蒂文斯少校

骗局被拆穿

有人给斯切伯格和他的助手一台无线电、代码本，以及一个意外情况下的紧急联系电话。下一次的会面会通过无线电来安排，英国人提出安排飞机让斯切伯格飞往伦敦去会见秘密机构的其他负责人。就在这时，对慕尼黑爆炸的调查已经由双重间谍策略变成一个彻头彻尾的绑架。会议安排在临近德国边境的荷兰芬洛市的一个咖啡屋内

▲悉格斯马德·派尼·贝斯特上尉

召开，在会议前一天晚上，斯切伯格半夜接到 SS 的里切斯弗·黑瑞奇·希米勒的电话，命令他开会时逮捕英国官员。

斯切伯格带着他的间谍们来到咖啡馆，但没有发现英国人的行踪，他们等了一个小时，正准备离开时，贝斯特、斯蒂文斯、考朋斯坐着一辆灰色的大别克车向这边开过来，他们的车刚刚开进咖啡馆后面的停车场，SS 的抓捕队员就驾车赶到了。考朋斯开了枪，但被 SS 的一个人击中了，另一个人正要向平民打扮的斯切伯格开枪时，但一个组织内人员认出了他，搅乱了他的射击，同时，英国官员和他们的司机被拖进德国人的车里，直驶向边界。其中的两名官员被囚禁从而在这场战争中幸存。但他们被捕后，纯粹的英国人间谍在德国存在的希望彻底破灭了。

活跃在敌情报机构的 OSS

英国想在纳粹德国建立间谍网从开始就受到挫折，而美国则比英国幸运得多。OSS（美国战略服务局）的成立及其卓有成效的工作给美国带来了巨大的实惠。

OSS 成立之初

OSS（美国战略服务局）和 CIA（美国中央情报局）的前身是信息研究协调公署，1941 年由罗斯福总统建立，长官是一个名叫威廉·J. 多诺万的有钱的律师，他的昵称"野人比尔"更广为人知。1942 年 6 月，该机构更名为 OSS，同年 11 月，阿伦·达尔斯怀揣一张 100 万美元的支票奉命乘火车从瑞士的伯尔尼到法国的维希，力图在那里建立一个距离德国尽可能近的据点。他的伪装身份是驻瑞士的美国部长的特别法律顾问，并改名为莱兰德·哈里森，但间谍内部迅速传开了 OSS 成立的消息。

几个自称密探的人与达尔斯的机构联系，但将他们提供的情报与"超级"揭示的数据及其他通信间谍提供的信息相比较，结果发现都是可疑的，因此这些人都被拒绝了。但 1943 年 8 月这一局面终于被弗里兹·科尔博打破了，这个德国信使给了达尔斯一些德国官方电报，并允诺下一次他去瑞士时会带来更多。

来自科尔博的情报

但令人苦恼的问题是这些情报到底是真是假，是不是德国情报部门故意提供的——正是这一原因科尔博被英国人拒绝。达尔斯意识到，视这些情报为真会有两个主要的危险。如果他把这些文件用无线电发给伦敦或华盛顿，则正好给德国反间谍组织破译代码提供了大好机会。并且由于瑞士宣称中立，如果被抓到证据，OSS 很可能被驱逐出境。

然而，这一情报确实很有说服力，而且与"超级"和其他来源提供的情报是一致的。科尔博也告诉达尔斯很多他自己的个人信息，这些都是美国人自己可以核实的。1943 年 10 月 7 日，他提供了多达 96 份的文件副本，一共有 200 多页。他回来的时候又带回 3 倍的材料，有 1600 多个文件，大多都是德军与海外联系的急件。这些情报是无价的，它包括西班牙元首佛朗哥计划用装橘子

▲战后受检查的德国武器，前面是有人驾驶的实验型 V1 巡航导弹，后面是报废的 Hs293 无线电控制滑翔弹。

的筐走私钨供给德国钢铁工业的细节，以及中立国爱尔兰的一个德国无线电基地提供的盟军船只动向的报告。这些举动由于盟军强有力的反对都停止了。

科尔博还揭露安卡拉的英国大使馆潜伏有一名间谍。土耳其大使的阿尔巴尼亚男仆凭借主人身份的庇护盗取情报并送往德国，其中甚至有登陆欧洲计划这一顶级机密。然而颇具讽刺意味的是，德国人怀疑那是英国人的圈套，不肯相信这份情报。

卓有成效的情报网

在战时，OSS 的军事行动甚至渗透到希特勒德国的核心。达尔斯在被占领的法国建立了 8 个分部，在西欧登陆日的前期计划中传回了很多重要的信息，从德国间谍那里收集了很多在皮尼马德制造的 V1、V2 武器的信息。1944 年夏入侵前，OSS 组织了 50 个两人小组，在戴高乐间谍机构的协助下，降落到法国，侦察德国军队的行动。另外 34 组 OSS 间谍在 CIA 后来的负责人威廉·凯塞的掩护下降落到德国。当晚，

▲一枚 V2 火箭弹在佩内明代的发射台上发火起飞

四个最成功的小组通过无线电把情报传到了在德国上空盘旋的有特殊装备的飞机上，提供了铁路、行军路线及可能目标的详细信息。"锤子"小组甚至发回了德军士气和防御计划的情报。

这些卓有成效的情报无疑给美国乃至盟国制定计划、政策带来了极大的好处和便利条件。

法国油漆工窃取诺曼底海岸防线图

　　一个法国油漆工利用为德国服务之便，成功地窃取到了对盟国来说非常重要的诺曼底海岸防线图，为盟军成功登陆诺曼底、减少伤亡立下了汗马功劳。

机会喜从天降

　　1943年，局势已经很明朗，盟军将不得不登陆被纳粹占领的欧洲，德国则迅速用碉堡、炮台、雷区、铁丝网增强整个海岸线的防卫。为了使登陆能够增大成功的把握，盟军有必要掌握尽可能多的关于防卫设施的情报，但空中侦察所能得到的信息是极其有限的。同盟国真正需要的是德国工程师的蓝图，但这显然是不容易得到的。

　　然而，4月7日星期二的早上，一个法国油漆工，名叫作达切兹的抵抗分子在诺曼底的卡昂发现一张官方公告，德国托德特组织所在的办公楼需要装修和翻新，欲请人估价，该部门正负责修建防御工事。

　　达切兹是一个坚定而足智多谋的人，他马上意识到机会来了。他在洛林长大，该地区在一战前就被德国占领了，所以他能够说一些德文。他决定去拜访托德特办公室，在那里他发现这份工作是给两个楼上的房间贴墙纸。他提供的价格比正常价格的1/3还少，于是他被告知，第二天带一些墙纸的样品来。

　　星期五，达切兹正与托德特卡昂办公室的负责人保莱特·施奈德讨论这个工作时，一名助手拿进来一摞地图。其中的一张令法国人非常惊奇，这张高级地图画出了诺曼底海岸的所有待建的要塞。这个法国人按捺住自己的兴奋，他继续讨论墙纸的样式，同时注意到地图就放在拐角的桌子的左侧。

　　正巧德国人被叫到邻近的办公室，达切兹开始了行动。拿着这张重要的地图直接走出大楼实在是太危险了，所以他把地图藏在一个笨重的壁镜后面，期待着有机会能够把它偷走。他没有动其他的地图，相信

▲希特勒接见托德特组织的代表，该组织负责在法国海岸规划和修建防御工事，以击退任何登陆者

德国人不会注意到这么多张地图里面少了一张。施奈德回来了，他们选好了一种墙纸，并决定下周一就动工。

成功传递情报

　　度过了一个焦急的周末，勇敢的达切兹又来到托德特办公室。但当他请求见施奈

德时，他发现这个德国人被派遣到圣马洛，其职务现由保莱特·凯勒来代任。达切兹询问凯勒何时开始装修施奈德的办公室（也就是藏地图的地方）。但凯勒回答说合同中并没有包括那间屋子，达切兹灵机一动，解释道，为了今后更好地合作，他会额外给那间屋装墙纸，这些施奈德已经同意了。

▲1944 年 6 月，盟国在西欧登陆后，美国陆军参谋长乔治·C. 马歇尔将军视察诺曼底

德国人很高兴他们做了一笔这么划算的生意。达切兹说这项工程会花费两天的时间，德国人答应会提前清理房间做准备。别有用心的达切兹坚持不需要这样麻烦，他会弄到足够的破布遮盖所有的东西。最后，星期三的晚上，达切兹在旅游者咖啡厅约见了他的联系人和组织的领导，打算把地图交给他们，但一个上了年纪的德国将军阿尔伯特就坐在邻近的桌子边，他什么也不能说。达切兹站在吧台要了一杯苹果白兰地，直到看到纳粹秘密警察的车子开出了广场，他才缓慢地走到他们中间。

实际上，确认车子走了后，达切兹重回到酒吧，正好阿尔伯特站起来准备离开。达切兹从存衣处取了德国人的大衣并帮他穿上。阿尔伯特离开了，所有的人都松了一口气，都问达切兹如果特务进来，他打算怎么办。达切兹笑了，解释说，为了预防，他已经把地图藏在了阿尔伯特的大衣口袋里，当德国人离开时他又把它拿回来了。

英国人保护"超级机密"

英国是世界上公认的现代谍报战的先驱。在第二次世界大战中，英国的情报机关施展绝技，上演了一出出令人眼花缭乱的谍报好戏，为同盟国赢得第二次世界大战的最后胜利，立下了不朽的功勋。而这一切功绩的取得，与英国情报机构的一部"超级机密"有着密不可分的关系。而英国也为保护这一"超级机密"付出了不小的代价。

突破"哑谜"

1938年8月，纳粹德国的战机即将飞临英国伦敦轰炸的前夕，战争浓云密布，大战在即，英国急切想得到德国的确实情报。现年46岁的孟席斯是英国情报局的副局长，兼任陆军部军事情报处德国科科长。他担负着监督搜集有关希特勒的意图和德国战争机器——德国国防军的实力和部署的情报的特殊责任。

英国的情报机器全速运转起来，有关德国政治的、军事的情报通过各式各样的渠道持续不断地送到孟席斯的手上。但是，如果英国政府要想迅速而准确地了解希特勒的秘密决定，只靠下级军官在住处的闲谈（以往的情报大多是靠这种方式获得的）是远远不够的。种种现状表示，获得英国需要的情报的可靠途径只有一条，那就是破译密码。

英国在许多年内已经成功地截获和破译了德国的军事、外交和商业电报。但是，希特勒是深知严守秘密的重要性的。1934年，德国政府就开始更换密码系统。

> **英国情报机构**
>
> 英国情报机构由国家安全局、秘密情报局、空军情报局、海军情报局和政府通信总部等共同组成，最后由英国联合情报委员会统一管理。此外，还有负责监视英国境内恐怖分子活动的英国伦敦警察局等情报机构。比较著名的是国家安全局、秘密情报局和政府通信总部，号称英国情报机构"三驾马车"。

英国情报局驻柏林代号为"1200"的情报员获悉德国陆军正在试验一种叫作"哑谜"的密码机，他将这一情报报告给英国情报局长辛克莱。辛克莱交给孟席斯一项任务，要他弄清楚这个机器是怎么回事。孟席斯的部下很快就弄出了眉目。原来"哑谜"是一个名叫胡戈·科赫的荷兰人发明的。他于1919年10月在海牙取得了一项"秘写器"专利权，后来将其转让给德国工程师和发明家奥特·舍尔比乌斯。舍尔比乌斯按照科赫的方案造出了一部机器，并起名为"哑谜"。

起初，"哑谜"仅用于保护商业秘密。后来，德军统帅部发现了它，并派一个名叫菲尔基贝尔的上校对它进行论证。试验表明。"哑谜"价格低廉、坚实耐用，便于携带、操作和保养，而且能够产生大量密码。菲尔基贝尔的结论是：即使是最先进的译码技术也不能把它破译。敌人是否得到了这部机器，相对来说是无关紧要的。不知道编码程序，这部机器对于敌人是没有用处的。"哑谜"非常适合德国军队保密通信的需要。希特勒相信了菲尔基贝尔的话，于是，"哑谜"进入了德国国防军的各个领域。

1938年7月，孟席斯收到一个信息，它来自英国情报局驻捷克首都布拉格特工人员哈罗德·莱尔斯·吉布森。吉布森报告说，他在华沙遇到一个波兰籍的犹太人，这个波兰人名叫理查德·莱温斯基，曾在柏林的一个生产"哑谜"的工厂里任工程师，后来因宗教信仰被德国驱逐出境。莱温斯基提出他可以把关于"哑谜"的情报提供给英国情报局，并帮助制造一个"哑谜"复制品，要价是1万英镑、一本英国护照及他和他的妻子的法国居留许可证。

孟席斯收到信件，既兴奋又审慎。一个熟知如此高度机密的人获准离开德国，这似乎是不可置信的。孟席斯怀疑这是德国情报机关玩的把戏，想把英国情报局引进死胡同，而德国人自己则可以不受监视地干他们的勾当。但是，如果这个事情是真的，那么其收益将是极其丰厚的，孟席斯不想放弃这个重要线索，于是，他吩咐秘书把两个密码专家召到他的办公室。被孟席斯召去的两个人，一个叫阿尔弗雷德·迪尔温·诺克斯，是英国屈指可数的密码破译专家。另一个叫阿兰·马西森·图林，在密码破译方面也极有盛誉。孟席斯交给两人的任务是，到波兰首都华沙去拜访莱温斯基，并且就他所了解的东西提出报告。如果情报真实，他们认为满意，可协助吉布森把这个波兰人和他的妻子送往巴黎，把他们交给英国情报局驻巴黎情报官弗里德·邓德代尔，并监督莱温斯基制造一个"哑谜"机。

离开孟席斯的办公室，诺克斯和图林直奔维多利亚火车站，登上了"金箭"特别快车。48小时后，他们来到了华沙。经过与莱温斯基的一番交谈，诺克斯和图林确信他的话是真实的。于是，在吉布森的安排下，莱温斯基同他的妻子被护送至巴黎。莱温斯基没有让孟席斯失望，他很快制造出一台"哑谜"复制品。它24英寸见方，高18英寸，装在木盒子里，两边各连接一台电动打字机。密码员如要把普通文字讯号变成一个密码文稿，他需要做的只是插上电源插头，然后查一查密码键位本，按下当月当日当时应该按下的键，并把电文打在左边的打字机上。不久，电文就自动译成密码，并传送到右边的打字机上。当译成密码的电文传送到目的地后，密码员按照来电的指示，在一部相同的机器上按下相应的键，在左边的打字机上就会打出译成密码的电文，而右边的机器同时打出原文。

"哑谜"是突破了，可是莱温斯基的一番话差点又把它打入冷宫。莱温斯基说："制成'哑谜'是一回事，掌握编码又是一回事，不掌握编码，掌握'哑谜'也是枉然。"正是因为有了这个编码系统和程序，所以希特勒才敢毫无顾忌地把"哑谜"机卖给日本，卖给意大利，甚至卖给了罗马尼亚和保加利亚。当然，编码系统和程序要除外。

孟席斯责令诺克斯和图林务必弄清楚"哑谜"的编码系统和程序。两个密码破译专家没有让孟席斯失望，他们造成了"炸弹"机，"炸弹"不仅能模仿或解释在德国国防军中存在的成千个"哑谜"中每一"哑谜"的活动方式，而且还能推断出德国主要司令部日日夜夜、成年累月发布命令经常变换的编码程序。

孟席斯还给诺克斯和图林等人用"炸弹"破译德军密码的工作起了个代号，叫"超级机密"。不过，在"超级机密"正常运转，发挥出效益之前，希特勒已闪击占领了波兰，第二次世界大战爆发了。

挫败"海狮计划"

希特勒对"哑谜"寄予无限希望，他的陆海空三军使用的全是这种密码编发装置，这使英国情报机构的收获出人意料的丰富，以至于英国情报机构的负责人开始考虑还用不用像以前那样派遣大批间谍潜往德国。

德国这边，在占领波兰后不久，希特勒就制定了入侵西欧的"黄色方案"。"超级机密"不断把情报提供给盟国决策层。但是，由于多方面的原因，希特勒的入侵日期一推再推，"超级机密"发出的警报失灵了。一贯坚持"绥靖政策"的张伯伦政府认为，德国是在故弄玄虚，因此，1940 年 5 月，当 250 万德军大举进攻时，盟军很快陷入大溃败，人们把它称作是最不可思议的"黄色悲剧"。

"黄色悲剧"使英国人如梦初醒，"超级机密"是可靠的。新就职的英国首相丘吉尔责成孟席斯立即建立一个特别联络组，保护"超级机密"。巴黎沦陷前，他又让孟席斯派出专机，把莱温斯基等人接出巴黎。所有有关"哑谜"和"超级机密"的资料，也全部转移到了伦敦。法国停战了，巴黎被占领了，但德国人对自己密码被破译一无所知。

随着"炸弹"的正常运转，情报如流水似的传来，在随之而来的"不列颠空战"中，英国人首次尝到了"超级机密"的甜头。

轰炸不列颠是德国空军总司令戈林元帅的杰作，也是渡海入侵英国的"海狮计划"的组成部分。从 1940 年 8 月起，"不列颠空战"开始，成群结队的德国轰炸机飞过英吉利海峡，向英国扑去，大有炸平英伦三岛之势。

▲德国战机轰炸英国

然而，两个月过去了，戈林的"仅用空军就能制服英国人"的话成了空话，伦敦依然是伦敦。通过"超级机密"，英国人对德国空军的大部分空袭计划、目标以及采取的战术了如指掌，德国空军怎么能取得"预期效果"？

就在"不列颠空战"进行到最关键的时刻，"超级机密"又送来了决定性情报。戈林宣布 9 月 15 日为"鹰日"，这一天，德国空军要发动一次摧毁英国皇家空军的强大的、最后的疯狂袭击。如果"鹰日"成功，希特勒就要入侵；如果失败，希特勒将放弃"海狮计划。"

9 月 15 日这天，丘吉尔亲自上阵，指挥皇家空军与德国空军厮杀。英国皇家空军击退了德机的进攻，德国空军未能为入侵创造必要的先决条件，希特勒只好宣布无限期推迟实施"海狮计划"。

根据"超级机密"提供的这一情报，丘吉尔胸有成竹地从英国本土调出许多陆海军部队，去增援遭受意大利军队威胁的苏伊士运河。而一些局外人认为这是一件"最不可思议的蠢事。"但事实很快证明了丘吉尔的英明决策。

牺牲历史名城考文垂

"超级机密"帮助英国人挫败了德国的一次入侵，但不久，英国人为保护这一"超级机密"，也不得不付出高昂的代价。

1940年11月12日，孟席斯手持一份密报，急促不安地走进丘吉尔办公室。10分钟后，各军政首脑都接到了通知，立即赶到首相府地下作战室开会。孟席斯按照丘吉尔指示，首先宣读了"超级机密"截获的情报：72小时后，德国人将实施"月光奏鸣曲"作战计划，空袭考文垂，准备投下的燃烧弹达4500枚。投入作战的飞机数、起飞的机场、计划的航线、预定的战术，一切都清清楚楚，甚至还包括希特勒发起这场作战的原因。

1940年11月8日，正是纳粹党的1923年"啤酒馆暴动"17周年纪念。这天，希特勒准备赴慕尼黑的勒文鲍恩啤酒馆发表演讲，恰巧赶上英国空军对慕尼黑的空袭。希特勒无恙，但啤酒馆却挨了炸。希特勒发誓报复，戈林便提议轰炸考文垂。投4500枚燃烧弹，他是想把考文垂从地球上抹掉！

会场经短暂的沉默，众人纷纷提出对策。

空军提出：在英吉利海峡设置拦截线，阻挠德机入侵。防空部队建议：全国还有410门高炮可供调动，立即开赴考文垂。民防部队认为：提前发出警报，疏散居民，转移贵重财产，尽量减少损失。在众人发言过程中，丘吉尔沉思不语，见大家讲完，他才慢慢地站了起来。"不，先生们，你们都错了！当务之急不是如何保护考文垂，而是怎样保护'超级机密'！考文垂不同于伦敦，战争爆发以来它一直未遭到袭击，我们布防的兵力也不多，也许因为这样，戈林才选中它，如果我们采取紧急防卫措施，德国人就会联想到情报泄露，怀疑'哑谜'的安全。如果他们更换'哑谜'，我们从此就会变成瞎子、聋子，失去我们的情报优势！因此，为了保住'超级机密'，必须牺牲考文垂！"

1940年11月14日晚，英格兰中部名城考文垂，皎洁的月亮高悬在空中，突然警报的凄厉声惊破了这座城市的宁静，戈林的第一批"海因克尔"轰炸机，在最新研制出的无线电导航器的引导下，飞抵考文垂上空。燃烧弹投了下来，城中心燃起的烈火映红了夜空。烈火又是信号，给后面的大批飞机指明了目标。考文垂被火海吞噬了。空袭从晚上7点月亮升起时开始，到凌晨5点月亮隐落时结束。

考文垂变成了一片废墟，但"超级机密"保住了。这个代价是值得的，在以后的战争中，"超级机密"发挥了巨大的作用，使盟军处处占据主动，按丘吉尔的话说："从轰炸考文垂以后，我们一直捏着德国人的脉搏打这场世界大战！"

佐尔格力挽狂澜拯救苏联

第二次世界大战中，日本特高课破获了一个间谍网。此案震惊日本朝野，引起世界轰动，日本政府近卫内阁因它而倒台。这一间谍案就是在世界谍战史上赫赫有名的佐尔格间谍案。谁也不会想到，这位毕业于柏林大学和基尔大学的举止高雅，气度雍容的理查德·佐尔格博士，在东京德国使馆内有单独办公室并与使馆官员亲密无间的著名记者，竟然是为莫斯科工作的。

自觉的共产主义战士

1895 年 10 月，理查德·佐尔格出生在高加索地区一个油田附近的小镇。他父亲是位工程师，为一家瑞典诺贝尔基金利息投资的石油公司工作。他的母亲是俄国人，比父亲年轻得多。

当理查德 3 岁时，全家迁往德国，在柏林郊区利奇特费尔德的一个大宅院里定居。在 9 个孩子当中理查德最小，在男孩子中排行第 4。他与母亲很亲近，而且终生如一，每逢母亲生日他都要寄去礼品或拍发电报给予祝贺。

佐尔格小时候是个敏感而胆怯的孩子，他喜欢在卧室里通宵达旦地点着灯。他为人随和，哥哥姐姐们都喜欢他。他的家里很和睦，童年几乎是在一个典型的柏林小康家庭里平静度过的。他父亲后来成了银行家。在他父亲死后，每个孩子都继承了一笔遗产。

佐尔格的高中时代是在利奇特费尔德度过的。那时他已是个体格健壮、身材匀称的小伙子，常常为自己的体育素质感到自豪。他特别感兴趣的课程是历史和文学。

▲大间谍理查德·佐尔格

就在他上高中期间，他自愿报名参了军，被分配到第 3 野战炮兵团学生旅，先是在西线同法军、后是在东线同俄国人作战。在一次战役中他的右腿被弹片击伤，被送往柏林陆军医院。佐尔格在住院休养期间集中精力学习，回到母校参加了高中毕业考试，结果名列前茅。身体恢复以后他又返回原来的部队。由于他作战勇敢，被提升为军士，并被授予二级铁十字勋章。佐尔格受伤后被送到哥尼斯堡大学医院。在那儿，年轻的佐尔格在思想上和性格上经历了一场革命性的转变。

像同时代的许多人一样，佐尔格接受过战火的洗礼，曾两次在战壕中作战，但却不知道他们究竟在做什么。佐尔格说："我们虽然在战场上拼命，但我和我的士兵朋友

们没有一个了解战争的真正目的，更谈不上它的深远意义了。"

他的思想陷入极度的混乱之中。他冥思苦想，不断地回首往事，追溯自己生活经历中的每一个细节，茫然地探索着自己的事业，但经常陷入自相矛盾的状况之中。在茫茫黑夜中，他终于发现了一丝光辉，那就是共产主义。他开始如饥似渴，但毫无计划地阅读德国和俄国有关社会主义和共产主义的经典著作。他逐渐成为一个自觉的共产主义战士。

1916 年 10 月，佐尔格就读于柏林大学经济系，他的计划是"除了学习外还要参加有组织的革命运动"。1918 年元月，佐尔格正式退伍而就读于基尔大学，攻读国家法和社会博士。他的求知欲在这里受到激发。对他一生影响最大的就是他在这里结识的科尔特·格拉契教授。格拉契是一位早年留学英国的经济学博士，对政治怀有满腔的热情。佐尔格所参加的学习小组常在他家中集会。在德意志帝国势必战败的气氛中，他们热烈地讨论社会主义和共产主义学说。佐尔格的革命信念更加坚定了。

不久以后，佐尔格便加入了新成立的德国共产党，在此同时，他从基尔搬到汉堡，继续完成他的博士论文的最后部分。同时他又积极地参与建立青年人的马克思主义学习小组、培训党的地方组织干部。筹建党的地下支部等工作。他的公开职务则是大学助教、煤矿工人、报纸编辑和记者等。他还作为地区代表出席德国共产党第 7 次代表大会。1923 年下半年，莫斯科马克思主义学院院长来到德国，佐尔格在柏林和法兰克福两次与他见面，从此开始接触苏联共产党。第二年 4 月，德共第 9 次代表大会在法兰克福召开，苏联派了一个由 6 人组成的代表团参加，其中有苏联军事情报局即红军四局的成员。佐尔格再次与苏联共产党接触，这次见面是佐尔格人生旅途上的重要转折点。四局的特工人员早已注意到佐尔格的表现和他的经历了，认为佐尔格是一位理想的特工人员。经过几次谈话之后，四局的人说："你若有兴趣加入四局的话，就到莫斯科来吧。"佐尔格欣然表示同意。

1924 年 10 月，经过德国共产党的精心安排，佐尔格持合法的德国学生旅行护照，偕妻子途经柏林前往莫斯科。

3 年的中国谍务生涯

在莫斯科，很快，佐尔格加入了苏联共产党，并被安排在红军四局共产国际情报处工作，负责收集有关各国工人运动、政治经济问题方面的资料，处理和联系各国共产党的党务问题。佐尔格对这份工作颇感兴趣，他的经历、知识和智慧与这种工作亦颇为相称。接下来的几年，佐尔格便频频穿梭于柏林、哥本哈根、斯德哥尔摩、斯堪的纳维亚、伦敦和莫斯科之间。他的工作干得很出色。他与别尔津成了关系要好

▲沉思中的佐尔格

的朋友。

德国共产党组织的武装暴动失败后，苏联领导人开始把注意力从欧洲转向远东地区。他们之所以这样做，还因为他们看到了中国蓬勃发展的民族革命斗争的巨大力量，看到了在不发达国家和地区建立社会主义的希望和改变世界力量的平衡的远景。莫斯科决定把情报谍报和宣传机构的工作重点从欧洲转移到亚洲。

为此，莫斯科曾以共产国际的名义派遣许多间谍小组到中国来。小组成员有苏联人，也有德国人。这些小组除与中国共产党进行党务联系外，主要任务是收集有关中国政治、军事和外交方面的情报资料。但是，1927年中国大革命失败后，中国共产党人遭到血腥的残杀，国民党在上海的暴行尤为残酷，苏联遣往中国的间谍小组也遭到破坏。紧接着，日本吞并中国的野心尤趋明显，亚洲笼罩在战争即将来临的恐怖气氛之中。

莫斯科急需有关中国的情报，必须重新建立被破坏的间谍组织。1929年，佐尔格被派往中国组建新的间谍组织。

佐尔格接受任务后马上回到柏林，经过一番乔装打扮后，就准备启程了。他按计划去办德国政府颁发的、填有他真实姓名的合法旅行护照，然后又在柏林签订了两项合同，从而公开确定了他的自由记者身份。这两个合同，一个是与一家社会学杂志出版社签订的；一个是与一家农业报社签订的。

1929年11月，佐尔格离开柏林，途经巴黎去马赛，在那里登上一艘日本轮船，经由苏伊士、科伦坡和香港，于1930年元月到达上海。与他一起到达的还有他的一位随身报务员，稍后不久，四局派来协助工作的无线电技术专家马克斯·克劳森相继到达。

在上海，佐尔格着手建立情报组织网。他先持外交部的介绍信拜访德国驻上海总领事，通过领事馆又结识了德国农业报的编辑以及许多在上海的德国商人和德国外交官。他一面广交朋友，寻找情报的来源，一面潜心研究中国的事务。

佐尔格以采访、旅行等名目先后到广州、汉口、南京等地收集中国的情报，了解中国从城市到乡村，从经济发达地区到边远落后地区的基本情况。

一次偶然的机会，佐尔格结识了《法兰克福日报》驻远东记者、著名美国左翼人士艾格妮丝·史沫莱特女士。通过她，佐尔格物色到不少中国"助手"，也正是通过她，佐尔格结识了日本大板《朝日新闻》驻华记者、精通中国事务的日本专家大崎保积。大崎曾是东京帝国大学马克思主义学习小组的成员，对中国共产党持同情态度。他与佐尔格对世界大事的看法比较一致，以后，他成为佐尔格的主要搭档和最合适的合作者。

1932年元月18日，日本海军与中国十九路军开火。佐尔格慷慨激昂，带着几分武士眷恋战壕的心情，亲自给部队分发手榴弹，同时他还采访了上海各战场的战斗，亲自感受了中国军队的力量，并从中国军队的德国教官那里进一步得到有关中国和日本的战术情报。

1932 年上海事变后，佐尔格的任务变得更重了。他得设法了解日本的真正意图，详细研究日本的作战方式，了解中国政治、军事状况，提供有效的情报以有助于共产国际制定对华政策。

佐尔格除了靠中国和日本的情报员外，还利用欧洲人给他提供情报。这主要是德国商人、领事馆官员、南京的军事顾问小组和欧洲记者。他作为一位记者，常周旋于总领事馆的社交圈子和记者联谊会之中。

他所收集情报大部分通过哈尔滨取道海参崴，或经广州取道香港再转送莫斯科。1932 年下半年，佐尔格被召回莫斯科，提前结束了他的中国之行。

离开上海时，佐尔格已是一位精通中国事务的专家，地地道道的中国通了。经历了公开的以记者身份在上海这样特殊的环境进行谍报活动的风险，佐尔格的谍报经验更丰富了，他的勇气经受住考验。然而最有显著意义的是他结识了大崎保积和马克斯·克劳森这两个搭档，这两人成为他日后在日本完成他的谍报佳作的得力助手。

佐尔格与中国红军的友谊

1932 年夏，在桂林的一次秘密会议上，德国顾问魏策尔同蒋介石的军事顾问们拟定了对鄂豫皖的红军发动围剿的战略计划。佐尔格立即将他了解到的有关这次围剿的进攻方向、兵力、部队的集结日期以及魏策尔用来消灭中国红军的"掩体战略"的中心内容，向莫斯科总部作了报告。中国红军得到情报后，立即转移，这完全出乎国民党的意料，使他们打算一举消灭中国工农红军的阴谋彻底破产。

组建"拉姆扎"

应世界局势的需要，佐尔格被苏联情报局委派到日本建立情报机构。佐尔格欣然应允。

1933 年 7 月，一切准备就绪。佐尔格怀里揣着高级介绍信、记者证和崭新的德国护照登上了赴日旅途。

到日本东京不久，佐尔格即凭借其非凡的社交能力，很快便混进德侨社团中。他还想方设法巴结、讨好德国驻日本使馆的官员，同德国驻日武官奥特中校结为挚交。佐尔格阅读了大量有关日本的政治、经济、文化、历史等方面的书籍，对日本社会有了比较深刻的了解和认识。他凭着自己敏锐的观察力和准确的判断力，为《法兰克福报》撰写了很多落笔惊人、观点精辟的文稿，因此他得到报界同行们的佩服，很快便成为外国驻日本记者团中颇受注目的佼佼者，同时在德国大使馆亦赢得了声望和极好的人缘。

在初到日本的这段日子里，佐尔格勤奋踏实地工作，为他日后在日本轰轰烈烈大干一场奠定了良好的基础。这段时间莫斯科连一个字的指令都没发来，也没有任何人同他接头。

有一件事需要提出，那就是，在东京，佐尔格和一位年轻漂亮的日本姑娘石井花子相爱了。尽管佐尔格很爱石井花子，石井花子也很爱他，但是出于职业的本能，佐尔格始终没有将自己的真实身份告诉石井花子。在石井花子的眼里，佐尔格只是一个才思敏捷、出手阔绰的德国驻日记者。然而，佐尔格万万没有料到，尽管他处处留心，还是在与石井花子的交往中，埋下了日后被特高课破获的祸根。

佐尔格到东京半年后的一天，在东京记者办事处的走廊里，一位法国记者和他接上了头。这个法国记者告诉佐尔格，他叫布郎科·勃克利奇，南斯拉夫人，公开身份是巴黎哈瓦斯通讯社驻东京记者。勃克利奇带来了情报总部的第一个指示，就是让佐尔格先组织"拉姆扎"小组，潜伏下来，两年内不要轻举妄动，打好基础，等候总部具体指令。勃克利奇还告诉佐尔格，总部还将会派两人来。

▲佐尔格与石井的合墓

就在佐尔格与勃克利奇见面后不久。总部派来的一位新成员——宫城宇德找到了佐尔格。宫城宇德的公开身份是《日本广告人》杂志的美术编辑。

根据佐尔格的请求，1935 年 12 月，一名有着高超的无线电技术的特工人员马克斯·克劳森加入进佐尔格小组。至此，"拉姆扎"小组建立起来了，共有成员 4 名。小组建立起来后，佐尔格自己又发展了一位叫尾崎秀实的日本人加入"拉姆扎"小组。尾崎秀实是《朝日新闻》社国际时事记者，喜欢社交，与佐尔格早年在上海共同采访新闻时就认识了。

为了能使"拉姆扎"小组在东京顺利地开展工作，佐尔格根据莫斯科总部的指示，加入了纳粹德国的间谍组织。实际上，德国大使馆也早有此意，只是佐尔格因没有得到莫斯科总部的允诺而迟迟没有答应。这样，佐尔格便成了一个双重间谍。根据莫斯科总部的授意，佐尔格将其收集到的情报，在不危及苏联安全的限度内，以适当的形式提供给德国情报部门。同时，佐尔格也有了盖世太保这把保护伞。

挽救苏联远东谍报网

1937 年 7 月 7 日，日本策划、制造了"卢沟桥事变"。悍然入侵中国，拉开了侵华战争的帷幕。莫斯科总部指示佐尔格立即搜集有关"七七"事变真相的情报，预测中日战争的前途。对于侵华战争，当时日本上下，特别是军界人士都认为，中国很快就会屈服，战争将速战速决。

为了准确预测中日战争的前途，佐尔格亲自以记者身份到中国十几个大、中城市及附近乡村采访考察。在华期间，他采访了中日双方的军人、中国百姓及中国抵抗运动领导人。回到日本后，佐尔格将其手中的资料结合尾崎秀实等人的研究报告。进行分析研究，最后得出结论：中日战争将是长期的，日本将陷入侵华战争的泥潭之中而难以取胜。

报告送到斯大林手中，这位苏联最高领导人据此做出了援华抗日的决定，向中国派遣军事顾问和志愿飞行人员。

德国大使馆也以此报告作为对战争局势的分析情报予以转发。

侵华战争延续了数月之久，根本没有结束的迹象。佐尔格等人的预测得到了证实。由此。佐尔格在德国大使馆和东京的报界同行中威望蒸蒸日上。

1938 年初，德国驻日本大使馆陆军武官奥特被晋升为陆军少将，并出任德国驻日大使。这里面多少也包含着佐尔格的功劳。也正因为如此，奥特出任大使后，对佐尔格的信赖程度有增无减。

1938 年 5 月，日苏之间发生了一起重大事件：苏联远东军区陆军少将留希科夫越过中苏边境向日军投降。日本政府获此丰腴的猎物，大为高兴，密令关东军以严密的保安措施将叛逃者押往东京。日本要从叛逃者口中得到尽可能多的有价值的情报。

留希科夫是苏联负责军事情报事务的高级官员，掌握着大量苏联机密，且握有苏联远东谍报通信密码。这一切一旦被日本人获取，后果不堪设想。为此，莫斯科总部焦虑万分，急令佐尔格：尽一切可能得到留希科夫的口供情况。

德国大使馆在留希科夫事件发生后，认为留希科夫的口供对柏林同样具有重大意义，因此建议德国政府派遣特别调查组到日本亲自审问留希科夫。日本方面，为了表示德日友好关系，同意柏林的请求——派遣一特别调查小组参加讯问。

柏林特别调查小组的审讯报告长达数百页，写完后刚刚送到德国大使馆，就被早已等候在此的佐尔格看到了。奥特大使给予佐尔格的"特殊待遇"又一次帮了佐尔格的大忙。佐尔格从这份报告中，清楚地了解了留希科夫的口供情况。很快便给莫斯科发回了一封密码电报：熊已被解剖，兽医掌握了它的神经脉络和五脏器官位置。

莫斯科总部接此电文后，知道留希科夫已将苏军在远东的实力、编制、驻地情报及苏联远东谍报通信密码交给了日本人。于是马上采取了更换苏联远东谍报网密码等补救措施，在日军行动前，将苏联在远东谍报活动堤坝上的大缺口堵住了。

佐尔格利用自己的有利身份，将一串串足以影响一个国家战略决策的重要情报，通过电波传向莫斯科。

探测日军的动向

遵照莫斯科总部的指示，佐尔格小组的下一个任务是调查德日两国关系的发展状况和日本对苏联的秘密意图。他从奥特大使那里获悉，迄今为止，德日之间的秘密谈判尚未取得任何结果。但是，谈判是否可能在更高一级秘密地进行呢？随后不久，佐尔格又从奥特大使得到信息，德日之间的谈判重新又开始了。与此同时，佐尔格又从别的人员那里获知，英国和法国大使馆里也流传着德日恢复谈判的消息。

佐尔格要求小组成员继续打探这些消息的可靠性，自己则从德国使馆方面着手努力探查。

1936 年 4 月，日本驻德国大使同德国外交部就签订同盟条约一事举行过多次谈判，因日方不愿立即同德国签订军事同盟，故谈判困难重重。佐尔格多方打探也没有获得这方面的信息，为此，他心急如焚。

那期间，日本驻柏林使馆武官大岛和德国情报局局长卡纳里斯海军上将正在进行这方面的谈判。奥特让佐尔格拟一份密码电报给柏林德军司令部，要求提供有关谈判的情报，他还让佐尔格发誓，决不能把这件事告诉任何人。佐尔格同意。很快，一封军用密码写成的电报便发往柏林。德军司令部复电了。佐尔格从复电中了解到许多细节情况，但总的来说，谈判仍在进行当中，结果尚不知晓。

一件偶然的事帮了佐尔格的忙。柏林派来了一位特别信使哈克来到东京，他是代表德国外交部和卡纳里斯上将秘密来到东京的。他给大使带来一个秘密指令，在日本制造气氛，以利于达成德日同盟。从哈克那里，佐尔格知道了德日谈判的障碍来自日本方面，因为他们不想过早地同苏联人打仗。为了签订军事同盟条约，使苏联腹背受敌，希特勒甚至同意不再提及原来属于德国、而现在被日本人占领的太平洋中一些岛屿的归属问题。为了达成这一协议，希特勒不得不给拟议中的军事同盟披上"防共协定"的外衣。所谓"同世界共产主义作斗争"，这仅仅是掩人耳目而已，实际上还是针对苏联。

信息很快以电报的形式传到了莫斯科，这样，在全世界知道德日两国签订"防共协定"之前，苏联政府早就掌握其内情了。

1937年，近卫文麿出任日本首相，这对佐尔格小组是极为有利的，深谙中国问题的大崎成了近卫文麿的密友和谋士。这样，大崎得以直接参与国家政治事务，并可对首相直接施加影响。从此，佐尔格便可因此而获得更多的重要机密材料。

不久，佐尔格从大崎那里获得了许多重要情报，如政府同军部政策的统一问题、军需物资生产计划和对华行动计划等。根据对所获情报的分析，佐尔格得出结论：近期内日本不会对苏作战，但它正准备全面进攻中国。他将这一结论报告了莫斯科总部。

1937年7月7日，"卢沟桥事变"爆发。7月10日，日本首相近卫、陆相杉山及外相一起举行记者招待会，佐尔格作为外国记者也参加了招待会。会上，近卫宣布日本全面对华作战，要求新闻界支持日本的行动。这对日本来说是决定命运的一天，从那时起，一直到1945年8月15日为止，无论是中国或是日本，都没有一天安宁。

经过对来自各个方面的情报进行分析之后，佐尔格给莫斯科发送了一份密电："日本人企图在其他一些大国中制造假象，似乎他们打算对苏作战。但实际上，近期内日本不可能大规模进攻苏联。"

准确预报对苏战争

自从，奥特升为驻日大使，佐尔格就公开在大使馆办公。大使的保险箱对他敞开了。现在，他可以一连几小时地研究第三帝国的绝密材料，有时干脆把材料带回自己办公室拍或收藏在自己的保险箱里。

1939年初欧战爆发后，佐尔格与德国使馆第一次正式发生联系，他负责把柏林发来的官方电讯稿编成新闻简报。佐尔格说："我的第一件事是把来电分门别类地加以整理。挑选较重要的新闻给使馆高级人员过目，然后着手编新闻摘要，发给侨居日本的德国人。"此外，他还编新闻通报，分发给日本的报刊。他的正式办公室设在使馆的二楼，紧挨着德国新闻社的监听室。

1940 年前后，欧洲处于战争的阴云之中，纳粹德国已占领了波兰和法国。德意日三国军事同盟条约经过几星期的谈判后已在东京签署。苏联处在腹背受敌的恐惧之中。

佐尔格知道，虽然三国军事同盟条约中没有提到缔约国同苏联的关系，但这并不意味着这几个国家不发动对苏战争。

佐尔格及时研究和分析了希特勒所采用的手法：秘密备战、声东击西、突然袭击等等。在计划进攻波兰时是这样，在侵占法国前也是这样。现在大家都知道德国准备大举入侵英国，而关于苏联则无声无息。很可能希特勒又在玩弄花招，进攻英国只是一个幌子，一种战略上的伪装。真正的目的到底是什么呢？

佐尔格从柏林来的一个信使那里获知了希特勒准备向苏联发动战争的绝密信息后，于 1940 年 11 月 18 日，首次向莫斯科发出警报：希特勒准备发动对苏战争！莫斯科总部马上回电，要他们提供确凿的证据，仅根据信使的话是不足信的。

佐尔格尽一切可能搜集情报，并对它细加分析。这时，佐尔格与大使馆的关系充分地派上了用场，各种情报源源不断地从柏林发来。佐尔格终于发现，原来德国预定进攻英国的师团都是虚假的，而且 3 个月前，希特勒已把第 4 和第 12 集团军秘密调到东线苏联边境上。

1940 年 12 月 30 日佐尔格又发出如下密电："在苏联边境地区已集结了 80 个德国师。德国打算沿哈尔科夫——莫斯科——列宁格勒一线挺进，企图占领苏联！"1941 年 3 月 5 日，莫斯科又收到佐尔格的密电："德国已集中了 9 个集团军共 150 个师，以进攻苏联。"

接下来的两个月间，德国信使及柏林国防部的警卫人员川流不息地从欧洲来到驻东京的德国使馆，开始仅是顺便提到，继而则频频谈论德国部队从西线向苏联边境移动，还报道德国东线防御工事已经完成等等。风声日紧，佐尔格煞费苦心地捕捉德国可能入侵苏联的任何一点迹象，无线电技术专家克劳森则一个接一个地向莫斯科发报。

与此同时，日本特种部队的报务员们越来越频繁地截获到一个身份不明的密电码，但一时还无法破译出来。安装着无线电测向仪的汽车到处巡回搜索，整个东京的反间谍机关都投入了行动。

1941 年 5 月下旬，德国国防部特使抵达东京。经过与特使谈话，佐尔格发现德国对苏战争已成定局。德国决心占领乌克兰粮仓，利用一二百万苏联战俘，以弥补德国劳动力的短缺。希特勒确信，袭击苏联，现在恰是时候，因为对英战争一旦爆发，便无法迫使日本人打苏联，只有进攻苏联，才能消除东线的威胁。

几天后，德国总参谋部另派了一位军官来到东京，他带来了给东京大使的绝密指示："有关德苏战争应采取的必要措施已完全确定，一切已准备就绪。德国将在 6 月下旬发起进攻。德军 170 到 190 个师已聚集在东线。已下最后通牒，立即进攻。红军将崩溃，苏维埃政权将在2个月内瓦解。"接着，德国外交部的有关电报也到来。

5月30日，佐尔格向莫斯科发出如下电报："德国将于6月下旬进攻苏联，这是确凿无疑的。所有驻日德国空军技术人员已奉命飞返德国。"随后，佐尔格又探知，希特勒决定在6月22日不宣而战地进攻苏联。佐尔格马上命令克劳森向莫斯科总部发报：战争将于1941年6月22日爆发！"

6月22日，星期日，德国法西斯背信弃义，撕毁苏德互不侵犯条约，不宣而战，悍然发动对苏战争。全世界陷于震惊之中。

佐尔格向莫斯科口授了一封电文："值此困难之际，谨向你们表示我们最良好的祝愿。我们全体人员将在这里坚持完成我们的任务。"

毫无疑问，佐尔格就德国袭击苏联事先提出警告，是他的小组作出的最大贡献，它可能挽救了整个苏联的命运。

事实终于证明，他们冒险进行的活动是值得的。他们所提供的无比准确和意义重大的情报是谍报史上的杰作，令人叹为观止。

远东地区是安全的

苏德战争爆发之后，苏联陷于两难处境，一方面他们要抵御德国法西斯的疯狂进攻，同时又担心日本在远东地区发动对苏战争，导致腹背受敌的局面。

1941年6月23日，即德国入侵苏联的第二天，德国使馆高级官员举行谈话，奥特将军指示在日本的全体德国军官集中力量向日本当局施加压力，促使日本进攻苏联。德国武官甚至还为此制定了日本进军西伯利亚和海参崴的作战计划。日本方面对此的反应不一。尽管外相松冈4月份访问莫斯科时与苏联签署了日苏中立协定，但他不止一次地向德国保证，一旦德苏开战，日本不能信守中立，它仍将袭击苏联。日本军方则认为，日本可能在一两个月内与苏联交战。大崎从对政府内部情报的分析中得出的结论是：这绝不可能发生，因为日本的利益集中在南方。

佐尔格和大崎一连好几个星期专心致志地研究了日本在北方的军事部署，他们就已收集到的日本军队的作战状态、军队的数目、驻扎地点、师长及主要军官姓名等情报逐条加以核实，勾画出一张草图。在这张草图的基础上，他们还着手进一步收集和修正情报。

佐尔格根据已掌握的情报和近来的形势分析得出结论：日本军队已进入完全作战状态，但向北方进攻的意图不明显。

与此同时，日本军队则摆出另一副架势。7月2日，日本政府和军队举行御前会议，天皇参加并批准了重要政策决定。陆海军制定了新作战计划，制定了北方前线与西伯利亚边境以及华南前线与太平洋的作战部署。会议后一周，奥特收到日本政府有关会议决策的扼要报告。大使把这一声明解释为日本的真实意图是在北方进行动员，他们将在北方增兵，进攻西伯利亚，而在南方持守势。但是佐尔格却认为，日本将采取措施保住它在北方的地位，而不是真向苏联进攻，但在南方向印度支那发动进攻是无疑的。佐尔格将此看法电告了莫斯科。

与此同时，日本政府一个大规模的普遍动员计划开始了。佐尔格、大崎和莫斯科都忧心如焚，担心日本政府会把如此大规模的动员作为既成事实而加以接受，而动员本身则可能导致对苏战争。他们关心的重要问题是：各师动员起来后，准备开往何地？他们各自加紧执行自己的主要任务。

佐尔格日夜苦思，勾画出了总部署的轮廓。动员分三个阶段进行，总共为两个月的时间，第一阶段为15天，计划7月8日前完成，征兵共130万人，7月底以前军队征用100万吨商船运输。佐尔格还注意到，动员进展缓慢，根本不能按计划完成。

8月20日至23日，日本最高统帅部在东京召开会议，讨论对苏作战问题。会议决定当年不向苏联宣战，但有以下保留：陆军在下面两个条件得到满足时便开始作战。1. 关东军力量超过红军3倍时；2. 有明显迹象说明西伯利亚军队内部瓦解时。大崎把这个情况向佐尔格作了汇报。佐尔格亦将此情况电告了莫斯科。

佐尔格以日本春秋两次动员的调查和大崎调查报告作基础，结合日本的资源、生产、经济结构、国家财政收支和军事力量等大量数据和材料的分析，从中得出结论：日本无力进行长期的战争，不可能同时多面出击。9月6日他致电莫斯科："只要远东红军保持一定的战斗力，那么日本就不会发动进攻。"

之后他又从探讨日本与美国以及日本在南方、亚洲和太平洋地区的战争与和平问题入手，加紧研究日本的意图。

1941年10月4日，佐尔格向莫斯科发出最后一封、也许是最重要的一封电报："苏联的远东地区可以认为是安全的，来自日本方面的威胁已排除。日本不可能发动对苏战争。相反，日本将在下几周内向美国开战。"莫斯科很快复电，对他们的工作感到非常满意，并宣布：佐尔格及其东京小组的使命已告完成。佐尔格和他的战友们感到无比的激动和欣慰。

接着，苏联远东地区的步兵和坦克部队用军用列车一列接着一列日夜不停地调往西线去保卫莫斯科。苏联最高统帅部下令从东部转移11个步兵师和坦克师。这一举动涉及25万人。

幸亏有佐尔格提供的情报，这些部队才能增援莫斯科，使苏联乃至全世界幸免于纳粹德国的长期蹂躏。

活跃在纳粹总部的阿贝尔

　　鲁道夫·伊凡诺维奇·阿贝尔生于苏联高加索，精通几国语言，同时又是摄影艺术家，对绘画、音乐、文学也有较深造诣。1927年，他被吸收到苏联谍报部门工作，加入苏联国家政治保卫局。第二次世界大战期间，打入纳粹德国情报部门从事谍报活动。他的谍报活动对苏联以及世界反法西斯同盟都有着重大的意义。

获取盖世太保信任

　　鲁道夫·伊凡诺维奇·阿贝尔聪明非凡，极富有语言天赋，精通英、法、德、波兰和意大利等语言，同时又是摄影艺术家，对绘画、音乐、文学造诣颇深，他交际手腕高超，和各种各样的人物打交道都能应付自如。20刚出头他就在莫斯科一所中学教授英语、德语和波兰语，他讲的德语，甚至连德国人也发现不了他原来是一个俄国人。后来，他加入苏联红军，成为一名年轻的无线电技术工程师。

　　阿贝尔的非凡天才早就引起苏联谍报部门的注意，苏联国家政治保卫局对他进行了长期的秘密考察，认为他是一个难得的谍报人才，于是找到阿贝尔，让他加入他们的组织。阿贝尔被说服了，1927年5月2日，他被吸收进情报机关接受训练，以便去国外从事秘密工作。他改名为约翰·利贝尔。

　　德军1939年底进入波兰以后，这位年轻的"德国人"——约翰·利贝尔从伏尔加地区迁居苏维埃立陶宛共和国首都里加。户口册上记载：他是一个汽车修理工，父母在俄罗斯双亡，只身一人无处可投，于是决定迁居里加。

　　约翰很快加入了德国少数民族俱乐部。盖世太保通过这个俱乐部，秘密地建立起第五纵队，并审查每一个新来的德国人的档案。他们也注意到约翰这个严守纪律、忠贞的爱国者。

　　利贝尔在里加结识了年轻的工程师亨里希·施瓦茨科普夫，两人很快成了莫逆之交。后者的叔父在柏林是盖世太保的一个头目。

　　亨里希多亏他叔父帮忙，在党卫军帝国元首保安队里开始了情报生涯，而约翰则在军事情报部门——最高统帅部谍报局的一个部门里开汽车。

　　德国1941年6月进攻苏联之后，约翰的生涯发生了转折。他同集结在波兰的军队一起被派往东线。

　　一次约翰所在部队与苏军作战，苏军被包围。突然苏军一辆坦克试图突围。德军谍报局头目施坦因格里茨认为，这辆坦克一定带有重要文件并负有突围寻求援助的使命。因此他命令德军炮兵很快击中了这辆坦克，并派遣突击小组到坦克上去搜取文件。此时苏联战壕里发出强大火力保护坦克，使突击队员在尚未接近坦克时即被一批批打死。见此情景，约翰相信里面一定有重要文件，担心文件会落入德国人之手，又为了取得谍报局的信任，他要求去把苏军坦克里的文件拿回来。在得到允许后，他在密集火力下爬了两个小时终于钻进坦克。他发现第二乘员已经死去、在死者身上却未找到文件。正在这时，有人用铁棍重重打在他肩上。经过与另一坦克手的搏斗，约翰终于制服了他，约翰用俄语叫他把文件包交出并销毁以免被德国人拿走。在文件销毁后他们放了一把火把坦克烧了，并分手各走各的路。在往回爬时，约翰腿部中弹受伤。

约翰的行动不仅保护了苏联重要文件免遭落入敌手，同时增强了盖世太保和谍报局对他的信任，并为此得到了第一枚勋章。

在此期间，莫斯科总部在仔细研究了约翰同亨里希的友谊后，在1942年秋天通过秘密渠道把有关亨里希父亲的一份档案材料交到了约翰手里。

这份材料里说明了亨里希的父亲鲁道夫·施瓦茨科普夫工程师是根据他的兄弟著名的纳粹分子维利·施瓦茨科普夫的命令被打死的。因为他拒绝在里加参加第五纵队，并且不肯把苏联边境地区的无线电通讯和电子学的某些重要材料交给纳粹分子，于是他被杀害。

在杀害自己的兄长后，维利又假装真诚，悲伤地把侄子亨里希接来，介绍他参加希姆莱的党卫军帝国元首保安队。亨里希一点都不知情，作为一个纳粹分子他还以他的叔父而自豪。约翰拿出关于他父亲被害的档案材料给他看。当亨里希了解真相后，从牙缝里蹦出几个字来："我要杀死他！"约翰冷静地给他分析不能这样干的理由，亨里希同意同他合作。至此，约翰在党卫军帝国元首保安队最上层有了自己的同路人。

在纳粹总部的活动

1943年秋天，纳粹头子希姆莱的副手、海外政治情报处主要负责人、党卫军将领瓦尔特·施伦堡向军事谍报局要一名年轻、有从事间谍活动才干，受过教育而又秉性谦逊的军官，约翰被选中了。约翰及时向莫斯科报告了德国与美、英谈判停战的情报。

德国军队准备实施"旋风"行动，目的是在苏联的纵深后方进行秘密破坏活动。首次打击将在喀尔巴阡山地区实施。这个据点已集合好第一个由30人组成的战斗小组。阿贝尔送出情报后，苏军派人冒充行动指挥官，里应外合歼灭了这一行动小组。

盖世太保头目缪勒由于预料到德国将战败，而着手准备盖世太保的地下活动网。这个活动网由1000名特务组成，必要时，秘密地把他们派往世界各国。盖世太保把规定要予以"释放"以便战后以他们的真名出现的那些犹太人和关在集中营里的其他犯人，先是送往其他集中营，然后秘密地把他们杀害。盖世太保挑选和被杀害的人身材相貌相似的军官进行整容，以冒名顶替。

阿贝尔从一个盖世太保的军官那里得到了一份完整的名单和相册，将相册原件交给了同盖世太保争斗的党卫军，将缩微胶卷送到了莫斯科。

不久，苏联红军日益临近柏林，约翰·阿贝尔神秘地消失了。他在第三帝国充当苏联主要情报人员这一年多激动人心的使命结束了。

新东线情报处的间谍活动

　　在纳粹德国东线情报处处长莱因哈德·盖伦的领导下，东线情报处被彻底改组，大换血，开始变得犀利，无孔不入，情报工作开始有了起色，特别是对苏联的情报工作做得周全细致，堪称完美，是德国军队对苏采取行动必要的参考。

彻底改组东线情报处

　　1941年6月，德国军队以排山倒海之势开进俄国。初期的胜利，掩盖了德国这部灰色的战争机器的疵点。然而，随着战局的转变，这些疵点一个个显露了出来，首先是情报工作越来越难以满足最高统帅部制订战争策略的需要。

　　一个星期又一个星期，陆军参谋长哈尔德对总参谋部东线情报处的工作的失败和错误越来越暴跳如雷。终于，在1942年2月3日，哈尔德决定："撤换东线情报处处长，因为他再也不能满足我的要求了"。1942年4月1日，莱因哈德·盖伦中校被派到"东线情报处工作"。一个月后，他正式接替了该处处长的职务。从此，盖伦便开始了他那传奇般的谍报生涯。

　　1942年4月初，盖伦搬进了东普鲁士城镇安格堡西南茅尔瓦尔德的一排矮小的房子——东线情报处所在地。为了提高情报质量，避免过去的错误，上任伊始，盖伦就对东线情报处来了一个彻底改组。他解除了那些无所事事，没有政绩的科长的职务，代之以有才干的新锐力量。格哈德·韦塞尔上尉和海因茨·丹科·赫雷少校就是深受盖伦青睐的两个人。

　　在盖伦看来，韦塞尔上尉是个不可多得的人才，他说："他是一个效率突出，能力出众的参谋；他能够坚定而又得体地向他的上级提出自己的看法，头脑清醒，身体健康……是一个适于担任领导职务的人才。"

　　赫雷生于1909年，入伍后，在骑兵第13团服役。在到东线情报处之前，任第17军团总参谋部高级参谋。他有实战经验，非常了解东方，而且精通俄语。

　　盖伦把韦塞尔和赫雷视为自己的左膀右臂，委以重任：韦塞尔上尉领导第1科，负责日常汇报苏联军队的实力、驻军和装备的情况；赫雷少校领导第2科，这个科负责分析情报的价值，并准备对苏联作出全面的评估。为了加强对苏联的情报工作，盖伦到处搜罗人才。只要发现某个人了解苏联，不管他是士兵

▲希特勒东部前线的情报头子莱因哈德·盖伦将军

还是平民，也不管他是反纳粹的人还是纳粹分子，盖伦总要想方设法把他拉到自己的帐下。

建立起高效的情报机构

在盖伦的操纵下，东线情报处顺利地运转起来，并很快有了起色。韦塞尔的第1科和赫雷的第2科将苏联的情况分门别类地制作成一套"部队卡片索引"和一套"特别卡片索引"。这里面记载了有关红军司令官、编制、组织、训练学校和战地哨所编号等一切情况。然而，盖伦并不满足于这些，在他看来，东线情报处还缺乏可靠的情报来源。他认为，过去的东线情报处的最大弱点就在这里。

在盖伦到任前，东线情报处没有自己的搜集情报的机构，它只是整理和分析别人提供的敌情。这些情报的来源主要是卡纳里斯的军事情报局、帝国中央安全部、外交部、德国空军总部、通信情报局、最高统帅部的译电局等。这些部门没有一个是直接向东线情报处负责的。

不过，盖伦自有办法，他很快使卡纳里斯海军上将派往东线的"东方前线第1侦察队"，即"瓦利1号"，死心塌地地为自己服务。

"瓦利1号"成立于1941年6月，它的职责是：通过搜查敌军指挥所、审讯战俘来提供军事情报和材料；分析情报人员的报告，筛选和发送缴获的材料。它的领导人是军事情报局第一室俄国科科长赫尔曼·鲍恩少校。对于鲍恩这个俄国通和他的"瓦利1号"，盖伦垂涎已久，早就想把他拉到自己的帐下。当盖伦得知鲍恩在军事情报局受到排挤的消息后，略施小计，就让鲍恩听命于自己。

> **"搅拌器间谍"**
>
> 在德国早期情报部门里，有一类被称为"搅拌器"的间谍，他们的情报来源就是他们超绝的想象力，当时最有争议的人物是驻里斯本的保罗·菲德尔穆克。他建立了一个情报网，代号为"奥斯特罗"，他从这个情报网里搞到了有关英国、美国和加拿大的大量军事情报。这个情报网正式人员只有他一人。

在盖伦的支持下，鲍恩用一些经过特别训练的苏联战俘组成一些人数相当的小组，然后让他们通过边境渗透进去，或者把他们空投到苏联内地。这些特工人员或者伪装成军官打进红军总部，或者以俄国平民的身份，在工厂和机关、在政府、甚至在共产党内部找一份适当的工作。

鲍恩的触角甚至伸进了莫斯科的克里姆林宫，他的秘密使者钻进了斯大林亲信的行列。弗拉基米尔·米尼什斯基就是其中之一，他曾担任白俄罗斯共产党中央委员会书记。他在1941年被俘，并"被改造了过来"。后来，他返回莫斯科，成了鲍恩在克里姆林宫的内奸。鲍恩还建立了一条直通莫斯科的线路，一个名叫"弗拉明戈"的无线电小组，就在克里姆林宫宫墙外面活动。它的组长名叫亚历山大，是苏联后备通信团的一名上尉。

以后，盖伦又耍了个手腕，把军事情报局的"瓦利3号"也纳入自己的控制之下。"瓦利3号"的主要目标是苏联的情报机关,它的领导人是海因茨·施马尔施勒格尔中校。

准确无误的情报来源

有了"瓦利1号"和"瓦利3号"的情报,在经过韦塞尔和赫雷的整理加工,东线情报处在搜集情报和分析情报方面创造了一个又一个的奇迹。第三帝国的军事领导人第一次得到了有充分依据的情报——真实、准确、不容置疑。特别是对苏联的作战意图所作的预测在越来越多的情况下都是正确的。

1942年夏天,当希特勒的军事领导人还在为德国的第二次夏季攻势的战绩感到洋洋得意的时候,盖伦发出警告说,俄国要发动反攻。果然,几个月后,苏联红军在斯大林格勒发起了对苏德战争有转折意义的反攻。1943年7月中旬,在苏联的奥摩尔地区的攻势开始之前两个星期,东线情报处宣布了这一攻势;在1943年8月中旬,它提前10天预言,预料中的苏联对勃良斯克阵地的攻势的主要力量将放在塞夫斯克地区;1944年3月初,在攻势开始的前两天,东线情报处预言了第1和第3乌克兰集团军的大突破作战,这次东线突破摧毁了德国东线的整个南翼⋯⋯

东线情报处对于苏联的军事情况和苏联的战略了如指掌。没有什么苏军编制情况是东线情报处不知道的;没有什么将军,没有什么重要武器是盖伦人员所不了解的。每一个苏联将军,所有旅长以上的红军指挥官以及每一个军级以上的参谋长的情况都记在东线情报处的卡片索引上。

对于盖伦的东线情报处来说,苏联红军已没有什么秘密可言。1943年7月13日,盖伦上校对他的工作人员宣布:"最近几天,东线作战的情报再次证明了本部门对敌情所精心作出的分析的每个细节都是准确无误的。总参谋长几天前特别为此表示感谢"。

从此以后,东线情报处成了德国东线公认的情报来源。不管什么时候,德国国防军打算采取什么行动,不管军人还是宣传人员想对苏联进行一次打击,总得把盖伦叫去商量商量。盖伦成了举足轻重的人物。

女老板"玩偶隐语"活动

一个玩偶店女老板落入日本精心布置的圈套,无奈之下成了日本在美国的一个重要间谍成员。她利用自己熟悉的玩偶,大玩起了"玩偶隐语",为日本送出了很多极有价值的情报,但最终在美反间谍人员细心地追查下原形毕露,落得个银铛入狱的可悲下场。

寸步难行的日驻美情报网

随着德国纳粹主义的疯狂扩张,日本军国主义侵略扩张的野心也日益膨胀,得寸进尺地向南推进,意欲建立所谓的"大东亚共荣圈"。面对日本南侵行动的加快,美国方面隐隐感到了一种来自日本的威胁。而日本方面也敏锐地预感到,日本急速地向东南亚扩张,不可避免地要与美国交战。被太平洋所隔的日美两国此时关系已紧张到了剑拔弩张的地步,大有一触即发之势。为了能够有效地遏制日本的侵略扩张行径,同时也为了给日本造成一种威慑,1940 年 5 月 7 日,美国太平洋舰队在结束了大规模的演习后,没有像往常那样回航美国西海岸的海军基地,而是在远离本土的夏威夷群岛的首府檀香山的珍珠港锚泊。

夏威夷群岛位于太平洋中部的北回归线附近,如同一串明珠镶嵌在浩瀚的洋面上。其首府檀香山,距离美国西海岸的旧金山为 2090 海里,距离日本东海岸的横滨为 3400 海里。其南面是繁星般的太平洋岛屿和大洋洲岛屿。在军事家的眼里,夏威夷如同一把控制太平洋

> **大东亚共荣圈**
>
> 大东亚共荣圈是指日本帝国在第二次世界大战中提出的邦联制战略构想与政治号召。1938 年 11 月日本政府发表建立《大东亚新秩序》的宣言,欲树立"中日满三国相互提携,建立政治、经济、文化等方面互助连环的关系"。虽然大东亚共荣圈是以所谓"解放殖民地、相互尊重彼此独立"为号召,但是大东亚共荣圈中的独立国家却是由日本军队掌控或部分掌控,成为日本侵略亚洲的障眼名目。

主动权的钥匙,具有重要的战略意义。美国将其太平洋舰队开进夏威夷,日本也将其目光投向了这片群岛。为了争取主动权,日美双方都加紧了从事谍报和反谍报的活动。

随着日美关系的日趋恶化,美国方面将反间谍活动的重点放在了海军方面,加强了对日本海军在美国西海岸的情报网的监视。美国方面深知,一旦事态发展到日美开战的地步,起主要作用的将是海军。美国海军情报处对日本驻美海军武官处的武官及工作人员进行了严密监视,并以各种借口,搜查上述人员的办公室、住宅及小汽车。

1941 年 1 月 20 日,日本船"日新丸"为装运石油驶进旧金山湾内的萨克拉门托河口。美海军情报处人员扮成海关人员,以检查船内是否藏有可卡因等违禁品为由,在检查船长室保险柜时,将保险柜中存放的《船舶密码本》等机密文件强行拿走。日本方面

提出抗议数小时后，美方才将密码本送还船上。众所周知，商船是海上兵力的重要部分。

"日新丸"上的《船舶密码本》是由日本海军编制、分发，以供战时或紧急情况下海军和商船间秘密通信使用。此密码本落入美方手中几小时，便意味着其内容全部被盗窃。这种密码本因此而丧失了生命，美国则获得了一份了解日本海军的密码特点、破译日本秘密程度更高的密码所需的重要资料。

1941年春，美国警方故意用手枪射击日本海军驻美工作人员司城正一大尉停放着的汽车，留下弹痕。事后反说司城在某地违法后不服从警察的纠察还逃跑，警察不得不开了枪，因此司城的车子才留下弹痕。以此为借口，美警方搜查司城正一的住所。

1941年5月底，日本海军驻美国西海岸工作人员冈田贞外茂少佐开车在西雅图至洛杉矶的路上，被美国警察拦住。警察以怀疑车上有违禁品可卡因为由，搜查了他的汽车。

上述事件均是美国为拔除日本海军在美国西海岸情报网而采取的反间谍行动。事件涉嫌人员均被美方驱逐出境。紧接着，一些日本海军驻美情报人员也陆续被迫撤离了美国。也有一小部分退出现役，以侨民身份留在美国。留在美国的日本海军人员，就只剩下华盛顿海军武官处的一名武官及其他工作人员共7人了。而日本海军驻美人员最多时曾达38人之多。至此，日本海军在美国太平洋沿岸的情报网已陷入日暮途穷的困境。

进入圈套的迪金逊太太

为了打破这种窘境，日海军情报人员苦思对策，终于想出了两条计谋。一是由东京汇来大笔经费，在美国以外的地方建立针对美国的情报基地。他们选中了墨西哥及南美的巴西和阿根廷。二是在美国本土暗中布建秘密情报网。这种情报网，不仅利用旅美日侨和美籍日本后裔，还利用美国人及其他外国人。计谋一定，他们便迅速将之付诸行动。被他们利用的人员有：娶德国血统妇女为妻的战列舰"加利福尼亚号"的乘员中的菲律宾人；娶日本血统妇女为妻的战列舰"西弗吉尼亚号"的乘员；美国海军前水兵；美国太平洋舰队司令部的军士以及德国血统的美籍妇女等。纽约的玩偶商迪金逊太太便是这些被日本海军情报部门利用的人员中的一位。

迪金逊太太是个有德国血统的美国人。她出生于美国西海岸的加利福尼亚，曾在旧金山做生意，那里有美国海军的基地，太平洋战争爆发前的20世纪30年代，日本的舰船也常去那里访问、装货。她的生意主要是给军舰和商船供应蔬菜和水果。时间长了，军舰上的官兵同她就混熟了，大家对这位和气、热情的迪金逊太太颇有好感，而好客的迪金逊太太也常常在自己家里盛情款待美国海军的年轻军官们。善交际的迪金逊太太在日美两国海军中都有不少熟人和朋友。

后来，迪金逊太太随丈夫迁往纽约居住。1937年，其丈夫患心脏病去世。为了给丈夫治病，她花掉了家中的全部积蓄，结果还是人财两空，且欠下了一笔债。生活的拮据，使她的情绪十分低落。

一天，她从前的老相识、前日本海军中佐龟田特意从西海岸来看她，见她生活窘迫，便交给她5000美元。

迪金逊太太充满感激地接过了龟田递过来的钱，心想，将来一定要好好报答龟田这位恩人。

迪金逊太太用这 5000 美元，还清了债款，并在纽约麦迪逊大街开了一家玩偶精品商店。这是一个相当时髦的玩偶店，经营的都是些高档玩偶。光顾此店的，多是上流社会的太太、小姐们，许多好莱坞的女明星也常来这里。生意颇红火，收入可观，迪金逊太太的生活也大为改观。

数月之后，龟田又来看她了。迪金逊太太订了一桌丰盛的菜肴来款待这位恩人。龟田告诉她，自己已在波特兰定居，当了侨民。

"希望你最近能常到旧金山跑跑，看看你的那些美国海军朋友们在干些什么。"寒暄过后，龟田扯入了正题，这也是龟田此行的主要目的。

"这，你这不是让我当间谍吗？"迪金逊太太惊恐地望着眼前的这位恩人问道。

龟田没有马上回答她的问题，而是悠然地端起桌上的一杯浓浓的咖啡，呷了一口，说道：

"德国在欧洲已吞并了奥地利，占领了捷克。德美两国将来必然开战。你不想背叛你的故乡——德国吧？日本和德国已经结盟。更何况你已经用了日本的钱。"

"你是说那 5000 美元？那不是你的吗？"迪金逊太太满脸疑虑。

"不，那是海军情报局让我支付给你的报酬。以前在旧金山时，你对我说的美国海军的情报，我已经全部汇报上去了。"龟田笑着答道。

迪金逊太太大惊失色，手中端着的咖啡杯险些掉到地上。她没想到，从前在旧金山，同龟田闲聊中，无意中将自己看到和听到的有关美国海军的一些事情讲给龟田听，竟帮助龟田收集了情报。那时，她常到海军基地，给军舰送蔬菜、水果，海军官兵都跟她很熟，对她也不提防。有时还领她各处走走，参观军舰，有时还给她讲讲海上训练的事。迪金逊太太也只是觉得有趣，权当故事听。碰到龟田时，也就把自己觉得有趣的事情，说给他听。哪里想得到，无意间的谈话，竟将自己置于凶险丛生的间谍圈。

权衡了好久，迪金逊太太终于答应龟田的要求，答应做日本的间谍。

"搜集到情报，我怎么交给你呢？"迪金逊太太问。

"写信。战争爆发前，可直接寄到我在波特兰的住所；若日美宣战，情报就寄往南美的阿根廷，那里有我们的情报基地。"说着。龟田递给迪金逊太太一张纸条。

"地址都写在上面，你务必保存好。"

迪金逊太太接过纸条，又问道：

"如果信在中途被检查，岂不露馅了吗？"

"当然不能在信中直接写情报内容了，要用'隐语'。比如日本情报部门曾用'天气预报'传送过情报：

东风、雨，表示'日美关系危急'；

西风、晴，表示'日英关系危急'；

北风、阴，表示'日苏关系危急'。"

听了龟田这番启发，迪金逊太太似有所悟。她想到了自己店中的那些玩偶，想到了那些常光顾商店、喜欢同自己聊家常的太太们。

从此以后，迪金逊太太常常以看望老朋友为名往返于纽约和旧金山之间，信也频频从她手中寄出。对她的工作，龟田很满意。指令和酬金不断地寄到迪金逊太太手里。

极具隐秘性的"玩偶隐语"

太平洋战争爆发后的第二年，6月的一天，居住在美国俄亥俄州斯普林菲尔德市的威尔逊夫人，收到了一封从南美阿根廷退回来的航空信。信封上收信人栏写着：

阿根廷布宜诺斯艾利斯奥希琴斯大街 2563 号伊内斯·莫利娜里夫人收。

寄信人地址为：美国俄亥俄州斯普林菲尔德市东哈埃大街 1808 号法伦·威尔逊夫人。

信封的背面上有一个西班牙文邮戳，上面写着：

地址有误，退回原处。

寄信人的住址和姓名正是威尔逊夫人的住址和姓名。威尔逊夫人好生奇怪，自己在阿根廷没有任何熟人，什么伊内斯·莫利娜里夫人，连听都没听到过，怎么会给她寄信呢？天底下竟有这等怪事！带着好奇，威尔逊夫人将信拆开，信是用打字机打的。信中写道：

亲爱的朋友：

上个月，我在一个手工艺术俱乐部作过一次讲演，谈到了我所收集的玩偶。最近，我收集到了 3 个可爱的爱尔兰玩偶。一个是背着渔网的老渔翁，另一个是背柴草的老妪，还有一个是小乖娃。你上封信中询问内华达州表妹的病情，她在西雅图找了位医生治疗，效果很好，估计不久就能恢复工作了。

另外，我还托人从"唐人街"买回了 7 个穿中国服装的玩偶，小孙女很喜欢它们。

问您全家好！

您的朋友法伦·威尔逊

1942 年 4 月 6 日

威尔逊夫人越发感到糊涂了。她从未写过这封信，况且她写信也不用打字机。但信中的许多内容又与她有关。她 3 月份是在手工艺术俱乐部作过有关玩偶的讲演，她也非常喜欢收集玩偶，她在内华达确实有个表妹，可表妹并未生病啊。她从来就没收集过爱尔兰玩偶，也不曾托人从"唐人街"捎回过任何玩偶。莫名其妙的威尔逊夫人将这封奇怪的南美退函交到了美国的联邦调查局。

美国联邦调查局将威尔逊夫人交来的奇怪退函交给了承办这类案件的专家威廉警官。威廉接过信回到自己办公室，琢磨了半天。从信的内容上看不出有什么特别的地方，涉及的不过是家庭妇女间的琐事。很可能是什么人搞的"恶作剧"，威廉这样想着，随手将信装入信封，丢进抽屉里。

可是，事隔不久，又有几封从阿根廷布宜诺斯艾利斯同一地址的退函转到了威廉手中。收信人皆是伊内斯·莫利娜里夫人，而寄信人则分别是俄勒冈州波特兰市的吉尔特夫人，华盛顿州斯波坎的布朗夫人，阿肯色州小石城的梅森夫人。其中吉尔伯特夫人收到了两封退函。经过调查，威廉发现，这些所谓的"寄信人"都与威尔逊夫人有着同样的爱好——收集玩偶，且信的内容无一不是关于玩偶，每封信的内容都与"寄信人"多少有点关系，也都是用打字机所打。至此，威廉觉得这些信绝非偶然的"恶作剧"了，里面一定有问题。

威廉将这几封信摆在办公桌上，仔细察看，终于在信封上发现了可疑之处：信封上，除了那个退信国的西班牙文邮戳之外，还有一个表明寄发信邮局的英文邮戳。几封信上的寄发信邮局的英文邮戳都一样，皆为"纽约"的邮戳，而根本不是每封信上所写的寄信地的邮戳。这就是说，这几封信虽然寄信地址写得不同，但都是从纽约寄发的。

威廉又将威尔逊夫人收到的那封信从信封中拿出，仔细阅读起来。与威尔逊夫人有关的那些事自然无可怀疑，可是那些虚构的内容呢？威廉注意到信中所说的"内华达州的表妹"。他清楚地记得，去年12月，珍珠港事件时，海军的1艘被鱼雷击中舰体中部的战列舰，名字就叫"内华达号"，当时全国的新闻媒介都对之作了报道。因此印象很深。信中说，"内华达州的表妹在西雅图找了位医生，不久就能恢复工作。"是否意味着被鱼雷击伤的"内华达号"经修复将重新服役呢？想到此，威廉拨通了海军作战部的专线电话。作战部情报局的值班军官答复说："不久前，'内华达号'战列舰在西雅图附近的布雷默顿海军工厂修复完毕，现已开赴珍珠港作战。"值班军官的回答肯定了威廉的推测。受此启发，威廉又想到了信中所写的3个爱尔兰玩偶、7个穿中国服装的玩偶，于是继续问道："两个月前，是否有1艘上层盖有安全网的航空母舰服役？除9艘航母外，是否还有1艘上层是木结构的大型战列舰、1艘新下水的小型驱逐舰在服役？"威廉推想，背着渔网的老渔翁可能是指上层罩有安全网的航空母舰；而背着柴草的老妪则可能是指上层为木结构的大型战列舰；小乖娃娃可能是指新下水的小型驱逐舰。

"是的，先生，您说得很对。可是海军并没有将这些消息通报联邦调查局啊！"

"唐人街"是旧金山的一条著名的街道，因此，威廉猜想信中所说"从'唐人街'买回7个穿中国服装的玩偶"，可能是指7艘军舰开进了旧金山。回答果不出所威廉所料。威廉忙把另几封信拿出，一一与对方核对，结果都涉及海军舰艇调动的情况。

"这些情报均已泄露，很可能日本方面已经掌握，请海军方面查查漏洞何在。"没等对方说话，威廉已将电话放下。

威廉不愧为承办此类案件的专家。很快识破了这些貌似普通的退函的秘密。这些退信实际上正是迪金逊太太以玩偶为隐语的关于美国海军舰艇调动的秘密情报。

疑问指向迪金逊太太

威廉从几封退信的邮戳判断，真正的寄信人有可能就在纽约。可是纽约这么大、人这么多，到哪里去找呢？

威廉想到了那几位收到退信的太太们，从她们那里或许能得到些线索。于是威廉开始了他的秘密探访。

首先，他来到了俄亥俄州斯普林菲尔德城的威尔逊太太家。威廉说明了来意，很顺利地开始了查访。

"威尔逊太太，有谁知道您喜欢收集玩偶？"

"这很多！手工艺术俱乐部的成员都知道。前不久我还在俱乐部作过关于玩偶的演讲。"

"有谁知道您有个表妹住在内华达州？"

"这也很多。我这个表妹原来就住在我家，她的男朋友在内华达。结婚后我表妹便随丈夫去了内华达。她常给我写信，还时常寄东西给我。这些事我常爱跟别人唠叨。"

"您在纽约有亲戚或朋友吗？"

"没有。"

"您去过纽约吗？"

"去过多次，两个月前，我还为买几只玩偶专门去了一趟呢。"

"您那趟去纽约，跟什么人谈过讲演的事及您表妹的事吗？"

"我在选玩偶时，曾跟那家玩偶店的女老板说过。我还把表妹从内华达寄给我的一张全家福照片拿给她看了呢。那位女老板很和气、也很热情，我们很谈得来。"

"您还记得那家玩偶店的地址和女老板的姓名吗？"

"记得。那是家玩偶精品商店，在纽约麦迪逊大街。店老板是迪金逊太太，她是个寡妇。"

"谢谢您的合作！"

告别了威尔逊太太，威廉又密访了吉尔伯特夫人、布朗夫人、梅森夫人。这三位太太也都和威尔逊夫人一样，都在迪金逊太太的玩偶店里买过玩偶，也都和善谈的女主人唠过家常。案情至此有了突破，目标集中到了迪金逊太太身上。

出逃未遂被关进监狱

原来迪金逊太太自从接受了龟田交给她的任务后，为如何将搜集到的情报安全送出，绞尽了脑汁，煞费苦心，终于想出了一条她自认为万无一失的妙计。

她用"玩偶语言"暗示其所搜集到的情报，然后用打字机将它们打印到信纸上。信封上寄信栏写上光顾其玩偶店的太太们的地址和姓名。她想，如果信件在中途被检查，没有人能破译她的"玩偶语言"，即便破译，那么因间谍罪被捕的也只是她的那些女顾客。她根本就没想到信会被退回。她认为，阿根廷是个贫穷、混乱的国家，即便寄去的信有误，他们也肯定不会将信退回。最初的信件很顺利地寄到了，且很快她就得到了回音。她为自己的高超的妙计而洋洋得意。但"智者千虑、必有一失"，她在邮戳问题上疏忽了。殊不知，信从何处寄发，信封上便盖有何处的邮戳。尽管她虚拟了不同的寄信人地址和姓名，然而纽约的邮戳使她露出了马脚。

那么，迪金逊太太发往阿根廷的这最后几封信，何以被退回呢？原来，日本在阿根廷的情报基地变换了地址，由原来的 2563 号变更为 1414 号。这一重要变更日本方面没能及时通知迪金逊太太，结果导致信被退回，迪金逊太太也因此而暴露。

连日来，迪金逊太太心神不宁，寝食难安。她发现最近店里常有几位陌生的男顾客，他们东张西望，却从未买过一个玩偶。她的店里的主顾多是些华服盛装、出手大方的夫人、小姐，很少有男人光顾的。迪金逊太太起了疑心。寄往阿根廷的信已两个多月了，都没有回音，龟田也很久没有指示来。她想，自己可能已经暴露了。"三十六计走为上"，于是，一天上午她推说要去进货，关了店门，随身带上店里的全部现金，乘出租车逃走了。她决定到波特兰去找龟田。她万没想到，她乘坐的出租车刚一启动，后面有一辆黑色的小汽车紧紧跟了上来。

原来，玩偶店中的陌生男顾客，都是威廉派去监视迪金逊太太的联邦调查局的特工人员。威廉并不急于逮捕迪金逊太太，而只是派人暗中监视、跟踪。他想知道迪金逊太太同什么人联系或者什么人来同迪金逊太太接头。把迪金逊太太当成一块诱饵，或许可以钓到更多的鱼。威廉打着如意算盘。

迪金逊太太乘出租车赶到火车站，转乘火车，几经周折，终于赶到了俄勒冈州的波特兰市。从纽约到波特兰，一路上，迪金逊太太始终没有发现紧随其后的"尾巴"。

在波特兰，迪金逊太太按照从前龟田告诉她的地址，在安妮大街找到了一家专营中国菜的饭店。

"请问，老板龟田先生在吗？"她问一位侍者。

"这里的老板不姓龟田，你找错地方啦。"

迪金逊太太好生奇怪，地址是千真万确的，怎么会错呢！莫非龟田他也……她不敢再想下去了，急忙退出饭店。一出店门，她突然看见不远处一个人影一闪躲到了一辆停在路边的中型货车后面。她立刻感到情况不妙，自己被跟踪了！这时正好一辆出租车开了过来，迪金逊太太急忙拦住，飞驰而去。

原来，珍珠港事件爆发后，在美国的日本侨民全被作为间谍嫌疑犯关押了起来，龟田也在其中。迪金逊太太的来访，倒验证了对龟田的指控。威廉果真钓到了一条鱼。

茫然不知所措的迪金逊太太，在外东躲西藏了一个月后，悄悄潜回了纽约，她准备将自己在银行的 16000 美元存款取出来，远走高飞。威廉觉得她已钓不到"鱼"了，于是下令逮捕了她。迪金逊太太尚未来得及取出存款，就被关进了监狱。

1943 年 7 月，纽约地方法院对迪金逊太太的间谍案进行了审判。本应判处她死刑，因系战时，恐过于刺激公众。只判了她 10 年徒刑，罚款 10000 美元。

偷袭珍珠港前的侦察

在偷袭珍珠港前，日本对珍珠港的情况不甚了解，日本海军军令部负责情报工作的第三部决定派人去摸清那里的动态，为偷袭做好万全准备。同年 5 月，吉川猛夫被派往日本驻檀香山总领事馆工作。吉川猛夫由此开始了一段紧张的侦察活动。

日帝国南下的拦路虎

日本人长期以来梦想攫取南方富饶国土——菲律宾、马来亚和荷属东印度的资源，来支撑他们的帝国。在这个欲望的驱动下，1941 年，日本开始了向东南亚地区的扩张，这引起了东南亚地区主要强国的不安和不满，为了给日本一点颜色，美国、英国冻结了对日本的经济贸易，其中重要的是停止了钢和石油的供给，没有了钢材，日本就无法制造更多的飞机和舰艇；没有石油，日本的飞机就无法升天，舰艇就无法在海中行驶，日本就无法继续对外扩张。

日本政府很清楚现状，应对之法有两个，一是撤回侵略的军队，停止对外扩张，外交上向美国靠拢。二是南下夺取战略资源，继续加强对外侵略。南洋有美国、英国、荷兰的殖民地，进军南洋就等于向这些国家宣战。

富有侵略性的日本政府不甘心收回已经迈出的侵略步伐，决定占据东南亚的资源作为对美国禁运的回答。

夏威夷位于北太平洋中，东距美国西海岸，西距日本，西南到诸群岛，北到阿拉斯加和白令海峡，都在 2000 海里到 3000 海里

▲美国珍珠港基地

之间，跨越太平洋南来北往的飞机，都以夏威夷为中续站。夏威夷军事基地坐落于夏威夷群岛中，是联结美国本土与西太平洋各基地群的纽带，主要的军事基地有珍珠港、福特岛海军基地；希卡姆、惠勒尔空军基地；薛夫特、斯科菲尔德兵营陆军基地和史密斯兵营。在夏威夷军事基地，美国驻有海军最主要的舰队——太平洋舰队。珍珠港基地扼守日本南下的要道。由此日本要保证南下的道路畅通无阻和有效摧毁美国的海军就必须摧毁美国的珍珠港基地。

吉川猛夫的特殊使命

在珍珠港附近的阿莱瓦山坡上，有一家海滨日本菜馆叫"春潮楼"。楼上雅座临窗坐着一个二三十岁的日本青年。他正眺望着浩瀚的太平洋，珍珠港大大小小的舰船，

不用望远镜也尽收眼底。

他便是日本海军军令部派到夏威夷刺探珍珠港军情的间谍，真名叫吉川猛夫，对外职务是日本驻檀香山总领事馆外务书记员，实际职衔是日本海军军令部第二部第5课少尉参谋。

在此之前，日本海军情报部曾在夏威夷派了一个四人间谍小组，但收效不大。在此情况下，海军军令部第二部第5课课长山口大佐便推荐了吉川猛夫。

29岁的吉川猛夫，细长个子，英俊漂亮，看起来比实际年龄年轻。他曾在日本江田岛的海军学校学习，毕业后任海军密码官，后因酗酒，把胃烧坏了，只得暂时退伍。因战争需要重新入伍后，在海军情报部任预备军官。开始在英国科，后来调到美国科，在堆积如山的资料中筛选情报。他熟悉美舰调动情报，熟知各种海军装备。

1940年5月，山口大佐把派他去珍珠港的意图和他讲了讲，吉川毫不犹豫地答应了，因为他喜欢这种富有挑战性的工作。

"你要以外务省的身份去。为了不引起外务省一般人员的怀疑，你下周去参加书记生考试，同时加紧提高英语水平，随时准备赴珍珠港。"山口告诉他。

吉川欣然受命，脱去了军装，留起头发，让自己看上去像个大学生。在外务省的书记生公开招考中，吉川以大学生的身份参加了考试。尽管他在外交知识方面的成绩很不理想，但还是被"破格"录取。从此，海军少尉吉川猛夫变成了书记生森村正。这个姓名，是外务省的一名官员给起的，因为它对外国人来说，既不易发音，又不易记住，颇具隐蔽性。

第二年（1941年）初，吉川接到去檀香山领事馆履职的指示，就着手作准备。3月20日，外务省新任命的檀香山总领事馆"森村正书记员"登上了由横滨开往夏威夷的"新田丸"客轮。3月27日到达夏威夷，住进了坐落在檀香山市一条僻静街道上的日本总领事馆内，正式开始了他的间谍生涯。当时知道他身负特殊使命的，只有总领事喜多长雄一人。

▲吉川猛夫

谁能想到，就是这个名不见经传的小间谍，竟然点燃了偷袭珍珠港的导火索，改变了第二次世界大战的进程与格局。

找到最佳观察窗口

吉川来到夏威夷后，军令部要求他只要没有特殊情况，就每隔十天发回一次情报。情报的主要内容是报告停泊在珍珠港内的美军舰艇的型号、数量和活动情况；美军官兵的活动规律，尤其是星期六和星期日。为此，吉川猛夫把主要精力集中在搜集停泊在港口的美军舰船情报上。他乘坐游艇，以旅游者的身份穿梭于夏威夷群岛的各个小岛中。他发现，只有檀香山所在的瓦胡岛驻有海军舰队，而瓦胡岛的舰队又集中在珍珠港，于是，吉川的注意力瞄向了珍珠港。

几天的盲目行动都一无所获，吉川猛夫很懊丧。无奈，他只能寻求总领事喜多长雄的帮助，因为喜多长雄对夏威夷的情况很熟。喜多长雄给吉川出了一个好主意。

"珍珠港后面的阿莱瓦山坡上，有一家日本人开的饭店，名叫'春潮楼'。那里地势很好，可以俯瞰珍珠港全景，每日舰艇的进出都在视线之中。"

吉川闻言大喜，第二天就来到了"春潮楼"。他住进了楼上的一间面向大海的房间。在那里，整个珍珠港一览无余，可以看到大批的战列舰、航空母舰、巡洋舰进进出出。每天，他除与艺妓们厮混外，经常独自倚在窗口观察、记录美军舰船的类型和数量，当然记录时用的都是只有他自己才能看得懂的符号。时间长了，他渐渐掌握了美国太平洋舰队的活动规律，这些情报都是他第一手得来的，所以完全可靠。每隔一段时间，吉川就把情报汇总报给喜多长雄，再由喜多长雄用密码发回东京。山本五十六对吉川送回的情报很满意，依据这些情报着手拟定袭击珍珠港的计划。

吉川最后的情报

1941年11月1日清晨，来往于美日之间的"新田丸"号在蒙蒙晨雾中再次靠上檀香山码头。它的任务是撤退在夏威夷的日本侨民。只有少数日本决策者心中明白，这可能是"新田丸"战前的最后一次航行了。

船一靠岸，一艘小型的白色汽艇跟了上来，一群美国水兵登上船，在船桥上、机舱边安了哨，不允许船上的人下船。

喜多长雄派人上船与自称"新田丸"事务长的日本人接上了头。在船上的卫生间里，

▲ "新田丸"号

事务长取出一个纸捻，悄声说道："我是军令部的中岛少佐，请把这个交给吉川君，我就不离船了，否则会引出不必要的麻烦。记住，明天下午开船前给我答复。"

在领事馆，喜多长雄把吉川叫到自己的办公室。

"你认识中岛少佐吗？"

吉川点点头："我们都是第5课的。"

"他来了，在船上下不来，让我把这个转交给你。"

吉川接过纸捻，回到自己的办公室，反身锁紧了门。这是海军情报局给他的一封密信，不大的一张纸条上，密密麻麻写满了蝇头小字，是给吉川提出的关于珍珠港基地和舰队的97个问题。晚上，吉川根据过去7个月费尽心机收集到的情报资料，开了一个通宵的夜车，逐一回答。例如：

问：港内停泊舰船的总数？不同类型舰艇的艘数和舰名？

对此，吉川每天都有记录，只要翻记录本就能准确回答。

问：是否有大型飞机在拂晓和黄昏时巡逻？如有，出动几架？

答：拂晓和黄昏均为十架。

这是日本人最关心的问题。万一大批日本飞机临空时港内没有军舰和飞机，岂不是出了大问题。只有一个问题吉川没有把握：港湾入口处有无防潜网？防潜网在水下，吉川没有注意过，只有亲自去考察一番。

第二天下午，吉川穿上炫目的夏威夷衫，驾车直奔珍珠港方向。离目的地不远处，他把车开进了一片茂密的丛林，戴上巴拿马凉帽，取出一根钓鱼竿，向港湾入口处走去。他心里盘算着，万一被哨兵抓住，就说是误入禁区的垂钓者。

在临海边的一块礁石后面，吉川探出一根钓竿。他的眼睛却不盯着海面，而是转头向后张望，后面小山坡上有一个岗亭，荷枪实弹的美国哨兵来回踱步。

时间一分一秒地过去，吉川不能再等了，他脱下衬衫和裤子，潜入海里，奋力游向港湾入口处。到了入口处，吉川试着用脚向下探，但没有探着。浮上水面换一口气，正当他准备再潜入水下时，山坡的哨兵发现了这个不速之客。吉川顾不得再探，急忙潜回礁石旁，趁哨兵未赶到，拿起衣裤，钻入密林。

决定开战时间，是至关重要的问题。必须挑选珍珠港舰船集结最多的时间，以便给美国太平洋舰队以致命的一击。答案显而易见：星期天。

吉川所回答的97个问题的情报送出后不久，日本海军南云中一中将按照山本五十六的指令，于1941年11月26日早晨6时，率领6艘航空母舰、两艘战列舰、两艘重型巡洋舰、7艘驱逐舰，共30余艘大小舰船组成的机动部队，冒着断断续续的飞雪，以潜艇为前导，相继起锚，从位于日本北部的渔港单冠湾出发，取北方航线一路东进，

▲日本海军大将山本五十六

跨过浩渺的太平洋，到12月6日，即悄悄地隐蔽在距攻击目标珍珠港只有360千米的瓦胡岛附近了。

12月1日下午2时，日本御前会议在东京皇宫召开。东条英机首相提出："对美交涉，终于未能取得任何结果，帝国宣布与美、英、荷开战。"

开战的决定正式被天皇批准后，山本五十六使用密码电报，向日本联合舰队旗舰"赤城"号发布命令："攀登新高山1208。"

按照事前约定，电文的意思是"12月8日上午0时开始攻击"。

1941年12月2日，喜多长雄接到东京密码电报指示："鉴于目前形势，战列舰、航空母舰和巡洋舰在珍珠港停泊是极为重要的。因此，今后望尽可能将这些情况每天报来。珍珠港上空有无阻塞气球的情

况，请电告。另外，也望告知战列舰是否装有防雷网。"

吉川猛夫初到夏威夷，被要求每十天报告一次。到了1941年8月，就变为每三天报告一次，而现在要每天报告一次了。尽管东京没告知喜多长雄和吉川，他们的意图是什么，但两个人都心知肚明，开战时间就在这几天，而且可能是在星期天。因为，星期天珍珠港停泊的军舰最多，官兵都上岸休假。吉川因此比以往更加频繁地开车兜风、垂钓、出入春潮楼。

12月6日是星期六，这天下午，美军90艘出海训练的舰船都像往常一样回到了港内。周末，又将是一个狂欢的日子，单身的军官们忙着整理衣冠，去俱乐部跳个通宵。

此时的吉川猛夫躲在春潮楼的窗帘后对珍珠港的情况进行认真观察，而后在心中草拟电文稿，接着驱车直奔檀香山领事馆，由喜多长雄发出电文。

海面上，太平洋舰队的舰艇，除航空母舰和重型巡洋舰外，都静静地停泊在珍珠港内。

偷袭珍珠港的后果

从长期的看，偷袭珍珠港对日本来说是一个灾难。它不会帮助日本赢得一场对美国的战争。日本偷袭珍珠港的主要目标之一是摧毁美国的三艘航空母舰，但当时没有一艘在港内。虽然，偷袭将美国大多数战列舰创伤作废。没有了这些战列舰，美国海军只有依靠它的航空母舰和潜艇，但后来证明将战列舰摧毁的作用远比预想的要小得多。珍珠港被偷袭使本来意见不齐的美国空前一致地团结起来，美国的参战注定了日本的最终落败，不论当时日本只击中了战列舰还是击中了航空母舰。

吉川的功劳——偷袭成功

偷袭的时刻终于来到了，按照计划，1941年11月26日，由海军中将南云中一率领的一支由六条航空母舰（分别为赤城号、加贺号、苍龙号、飞龙号、翔鹤号和瑞鹤号）为主力的舰队悄悄离开日本开往珍珠港。途中舰队保持彻底的电波静默。除这六艘航空母舰外，执行任务的舰队还包括两艘战列舰、三艘巡洋舰、九艘驱逐舰和三艘潜艇。此外还有八艘油轮和两艘驱逐舰开到北太平洋随时待命。

经过十几天的秘密航行，舰队终于靠近了珍珠岛海域。12月7日上午5时30分，首先被派去侦察的两架远程海上飞机，从重型巡洋舰"筑摩"号和"利根"号的甲板上迅速起飞，对美国的舰队作最后一分钟的侦察核实。如果它们被发现，那就自然会引起敌人警觉。但这是经过深思熟虑而进行的冒险，为取得准确无误的情报的迫切需要，非此不可。幸运的是，侦察结果显示所有美国的舰只仍然都停泊在珍珠港，美军处于毫无防范中。

6：10分，来自日本本部的攻击命令下达，偷袭开始了。军舰上执行攻击命令的飞机起飞顺利而又神速。第一次袭击波包括43架战斗机、49架高空轰炸机、51架俯冲轰炸机和40架鱼雷机。当第一架飞机离开母舰后的15分钟内，全部183架飞机都飞上天空，这是最快速的起飞纪录，加上第二次袭击波的飞机，总共有353架飞机参加袭击，这是到那时为止，人类战争史上海军飞行力量最大的一次集结。

七时许，执行攻击任务的飞机飞临珍珠港上空，攻击开始了，由 183 架飞机组成的首批攻击机群按下攻击炮火按钮，炸弹如冰雹般击向停泊在港内的美国舰队。1 小时后，南云中一又派出 191 架飞机编队，实施第二轮攻击。毫无准备的美军仓促应战，结果损失惨重。8 艘战列舰，5 艘被击沉，3 艘受重创，6 艘巡洋舰和 3 艘驱逐舰被击伤，188 架飞机被击毁，2403 名美国人丧亡，仅亚利桑那号战列舰爆炸沉没时就有 1177 人死亡，此外，2000 余人受伤，太平洋舰队元气大伤。而日军仅仅付出了 5 艘微型潜艇，29 架飞机，战死不到百人的代价。日本的奇袭珍珠港行动看上去似乎取得了圆满的成功。

▲日本赤诚号航空母舰

塞波尔德的反间谍行动

虽然他曾经是一个德国人，但是他帮助了美国人对付纳粹政权；虽然他力避不想参与战争，但最终还是被卷入战争的漩涡中。他的反间谍行为使德国在美国的情报系统顷刻间遭到了摧毁，间谍精英遭到了毁灭性打击。

同意成为德国间谍

塞波尔德出生在德国，原名叫迪姆鲍斯基，曾参加过第一次世界大战，在战后德国大混乱时期被投入到一个小监狱中。在释放后，他弄了些名叫塞波尔德的假文件得以移居美国，在那里作为一名航空机械师开始过起中产阶级的普通生活。作为一名技术高超的机械师，塞波尔德的报酬不低，他定期寄钱给他寡居在德国的母亲。同时他还加入了美国籍，成了一名美国公民。

1939 年他前往德国探望母亲，在机场被德国的秘密警察盖世太保秘密拘禁了，在盖世太保的胁迫下，塞波尔德答应加入德国的间谍机构，为"新德国"贡献自己的一份力量。

德国人在这场与美国的较量中犯了一系列的错误，也许最主要的错误是看错了威廉·塞波尔德。因为塞波尔德虽然表面答应同意成为一名德国间谍，但他决定一有机会就会为美国服务，成为反间谍人员。

▲盖世太保

在塞波尔德同意成为一名间谍后，令他吃惊的是他并未被送往盖世太保的总部，而是被送到位于柏林蒂尔皮茨河岸街 72—76 号的一座不起眼的三层楼房里。这是德国反间谍机关的总部所在地，通常在此工作的人们将其称为"狐狸洞"。反间谍机关的任务是收集一些有用的情报，如美国国防工业的产出，美国军事技术的状况，华盛顿和伦敦之间的军事协定等等，这就需要大量增加在美国工作的谍报人员。

塞波尔德由尼古拉斯·瑞特尔指挥，瑞特尔是盖世太保的美国行动负责人。这是个短小精悍的人，战前他是一个纺织品公司的经理，瑞特尔因商业需要在美国度过了一段时光，能说一口流利的美式英语。他被认为是反间谍机关中最耀眼的明星之一，尽管多年来美国行动并非盖世太保的重点，但瑞特尔还是取得了一些令人印象深刻的成功。

充满信心的尼古拉斯·瑞特尔为威廉·塞波尔德在美国的活动做了安排。事实上他是太自信了，以至于犯了两个致命的错误。第一个就与塞波尔德有关。

瑞特尔通知塞波尔德，他将被送往反间谍机关设在汉堡的间谍学校接受训练，然后他要返回美国，收集在工作中遇到的感兴趣的资料。找机会进入其它的航空公司工作，以扩展取得技术秘密的通道。塞波尔德显然"克服"了早期的厌恶感，显得热情百倍。但他告诉瑞特尔，他需要去一趟设在科隆的美国领事馆，安排好他在德国逗留期间能有人将钱送交他的妻子。瑞特尔不想费神知道他那个新谍报员是否已经结婚就同意了他的请求。事实上塞波尔德根本没有结婚。

塞波尔德一离开瑞特尔的视线就去往科隆。在科隆美国领事馆，塞波尔德向美国外交官表达了自己亲美的意愿。与塞波尔德交谈的美国外交官通知了美国联邦调查局，联邦调查局通知塞波尔德在他返回美国时他们会与他联系的。

发往柏林的情报

塞波尔德在反间谍机关的间谍学校中证明自己在无线电工作方面具有卓越的才能，这种才能启发瑞特尔想出了一个新主意。那时他正在担心如何才能将在美国由谍报员收集的情报发回德国。过去一段时间他利用定期往返于大西洋的德国海运线的雇员作为信使。但有些紧急情报必须尽可能快地送往国内，这显然需要一种更快的方法。另外在战争时期，德国班船不可能在英国严密的海上封锁下通航。解决的办法只有无线电发报，借助于一台非常强有力的无线发报机能将信息传到大洋彼岸。这需要一个有高度技巧的发报员，他应能克服各种大气条件和其它障碍完成发报任务。瑞特尔已试用过一名发报员，但此人并不胜任这项工作。现在塞波尔德来了，这个问题在瑞特尔看来已经解决了。

但将未经任何考验的塞波尔德推向通讯中心的核心是一场极大的冒险，在瑞特尔的计划中，在纽约将发展一个行动中心，所有德国谍报员将通过纽约传送情报。如果，这个中心出了问题，那么损失将是惨重的，有可能导致德国反间谍机构在美国的间谍系统遭到彻底摧毁。瑞特尔全然不顾这一切。显然他自信地认为可以在美国随心所欲而不必担心联邦调查局的干涉，他制订了一个计划，来扩展反间谍机关在美国的存在。瑞特尔的计划非常简单：塞波尔德辞掉他的飞行机械师职位，在纽约的百老汇 42 街设立办事处，明为柴油调查公司，实质上是情报收集点。瑞特尔的谍报员来到该办事处，将情报交给塞波尔德，然后由他将情报发往德国。另外瑞特尔又在纽约城最北端的一个名为勃朗克斯的小镇建立了备用电台。

1940 年 5 月，塞波尔德到达纽约。在码头与两名美国联邦调查局的成员会了面，他交给调查人员一个非常有意义的微型胶卷，那是他离开德国前瑞特尔亲手交给他的。这是瑞特尔在美国的谍报员的名单，其中包括代号、家庭地址、工作单位和谍报工作特长等。这是反间谍部门梦寐以求的东西。

塞波尔德尽职尽责地创建了柴油调查公司，同时也不动声色地在公司内完成了几件额外的装修：在一堵墙的后面，联邦调查局安装了电影摄影机，通过一块单向透光的镜子进行拍摄，在四周的墙上和家具里都安装了窃听器。

联邦调查局的摄影机拍下了瑞特尔的美国谍报员进入柴油调查公司、递交情报的镜头。摄影机记录下这些谍报员，而窃听器也录下了他们与塞波尔德交谈有关他们刚递交的情报时的一切（试图让塞波尔德留下深刻的印象，让他了解这些情报是如何被巧妙地弄到手的），同时也记录下了他们谈到的间谍生涯中的各式各样问题。

共有 37 名谍报员来柴油调查公司递交情报，他们是瑞特尔在美国的间谍组织的核心。令联邦调查局惊愕不已的是，他们搜集到了大量的一流技术情报。可从现在开始，这些情报再也不会到达德国了。与联邦调查局的无线电专家一起，塞波尔德在长岛中心码头地区建立了一个无线电台，该地区在纽约城以东 45 英里处。

返回柏林后，瑞特尔收到了塞波尔德的电台拍发的第一份报告，电文既准确又清楚，整个报告全是广泛搜集的技术情报。瑞特尔高兴地将这些材料转送给了德国军事当局，可出乎他的意料，非但没人向他表示庆贺，反倒招致责备。他认为肯定是哪个环节出了毛病：其中一些情报显然被断章取义，一部分未经分析、筛选，充满了技术性的错误，有些根本就毫无意义。只有少部分才是绝对正确的。

坐立不安的瑞特尔命令备用电台发报员拍发情报，但正如报务员后来所声称的，他的电台无法工作。他被这个问题弄糊涂了，他已经从头到尾检查了整个系统，甚至连他稍有怀疑的部件都进行了更换。然而不管如何设法，电台的信号就是无法到达德国。

瑞特尔最终判定是备用电台的发报员无能，并命令他停止发报。从此以后瑞特尔就只能依靠塞波尔德了。

当德国对塞波尔德的情报日感绝望时，与他一起工作的联邦调查局人员可满意极了。这些人员是由联邦调查局中传奇式的反间谍专家威廉·K. 哈维领导的，他们巧妙地编造情报

窃听器

许多国家的间谍机关都有自己专门制造窃听器的工厂。西德 PK 电子器材公司制作的一种微型无线窃听器，直径只有 9 毫米，长 15 毫米，重量只有 6 克，用 1.5 伏的一粒纽扣式电池，可以连续工作 12 个小时，它能够在 150 米外清晰地听到周围 10 米的谈话声。这种微型窃听器如果用胶泥封住，可以用气枪把它射到需要窃听的房间的窗户旁，它就能牢固地粘附在墙上。

供塞波尔德拍发。同时阻止第二发报员有所行动，哈维让联邦调查局的技术人员采取行动，用随机的有足够强度的信号来覆盖整个地区，阻止任何信号外溢。

37 名谍报人员被一网打尽

尽管联邦调查局很清楚，骗局是无法持久的。正当瑞特尔对塞波尔德的情报深感烦恼时，联邦调查局决定将其关闭。1941 年 6 月进入塞波尔德关系网的 37 名间谍被逮捕了。由于塞波尔德不在其中，德国人以为他侥幸逃脱了。但三个月之后，当联邦法院审判间谍时，德国人挨了当头一棒。当时政府发言人传唤的第一证人就是威廉·塞波尔德，他的证词与联邦调查局的影片说明了所有的被告有罪。

塞波尔德的背叛所造成的灾难实在是难以想象。整个反间谍机关在美国的谍报网被斩草除根，对德国来说再也没有比这更严重的灾难了。美国作为"民主国家的兵工厂"对德国至关重要，德国人由此对美英供给线一无所知，并突然地失去了从美国工业机器到战争物资的一切消息，也失去了对各实验室和发展中心的了解，这些实验室和发展中心正在研制最终使德国失败的关键技术。在整整 16 个月内，每个认为对美国的情况了如指掌的德国人实际上都被联邦调查局所愚弄。

反间谍机关再也没有从这次打击中恢复过来。反间谍机关的头头海军上将威尔汉姆·卡纳瑞斯试图对整个灾难进行解释，并声称他的手下从一开始就主动介入塞波尔德的叛逆事件，目的是要了解联邦调查局究竟掌握些什么东西。这纯是个虚拟的故事，没有人相信反间谍机关会牺牲 37 名至关重要的谍报员去做这样一件在当时看来意义不大的事情。反间谍机关开始走下坡路了，两年之后它被解散，卡纳瑞斯本人也被解雇。

塞波尔德怎么样了呢？他在美国政府的庇护下神秘地消失了，有的说移民去了别的国家，有的说成为了富裕的农场主了，还有的说，在政府部门任职。

一个王牌纳粹间谍的援助

不可否认，保罗·蒂默尔确实是首批纳粹分子，一个资历非常深的纳粹分子，可是以后的恐怖事件均非他在加入纳粹时所能想象到的。在内心的驱使下，他选择了反纳粹行动。无论是在对捷克斯洛伐克，对荷兰，还是在对英美以及苏联等情报的"输出"上，他都做到了及时、精准，世界正义的人们都应该感谢这个来自纳粹的王牌间谍。

一封古怪的来信

在 1936 年，约瑟夫·巴尔底克少校正担任捷克斯洛伐克二处反谍科科长，他的办公室就在布拉格胜利广场的国防大厦三楼。少校是一个体态结实矮胖的人。1936 年初，领导捷克斯洛伐克的情报工作并不是那么容易的。两年来，地下战争已经爆发了。当时捷克斯洛伐克二处与德国谍报局已处于殊死的敌对状态。

就是在 1936 年 2 月 10 日星期二的早上，少校正在办公室工作，一个上尉进来把一封待签署的邮件放在巴尔底克的桌上。少校正待执笔签署时，上尉又递来一封极普通的蓝色信件。信封上用德文手写体写着国防部的地址。从盖在邮票上的邮戳可辨认出这封信是 1936 年 2 月 8 日从莫斯特发出的。

有明文规定：凡用德文写地名的信件必须有两个军官在场方能拆开。不一会儿，侦察组组长莫拉维克中校来了，二处处长随后也走进了办公室。三个人都坐下来，俯身看这蓝信封。最后由巴尔底克把它拆开了。

信的内容是一个愿意效劳的建议，也是用

> **柏林—考尔斯特洛夫女特务特别训练学校**
>
> 柏林—考尔斯特洛夫女特务特别训练学校负责将 KGB、GBU 和东德特务机关 SSD 招募的女性特务，进行特殊的训练，一般每期 12 个星期，就将她们派出活动，这些女特务根本不知道为哪一国情报机关服务。虽然名义上由东德把持，事实上受克格勃在柏林的总部操纵，SSD 的成员大多是克格勃的成员。这所学校训练的女特务，被派往西德活动，曾获得出色的成绩。

德文写的。一个陌生人愿把德国谍报局全部机密出卖给捷克情报局；谍报局是德军的情报机关，其总部设在德累斯顿，由间谍老手卡纳里斯海军上将指挥。

三位军官读了这个罕见的提议后，大为惊愕。那个陌生人讨价五千马克，注明不要新发行的纸币，先在三星期内付四千马克以供他还债之用。此外另有三个条件：第一个条件是他不会把名字告诉对方。第二个条件是不会在捷克境内与对方会面。第三个条件是在利用他提供的情报时，要采取的必要措施，为避免德国人猜疑，应该比军事法庭所采取的办法更巧妙。另外，这个人为了要买一只照相机并支付一些费用，要求先预支一笔钱。答复信一定要从德国的邮局发出。最后的声明显然带有威胁口气："我把情报提供给你们，或者提供给法国情报机关，这取决于你们的回音。"

巴尔底克三人讨论决定给予对方肯定的答复，并且告诉他们的秘密地址是："布拉格十九区，道斯泰伐街，十六号，卡尔·斯迈克。"在发信的同时，给寄去了他所需的四千马克。几天后，陌生人就送来了第一批情报，通信就进行起来了。这个人一下子就透露出有个捷克军官的笔记本落入德国谍报局手中。这笔记本连累了许多联络员。经捷克方面调查，陌生人说的全是事实，这笔记本是一个捷克上尉在德国边境的一次未成功的绑架行动中失落的。

此后，在捷克斯洛伐克二处有了他的档案，封面上写着给他定的代号：A54。以后，捷克二处与A54就定期通信。情报不断地送来，但是没有多大价值。显然，A54还须要对他的对话者进行一番研究和观察。经他们提出，A54同意来捷克赴约。巴尔底克少校决定亲自去会见这个没露过面的间谍。会面的时间约在1936年4月6日20点30分，地点在卡尔罗维—伐利路旁。

会面的那天晚上，夜特别深沉，寒气凛冽。离德国边境约十到二十米的公路旁，人们可以隐约看到一座大墙前出现两个人，他们朝着路中间一个不动的影子走去。两个人中的一个按了一下手电筒的按钮，突然另一个人出现在灯光之下。只见那人穿着一件深色工装，戴贝雷帽，背了一个包，看来像个下班回家的工人。三人对上口令后，来人打开了包，从里面取出两叠文件，作为"样本"。巴尔底克满怀激情地察看着。他所看到的内容使他极感惊愕：例如德累斯顿的谍报局组织机构，也有关于盖世太保的珍贵资料，并且还有一份为德国工作的捷克情报员名单，而这些人几乎都是苏台德地方的德国人和汉莱茵党徒。巴尔底克对此也极感兴趣。但是，他讲的内容显得比他所带来的东西还重要。他泄露了谍报局的任务，说收集的情报都是为将来征服捷克的计划服务的。A54还不只说这些。他肯定希特勒就要对波兰下手，轮下来对法国，最后是苏联。

面对这些极为珍贵的情报，捷克斯洛伐克二处反谍科毫不犹豫地付给对方三千德国马克和二百捷克克朗。A54自称名为若桑·勃特耐，在收据上签了名。他说他是派在德累斯顿的谍报局的一个非军籍职员。他在里面的无线电摄影处工作。还说他是绘图员和摄影员。

情报逐一变为现实

从1937年春天起，爆发战争的可能性越来越大了。A54继续提供情报。他的签名现在改为伏拉勒，并且报道了德累斯顿的谍报局设置的新机构，他列举了这些机构的活动，这一切都是反捷克的。

1937年12月的第一个星期，谍报局的最高首领卡纳里斯海军上将亲自来到德累斯顿。A54报道说，他指示加强对捷的间谍活动。A54于1938年初通知了巴尔底克有关德国准备对捷动员的一切详情。同时他还绘出了一个地下无线电网的平面图，此网届时为纳粹"第五纵队"服务。

在布拉格，人们现在热衷于研究A54每次的来件，每人都感到风险在增长。德国最后肯定是要攻击捷克的。问题就在于要知道希特勒何时决定付诸行动。

1938 年 5 月 12 日晚上，A54 与捷克二处的军官们举行了一次重要会议。约好在边界某地会面。到那里后，再一起出发到洛乌尼的警察总队办公处去。A54 所通知的消息是极为重要的。许多爆炸物已经被偷偷地运进了苏台德。5 月 22 日市镇选举前夕，可能发生有预谋的行动。捷克政府一得到消息后，立即决定封闭国境线，并且召集了预备役军人。5 月 20 日就发布了国家紧急令，21 日部队已进驻在防线上了。

面对捷克这样坚决果断的态度，德国人退却了，毫无疑问希特勒尚未最后决定。

1938 年 7 月 5 日这天是索科尔斯盛大的传统节日，A54 的一封急电及时送到布拉格。他说在政府官员们就座的观礼台下已经布置了爆炸物。搞掉这么多高级官员的目的是在捷克引起广泛的恐慌，便于在苏台德地区造成混乱状态，并且再次给希特勒打开方便之门。捷克的值勤人员赶往观礼台；确实有爆炸物放在那里。他们及时除去爆炸物的雷管。

A54 所通知的危险终于变为现实。在慕尼黑会议上，达拉第、张伯伦和墨索里尼把 25000 平方公里的捷克斯洛伐克领土和三百万居民割让给希特勒，还有作为国家财富的大部分工业。国界牌被折断，苏台德地区的汉莱茵党党徒热烈欢迎希特勒士兵开进这个昨天还是自由的国家。

来自老牌纳粹的精准情报

A54 名叫保尔·蒂默尔，生于 1902 年，1928 年进入了德国谍报局。他很早就参加了纳粹党，对于这些人，希特勒总是予以另眼相看，他曾获得德国国家社会党金质勋章，这是最令人向往的特殊荣誉。因此他是一个真正的纳粹分子，早期的纳粹分子，令人确信无疑的纳粹分子。

意大利纳粹头目墨索里尼

1933 年起，蒂歇尔已被选用为军事谍报员。1934年，他住在德累斯顿的谍报局总部附近，名叫霍普特·曼。

1939 年 3 月 11 日，蒂默尔去到图尔诺夫车站餐厅与捷克二处的费尔伊少校会面。也就在这儿，在这火车的轰隆声中和在酒杯、瓶子相碰声中，蒂默尔用他那缓慢而平静的声音明确开出了一张捷克的死亡证书。他说："捷克的领土，波希米亚和摩拉维亚在 3 月 15 日就要被占领。同日，斯洛伐克将宣布独立。"

就在当天晚上，费尔伊向莫拉维克报告这一情报。可悲的消息立刻由莫拉维克打电话报告总参谋长，总参谋长马上报告了政府。不一会儿，A54 回到了德国，发来了一个电报证实："国防军将参加侵略行动。"

从 3 月 13 日到 14 日夜间，捷克斯洛伐克二处烧毁了大批重要文件。最珍贵的都打包入箱。14 日，二处最优秀的十一个军官把这箱子护送到机场的一架专机里，一起乘这架飞机直飞伦敦。

这期间，也正如 A54 所说的，德国党卫军已全面入侵，他们开进了布拉格。3 月 15 日黎明，德累斯顿谍报局的别动队拥进了捷克情报局的所有办公室。他们奉命前来收集档案。他们到处找，但是什么都没有。卡纳里斯海军上将亲自赶来找，但也是一无所获！捷克斯洛伐克不存在了。然而二处保留了下来，以后就通过它把 A54 的情报提供给盟国。

A54 到布拉格来了。他的上司中，没有一个人怀疑过他在为捷克斯洛伐克工作和搞秘密活动。相反的，他还几次晋级，这时已经成为几个德国间谍网中的头目之一了，他不仅指挥德国谍报局捷克新总部的活动，并且还指挥巴尔干和近东等地区的谍报局活动。在这样的情况下，谁对他奔走于欧洲间会感到惊讶呢？

1938 年 3 月间保尔·蒂默尔来到海牙，走进一家叫"幸运之家"的商店。捷克情报局的法朗克少校来迎接他。蒂默尔来自布拉格，法朗克来自伦敦。他们先喝咖啡。以后，蒂默尔在打字机前开始打一份报告。这花了很长时间。早晨二点，才算打完最后一行。

次日，这份报告经由英国驻荷兰使馆发出。一份在历史上很少有人知道的报告。收到此件的政府不多。报告的内容是令人战栗的。蒂默尔通知说入侵波兰已基本决定。五十个师已准备进攻。希特勒认为法国是不会加以干涉的。然而，如果出乎意料法国宣战了，将不向法国进攻。

蒂默尔所提供的一切情报已逐条地悲剧性地得到证实。波兰沦陷了，法国宣战了，希特勒目前还未进攻法国。

▲德国发动了对波兰的闪击战

从 1939 年 11 月 25 日到 27 日，A54 再次在海牙与法朗克会面。他说在德国年底前不会进攻荷兰和比利时，也不会进攻西方其它地方。当然，一旦突然进攻时，他将用密码通知。

从此时起，情报局对 A54 的情报予以高度的评价。他通知说，当入侵比利时和荷兰决定下来的时候他将在《人民政治》报上发表一则表面上看来无足轻重的消息。1940 年 3 月 17 日就刊载了这样一则消息："法朗索瓦一切都好。记住我，我在找你，热尔底卡。"这个消息立即由捷克情报局转给英国政府。四月中旬，蒂默尔通知说进攻西方的准备工作已就绪。5 月 1 日，A54 有在报上发表一则声明：订购的焦炭不能在 5 月 12 日交货。意思是说 5 月 10 日德国将进攻荷兰了。

蒂默尔这次的情报又成为现实了。荷兰已被炸弹摧毁，已被侵占了。

同 A54 的联系暂告中断。因为法朗克领导的联络网当时已经离开了荷兰。如何再来挂钩呢？对伦敦来说，恢复联系已成为第一需要，应该不惜代价恢复与 A54 的联系。那时捷克内部抵抗阵线已经组织起来，并且也有发报台，就决定通过他们设法与A54接触。于是莫哈凡克上尉被派担任重要任务。莫哈凡克设法找到丽褒丝·赫里巴罗伐姑娘。这个姑娘的名字是由A54告知法朗克的。A54所提供的情报又从地下发报机传至伦敦。这些情报是大批的，并且又总是第一手的。

1940年秋，法国沦陷，英国又会面临什么事情呢？A54通知有关入侵英国的准备，建立别动队，正在印刷小册子、布告和传单。他说他们要在葡萄牙绑架温莎公爵，希特勒打算入侵后让他在英国做新国王。A54说9月15日就要攻击英国，先从大规模的空战着手，然后登陆。事后证明这个消息是完全正确的。

10月15日A54又通知说，德国又将发动"巴巴罗沙"战役。"巴巴罗沙"的意义就是进攻苏联。他提供了具体细节：苏联地图被大量印出来，并作为多种用途。从5月18日起，A54又送出许多消息，他说整个国防军已开往东方。谍报局全力搞对苏联的工作。他们训练一批情报员派去占领区。丘吉尔对A54的情报如此重视，他把这些情报告诉了斯大林。在同一时期，斯大林也得到了相同的报告。尽管这两个惊人的消息是一致的，但是他仍不相信德国会来攻击。

不可避免地暴露了

蒂默尔又用了一个新的"勒乃"的代号。但是网收得越来越紧了。1941年9月27日希姆莱的副手莱因哈德·海德里希到达布拉格。他们毫不留情地追捕抵抗战士。他们查获了发报机，并逮捕了人，用刑之后把这些人枪毙了。对照各方面的消息，他们知道在潜逃中的莫哈凡克上尉与一个消息灵通的德国情报员有关系。海德里希办事处的结论是：要找到莫哈凡克，要找出德国情报员。

事实上，自1939年起，盖世太保已经怀疑秘密组织的重要人物中有人叛变了。1939年12月他们就建立了一个专门小组侦察线索，为首的是手段高明的专家维利·阿本德舍恩。1940年他们查获了地下中心的档案，并且在那里发现了法朗达和勒乃的名字。1941年春，盖世太保又获得了一个法朗达的新踪迹。于是海德里希下了这个指示："找到法朗达，不惜任何代价找到他。"

"谁是法朗达？"这个问题，无论对盖世太保或者对谍报局来说，都越来越感到棘手了。

1941年4月，也就是在南斯拉夫被占领以后，有人在英国军事参赞办公室里发现了一份急电的复本，上面通知说，对南斯拉夫的进攻将从轰炸贝尔格莱德开始。伦敦的消息既然来自布拉格，而攻击南斯拉夫的计划当时在布拉格的谍报局的保险箱里。而这个保险箱只有三个人可以接近它，他们是：在布拉格的局长，他的助理，最后就是霍普特·曼·保尔·蒂默尔。他们就去核实，核实结果是局长和他的助理当时都没在布拉格。只有保尔·蒂默尔是在那里的。

保尔·蒂默尔终于不可避免地暴露了。蒂默尔被带离布拉格进行长期审讯。最后，蒂默尔承认了自己所做的一切。虽然纳粹中还有人力保他，但最终没有保住他的性命。

间谍与反间谍的终极之战

英日两国在 1938 年进行的一次间谍与反间谍之战是世界谍战史上的大事件。这次交战，日军借美女奇兵出险招，深入对方刺探军情，其手段之狠惨绝人寰，方法之绝闻所未闻，而英军无意中识破敌意后，将计就计，以其人之道还治其人之身，其对策之妙更是令人称绝！

远东美女进入英潜艇设计核心部门

1938 年深秋，日本南部公海海面上，水波平静，大雾弥漫，一艘名为"切尔切克"号的英国商船正在时快时慢地前行。"切尔切克"号虽然装满了商货，其实是由英国海军设计制造的一艘大型远程侦察船，虽然这天海面上的能见度较差，但英国特工人员仍在舱底隐蔽处仔细侦察着公海海面附近的所有目标。

突然，几声断断续续的呼救声从海雾中传来！船长急令"切尔切克"号全速靠近。很快，船员们就发现海面上漂浮着一艘失控的摩托艇，呼救的声音正是从艇上发出的。一位特工奉命登艇检查，他看到发动机已停止运转，艇上有两位身着日军军官服的男女，男军官背部插着一把尖刀，血流满身，看样子是凶多吉少，脸上有颗美人痣的女军官气息奄奄，仰身平躺，双目紧闭着。英国特工正欲迈步向前，却听见艇上还发出一阵类似钟表的微弱滴答声，他循声找出一枚定时炸弹，就在准备甩手扔出时，"轰——"炸弹爆炸了！这位特工命丧公海。

"切尔切克"号上的所有船员亲眼目睹了这一悲剧，若要知道事情真相，那位一息尚存的日本女军官是唯一活口，于是，船长急命两位特工再上摩托艇。登艇特工在死亡的日本男军官内衣口袋里发现了一张血迹斑斑的纸条："必须在公海上除掉松岛长卷。"另一位英国军医弗朗克则对女军官实施了紧急抢救，当她悠悠醒转过来时，两行眼泪扑簌簌地流个不停。

据女军官自述，她叫松岛长卷，父亲松岛平健曾在日本政界多次进行反战演说，最终被军国主义分子暗杀。他膝下唯一的女儿松岛长卷聪颖过人、相貌出众，年纪轻轻就被强行征入日本海军机密部门进行潜艇设计工作。因为受父亲的影响，松岛长卷本人也非常厌恶战争、反对战争。当时正处于二战前期，大多数日本国民都处于狂热的战争热情中，身边一起工作的同僚更将其视为心腹之患，准备设计除掉她。困境中的她当然不会没有察觉，便伺机窃取了日本海军的潜艇设计机密资料，随时准备投靠英国。

当"切尔切克"号在日本公海上四处游弋时，日本海军雷达早已探明了这艘英国间谍船的来意。于是，就命令新式袖珍潜艇前去偷袭，谁知这艘潜艇半路出了故障，作为潜艇设计师，松岛长卷与一名军械师乘坐摩托艇前往处理。但她没有想到，这其实是日本海军的一个阴谋，那名军械师正是上面派来执行暗杀任务的杀手，装在内衣口袋里的纸条就是个很好的证明。就在军械师动手行刺时，她及时拔出随身携带的匕首，拼尽全力反戈一击，竟将那军械师一刀刺死！

"切尔切克"上的所有船员、包括船长都被这个女军官的悲惨遭遇所打动，只有一人——英国军情六处的高级情报官波特先生疑虑重重：战争时期怎能轻易相信一面之词？谁又敢说眼前的姑娘是不是狡猾的日本人设下的美人计？带这样一个来路不明的美女踏上英国，会不会引狼入室？波特想了很多，唯一没想到的是：他的这些种种顾虑，在松岛长卷登上英国国土没多久就被全盘打消。

原来，遇救的美女给英国海军情报部门

▲沉没海底的日本袖珍潜艇

带来了一卷微缩胶卷，这小小胶卷里藏有日本最新袖珍潜艇的全套技术资料与当时日本最高机密的新单人鱼雷，在胶卷最末，还有《朝日新闻》上的一则头条新闻《松岛平健遇刺身亡》——谨慎的英国军情六处在反复研讨、认可这卷珍贵资料的同时，立即派人去日本核查松岛长卷的家庭情况，带回来的结论证实了她确实所言非虚！

然而，松岛长卷带给英国人的惊讶远不止于此。为了安全起见，英国政府让她改名换姓，出任彼尔造船厂的设计师，在这里工作短短几天后，这位远东美女就以惊人的才华、出众的智慧征服了众多资深专家。她能非常准确地剖析英国海军几十种主要舰艇的船体构造特点与设计理论依据，而且还根据自己的研究，指出英国与日本在海军舰艇建造方面的优缺点，尤其是她瞄准其中一些不足之处，在不增加发动机功率的前提下对英军舰艇进行改造，竟然提高了1到2节航速！整个英国造船界被这位智慧型美女彻底征服，她为英国海军带来的希望将以前的怀疑与猜测统统打消，即使是英国军情六处这样精明的反间谍部门也对她完全信任，就这样，松岛长卷顺利踏入了英军潜艇设计核心部门。

婚礼现场新娘突然毙命

司特伍斯是当时英国潜艇方面最为知名的专家，也是潜艇制造基地的总设计师。他早就听说松岛长卷的非凡智慧与美貌，非常想认识这位美丽的东方姑娘。终于，在一次舞会上，他认识了这位以美貌和智慧著称的女设计师。

松岛长卷很快被司特伍斯调到身边当工作助手，两人的感情迅速发展，没过多久，潜艇基地上上下下都知道了他们的恋人关系。水到渠成，这对人人羡煞的情侣转眼就到了举行婚礼的日子。

这一天，正当司特伍斯满心欢喜地拥着新娘频频举杯时，谁也没想到，可爱的姑娘突然歪倒在他怀里！原来，松岛长卷有先天遗传的心脏病，它像一个潜伏在体内的致命恶魔，猛然发作！虽然抢救及时，但还是没有挽回这位远东美女的生命。松岛长卷死了。也许她早就有预感，司特伍斯在整理遗物时，看到妻子写下的一封遗书，遗书中称，如果她突然发病身亡，只有一个请求，请求能将尸体运回祖国，与父亲葬在一起。

司特伍斯没有立即着手准备运送遗体一事，他在等待，等待军情六处的高级情报官波特。当波特先生匆匆赶到时，这位情报官语出惊人——他居然要求开棺验尸！波特先生怎会提出如此不近情理的条件？对此，他自有想法，原来，身为反间谍专家，波特虽然一直未能发现松岛长卷从事过任何间谍活动，但总是心存两点疑虑：第一，在公海海面上，那位企图暗杀她的男军官为什么领命后没有携带武器，而只是徒手行刺？第二，据松岛长卷自述，她出海的原因是为了修复新式袖珍潜艇，照理说，这只是日本军方的一次正常行动，但为什么在行动中她随身带有微缩胶卷？这会不会是场精心策划的骗局？

基于这两点，波特在松岛长卷登陆英国后，始终在留意她的一举一动，走访她身边的每个人，当然也包括那位总设计师司特伍斯。对于这起突发死亡事件，波特觉得太过离奇，他决定行使军情六处的特殊权力，开棺验尸！

日本陆军中野学校毕业"礼物"

日本陆军中野学校是一座间谍学校，为陆军大臣直辖的学校，中野学校成立于20世纪30年代末。中野学校的毕业生离校前，都会接到一份校方的"礼物"——这是一种德国产的慢性毒药，将它放在咖啡或茶水里服用，一周左右会致人死亡。毕业生们，必须随身带着这"礼物"，以备在"合适"的场合应用。

情报总部的离奇爆炸

在大海的另一边位于北海道的一处日本绝密间谍学校，校长东条冥郎早早在这里等候。当检测完毕的松岛长卷被运回时，东条冥郎面带泪痕、神色凝重地打开那具铺满鲜花的棺材时，对着棺中的遗体动作骇人地举起了右手——他手中竟然握有一把锋利的手术刀！

空气仿佛被凝结，所有列队的学员眼睁睁地看着校长划开遗体腹部，从中小心翼翼地取出一粒肉色胶丸，他用那变调而又得意的声音喊道："这是我女儿东条枝子用生命换来的关于英军最新型舰艇的绝密情报！"

全场一片静默无声，在学员们惊异的目光中，东条冥郎擦去泪痕，不慌不忙地将自己一手策划的这起经典谍战作为一堂生动案例讲述起来：原来，东条冥郎与女儿东条枝子都是狂热的军国主义分子，他将女儿培养成东京国立帝国大学的高材生与日本军方高级间谍，随时伺机以待。当日军需要间谍渗入英国海军时，他便预先做了两手准备：一是杀害松岛平健与其女儿，二是根据其女松岛长卷的外貌特征，给东条枝子伪造了种种假证，同时，还为患有先天性心脏病的女儿准备了随时可导致病发的夺命药丸，命令她在成功获取情报时就吞服这粒药丸，而后，即能以回国安葬的正当借口将绝密情报运送回国！

虽然这所间谍学校的学员经历过种种残酷的特殊训练，但不惜以牺牲自己亲生女儿的性命为代价来获取情报，这种手段还是使大多数人震惊。东条冥郎顾不得理会众学员的讶异失色，也顾不得尚被鲜花包围的女儿遗体，如获至宝地收起那粒肉色药丸，匆匆赶往日军情报总部。

日军情报总部早已召集各路人马，准备对这份情报进行研究分析。当东条冥郎毕恭毕敬地将药丸递交给当时日本的权威情报分析专家龟田后，在场的几十位高级将领无比崇敬地注视着，都想知道这份费尽心机的情报究竟如何珍贵。龟田将那粒肉色药丸仔仔细细地剥开——"轰！"一声炸响，一颗触动式高威力炸弹被引爆！

龟田与相距最近的东条冥郎当场被炸死！其他高级将领也有不同程度的受伤！在场的任何一位也没有想到，解析情报的最后结果竟然会是一场悲剧，一场日本军方最具戏剧性、最为蒙羞的间谍战悲剧！

为何一出蓄谋已久的间谍战会落得如此结局？本来天衣无缝的一场骗局哪里出了问题？英国军情六处的波特又是怎么发现这一切的，他在遗体上到底做过什么？

还记得那场舞会吗，当司特伍斯轻轻吻上她的面颊时，发现那颗痣竟然会移动。这颗假痣立即引起司特伍斯的警觉，他将此情况报告给一直关注松岛长卷的军情六处的高级情报官波特。波特先生无法抓住东条枝子的现行，但他确信：能面贴假痣潜入潜艇核心部门的东洋美女绝非等闲之辈，肯定藏有不可告人的秘密！这也是他为什么坚持开棺验尸的真正原因！

波特先生在验尸过程中发现了遗体腹部的秘密，可他并没有当场揭露，他用一枚高威力炸弹代替包裹情报的胶丸。当棺材打开，遗体剖开，这颗微型炸弹炸得这场间谍案的始作俑者东条冥郎与龟田当场身亡。

"三轮车"以假乱真行动

　　"三轮车"是盟军埋藏在纳粹德国的一枚重磅炸弹，作为双重间谍，"三轮车"一方面他成为德国情报机关中一颗冉冉升起的新星，取得了高位，成为德国情报机关中的宝贝。另一方面，他利用自己的地位和人脉，为英国情报机关提供了大量的极有价值的情报，也成为盟军情报机关中的宝贝，为世界反法西斯做出了杰出的贡献。

"三轮车"初见成效

　　达斯科·波波夫是南斯拉夫人，出身于富豪之家，受过高等教育，在德国接受了多年的法律培训，获得了博士学位。波波夫对希特勒丧心病狂的行为耳闻目睹了不少，他十分反感纳粹的行为。他的德国大学同学约翰·杰弗逊为了逃避服兵役，参加了以海军上将卡纳里斯为首的德国情报机关—军事谍报局。一次偶然相遇，他郑重地对波波夫说："如果想破坏一个组织，那么，最好的办法便是加入其中，成为其中之一员。职务越高，越能达到破坏目的。"波波夫深有所悟彻夜未眠，他经过一夜的深思熟虑，决定去找英国人，希望成为反法西斯阵线中的一员。他设法找到英国军事谍报六处驻巴尔干半岛的总负责人史巴雷迪斯先生，把他的意思向史巴雷迪斯先生表达清楚。经过多方面的调查，史巴雷迪斯决心促成其当双重间谍的请求。史巴雷迪斯嘱咐波波夫利用好友约翰的关系打入德国的情报机构，与德国人保持高度的"友谊"，这样就方便刺探德国的情报。

▲达斯科·波波夫

　　通过好友约翰，波波夫与军事谍报局在中欧的总负责人门津格见了一次面。门津格对波波夫十分满意，同意波波夫加入自己的组织。波波夫对门津格说："我在伦敦有一位朋友，他可以通过外交邮袋传递情报，不过，现在还得为他保密。我想到英国去一趟，只要能把他拉过来，那我们的情报就会源源而来。"

　　门津格很高兴，他交给波波夫一份详细的情报提纲，里面提到的问题很多，涉及的范围很广，可以说包罗万象。如果全部搞到提纲上所要求的情报，那么，英国的损失就太大了。波波夫将这份情报提纲很快交给了史巴雷迪斯。

　　波波夫搞到了一张英国海上通行证。其公开身份将是来往于伦敦、里斯本和南斯拉夫之间的商人。临走前，他又分别会见了门津格和史巴雷迪斯。史巴雷迪斯嘱咐他：到里斯本后要特别注意收集有关德国人入侵英国的"海狮计划"，并将英国情报部门在里斯本的联络人、联络方式全部相告。

临行前，约翰告诉波波夫："德军最高统帅部已为'海狮计划'行动一事产生了分歧，陆海空三军意见不一致，希特勒已决定将这一计划暂时搁置起来。"他还告诉波波夫："卢道维柯·卡斯索夫少校是军事谍报局在里斯本的头儿，也是你在里斯本的直接上司。"

波波夫来到里斯本，按照约翰事先告知的方式与对方接上了头。卡斯索夫对波波夫进行了一段时间的特殊训练。几个星期后，波波夫又来到伦敦。接着，他又到英国的许多地方作了一次旅行。旅途中，他编织了许多有关英国军用机场、港口以及民心动向之类的假情报。回到里斯本后，波波夫将这些情报交给卡斯索夫少校。

卡斯索夫对他带回的情报很感兴趣，他将这些情况全部上报了柏林。波波夫又向他汇报，说有两个人极有可能来搞情报，一个叫嘉黛·沙利文，一个叫狄克·梅特卡夫，这引起了卡斯索夫的极大兴趣。其实，嘉黛·沙利文是波波夫在伦敦的一位女友，狄克则是他的一个朋友。

由于从英国带回了大量的"情报"，波波夫成为德国情报机关军事谍报局中一颗冉冉升起的新星，他已经完全取得了德国人的信任，卡斯索夫也把他引为知己，将德国情报部门内部的纷争和盘托出。他又给了波波夫一个提纲，让他再回英国搜集情报。他还指示波波夫，发展嘉黛和狄克，如果两人可靠的话，就让他们独立开展工作。

就这样，他又回到了伦敦，找到嘉黛和狄克，在波波夫的影响下，嘉黛和狄克同意加入军事谍报局，做双重间谍，为英国情报机关服务。波波夫给嘉黛起了一个代号"胶水"，给狄克起了个代号"汽球"。

英国谍报部门为了便于波波夫工作的顺利开展，也给他起了一个代号"三轮车"。

由于"胶水"和"汽球"的成功招募，军事谍报局总部对他愈发欣赏，于是，他便乘机把德国在英国的间谍的会计主任这一肥差抢到手，他用德人提供的资金，养活了大量的由英国谍报部门掌握的双重间谍。

利用这些间谍，英国情报机构成功地向德国发送了许多政治、经济、军事等方面的假情报，这些情报极大地提高了"三轮车"在德国情报机关中的地位，他被他们当成宝贝。当时，盛传德国要进攻英国本土，为了让进犯的德军进入已设好的雷区，英国情报部门又通过"三轮车"发送了一个完全与事实相悖的假情报。如果德军发动攻势的话，那么他们的损失将会非常惨重。

"三轮车"通过约翰搞到了一份军事谍报局在欧洲的重要间谍及其负责人名单，有的还具体到这些人的化名、专长、秘密通讯处等。

"没有成效"的美国之行

1941年3月，希特勒极容易地碾碎了企图阻挡他前进的南斯拉夫军队，占领了南斯拉夫。南斯拉夫人民奋起抵抗。波波夫也由于其南斯拉夫国籍而受到了德国人的例行审查，由于英国下令禁止再向南斯拉夫运送货物，所以，他就不可能再以原来的身份往来于英伦与欧洲大陆之间了。

鉴于这一新出现的实际情况，德国人决定派他去美国。英国方面也同意了他的美国之行。他通过南斯拉夫流亡政府总理西莫维奇将军弄到一个南斯拉夫新闻部驻美特派员的有利身份。德国人深表满意，卡斯索夫临行前给了他一份提纲，要他到美国后立即去夏威夷收集瓦胡岛的情报。

提纲内容相当丰富和细致。内容有：一、海军情报，包括航运情况、造船情况、快艇及航空母舰的有关情况等。二、关于夏威夷的情报，包括弹药库及水雷的储藏地点等详细情报。三、关于机场的情报，包括各陆军、海军航空兵飞机场的布局、确切位置、弹药库、油料库等的情况以及民用机场在美国参战后是否要被征用等问题。四、关于珍珠港的情报，包括各码头详图、潜艇站的具体情况、水雷探测站、水闸、抛锚场等的地点、数目等详细情况。五、特种工作，包括美陆军的编制及最新动向、坦克的生产情况、性能等。另外，提纲上还专门提及了各年度的军费开支情况、飞机的生产能力、供应情况、驾驶员训练情况，甚至还让他尽量搞一些加拿大空军的情况等。

临上机前，约翰来送行，他告诉波波夫，日本人很有可能在其库存石油不敷一年之用时袭击美国人。

波波夫把这两件事联系到一起，意识到：日本人很有可能要袭击珍珠港。他迅速把这一情报传给了里斯本的英国军情六处官员，伦敦方面指示他：尽快把这一消息通知美国人。可惜的是，美国人对他的这一情报根本就不感兴趣。

"三轮车"的欺骗行动

1942年10月，波波夫受命回到里斯本。

约翰建议他们一起建一条偷渡线，把被困的民族解放者们送到英国或法国去。波波夫便灵机一动，向情报机关的头头提出了一个建议，说他想为在瑞士被阻留的南斯拉夫军官们开辟一条"逃亡路线"，并说此举已得到南斯拉夫政府的赞同，他对德国人说，此举可以发展一批为德国工作的间谍并可以毫不费力地进入英国。情报机关的头头们爽快地答应了。波波夫给这个计划起了一个名字："溜出去计划"。这个计划的实施使许多南斯拉夫爱国者成功地逃到英国，并且把混在其中的德国间谍一个不漏地鉴别、利用起来。通过这项活动，他还从德国人那里要了一个报务员，从而更加方便地发送各种假情报。

11月，波波夫来到伦敦，又"发展"了一个代号为"虫子"的双重间谍。12月，他重返里斯本，他给德国人带去了许多使他们感兴趣的情报，德国人又给了他一些新指示，同时，把一份给"汽球"的工作指示托他带回。这样，以"三轮车"为核心的以南斯拉夫人为主的双重间谍网便形成了。它成了英美盟军反法西斯战争中的一支重要力量。

蒙哥马利和艾森豪威尔在北非战场上节节胜利，形势看好，反攻的时机越来越近，人们都在盼着这一天早日到来。但盟军司令部里的气氛却没这么轻松，因为他们知道，德国人一直在防着这一手。

盟军指挥部决定实施一项规模巨大、操作复杂、甚至有一点异想天开的欺骗计划。他们将巴顿的部队部署在加莱对面，制造了许多伪装的汽车、船只、港口，让无线电波来来去去发送一些根本就不存在的命令，在空中播撒箔条，干扰敌雷达等。

"三轮车"及其南斯拉夫双重间谍小组也被盟军总部看中了。他们让他发送假情报，以迷惑德军统帅部。波波夫领导的间谍小组先后执行了上级赋予的"斯塔基行动计划"和"马基雅维里行动计划"，诱使德军将重兵力部署在加莱方向。

就在胜利频频招手的时候，许多英军官员还幻想着"和平"解决战争，希望德军能认清形势，从内部推翻希特勒，从而在尽量避免伤亡的情况下结束这场战争。为此，新上任的军情六处处长皮特里将军要求"三轮车"搞清这方面的情况，以便盟军总部早定决心，避免动摇。波波夫很快便从他的德国"同事"那里搞清了有关情况，他向皮特里将军汇报：这种和平的想法是不现实的，德国人决心打到底。

就在这一年，在他的极力周旋下，他的好友约翰也经伦敦方面认可，以"艺术家"的代号为英国人提供情报。他告诉波波夫：不要到柏林去，因为他知道得太多，柏林有关方面已将他列入了反间谍名单。

1944年，随着军事上的不断胜利，反攻的日期也日益迫近。任务、时间都很紧，必须设法让德军统帅部相信：反攻将从加莱方向发起，并且登陆将分波次进行，第一批部队登陆后，第二批力量更强的部队也会接踵而至。另外，还要让他们相信，在波尔多地区也将有一支部队登陆。登陆的时间是6月底。

波波夫为此绞尽了脑汁，他充分利用手中的双重间谍，从多种渠道传递这一情报；同时，他与英国情报部门一起，将以前就识破的德国间谍全部抓获，又换上自己人，也往回发送同样的情报，容不得德军情报部不信，一封封的密电和一份份经过充分讨论检查的密报明明白白地摆在他们面前。

德国人深受其害：在一份战后缴获的德军1944年5月15日绘制的关于英军作战部署情况的军用地图上，以及发给军官们的小册子上，他们把那些根本就不存在的盟军的"幽灵"部队全都实实在在地标上了，从中看出，德军的分析判断与盟军所期望取得的效果完全一致。

同年6月9日，日本驻柏林大使馆陆军武官向东京的汇报中也有"由于有整整一个集团军驻扎在英国的东南海岸，可以断定，他们即将对加莱——敦刻尔克地区发起进攻"之语。登陆已发起三天了，他们仍深信大规模的登陆还没有开始！

德军第7军于6月9日要求大本营增援，隆美尔元帅答复：对于目前在瑟堡受到攻击的第7军无法支援，因为最高统帅部根据可靠消息，相信在几天之后将有一场远比瑟堡更大的登陆行动，盟军已有75个师处于待命状态。这样，德军不但没有加强诺曼底滩头阵地，反而把第116装甲师调到索姆河附近，并且为了预防在加莱方向发起的进攻，几个本来要调到西线去的步兵师也没有动，从而坐失了半渡而击的机会，注定了被歼的命运。

断送德国秘密的"新人"行动

　　一个名为"新人"的间谍一手披露了在希特勒的兵工厂里发生的每一件重要的事情。他断送了德国科学的秘密，一种可能使战争进程逆转的武器。"新人"使这种武器失去机遇，在整个战争中拯救了无数的生灵，对打败希特勒做出了难以磨灭的功绩。很少有人能如此彻底地揭露一个国家的技术和科学的能力。"新人"的贡献中最主要的就是揭露了德国科学所发展的最恶毒的武器——原子弹。

做科学出版的桥梁

　　"新人"是保罗·罗斯鲍德的代号。只有少数的人听说过他，而知道他是现代谍报史上最伟大的间谍的人更少了。保罗·罗斯鲍德是一位瘦弱的小伙子，严肃而勤奋好学，他的母亲是一位移民澳大利亚的德国人，他的父亲是一位澳大利亚人。

▲大间谍保罗·罗斯鲍德

　　第一次世界大战爆发后，罗斯鲍德参加了德国军队，并在意大利前线作战。1917年他成为英国人的俘虏，虽然当时他没有意识到，但这次经历却在他的一生中播下了一颗新的种子。

　　英国人友善地对待他，这使他对英国人产生了好感并尊敬他们。

　　战后罗斯鲍德在达姆斯塔特理工大学学习化学，他的出色工作使他在柏林理工大学取得了博士学位。他很快成为德国科学界中坚的一员，当时德国正处于世界科技的巅峰。德国人在科技的所有领域都占据优势地位，从合成材料到原子物理……在卡萨尔·威尔汉姆学院、哥廷根大学和海德堡大学这些德国卓越科技的神经中枢，世界各地的科学家都到这里来研究科学的前沿。

　　发明与创造日益增多，几乎每天都有新的东西出现，而罗斯鲍德则认为对科学的最大贡献将是使成果能在世界上广泛应用、流传。因此他决定为一位当时在德国享有盛誉的出版商工作，创立一些科学学报和出版一系列书籍，这将把科学革命的新闻带给现实世界。他的计划是从领先的科学家处征集文章，把它们编辑后，以最快的速度出版。

　　在这个过程中，罗斯鲍德与德国科学界有了广泛的接触。到1933年他已有了一份完整的德国科技精英的材料，从爱因斯坦到不引人注目的航空科学家，以及这些航空科学家正在进行的试验，他都有详尽的第一手资料。罗斯鲍德是这些科学家与外界联系的重要渠道，他的出版物为他们发表工作成果，反馈其他科学家的成就和科学家们的新想法。

结识弗朗西斯·福利

令罗斯鲍德难过的是，伴随着德国纳粹主义的发展，科学界也在纳粹化。暴行驱使爱因斯坦、梅特纳、波恩和其他一些伟大科学家离开德国，纳粹将科学文献中的一些瑰宝付之一炬，这些文献是罗斯鲍德经过艰难的努力才发表出来的，它们对世界的科学发展起着启迪作用。

罗斯鲍德内心深处慢慢地有了解决办法，他决定无论如何得设法除掉这个毒瘤。他的想法在1935年初变得更加坚定了，当时流亡在外的科学家马克斯·波恩返回德国准备取回他的个人财产和图书。罗斯鲍德陪同波恩去到他的住处，可那里被纳粹政府没收了，他们遇到了一些疯狂的纳粹分子，他们将他的科学著作扔进火炉。波恩只得与他的妻子立即逃离。与此同时，罗斯鲍德的生活陷入了重大的困难之中。因为他的妻子是犹太人，他越来越为她担心，罗斯鲍德决定先让他的妻子去英国，等待纳粹狂潮的过去。他仍留在德国和纳粹进行斗争——如何斗争连他本人也不知道。罗斯鲍德去英国驻柏林使馆，为他的妻子申请签证。在那里他遇到了一位杰出的男人，他的名字叫弗朗西斯·福利。

弗朗西斯·福利以签证处官员的身份出现在英国驻柏林的使馆中，福利目睹了纳粹的崛起。由于对希特勒及其仆从的暴行深感不满，福利不顾规定为大量的犹太人办理了"旅游"签证，让他们逃离德国。

由于罗斯鲍德经常去英国，为他的出版物翻译成英文做安排，福利建议他要利用机会与一些英国的杰出科学家进行讨论，福利刚好认识他们中的一些。他愿意为罗斯鲍德介绍这些科学家。福利的计划是将事情低调处理，先让

> **纳粹主义**
>
> 纳粹主义源于德语，意译为"民族社会主义"，是第二次世界大战前希特勒等人提出的政治主张。纳粹主义的基本理论包括：宣扬种族优秀论，认为"优等种族"有权奴役甚至消灭"劣等种族"；强调一切领域的"领袖"原则，宣称"领袖"是国家整体意志的代表，国家权力应由其一人掌握；鼓吹社会达尔文主义，力主以战争为手段夺取生存空间，建立世界霸权；反对共产主义思想体系和社会主义制度，恶毒攻击马克思主义理论。

罗斯鲍德在下次到英国时会见一些科学家，只是问一些有关德国科学的军事化和一些特殊的领域（德国人强烈感兴趣的领域）的问题。在学院式的科学交谈气氛中，罗斯鲍德自由地讨论了他所知道的与德国目前科学发展潮流相关的一切话题。

"新人行动"获得丰硕成果

这种低调关系在1938年12月22日晚上突然发生了变化，那天罗斯鲍德的一名科学界朋友，诺贝尔化学奖获得者奥托·哈恩打电话给他，告诉他一个新闻。哈恩与弗

雷茨·斯特劳斯曼在实验室中利用慢中子完成了铀原子的裂变，在这个裂变过程中发现当铀原子的原子核裂变时，将释放出惊人的能量。

罗斯鲍德建议他们应尽一切努力将他们的成果尽快地在科学学报上发表，公之于众。罗斯鲍德把这种迫切的心情解释为要让科学界分享这个划时代的发现，但实际上他是另有动机的。罗斯鲍德在核物理方面的造诣使他立即理解到哈恩——斯特劳斯曼实验的意义：这两人已将原子分裂。并且正如他所进一步理解的，如果这个裂变过程能在较大规模上加以控制的话，一种具有令人难以置信的破坏力的武器将要诞生。无论如何，他必须将这个发展告知整个科学界，让其他一些核物理学家们自行得出显而易见的结论。

罗斯鲍德作出种种努力得到哈恩和斯特劳斯曼关于他们的实验的论文。德国当局还没有想禁止其发表，他们还未发现哈恩实验室所发生的事的重大意义。罗斯鲍德的行动非常及时，仅在该论文发表后几个月，纳粹当局就下令德国核物理学家们开始研制“裂变炸弹”。科学界中任何有关这类研究的讨论全部被禁止。同时罗斯鲍德匆忙印刷出来的论文产生了预期的影响：在纽约的一名意大利流亡核物理学家恩里科·佛米读了哈恩——斯特劳斯曼的论文，并着手采摘现成的果子。佛米告诉年轻的科学家们，只要有一粒葡萄般大小的这种炸弹，就能让整个纽约城彻底地消失。

1939年，战争临近了，罗斯鲍德的秘密工作变得大大地复杂了。到伦敦的商业旅行马上就要终止了，在柏林英国使馆与福利的联系也要停止了，因为战争爆发后，英国驻柏林使馆将要关闭。战争在9月终于爆发了，罗斯鲍德无法到英国旅行，同时他发现没有任何办法和手段能传递信息。

战争刚一爆发，福利就前往英国驻奥斯陆大使馆，他想出了一个主意。他招募了一些挪威与德国的交流学生，他们在德国学习，让他们成为信使。德国人认为这些学生是纳粹的同情者，可实际上这些学生是反纳粹分子，他们仅有的愿望是推翻希特勒。同年九月的一个早晨，一名挪威交流学生出现在罗斯鲍德的家中，向他转达福利先生的问候，并声称他将作为信使，只要罗斯鲍德有任何消息提供给他的老朋友，他都愿意效劳。

从此，罗斯鲍德就成了一名经验丰富的英国间谍。他根本无暇顾及这件事的真正意义，因被战争发动起来的德国科学家有太多的事让罗斯鲍德费神伤脑的了。还有些其他的事情，他得悉在波罗的海的旅游胜地举行了一个秘密会议，会议由人们了解不多的军队火箭科学家威尔纳·冯·勃劳恩主持。在会议上讨论了远程军事火箭的制造问题。罗斯鲍德对这条消息极为关注，这样的火箭与原子弹的结合将是真正可怕的武器。他开始提供大量的其他重要情报，其中包括开发空中发射的带推进器的滑翔火箭，这种火箭能用电子信号进行控制。他同时还披露了德国火箭科学家们正计划发展世界上第一枚防空导弹。

罗斯鲍德不仅提供情报，同时他还开始送来一些技术计划、图表和蓝图等，偶尔还有些与军事技术相关的真实样品。

福利和他所在的军情六处都清楚地意识到，必须不惜任何代价保护那些有价值的情报提供者。"新人"这个代号，既代表罗斯鲍德也代表他所展开的活动。整个"新人"行动在极为严密的情况下行动，只有极少数的人了解罗斯鲍德的真实身份。任何来自"新人"的谍报都局限在特定的范围，只有经过安全检查，确信能与罗斯鲍德相联系的一些迹象都去除后，才送交盟友。福利认为任何无线电通讯都会危及罗斯鲍德的安全，所以采取了一项简单的措施："新人"只定期地通过挪威学生传递手写的报告，然后由挪威地下组织送交伦敦。在收到报告后，英国广播公司（BBC）电台将播发一段公告，"房子建在小山上"，接着给出了门和窗户的数量——这代表军情六处对报告中的某一段极感兴趣，需要进一步详细地了解。

罗斯鲍德有一个极好的身份作掩护，但也不能高枕无忧。由于他与德国科学界有着长期的固定关系，他了解每一个人的第一手资料，没有科学家会由于他的在场而不谈论自己的最新进展。所以罗斯鲍德总是谨慎地不让人看出他对什么特别感兴趣。作为一名在德国科学界有着独一无二地位的出版家，他可以以工作之便与任何一名科学家接触。甚至德国当局还征求他的意见，以区分需要保密而不能公开发表的科学论著。

罗斯鲍德将注意力集中在德国的原子弹计划上，他认识到这是一个能改变战争胜负天平倾斜的科学发展。1942 年他发现这个计划有点拖后了。原因之一是德国缺少资源；德国人没有足够的工业资源能提供足以制造原子弹的大量浓缩铀。1943 年初，罗斯鲍德提供的情报足以使英国人确信德国人已无法成功地制造原子弹了。然而为了万无一失，罗斯鲍德仍继续密切地注视着该项目的进展，以确信绝不会有出乎意外的突破出现。是他使德国的计划受挫，他发现了反应过程中的关键要素——用于核反应中减慢中子流的重水——是在挪威的工厂中制造的。他把情报秘密传送出去，致使往德国运送重水的船只在到达目的地前被炸沉。同时罗斯鲍德也在积极地提供德国一些其他重要的科技秘密。

除了对德国原子弹计划的兴趣之外，罗斯鲍德最担心的还有远程火箭的进展。首先他发现德国人致力于这种火箭的研究是在 1939 年，后来他得知在旅游城市皮内慕恩德已开发出大型的试验和发射设施，关于火箭研究的第一次会议也是在那里召开的。由于得知了这个情报，英国轰炸机在 1943 年发动了对皮内慕恩德的轰炸，明显地推迟了火箭计划的实施。

战争结束后，"新人"的间谍生涯结束了。他重新从事他的科学出版商的职业，一直工作到 1963 年逝世为止。

联邦调查局的"美人计"

　　一个财大气粗、玲珑八面的盖世太保，一个貌美如花、精明过人的美女间谍，在硝烟弥漫战场的大后方，展开了一次兵不血刃的斗争，看看"英雄"能不能过得了美人关，看看谁是最后的胜利者。

神秘的发信人——"Q. K"

　　1941年12月18日，珍珠港事件刚过去一个多星期，一个叫格·哈特·韦斯特里克的德国大企业家，在纽约曼哈顿区华道夫的阿斯多里亚饭店的一个私人房间里，举行了盛大的宴会。客人主要是美国的显贵人物，都是一些非富即贵的大人物。

　　韦斯特里克身材高大，具有博士头衔，一双大大的蓝眼睛很有神，在纽约是个著名的大企业家，他实力雄厚，在上流社会关系很广，很有经营头脑。像今天这样的宴会对他来说几乎是家常便饭，他时常在酒席上谈成很多人们想不到的大生意。此人在美国联邦调查局局长胡佛的秘密档案里，所记载的材料还不错，因为联邦调查局的特工在对他进行了一段时间的监视跟踪后，也没发现有什么不轨行为。所以，以后也就没再对他采取进一步的监视行动。可令人怎么也想不到的，就是这么一位"不错"的人，竟然是盖世太保驻美国间谍站的大头目。而发现他的竟是美国联邦调查局局长胡佛手下一个名不见经传的漂亮小姐。

▲美国联邦调查局第一任局长埃德加·胡佛

　　这名漂亮小姐的名字叫菲迪亚，她是一位年轻的美国姑娘，高高的身材，长长的腿，白白的皮肤，是一个典型的西方美人。这天，她正在负责检查一些来往信件，在堆积如山的信件中，她突然发现一封从纽约寄出的信，这封信的收信人是：柏林海尔戈兰德·尤福尔大街1号弗雷德里克。这是早已列入联邦调查局"黑名单"的盖世太保头目海德里希的地址和化名。对这个地址和化名，尽管菲迪亚小姐是一无所知，但对信中做作的短语和古怪的句子结构，她有一种直觉。因为她发现：虽然信是用英语写的，但有些地方是直接从德语翻译过来的，似乎写信人心不在焉地无意间滑进了本民族的思维习惯，这使人很明显地看出不合英语习惯。信的签名是"Q. K"。

美女间谍的机会

联邦调查局的"技术处理部"反复研究了"Q.K"的笔迹后，在尔后的几天，又查获了好几封相同笔迹的信，这些信多数是寄往西班牙和葡萄牙的，而不是柏林，写明的回信地址也是一些在纽约根本不存在的商行或旅行社，信末尾签名也并不全是"Q.K"。这就引起了联邦调查局的高度警觉。

但"技术处理部"却不能通过显影的方法来找出任何密写。可胡佛怎么着也不能轻易放弃这充满疑云的信。于是，胡佛便将此信交给了化学家恩里克·登纳博士，由他继续寻找隐藏的东西。登纳博士在几经失败之后，突然想起了一种老式的几乎早已被人们遗忘的碘蒸汽试验法。这位聪明的"Q.K"果然是大智若愚，就在联邦调查局集中精力注意最先进密写技术的时候，他为了掩人耳目，却故意采取了一种人们想不到的最古老的密写技术。这种密写墨水是用从药店里购买的被当作镇痛药出售的粉剂——氨基比林制成的。就是这种几乎人人知道的最老式密写技术，竟然费了联邦调查局高级专家的半个多月时间。

> **胡佛局长**
>
> 埃德加·胡佛是美国联邦调查局第一任局长，任职长达48年。胡佛是一个传奇人物，他的名气远远超过电影明星，权势让美国总统也望尘莫及。他是一个时代的象征，也是美国民众的偶像。他在任职期间写下了名句："向你的联邦调查局去寻求国家安全和财产安全，这两大伟业都是用来保护你、你的家人和你的祖国的。"他多次在公开场合讲："如果你知道任何非法活动，把它们报告给联邦调查局，你的任务就完成了。"

从后来接连不断出现的"Q.K"寄往各地的信中，虽然联邦调查局使信的内容原形毕露，可还是无法确认到底谁是"Q.K"。为了尽快找到"Q.K"，胡佛命令反间谍处处长约翰·迪安负责侦破此案。

迪安及手下受领任务后，即像凶猛的猎犬一样，在经过几个月周密细致的调查后，最后将疑点集中到了韦斯特里克身上。他们怀疑韦斯特里克就是"Q.K"。可此人狡猾无比，无论联邦调查局用什么方法，都无法获得他进行间谍活动的证据。但迪安在调查过程中发现，韦斯特里克有一个缺点可以利用，这就是他对年轻漂亮的姑娘有一种异乎寻常的兴趣。这就给了联邦调查局的王牌——伊丽莎白·玛琳小姐大显身手的好机会。

"美人计"大获成功

伊丽莎白·玛琳小姐是一名出色的女间谍，当时正当芳龄，她美貌迷人，一头金棕色头发，碧蓝的大眼，动人的眉毛，下巴有道刚毅的曲线，身段苗条而妖娆。她还是一名很有才华的"才女"，她足智多谋，聪慧过人，愿意冒任何风险。她曾有过勾引担任重要职务男子的精彩记录，包括勾引一位当时在华盛顿任意大利海军武官的将军。她一向认为："床上最容易使训练有素守口如瓶的间谍泄露机密。"她在这方面真是言行一致，身体力行。这也是她能够成为出色"艳谍"的原因之一。

这天玛琳小姐住进了联邦调查局特意挑选的乔治城 O 街 3221 号的一幢两层楼里，这里环境幽雅、舒适。玛琳小姐就开始了她的"工作"。为了能够顺理成章地参加韦斯特里克的宴会，从而接近他，玛琳小姐先在几名过去她根本看不上眼的当地实业家身上"试了试"。然后，就和一名"合作者"一起参加了韦斯特里克举行的宴会。

在宴会上，精心打扮的玛琳小姐，更是光彩照人，真犹如鹤立鸡群一样。她一到场，在这方面天生嗅觉灵敏的韦斯特里克就紧紧盯上了她。在主人盛情邀请下，她和他一起跳了一曲伦巴舞。宴会期间，她大显身手，声音像催眠似的娇滴滴地告诉韦斯特里克，她已同她的丈夫分居了。韦斯特里克认为这个令人垂涎三尺的美女真是可爱得令人倾倒，他们侃侃而谈了两个多小时，仍然兴致未尽，以至于把她的那名一起来的"合作者"早给忘到了脑后。因为这名"合作者"把她带进了宴会，他的任务也就完成了。

美国中央情报局

中央情报局是美国政府的情报、间谍和反间谍机构，主要职责是收集和分析全球政治、经济、文化、军事、科技等方面的情报，协调美国国内情报机构的活动，并把情报上报美国政府各部门。它也负责维持在美国境外的军事设备，支持和资助一些对美国有利的活动，此外，中央情报局也组织和策划暗杀活动，主要针对与美国为敌的国家的领导人。

当玛琳小姐告辞的时候，这位一向小心谨慎的韦斯特里克诚挚地表示愿意再见到她。她什么也没说，只是暗送秋波，卖弄了一下她那颇具诱惑力的风情。他温文有礼地送她走过庭院。

第二天，玛琳小姐就收到韦斯特里克送来的一束红玫瑰和一张精巧雅致的名片。在这方面可称是老手的玛琳小姐，当然明白其中的用意了。花是作为午餐的引子，名片则是邀请她去他的家中赴宴。

午餐吃了很久，天快黑的时候，两人一起来到了 O 街她的房子里……

后来的一段时间，他们两人几乎是在韦斯特里克的家和 O 街她的房子里穿梭般往来。他们都沉浸在浪漫之中。可好景不长，一天，在 O 街玛琳小姐的房间里，两人亲热一番之后。韦斯特里克殷勤地对玛琳说："再过两天，我就要回国了，请你和我一起去德国好吗？"

玛琳小姐马上意识到机会来了。于是，她故意说道：

"我怎么能去呢？你别着急，反正你不久就要回来的。"

"不行！你一定得跟我一起回去，我一会儿也离不开你。没有你，我都要活不下去了！"韦斯特里克马上着急地大声道。

"可现在正在打仗，途中很不安全，有很多船被你们国家的潜艇击沉，万一有什么事发生，我们不是连命都没了吗？"

"噢，亲爱的，这你放心。不会有事的。我敢担保我们不会出事的。"

"你担保？凭什么？开什么玩笑。"

"反正我能担保，保管你没事就行了。亲爱的。"

"不行，不行，你不说清楚我才不和你一起去冒险呢。"这时，韦斯特里克走到门口听了听，当他确信没有人时，才转回来小声对玛琳小姐说："我告诉你，可千万不要告诉任何人啊！我是盖世太保驻美国的头儿，德国潜艇是不会袭击我们乘坐的船的，这你放心了吧。"

"盖世太保！什么是盖世太保？你不是个商人吗？"玛琳小姐故作不知地反问道。

"亲爱的，你真是一只可爱的波斯小猫儿。盖世太保就是德国的秘密间谍组织。我是用商人作掩护，实际上是为德国作秘密工作的。到时，我们德国人统一了全世界，就是咱们的天下了。跟上我有你享福的时候。"

"那好吧，亲爱的，说实在话，我也不愿离开你。不过，到时候你别忘了你说过的话，不管我了啊。"

这天，韦斯特里克做好回国的准备，正准备开车到O街玛琳住处去接她一起走的时候。可谁知刚一出门，却发现有几名身高马大的年轻男子正等着他，顿时感到不妙，刚要转身，便被几个人紧紧地抓获。

在联邦调查局总部审讯室里，韦斯特里克开始还死不承认。这时，只见审讯官不慌不忙地拿出一盒磁带，放进了录音机里。当录音机里传出前天他给玛琳小姐说的话时，他一下子瘫软地坐在了地上。"美人计"大获成功。尔后，联邦调查局又在他的家里搜出了大量从事间谍活动的证据，并一举破获了盖世太保在美国的间谍网。真是"英雄难过美人关"，韦斯特里克这名一向小心谨慎的盖世太保头目，没想到却在这一小"阴沟"里翻了船。

截留巨额南美纳粹活动经费

德国盖世太保间谍组织的一名间谍以衣料生意为掩护，准备将筹集到的巨额现金运往南美做间谍活动的经费。联邦调查局的特工人员在获知准确的信息后，千里追踪，终于将运送巨款的间谍人员一举抓获，使盖世太保在南美的间谍组织不得不"收兵回国"。

居心叵测的"衣料商"

美国参战后，出于多种考虑，美国施行了货币封锁制度，以至于在哥伦比亚、尼加拉瓜、厄瓜多尔等南美广大地区，缺少美元和当地货币，这给德国间谍带来了极大的困难，德国的间谍组织几乎是寸步难行。为保证盖世太保组织在南美的活动所需经费，德国不得不向意大利求援。

▲美国联邦调查局总部大楼

1942 年初春的一天，一名意大利"衣料商"新办的一家中型商场在纽约开张。门前车水马龙，人来人往，其中不乏当地上流社会的达官贵人和显门望族。此后，这家商场生意兴隆、财源茂盛，一派蒸蒸日上的景象。

但是，嗅觉灵敏的联邦调查局的官员们，并没有被这表面现象所迷惑，自这家商场一开张，他们就布下了天罗地网，专门派出了 3 名富有经验的特工人员，对这名"衣料商"进行全面调查。

不久，联邦调查局发现，这名布料"商人"先后从纽约的多家银行提出了总计 400 万美元的巨额现款。为了查清这批远远超出商场正常业务需要现款的去向，联邦调查局局长胡佛命令联邦调查局加强了对这家商场的监控。很快，便查出这名意大利"衣料商人"原来是一名为德国盖世太保服务的间谍。此刻，他正在利用意大利大使馆的便利条件，计划分 2 个方向将这批巨款以小面额钞票运往南美。

跟踪千里人赃俱获

据联邦调查局可靠情报得知，意大利大使馆将派出 3 个信使使用具有特殊作用的外交信袋运送这批巨额现款。其中一名意大利外交秘书将携带 200 万美元去墨西哥城；两名领事将分别携带其余现款前往里约热内卢。

联邦调查局的特工在得知这一情报后，为了人赃俱获，决定兵分两路：首先派人将这名所谓的"衣料商"严密监控起来，以防止此人逃走；其次，派他手下最得力的干将帕特里克·格雷带领一部分精干的特工人员，分 2 个方向跟踪意大利大使馆的人员。

这 3 名意大利外交官在联邦调查局特工的"陪同"下，到了得克萨斯州的布朗斯维尔后，那位外交秘书转乘火车前往墨西哥城，当这位单身信使一跨入墨西哥国境，联邦调查局的特工人员即在墨西哥有关部门的协助下，将他扣留。虽然这名外交秘书使用了他的外交特权，但联邦调查局的特工还是毫不留情地将他所带现款全部予以没收，并存入到一个不能提款的账户。这样，盖世太保拨给墨西哥谍报网的一半活动资金全部泡汤。这个数额在当时可说是一笔巨款。这样，以墨西哥城为中心的盖世太保谍报网，由于缺乏必要的经费而不得不乖乖地收兵回国。

首战告捷，胡佛令格雷及手下人员要再接再厉，他对格雷说："告诉手下的伙计们，好好干。等你们得胜回来时，我给你们接风。我等着你们的好消息。"

携带这笔现款的两名意大利领事在联邦调查局特工人员的跟踪下，在布朗斯维尔登上了一艘开往里约热内卢的船。胡佛派驻里约热内卢的特工人员在得到巴西外交部长对这笔巨款给予"特别保护"的保证后，仍不大放心，因为这艘游轮要在巴西东部的累西腓港口停留一天，为了确保万无一失，格雷便命令两名特工提前赶到那里伺机行事。他们接到的任务就是要设法盗走这笔巨款。尽管格雷作了如此周密的安排，可万万没想到，不知什么原因，这艘预计要在累西腓停留的船却没停，而是直达里约热内卢。据其中一个叫布鲁克的后来回忆说：

"尽管每个细节都安排好了，可两百多万美元还是从我们手指缝里滑掉了。"

这两名幸运的领事，千辛万苦地到达里约热内卢，正在他们与当地的纳粹间谍交接现款的时候，联邦调查局的特工人员突然从天而降，将他们人赃俱获，全部带回了纽约。

这时，远在纽约的"衣料商"自携带巨款的 3 人出发后，即时刻等着"平安到达"的信号，可预定的时间过了近 2 个小时，也没有收到期待中的信号。他预感到情况不妙，便赶紧打点行装准备脱身。可他没想到的是，刚一出门，就被数名早已严阵以待的联邦调查局特工逮个正着。

施伦堡的间谍人生

施伦堡是德国帝国保安局第六处国外政治情报处处长，军事安全部部长，二战时纳粹德国最后的国外情报头目，1933年加入纳粹和党卫队并进入纳粹情报机构党卫队保安处，在纳粹情报机关工作长达12年，是最年轻也是晋升最快的。在第二次世界大战末期，早已看出德国必败的施伦堡利用希姆莱，企图背着苏联与西方单独媾和，形成对抗苏维埃的同一阵线。

维尼罗行动

在情报安全局里，施伦堡主要负责在国外的谍报活动。1939年9月1日，德国入侵波兰，德英两国处于战争状态。为了获得对方的情报，施伦堡和他的对手英国情报局都不约而同地把目光盯在了尚属中立国的荷兰。

▲德国军事安全部部长施伦堡

几次荷兰之行，一个名叫弗兰茨的德国流亡者被拉到施伦堡的帐下，施伦堡给他的代号是F479。弗兰茨极富谍报天才，很快就和英国情报机关拉上了关系，并跟英国情报局驻荷兰代表潘恩·贝斯特上尉来往密切。贝斯特很想从弗兰茨那里得到关于德军的情报，尤其是对弗兰茨谈到的德国将领中间有反希特勒派很感兴趣，弗兰茨答应给英国人提供情报。

在施伦堡的精心策划下，一份份假情报经弗兰茨之手源源不断地送给英国人。为了摸清他所羡慕的英国情报机关的工作方法，并摸清荷英两国情报机关如何合作，以及外国同德国国内反对派的联系。他指挥并主演了"维尼罗行动"。

过了几天，施伦堡摇身一变，成了德军最高统帅部运输部门的夏梅尔上尉，他夹着副单片眼镜，熟知德国国内反对派的重要机密。经弗兰茨的引见，"夏梅尔"上尉和贝斯特上尉挂上了钩。1939年10月21日，这位夹着单片眼镜的"夏梅尔"来到荷兰境内，和同样夹着单片眼镜的贝斯特面对面地坐了下来。

没用多大工夫，施伦堡就让面前的英国人对自己的身份深信不疑。贝斯特把施伦堡送到荷兰城市阿纳姆，在那里等候着另外两位情报机关的先生：特地从英国赶来的英国谍报官斯蒂芬斯少校，和一个自称科佩尔实际上叫克洛普的荷兰参谋本部军官。施伦堡自我介绍说是一位将军的亲信，这位将军正在计划和其他军人发动一场政变，搞掉希特勒。施伦堡讲得有板有眼，绘声绘色，引起了两位情报官的极大兴趣。临分别前，双方约定，找个时间再谈。

在谍报史上，英国无论是在谍报，还是在反谍报方面都是首屈一指的。施伦堡要想瞒过老练的英国情报机关，并不是件轻而易举的事。果然，1939 年 10 月 30 日，当施伦堡再次应约赶到荷兰时，斯蒂芬斯和科佩尔设计了一个小陷阱。在接头地点，施伦堡被几位陌生人劫走，并搜走了他身上的所有东西。在一个房间里，几个打手轮番审问施伦堡，然而，施伦堡面无惧色，一口咬定自己是夏梅尔上尉，对他们提出的关于德军统帅部运输部门里的一些问题，对答如流。在另一个房间里，斯蒂芬斯和科佩尔仔细翻看从施伦堡身上搜出的东西，特别是他的护照，但没有找到一丝破绽。两个人完全相信施伦堡就是夏梅尔上尉了，于是，这才走出来和施伦堡相见，并声称这是一场误会。而施伦堡则表现出一种大将风度，说要是换了他自己也会这样干的。

三个人在一起又密谋了一番。分手时，斯蒂芬斯交给施伦堡一部收发报机，告诉他必要时可直接用它进行紧急联络，呼号是 ON4。

施伦堡的杰作通过情报处长海德里希报告给了希特勒，希特勒禁不住喜形于色，下令要情报安全局利用这条线索，给英国情报机关以致命的一击。可惜的是，一场意外，使这场施伦堡本来还要继续进一步的演出戛然而止了。

流产的"温莎行动计划"

1940 年 6 月，法国沦陷之后，作为英国驻法国陆军最高司令部军事代表团成员的温莎公爵，偕同夫人前往西班牙，以免被德国人所俘。

德国驻马德里大使、职业外交家埃伯哈德·冯·施托勒 6 月 23 日打电报到柏林说："关于如何对待即将到达马德里的温莎公爵夫妇，西班牙外交部长征求我们的意见，公爵夫妇显然是取道里斯本前往英国的。"

德国外交部长里宾特洛甫回电作了指示，他建议把温莎公爵夫妇"在西班牙扣留两个星期"，但是警告说，一定不要流露出"建议系来自德国"。

▲施伦堡和第二任妻子

6 月 25 日，施托勒回答说："西班牙外交部长答应我尽一切可能把公爵夫妇扣留在这里一些时候。"过了几日，施托勒大使用"绝密"电报向柏林汇报说，除非承认公爵夫人为王室的成员和给予公爵本人一个重要的职位，温莎公爵夫妇将不返回英国。他将在佛朗哥政府答应给他的一座古堡中住下来。此外，电报还说温莎公爵曾向外交部长以及其他熟人表示，他反对丘吉尔，反对战争。

7 月初，温莎公爵夫妇前往里斯本。

德国驻里斯本公使在 7 月 11 日向里宾特洛甫报告说，公爵已被任命为巴哈马总督，但是"打算尽可能长地推迟动身时间……希望局势会有对他有利的转变"。公使又说，

他深信，如果他仍然是国王的话，战争本来是会避免的，他称自己是坚决支持同德国媾和的人。公爵肯定地认为，继续猛烈的轰炸将使英国愿意媾和。这个情报促使里宾特洛甫在富许尔从他的专车发出一封标有"特急绝密"字样的电报给德国驻马德里大使馆，这是在同一天即7月11日深夜发出的。在电报中，里宾特洛甫希望把公爵送回西班牙，最好由他的西班牙朋友送回，以阻止他前往巴哈马，里宾特洛甫说："在公爵和他的夫人回到西班牙之后，必须劝说或者强迫他们留在西班牙领土上。"如果必要的话，西班牙可以把他当作英国军官"拘禁"起来，并且把他作为逃亡军人对待。

德国是希望同英国人媾和的，但遭到丘吉尔等人的阻挠。里宾特洛甫认为如果公爵本人为局势的进一步发展作好准备，那将是一件好事。里宾特洛甫向温莎公爵承诺，德国决心用各种办法迫使英国媾和，如果这样的情况发生的话，德国准备满足公爵所表示的任何希望，特别是使公爵和夫人来担任英国国王和王后。如果公爵另有打算，但又愿意为建立德国和英国之间的良好关系而合作，我们也同样准备保证他和他的夫人有一笔生活费，使他能够过和国王身份相称的生活。他又说，他已得到情报，"英国特务机关"将在公爵一到巴哈马之后就"干掉"他。

第二天，7月12日，德国驻马德里大使会晤了西班牙内政部长雷蒙·塞兰诺·苏纳，这位部长答应把佛朗哥也拉进这一阴谋并执行下面的计划：西班牙政府将派公爵的老友、马德里长枪党的领袖、前西班牙一位独裁者的儿子里维拉前往里斯本。里维拉将邀请公爵到西班牙来打猎并同政府商谈关于英国和西班牙的关系问题。届时苏纳将把英国特务阴谋杀害他的消息告诉公爵。

7月22日，里维拉第二天访问里斯本后归来。第二天德国驻马德里大使及时用"特急绝密"电把他发现的情况汇报给里宾特洛甫。

德国驻马德里大使曾同温莎公爵作了两次长谈，最后一次谈话时，公爵夫人也在座。公爵毫无拘束地表示了自己的意见，在政治上，他同英王和目前的政府愈来愈远了。最后，公爵和夫人说，他们很希望回西班牙。

电报又说，为了将公爵夫妇接回西班牙，大使已和苏纳作好安排，派遣另一名西班牙使者前往葡萄牙"劝说公爵离开里斯本，假装乘汽车作长途旅行，然后在安排好的地点越境，那里的西班牙秘密警察一定会设法使他们安全越过边境"。

到了7月的最后一个星期，纳粹绑架温莎公爵夫妇的计划已经拟妥。希特勒亲自委派瓦尔特·施伦堡执行这个计划。他从柏林飞到马德里同那里的德国大使商谈，然后前往葡萄牙开始工作。

施伦堡最后定的计划是：假定公爵夫妇已决心返回西班牙。为了加强他们的这个决心，他派人带给公爵一封写得很巧妙的信件；信内附有周密准备的关于越境的计划。根据这项计划，公爵和夫人将启程前往西班牙边境附近的山区，表面上说是去避暑，实际上是在打猎的过程中在特定时间内在明确指定的地点越境。由于公爵没有护照，需要把该地负责的葡萄牙边境官员收买过来。

在计划规定的时间中，第一个密使里维拉将与布置在适当地点的西班牙军队在边境守候，以保证安全。

为此目的，施伦堡等人在前往避暑地点的旅程中以及避暑时，应当有一个可靠的葡萄牙警长暗中进行保护。在预定越过边界的时刻，施伦堡一行应当接管边界上的葡萄牙一边的安全工作，并且要作为直接的护卫人员继续进入西班牙。这些护卫人员要时常更换，但不要引起注意。为了整个计划的安全，西班牙部长选择了一名特工人员，这名特工人员是一名妇女，她在必要时可以同另一名特工人员进行联系，也可以在必要时向施伦堡提供情报。

▲圣诞节时的施伦堡全家福

除了在里斯本的护卫工作以外，施伦堡考虑在必要时采取适当的恫吓行动，使他们（公爵夫妇）愿意离开。这种恫吓行动可归咎于英国情报局。

施伦堡及时地执行了这个"恫吓行动"。一天晚上，他安排人员对温莎公爵夫妇的别墅的窗户投掷石头，然后在仆人中间散布谣言，说是"英国特务机关"干的。他让人送一束花给公爵夫人，所附的一张名片上写道："谨防英国特务机关的阴谋，一个关心你利益的葡萄牙朋友。"他在向柏林发出的正式报告中说，"预定在 7 月 30 日晚上进行的打碎卧室窗户的一种无害的行动没有进行，因为它对公爵夫人产生的心理影响只会加强她离开的愿望"。

时间已经不多了。施伦堡在 7 月 30 日报告说，公爵的一位老朋友、英国政府的重要官员华尔特·蒙克顿爵士，已到达里斯本。他的使命显然是使公爵夫妇尽快前往巴哈马群岛。同一天，德国驻马德里大使向里宾特洛甫拍发了一份"特急绝密"的电报说，在里斯本的一名德国情报人员刚刚告诉他，公爵夫妇计划在 8 月 1 日，即两天以后离开。出于这种情况，他问里宾特洛甫，"我们是否应当在某种程度上从我们所处的幕后地位走出来。"

第二天，即 7 月 31 日，大使再次向里宾特洛甫发出一封"特急绝密"的电报，内称：据在里斯本会见温莎夫妇后刚刚回来的西班牙密使说，公爵夫妇虽然"对于英国阴谋伤害他们的消息和他们个人的安全很为关注"，但是显然仍计划在 8 月 1 日乘船启行，不过温莎公爵企图"隐瞒实际的启行日期"。大使又说，西班牙内政部长即将对"防止公爵夫妇的离开作最后努力"。温莎公爵夫妇可能很快启行的消息，使里宾特洛甫感到吃惊，他在同一天即 7 月 31 向德国驻里斯本公使发出了一封"特急绝密"的电报。他要求通知公爵：德国基本上希望同英国人媾和，是丘吉尔集团堵塞了这条和平道路。在元首上次发出的要求采取理智态度的呼吁遭到拒绝之后，德国现在决心以一切力量迫使英国媾和。如果公爵使自己对事态的进一步发展作好准备，那将是一件好事情。在这种情况下，德国将愿意同公爵进行最密切的合作，并为公爵和夫人所表示的任何愿望扫清道路……

温莎公爵看过电报后深受感动。公爵赞扬了元首的和平愿望，这种愿望同他自己的观点是完全一致的。他坚信，如果他是国王，决不会进行战争。他欣然同意向他提出的在适当时候进行合作建立和平的要求。但是在目前，他必须遵守他的政府的官方命令。也就是他目前必须前往巴哈马。

温莎公爵夫妇在8月1日晚上乘美国邮船阿瑟王之剑号启程了，这使德国人大吃一惊。施伦堡在第二天给里宾特洛甫的电报中提出的关于他的任务失败的最后报告中说，他直到最后一刻为止，做了可能做的一切事情来阻止公爵夫妇启程，但没有取得成效。

成为对外情报的负责人

1940年，希特勒在征服波兰之后，又把目光转向了西方。3月，施伦堡在丹麦和挪威的情报网获知：英国人正集结兵力准备进军挪威、丹麦。希特勒得知这个情报，大吃一惊，为争得先机之利，他立即下达了入侵丹麦和挪威的命令。希特勒交给施伦堡的任务有两项：一项是摸清丹麦、挪威军队的动向及当地的气象情报，另一项是为德军的行动保守秘密。

第一项任务对施伦堡来说并不困难，因为在很早以前，他就在丹麦和挪威建立了情报网。那些间谍主要隐藏在一些大轮船公司和渔业公司之中，这些公司在挪威和丹麦的办事处都是由施伦堡手下的人主持的。

得到施伦堡的指令后，两地的情报网立即运转起来，很快，一份份关于丹麦、挪威军队动向和气象情报资料通过电话和电报源源不断地送到施伦堡手上。当然，这些情报的传递都是经过了巧妙的伪装，它们或者被设计成渔业常用的价格表、估价表，或者被装扮成轮船吨位报告。这些情报对希特勒选择进攻时机具有重要的价值。

为了对德国三军的集中、调动保守秘密，施伦堡动用了他的全部人马，对各乘船码头、所有港湾地区、旅馆和主要公路实行最严格的管制。事后证明，施伦堡对这项任务也完成得相当出色，德军的入侵行动完全出乎丹麦和挪威的意料，达成了突然性。

1941年，希特勒进攻英国不成，又祸水东引，挥兵直逼苏联。按惯例，在每一次入侵行动之前，希特勒都要发表一个文告。这个任务落到了施伦堡头上。希特勒要求他以盖世太保希姆莱的名义，以德国警察负责人的身份，控述共产国际在德国的"颠覆活动"，为纳粹军队进攻苏联制造借口。施伦堡仅用24小时就完成了这项任务。当文告交给希特勒和希姆莱过目时，两个纳粹元凶对文告的内容及编撰方法完全同意，未加任何删改。1941年6月22日，希特勒对全德国人民的文告发表了。文告控述了共产国际的种种"罪行"，极富煽动性。文告的结尾写道："大日耳曼人民！就在这个时候，军事行动已经展开了！这个行动范围的广大，阵容的坚强，超过了今日世界目前的一切，堪称空前无敌！"

6月22日，伴随纳粹坦克轰轰隆隆地从苏联边境碾过，施伦堡的仕途也出现了重大转机。这一天，曾屡建殊勋的施伦堡被任命为情报安全局国外政治情报处代理处长。

这是他渴望已久的职务。上任伊始，施伦堡对情报处进行了全面改革，一扫情报处过去没有一个统一的情报工作制度，机构林立，工作重复、无效率的现象。

对苏情报战中功勋卓著

希特勒一直认为共产主义是纳粹主义的天敌，于是，根据希特勒的旨意，施伦堡也把谍报工作的重点对准了苏联。然而，苏联是一个防范极其严密的国家，要想把谍报活动打入它的情报组织的核心，并不是件容易的事。就在施伦堡的对苏谍报活动难以取得进展之时，一个瑞典人闯入了他的视线。

这个瑞典人名叫尼尔斯·弗莱格，曾经是共产党员，之后脱离了共产党，建立了自己的政治团体并发行了一份报纸。当施伦堡获知弗莱格在经济上陷入困境后，决定拉其为德国效力。不久，改头换面的施伦堡来到斯德哥尔摩同弗莱格会面。一见面，施伦堡就交给弗莱格一笔巨款。此时的弗莱格贫困潦倒，精神萎靡不振，已不再相信什么主义。施伦堡送来的巨款，仿佛给他输进救命的血液，弗莱格一下子又来了精神，对施伦堡言听计从。施伦堡首先要求弗莱格在14天内提供一份报告，主要是瑞典各阶层的政治人物活动状况，然后，又布置他着手建立一个可靠而有效的情报网，旨在搜集瑞典共产党的情报，以及有关苏联情报机关的活动情报。

在施伦堡的授意下，不久，弗莱格阵营中的十几个人，公开地宣布与弗莱格决裂，并设法又回到了他们先前的共产党组织中。他们带头起劲地攻击弗莱格，直到引起苏联人的注意。很快，他们中的几个人与苏联驻瑞典大使馆高级官员建立了联系。

施伦堡以其心计和大量金钱，终于换回了惊人的情报。通过弗莱格情报网，施伦堡获知了苏联将在1941年底对德国军队的反攻计划要点，并精确地标出了苏军在莫斯科周围地区用以反击德军钳形攻势的兵力配置态势，以及苏军的兵员、兵器构成状况。施伦堡又从他在苏联占区情报网中获得的情报加以验证，确认了苏军反攻部队由何地集结而成等。同时，施伦堡又和日本情报机构取得联系，从中认定苏联在东线和西线的战略态势。施伦堡运用这些重要而又具体的情报资料，对苏联整个战略态势作出了判断，并迅速整理出一份报告，急如星火地赶回柏林，面呈希特勒、希姆莱。

苏联地广人多，德国要独自征服，希特勒感到力不从心，于是，他打算与日本人联合，对苏联来个东西夹击。可是，直到1941年秋，日本人的态度仍晦暗不明，特别是日本外务省拒绝将日美谈判内幕告诉德国驻日大使，这使希特勒大为不快。之后，希特勒又多次施加压力，但日本对德国要求其对苏开战的建议还是毫无反应，也不表明日本是否在太平洋开战。为了探测日本人的战略意向，希特勒下令用一切办法搜集这方面的情报。这个任务自然又落在施伦堡身上。

施伦堡向国外所有情报单位发出了一个通令，要求尽速搜集一切有关日本战略意向的情报。施伦堡本人也亲自出马，并从一个法国间谍手中得到一些有价值的情报。

在执行这个任务的初期，施伦堡曾想把搜集情报的重点放在日本人身上，但一个老牌间谍指出，这种做法是个根本性错误，建议应从第三国下手，从那里更容易获得更重要的情报。施伦堡觉得有道理，便接受了老牌间谍的建议，迅速改变了自己原来的计划。于是，施伦堡通过开罗、伊斯坦布尔这条情报线上的精明强干的间谍展开工作，很快就获得了重要的战略情报。他从日本空军的特别部队在中国海举行的一次大规模演习中，判断出日本的空军和海军能进行有效的联合作战，日本的陆军和海军都准备在近期发动一次战争，战略方向是南太平洋。从而认定，日本没有从东方进攻苏联的准备。特别是根据从日本特务机关获得的有关美国不会在日美谈判中屈服的情况，施伦堡判明了日本在战与和问题上早已有了打算。与此同时，施伦堡还请了一些日本问题研究专家，对日本的战略动向进行分析。专家们指出德国坚持要求日本对苏联开战是一个很大的错误，因为日本传统战略是固守东亚地区，并企图充当这一地区的领袖。这更证实了施伦堡的判断。

当希特勒看过施伦堡送来的情报后，怒气顿消：不论日本人在什么地方开战，只要他们下决心干就行。德国对日本的外交也由此进行了调整，由先前的迫使日本在东方对苏联开战，改为日本可在任何地方开战，因此很快协调了两个主要法西斯国家在侵略战争中的步调。1941年12月7日，日军突然袭击珍珠港，第二天德国就向美国宣战。

1942年，苏德战争进入最紧要关头，施伦堡也把他的主要精力集中到对苏情报活动中。他一面着手在欧洲各大城市建立情报中心，搜集有关苏联的各方情报；一面将经过培训的苏联叛国人员空投到苏联的后方，搜集情报，进行暗杀、破坏。然而，以斯大林格勒战役为转折点，第二次世界大战的进程发生了根本性逆转，纳粹德国战败迹象日趋明显。为了挽救德军在苏联战场的败局，施伦堡专门向希特勒送上了一份研究报告。报告中，他根据大量秘密情报资料和对数以千计的苏联战俘的审问材料，对苏联的工业和作战潜力作了极为详尽的分析，并建议从总的方面停止对苏联德占区的现行统治办法。希特勒看到这份报告后，恼羞成怒，以"失败主义"的罪名，下令将参与整理这份报告的专家一律逮捕，甚至有人向希特勒进言，应以法律手段处罚施伦堡。后经希姆莱的力保，施伦堡及其助手才免于一场灾难。

高瞻远瞩得以善终

1944年8月，施伦堡走到了谍报生涯的顶点。当时，德国另一个谍报机关——德军最高统帅部军事情报局的头目卡纳里斯，因参与反希特勒的秘密活动被逮捕。根据希特勒和希姆莱的命令，施伦堡在执行逮捕令的同时，接收了卡纳里斯的军事谍报局，从而实现了由他建立一个统一的德国对外情报机构的梦想，施伦堡成了全德国唯一的谍报王国的主人。

然而，此时的德国气数已尽，德军在各个战场上节节败退。施伦堡明白，他的谍报王国就是豁出命去，也无力回天。于是，他来了个急刹车，开始图谋与西方媾和。

其实，早在1941年6月，施伦堡就对德国取得全胜的前景持怀疑态度。从1941年秋起，他就开始小心地试探同西方盟国媾和的可能性。1942年底至1943年初，在希特勒侵略战争败局初定的情况下，施伦堡又提出一个所谓建立新欧洲的和平计划。施伦堡认为，德国应有两套方案：一是打，就是用侵略战争实行世界性的霸权统治；另一个是和谈，在打不赢的情况下通过和平谈判结束战争。施伦堡甚至提出了进行和平谈判时的方案：在德国大体保住1939 年 9 月 1 日前的领土的基础上，以德国的其他占领地利益为条件同西方谈判。

然而，当施伦堡的和平计划送到希姆莱的面前时，他惊呆了，以为施伦堡发疯了，没有战争勇气了。不过，当希姆莱听完施伦堡接近两个小时关于世界各国的军事、外交形势的陈述后，他冷静了下来。过了一阵儿，希姆莱突然站了起来，在房间里踱来踱去，并不时咬咬他的大拇指尖，这个习惯动作表明希姆莱正聚精会神地思考问题。两个人一直谈到次日凌晨 3 点钟，最后希姆莱批准了施伦堡的和平计划。可是事后不久，希姆莱又完全推翻了这个所谓的"最佳意图"。施伦堡忘了操纵德国战争机器的是希特勒，而不是希姆莱，战争狂

▲ 希莱姆

人希特勒岂容什么"和平计划"。希姆莱只不过是这架机器上的一个杠杆而已，他一旦察觉出希特勒的意向，为保住自己的地位，自然要推翻前言，顺从希特勒。

1945 年初，纳粹德国覆灭前夕，施伦堡再次力促希姆莱对希特勒的地位取而代之。他建议希姆莱有两条路可走，一是强迫希特勒下台，一是除掉希特勒。然而，希姆莱担心不等他把话说完，希特勒就会一枪毙了他，仍是犹豫不定。以后的日子，德国战况急转直下，纳粹德国灭亡之日在即。1945 年 4 月 30 日，纳粹头子希特勒饮弹自毙。之后，施伦堡奉德国代总统邓尼兹的命令，出任克罗西克的特使前往斯德哥尔摩处理战后德国的有关问题。

德国战败后，施伦堡避居瑞典。1945 年 6 月，他被带到纽伦堡法庭，作为纳粹战犯的证人出庭作证。1948 年 1 月，美国军事法庭开始审理他的案件，审判历时 15 个月。法庭宣判他犯有两项罪行，考虑他在战争后期曾帮助集中营中的盟国囚徒逃脱，又减轻了罪行，被从轻判处 6 年徒刑。1951 年，施伦堡因病获释，居住于瑞士，后又迁居于意大利。1952 年 3 月，施伦堡病死于都灵。

卡纳里斯的谍报生涯

　　威廉·弗朗茨·卡纳里斯曾是一个被人认为"才能很平庸"的人，然而，他却颇受战争狂人希特勒的青睐，不仅掌管了纳粹德军统帅部唯一的情报机构——军事情报局，而且由上校一直升到上将。他曾那样狂热地崇拜希特勒，然而到头来，他却因背叛元首而成了希特勒的刀下之鬼。

爬上谍报局局长的宝座

　　1887 年 1 月 1 日，卡纳里斯出生在德国工业心脏鲁尔区的一个铸造厂主的家里。1905 年，年满 18 岁的卡纳里斯步许多青年人的后尘，加入了令人羡慕的德皇军队，成为海军的一员。

　　第一次世界大战爆发时，卡纳里斯在轻巡洋舰"德累斯顿"号上服役。1916 年，卡纳里斯化名雷德·罗萨斯来到西班牙，负责组织从西班牙和葡萄牙领土上对德国潜艇进行物资供应，并监视直布罗陀海峡，搜集协约国海军情报。这是一项充满着神秘和浪漫色彩的工作，卡纳里斯不仅出色地完成了任务，而且还结识了西班牙政界、军界的许多上层人物，建立了一个关系网，这为他就任谍报局长后，在西班牙展开谍报活动，打下了良好的基础。

▲德国一代谍王卡纳里斯

　　1920 年，卡纳里斯出任政府国防部部长副官。1932 年卡纳里斯被任命为"施勒辛"号战列舰舰长。由于没有得到海军司令雷德尔的青睐，一年后，卡纳里斯被调上陆地去担任一个有职无权的职位——斯维内明德海军站站长。卡纳里斯的仕途一下子从顶峰跌入低谷，这对他来说是一次不小的打击。不过，卡纳里斯并不灰心，他耐心地等待时机，以图东山再起。不久这个机会终于来了。

　　1934 年，因党卫队情报安全局不断插手情报事务，隶属于武装部队的军事谍报局与情报安全局发生争执，军事谍报局长海军上校帕齐希与情报安全局长海德里希互不相让，双方斗得难解难分。争斗结果，得到希姆莱支持的海德里希获胜，帕齐希被迫辞职。离职前，帕齐希举荐能讲几国语言、熟悉外国情况、有情报工作经验的卡纳里斯为他的继任者。在他的劝说下，海军司令雷德尔把卡纳里斯召了回来。1935 年 1 月，卡纳里斯被正式任命为国防部谍报局局长。

为纳粹侵略充当先锋

1938 年，随着德国进行战争的准备工作日益就绪，希特勒的侵略扩张野心急剧膨胀起来。他把目光瞄上了他的老家——奥地利。在采取外交手段不成之后，希特勒决定在奥德边境组织一些炫耀武力的行动，他命卡纳里斯设法制造出一种德国即将对奥地利采取大规模军事行动的假象，以迫使奥地利就范。

卡纳里斯很快就呈递了一个计划。卡纳里斯设想的计策如下："（1）取消第 7 军控制区域内士兵们的休假；（2）没有任务的机车车辆都集中到慕尼黑、奥格斯堡和雷根斯堡；（3）把驻维也纳的武官穆夫将军召回议事；（4）边境警察岗哨要求增援；（5）由海关人员散布消息说，阿尔卑斯旅在弗赖拉辛格、赖兴哈尔和贝希特斯加登等地的军事行动已迫在眉睫"。

2 月 14 日，希特勒批准了卡纳里斯的计划。为了使假象逼真，卡纳里斯调来一些坦克部队和装甲师，开着马达在边境线上繁忙地驶来驶去，似乎是在进入阵地。满载全副武装士兵的卡车也匆忙地在边境线上奔跑。整个边境线上充满了大战即将来临的气氛，火药味很浓。

不久，一份份假报告出现在奥地利军政首脑的手里，奥地利情报局也得到报告说，有人看见满载军人的火车和德国摩托化部队已集结在边境。奥地利人信以为真了，为免受战争之苦，他们不得不向希特勒屈服。鉴于卡纳里斯的"出色表现"，4 月 1 日，他被晋升为海军少将。

1938 年 9 月，希特勒又打起了邻国捷克斯洛伐克的主意，他命令德军至迟必须在 1938 年 10 月 1 日前对捷克斯洛伐克采取进攻行动，代号"绿色"行动。希特勒给卡纳里斯的任务是用一切手段为进攻作准备，其中包括宣传、颠覆、情报等。

有了吞并奥地利的经验，这些事对卡纳里斯来说是轻车熟路。他很快搞出了一个行动时间表：10 月 1 日，破坏"神经中枢"——占领防御工事，采用"特洛伊木马"的战术；10 月

卡纳里斯结交希特勒

1923 年卡纳里斯在慕尼黑"啤酒馆暴动"中结识了戈林，并向戈林表示，自己可以利用军队里的情报机构协助希特勒上台。很快他向希特勒送交了有关德军全体军官的政治倾向、人员素质和经济情况的材料。1933 年 1 月，当时的魏玛共和国末任总理冯·施莱歇为了应付经济危机，想透过一项立法取消容克地主的津贴，减轻失业问题。这一改革方案具有极大风险，施莱歇把它锁在总理办公室的保险柜内。卡纳里斯居然把这一文件的副本偷了出来转交希特勒。希特勒利用这个文件，把施莱歇赶出内阁，自己当上了总理。

2 日，在伪装的保安部队占领防御工事和边境之间要塞后，立即进行密切配合……卡纳里斯还将捷克斯洛伐克的版图划分成 7 个区域，编号从 K1 到 K7，然后派出大批突击队渗透到各个区域，准备在发动进攻的那一天进行破坏和恐怖活动。9 月 28 日，希特勒提前采取行动，卡纳里斯的时间表虽然被打乱，但他毫不慌乱，应对自如，果断地

发出一道道命令。卡纳里斯又为德国吞并捷克斯洛伐克立下了头功。

希特勒连连得手，使他下定决心要大干一场。1939 年 9 月 1 日，希特勒点燃了第二次世界大战的导火索，德国数十万大军分数路向波兰境内挺进。在这样的大规模军事行动中，自然少不了卡纳里斯的军事谍报局。早在 5 月份，卡纳里斯就命令谍报局驻波兰情报网进入戒备状态，负责查清波军实力、部队部署和作战目标。与此同时，他还派隶属谍报局的特种高空飞行中队到波兰上空进行间谍飞行。

战斗打响后，事先渗透到波兰境内的谍报局突击队，根据卡纳里斯的命令，奔向各自的目标。在卡尔托夫，一个突击分队占领了铁路分岔口；在雷布尼克，一个突击分队控制了工业设施；在西里西亚，另一个分队掌握了大部分煤矿；甚至在德军大队人马到达之前，几个小分队攻下了卡托维兹市。

谍报局的行动神速而富有成效，使德军统帅部把越来越多的紧急任务交给卡纳里斯：炸毁罗马尼亚同波兰之间的 3 条铁路干线；为德国空军组织的一次秘密行动提供译员、向导和宣传员；侦察加利西亚敌军阵地……

德国入侵波兰后，英国和法国对德宣战。9 月末，卡纳里斯得到谍报局驻英国情报网报告：英国军事当局正准备登陆挪威。卡纳里斯意识到事态严重，立即上报希特勒。听说英国人要在挪威登陆，可急坏了希特勒，他立即命令最高统帅部制定占领挪威和丹麦的计划。1940 年 1 月 27 日，卡纳里斯被召去接受任务，为新的战争扫清道路，因为除了一名情报官在积满灰尘的材料中找到一本 1907 年出版的有关挪威军队的书籍外，参谋部对挪威、丹麦军队的现状一无所知。

卡纳里斯派埃里希·普鲁克中校率一个精悍小组奔赴德国驻奥斯陆大使馆，给他们的任务是：（1）摸清挪威武装部队的实力、位置和作战目标；（2）查清奥斯陆、克里斯蒂安桑、斯塔万格、卑尔根、特隆赫姆和纳尔维克等港的海港设施，为军队登陆提供情报。

3 天后，普鲁克化名高级官员恩斯特·波尔，口袋里装着假护照登上了去奥斯陆的飞机。他和他的小组在短短几个星期的时间里干出了漂亮的工作——成功地侦察了挪威部队、军事设施和海防等情况。

1940 年 4 月 9 日，希特勒下达了入侵挪威和丹麦的命令。已经升迁为中将的卡纳里斯命谍报局全力配合德军进攻部队行动。先期潜入挪威和丹麦境内的间谍占领了德国同丹麦交界处的全部铁路桥，破坏了盖瑟与尼克宾之间的全部交通线。一些间谍还手持发报机，为入侵德军充当向导。在卡纳里斯的军事谍报局的协助下，德军在丹麦和挪威长驱直入，所向披靡。

1940 年 5 月 10 日，被一连串"胜利"冲昏了头脑的希特勒又挥师西进，突然闪击荷兰、比利时和卢森堡，揭开了进攻法国的序幕。卡纳里斯的军事谍报局在这次战争中又是一马当先。5 月 10 日拂晓，由瓦尔特中尉率领的谍报局"勃兰登堡人"特工队化装成荷兰警察，押送几名战俘来到默兹河上的格内普桥，突然向哨兵扑过去，兵不血刃地占领了大桥，为隆美尔的第 7 装甲师扫清了通向荷兰的道路。在比利时，谍报局也是所向披靡，百战百胜。勃兰登堡突击队切断了许多桥梁和交通要道，夺取了数十个重要目标。

在谍报局间谍特工的配合下，德军攻势锐不可当。5天后，荷兰军队投降，比利时人不久也放下了武器。这时卡纳里斯又指示他的假情报专家为德军下一步行动做好准备。于是，这些假情报专家四处散布假消息，迷惑盟军总参谋部，把它的注意力吸引到了荷兰和比利时这两个国家，掩盖进攻法国的企图。

5月13日，德军趁法军尚未组织起有效的防御之机，强渡马斯河，向法军大举进攻。卡纳里斯的谍报局更是活跃起来。为了在法

▲闪击波兰的德国战机

国公众中间制造混乱，阻止法国后方部队的兵力调动，卡纳里斯别出心裁，调来3个功率特别强大的电台，以法国官方的口气散布假消息。这些假消息驱使无以计数的法国难民拥塞在法国境内的所有公路上，使得法军根本无法行动。

"菲立克斯"计划流产

1940年夏，希特勒在征服西欧诸国后，又开始觊觎英国，并命令德军统帅部制定了一个旨在攻占英伦三岛的"海狮"计划。6月30日，统帅部作战处长约德尔在呈交希特勒的一份报告中指出，要打败英国，首先要夺取由英国人控制的直布罗陀，切断英国与它的东方前哨阵地之间的联系，使英国变成一个孤岛。希特勒采纳了约德尔的建议。7月12日，约德尔拿出了攻占直布罗陀的"菲立克斯"行动方案。为了获得必要的情报，约德尔在报请希特勒同意后，决定派一个小组去直布罗陀实地侦察。

干这种事，谁也没有比最高统帅部谍报局长这个人选更合适了。卡纳里斯领命出征。临行前，卡纳里斯在等级阶梯上又向上爬了一级，晋升为海军上将。

1940年7月末，一个满头银发的矮老头漫游在西班牙，他越不愿为人认出，越引起人们的注意。此人自称胡安·吉列尔莫，他的护照表明他是阿根廷共和国公民。陪同他一起旅游的是一个瘦高个子。这两位游客正是卡纳里斯和他的助手皮肯布罗克中校。西班牙当局为他两人的活动提供了最大方便，凡他们停留或过夜的地方，总有一名西班牙情报官为他俩提供一切必要的情报。在全部活动过程中，西班牙军事当局采取了严格的措施，谨防引起外国间谍的注意。7月23日，卡纳里斯和皮肯布罗克来到马德里，与军事谍报局驻西班牙情报站站长威廉·莱斯纳取得联系。莱斯纳化名古斯塔夫·伦兹，以做铅、锌、软木塞及水银生意的"精益进出口公司"为掩护，指挥驻西班牙德国情报网的整个行动。同一天，卡纳里斯小组的其他成员也先后赶到马德里。

各路人马会齐后，卡纳里斯立即将他们遣往西班牙各地，进行侦察，搜集情报。

很快，一份份情报报告送到卡纳里斯的手上，不过，这些报告对"菲立克斯"行动计划的实施十分不利。法国和西班牙的铁路轨距不一样，德国部队不得不在西班牙边境换车，这就难免被发现、被告发。英国人了解这个要塞面临的威胁，当英国的谍报机构听说卡纳里斯来到马德里后，加强了警备力量。虽然，很多人都认为对直布罗陀的袭击，毫无成功的可能。然而，卡纳里斯不肯放弃这个大显身手的机会，力排众议，跟皮肯布罗克等人一起制订了一个进攻计划：先由 167 门大炮——其中主要是口径为210 毫米的迫击炮和高射炮，向英国的海军部队和高射炮部队开火，紧接着就是斯图卡式轰炸机对要塞的北端进行 30 分钟的狂轰滥炸，把坑道掩体的入口炸塌。炮兵停止轰击后，工程兵和山地作战专家从拉利内阿出发进行突破，冲过敌人防线，在东南部构成弧状队形，向西北包抄。卡纳里斯认为，按照他的方案，直布罗陀不出 3 天就会掌握在德国人手中。

　　8 月 2 日，卡纳里斯将他的方案呈报德军最高统帅部和希特勒。8 月 24 日，希特勒批准实施"菲立克斯"计划。然而，要想使"菲立克斯"计划顺利实施，必须得到西班牙军政当局的支持。尽管卡纳里斯反复游说西班牙军政首脑，希特勒也于 1940 年10 月 23 日亲自来到西班牙，同佛朗哥商谈"菲立克斯"行动。然而，此时，西班牙首脑佛朗哥不想在这个时候被拖进战争而得罪英国人，于是，百般推诿。

　　1941 年春，德国空军对英伦三岛的空袭以失败而告终，希特勒只好把注意力转向俄国。结果，卡纳里斯几个月的心血统统付诸东流。

　　1941 年 2 月 15 日，卡纳里斯接到最高统帅部的一份秘密文件，这份文件责成他协调一切情报活动，制造混乱，隐蔽德军进攻意图。这是卡纳里斯的拿手好戏，于是，这次代号为"鲨鱼"的转移视线的行动在 4 月拉开了序幕。在陆军总司令冯·布劳希奇的帮助下，卡纳里斯假装把驻守斯堪的纳维亚的军队调往布列塔尼，目的是制造假象，使关于德军将在英国登

▲陆军总司令冯·布劳希奇

陆的报告更为可信。同时，他给德国驻各中立国家的武官发去故意让苏联人截获的密码电报，说 8 个德国师即将从同苏联接壤的边境地区撤走。谍报局导演的这出闹剧给帝国的宣传部长也分配了一个角色，戈培尔在 6 月 13日出版的《民族观察家》报上加上一条消息，说德国军队准备渡过拉芒什海峡。报纸出售后，盖世太保又大吵大闹地将卖出的这期报纸全部收回，这样就会给外国驻柏林的好奇的新闻记者们造成印象，似乎宣传部长干了一桩可怕的"蠢事"。

　　卡纳里斯成功了。尽管苏联情报机关发现了大批德国军队正在向苏联方向运动，可斯大林就是不相信德国武装部队会发动进攻。他把这类报告扔在一边，说这是英国人干的挑拨离间的勾当，企图挑起莫斯科同柏林之间的冲突。6 月 22 日，当德国 300

万大军在苏联毫无准备的情况下发起突然进攻时，斯大林才如梦初醒。

屈死在希特勒的刀下

卡纳里斯开始对德国的前景充满了担心，就在卡纳里斯越来越对德国进行战争的前途悲观失望加剧的时候，他身边的两个亲信改变了他的生活。其中一个是他的副手奥斯特，另一个是谍报局军官多纳尼，两人都是德国上层密谋集团的骨干。他们想把卡纳里斯拉入他们的行列，除掉希特勒，夺取政权。于是，卡纳里斯与密谋集团建立了联系。不过，卡纳里斯并没有真正加入密谋集团。

1942年，德军在苏联战线进攻严重受挫，卡纳里斯的悲观情绪进一步增加，他开始与希特勒貌合神离，工作也越来越消极，结果，谍报局的活动屡屡受挫。它没有及时地报告苏军在斯大林格勒地区的防御工事；它被英美军队1942年11月突然在北非登陆而搞得狼狈不堪；情报局在英国的情报网被英国反间谍机关侦破和"策反"。就是在情报局最拿手的破坏活动方面也遭遇惨败。1942年6月，谍报局企图派8名特工在美国登陆，可是该行动的具体组织者向美国反间谍机构告密，该计划未付诸实施就被挫败了。谍报局提供的情报越来越少，这部庞大的机器大部分时间处于空转状态。

卡纳里斯的懈怠终于激起了希特勒的愤怒。1944年2月，希特勒把卡纳里斯撤职，降级调用，去领导一个有职无权的战争经济特别委员会。卡纳里斯的谍报局也随即被党卫队情报安全局吞并。

1944年7月20日，密谋集团刺杀希特勒未果。事件发生后，卡纳里斯因与密谋集团有联系而受到牵连。7月26日，大难不死的希特勒下令逮捕卡纳里斯。在监狱里过了几个月后，1945年4月8日，在第三帝国行将灭亡的最后时刻，卡纳里斯也走到了生命的尽头。这一天，卡纳里斯被希特勒推上了绞刑架。

杜勒斯的"日出"行动

苏联的《真理报》曾这样评论杜勒斯：假如人们由于一时疏忽而让艾伦·杜勒斯这位间谍进入天堂的话，那他一定会着手炸毁云彩、颠覆星座并屠杀天使。杜勒斯的确是一位美国大间谍，他在第二次世界大战期间功勋卓著，他领导的间谍组织为美国情报机关搜集了大量的有价值的情报，他的"日出"行动给美国和德国都带来了好处。

杜勒斯的三个"触角"

艾伦·魏尔希·杜勒斯1893年4月7日出生在纽约州。1942年震惊世界的珍珠港事件爆发后，杜勒斯被和他私交甚好的美国战略服务处处长杜诺万派去第一次世界大战时干间谍工作的老地方——瑞士的伯尔尼去建立情报分支机构，以便随时能够了解德国人的动向。

杜勒斯接到命令后，立即提着一个小皮箱，携带上两套替换的衣服和100万美元的信用卡，风尘仆仆地踏上了去瑞士的征途。艾伦·杜勒斯到达瑞士后，很快就在欧洲和北非建立了庞大的情报网。他将三条"触角"伸到了德国盖世太保的心脏，并由此而获得了大量有价值的绝密情报。

第一条伸向德国盖世太保"触角"是叫弗里茨·科尔贝。1942年底，德国外交部的高级外交官弗里茨·科尔贝想投靠英国情报机关，可是生性多疑的英国人怕科尔贝提供

▲美国第一号间谍杜勒斯

的是假情报，而断然拒绝了对方。此时，嗅觉灵敏的杜勒斯，马上意识到这是千载难逢的好机会，便以丰厚的诱饵紧紧地抓住这条送上门来的"大鱼"。此后，科尔贝先后向杜勒斯提供了1600多份德国外交部与德国在世界各地大使馆之间的电报和信件复印件，这些电报和信件对于处在大战期间的美国来说，有着非同一般的意义。为此，艾伦·杜勒斯得到华盛顿方面的高度赞扬。

第二条"触角"叫弗里茨·莫尔顿。莫尔顿的父亲是维也纳大学的著名教授。莫尔顿通过父亲的朋友和同事，在奥地利、匈牙利、捷克斯洛伐克和苏联等地建立了庞大的情报网。他把大部分时间用于和各地情报人员的联系上。莫尔顿具有非凡的记忆力，他搜集情报从来不用记事本，都是记在脑子里。为了及时将得来的情报转告给杜勒斯，他常常一人越过阿尔卑斯山脉，潜入瑞士和德国的边境。有时，莫尔顿还乔装打扮成盖世太保的秘密工作人员，到维也纳他父亲那里收集情报。通过和他父亲熟悉

的、在纳粹秘密工程效力的科学家的接触，他了解到德国人佩内明德的 V1 和 V2 火箭发射基地的详细情况，并及时报告了杜勒斯。

杜勒斯伸向德国盖世太保心脏的第三条"触角"叫吉什维尤斯。此人是德国盖世太保的重要头目威廉·卡纳里斯将军的好朋友，他最大的功劳是通过卡纳里斯了解到德国反间谍机关的密码专家破译了美国战略情报局和国务院的密码，他将这一消息及时报告了杜勒斯，这使美国免遭了重大损失。

为了确保情报渠道源源不断，杜勒斯还别出心裁地给科尔贝、莫尔顿和卡纳里斯三个人，每个人虚构了一个住在瑞士的"女朋友"，以"女朋友"明信片的方式进行相互之间的联系，这样就为这三名德国人时常到瑞士"约会"提供了非常自然的借口。因此，在整个大战期间，尽管纳粹的盖世太保封锁超乎寻常的严密，但众多的情报，还是源源不断地从德国"心脏"部位流向杜勒斯领导的间谍机构。

成功的"日出"行动

1945 年春季，驻意大利的德国军队指挥官，向美国发出希望通过纳粹德国党卫部队实权人物卡尔·沃尔夫上将，与杜勒斯洽谈投降的有关条款。杜勒斯决定与这位"不速之客"进行接触。

沃尔夫和盖世太保的头号人物——希姆莱关系甚为密切。当时希姆莱要他负责奥地利和德国南部阿尔卑斯山麓一线的纳粹最后抗争的堡垒据点。对于这一消息，华盛顿表示出了浓厚的兴趣。然而，由于当时的瑞士几乎云集着各国的间谍和情报人员，他们彼此之间大多都认识，只是相互心照不宣而已。大家都在贝尔维尤旅馆的大餐厅里用餐，常常会出现这样一种有趣的现象：一张桌子上坐着英国的情报人员，另一张桌子上坐的是纳粹间谍，不远处，又一张桌子上聚着波兰人，最边上的桌子上则是美国人。他们彼此间都相互尊重对方的私生活。在这种环境之中，杜勒斯要想同德国高级将领接触而又不被任何人发现和怀疑，简直难如登天。一旦走漏半点风声，被德国在瑞士的间谍知晓，传到希特勒的耳朵里，那一切都将化为泡影。

所以，杜勒斯这次没有贸然行动，他要独立行事，以减小范围，保守秘密，确保成功。他把这次行动称之为"日出"行动。1945 年 3 月 1 日，杜勒斯首先通过两名瑞士商人向德国人传去了口信，要对方立即释放被盖世太保捉获的两名意大利游击队员，并说这是双方进一步接触的先决条件。杜勒斯之所以要采取这种方法，因为这两名队员分别被关在两处，而且其中叫帕里的一名还被纳粹党卫军作为重要囚犯关押。杜勒斯认为，如果德国人能把这两人立即释放出来，一方面说明沃尔夫投降的诚意，另一方面也说明他具有极大的权力。

果然，1945 年 3 月 8 日一大早，纳粹党卫军就将帕里和另一名游击队员送到了瑞士交给了杜勒斯，并捎去了沃尔夫上将对杜勒斯的问候。沃尔夫确实摆出了真心投降的姿态，杜勒斯立即向沃尔夫发出了橄榄枝。当天中午，沃尔夫就越过瑞士边境，在伯尔尼与杜勒斯会晤。沃尔夫向杜勒斯表明了德国意大利军团投降的动机，他说这样做可以避免双方人员的伤亡，使意大利免遭更惨重的毁坏，而且还可以缩短战争的进程。至于战后对他和他的同伙的处置问题，沃尔夫没有提出任何要求，他说，在意大利的德军是无条件投降。

杜勒斯立即将这一重要情况报告了华盛顿和盟军司令部。美国的兰尼兹陆军少将和英国的特伦·艾雷少将很快就飞抵瑞士，代表盟军和沃尔夫作了进一步的会谈。

令杜勒斯没有想到的是，苏联情报机关很快就获知了这一行动。4月5日，苏联领导人斯大林亲自给罗斯福发出了一封措辞尖锐的信，信中说："显而易见，阁下并非消息灵通，我的军事同行们得到了可靠的情报，你们的人已经和德国人进行了好几轮谈判，并已达成协议。西线的德军指挥官已为英美军队开门，让他们向东挺进，交换的条件是放宽德国人的停战条款。"可是，美、英、苏三国关于"日出"行动的争端还没来得及开始解决，4月12日，罗斯福总统突然病逝，由杜鲁门接任美国总统。对引起重大争议的"日出"行动，杜鲁门一无所知。因此，杜鲁门一上任，"日出"行动自然也就陷入了瘫痪状态。4月20日，杜鲁门通过参谋长联席会议，给杜勒斯发了封电报："参谋长联席会议指示，战略情报局终止同德国间谍的任何接触。杜勒斯接到命令后，立即停止同德国方面的联系……鉴于和苏联人之间的纠纷，美英政府决定由参谋长联席会议向战略情报局发出指示，结束整个'日出'行动，并将此决定通知苏联方面。"

▲当上中央情报局局长的杜勒斯

4月23日，在杜勒斯接到电报后的第三天，还不知已经发生变故的沃尔夫还通过中间人向杜勒斯要求：请盟军立刻准备接受意大利北部全部德国武装力量的投降。可当杜勒斯向参谋长联席会议请示后，得到的指示却是让瑞士人代替他去同德国人会谈。没别的办法，杜勒斯只好让韦贝尔暂去与德国人周旋，自己想尽一切办法去劝说华盛顿改变态度。但是沃尔夫见几天来美国方面只是由韦贝尔进行谈判，杜勒斯却迟迟不露面，心中便产生了疑窦。他于4月25日返回意大利，指挥他的部下顽强抵抗盟军方面已经发起的猛烈进攻。4月27日，杜鲁门总统终于改变了主意，下令接受沃尔夫在卡塞塔向盟军司令部投降，并邀请苏联人参加了由艾森豪威尔总司令主持的隆重的受降仪式。第二天，在意大利北部的轴心国军队全部缴械投降。杜勒斯的"日出"行动终于获得了成功。

"大赌博" 反间谍行动

利奥波德·特雷伯1914年出生于波兰一个贫苦的犹太家庭。第二次世界大战前夕，被苏联情报部门派到比利时、法国，领导一个被称作"红色乐队"的间谍网，为反法西斯斗争作出巨大贡献。情报网被破获后，他被逮捕。他又利用敌人企图拆散同盟国反法西斯联盟的诡计，进行了名为"大赌博"的反间谍活动。

"红色乐队" 大展神威

利奥波德·特雷伯是波兰籍犹太人，自小家庭贫苦。1925年他加入共产党，到巴勒斯坦工作过，后来又到莫斯科上了共产主义大学，被前情报局长包尔青看中。自从认识包尔青后，他的间谍生涯就开始了。

特雷伯和包尔青认识以后，他们制订了一个行动计划：由特雷伯到邻近德国的国家去开一个公司，并且建立一个谍报网，经费完全由公司赚钱自负。

1938年3月，特雷伯打算动身去实行这个计划。出发之前，情报局的新局长接见了他。在这之后，他来到比利时，新身份是加拿大实业家，叫亚当·密克莱。他开了一个国际优质雨衣公司，并同时开始建立谍报网。特雷伯把这个谍报网叫作"红色乐队"。情报局派来一个叫阿拉莫的间谍和其他几个人。

1939年，德国吞并了波兰，1940年又灭亡了法国。德军开进巴黎后，特雷伯也到了那儿。他决定把"红色乐队"的总部设在巴黎。"红色乐队"在巴黎开了一个叫西梅克斯的公司，在布鲁塞尔开了一个叫西梅克斯戈的公司。这时"红色乐队"已形成了一个十分庞大的谍报网，有40多人，其中比较重要的有莱奥·格罗斯沃格尔、希勒尔·卡茨、阿拉莫·温特林克等，还有一个重要人物，即在纳粹心脏工作的柏林小组组长哈罗·舒尔茨·波森。

除了巴黎总部和柏林小组外，"红色乐队"还有荷兰小组和比利时小组，而且还和法国共产党搭上关系，取得了他们的帮助。

西梅克斯公司的主要主顾是为德国国防军担任全部营造工程和要塞工程的多特工程局。

由于和多特工程局关系密切，西梅克斯和西梅克斯戈公司的主要人员都领到了通行证，所到之处都大门洞开，和德国军官们也来往频繁。

"红色乐队"从波森那里也得到了许多具有宝贵价值的情报，还从一个前白俄男爵那里得到许多情报。"红色乐队"还有很多自己的优秀报务员。这些报务员被叫作钢琴手，他们每天都奏乐——把情报发往莫斯科。

1940年，德军空袭伦敦。9月7日，伦敦首遭空袭，接连的许多天，轰炸继续进行。10月12日，起了一场戏剧性的变化。希特勒下令停止登陆准备。1940年12月18

日，希特勒下令："德军必须准备就绪，在对英国战事尚未结束以前，即对苏联发动闪电战。"

在东京的苏联间谍佐尔格立即报告情报中心，并且附送了一份指令的抄本。1941年初，波森把作战计划的详细部署报告到情报中心。这些部署是：大规模轰炸列宁格勒、基辅、维堡……出动师团的具体数字等等，都调查得一清二楚。同年2月，特雷伯发出一份详细的电报，报告德军从法国、比利时抽调了多少师派往东线。5月初，他托驻维希的苏联武官转送一份攻击计划情报，指明原定5月15日发动攻势。5月12日，佐尔格通知莫斯科，说德军在边界线上集中了150个师。5月15日，他又报告发动攻势的日期已经定为6月21日。波森从柏林也发出了同样的情报。

所有的情报人员都知道德国攻势就要开始，可是斯大林却不顾一切显而易见的事实。

1941年6月22日，希特勒撕毁苏德互不侵犯条约，悍然发动了对苏联的进攻。苏联猝不及防，仓促应战。

从1940年到1943年，"红色乐队"的钢琴手向情报中心打过报告1500份左右。这些报告有有关敌人的物质力量：兵工生产，原料、运输，新武器，还有有关战局的情报：师团确切数，武器配备、攻击方案。"红色乐队"大显神通。

1941年秋天，希特勒召集军事会议。他主张正面直取莫斯科，参谋部则主张包抄合围。后一种意见占了上风。恰好，波森小组的一位战士是这次会议的速记员。于是，苏军总部对于德军这次攻势了如指掌，才得以对症下药，策划反攻，击退了德军。还是"红色乐队"这位速记员，提前9个月便报告德军将进攻高加索。于是苏军设下陷阱，就等德军自投罗网。

诸如此类的例子有很多。在这些情报的背后，有着特雷伯的巨大功劳。他亲自搜集情报，更主要的是，他的卓越的组织才能和让"红色乐队"其他成员信赖的品格，使"红色乐队"具有惊人的效率。

"大赌博"行动

1941年6月26日，德国监听站值班员收到一组奇怪的信号。一直到9月底，德国人才确知自己不断截获的电报都是发往莫斯科的。

德国特务头子海德里希向希特勒拍着胸脯保证德国没有苏联间谍。他拍错了胸脯，威信下降，但仍然起来掌握了局面。各色各样的特务、警察出动来对付苏联间谍。

德军情报部派驻比利时的情报首脑皮普是个能干的人。他在比京侦察出一部发报机，特雷伯也差点因此逮捕。事情是这样的：

1941年12月11日，特雷伯来到了比京。在这里负责发报工作的是索菲和卡尔。特雷伯约阿拉莫和斯普格在索菲家见面。在特雷伯等人还没到索菲家的时候，皮普上尉率人搜索了索菲住处，索菲和卡尔被逮捕了。随后进门的阿拉莫也被抓住了质问。晚些进门的特雷伯依靠多特工程局的证件暂时脱离了险境。

德国在比利时的警长杰林接替皮普上尉处理这件事，他顺藤摸瓜，抓住了"红色乐队"的许多人。其中，肯特、雷希曼、艾弗雷莫夫和马蒂厄最后叛变了。由于叛徒的出卖，杰林很快抓住了特雷伯。但是，杰林抓住特雷伯并不是为了把他送上刑场，而是有特殊用途。

盖世太保头子希姆莱想利用这件事，抓住其他"红色乐队"成员，并挖出和"红色乐队"联系密切的法国共产党。此外，还有一个更深的原因：希姆莱想单独与英美议和，全力对付苏联；他想通过现已发现的"红色乐队"电台向苏联发假情报，挑拨苏联与英美的关系，达到他的目的。这个行动计划被命名为"大赌博"。

因有"大赌博"行动，杰林不仅不能处死特雷伯，反而还要尽量对苏联情报中心掩盖特雷伯被捕的情况。这就需要特雷伯本人的合作。

虽然杰林还逮捕了"红色乐队"其他的几个重要人物如卡茨、格罗斯沃格尔等，但特雷伯无疑是最重要的。这就更需要特雷伯的合作了。

特雷伯立刻想到利用"大赌博"行动来挽救已被捕的战友的生命和继续为情报中心服务。为此，他答应了杰林的要求。他说，如果杰林杀害他的战友，他就不与他们合作。特雷伯告诉杰林，要对"红色乐队"其他人掩盖自己被捕的情况是十分困难的。另外，苏联还派了一个保护小组，连特雷伯也不认识小组的人。他们如果发现特雷伯不见了，一定会向情报中心报告。

这个保护小组的特雷伯杜撰出来的，但杰林相信它是存在的。因此他虽然对特雷伯控制很紧，但在以后的行动中还是给了他许多自由，以免"保护小组"发现他已被捕。

杰林要叛徒肯特发报给情报中心，要求和法国共产党联系。情报中心拒绝了这个请求。特雷伯建议由自己打一个电话给"红色乐队"的联络员，告诉他："我一切顺利，过几天就回家。"杰林答应了。其实"红色乐队"规定，这句话的意思是："一切糟糕。我回不了家。"

杰林又叫肯特以特雷伯的名义发报给法国共产党要求联系，法国共产党代表答应了。杰林乐不可支，立即张网捕鱼。可是到了约定时间，法国共产党代表没有赴约。原来特雷伯早就和法国共产党代表商定好：每次会面都比约定时间提前两天又两个小时。

杰林又叫一个被捕的报务员发报给情报中心。这位报务员在发报时故意把特雷伯叫作："大首长"，其实从来就没有"大首长"这个称号。于是情报中心获悉：特雷伯出了问题。

经过多次失败以后，杰林不得不动用特雷伯了。

将计就计索取情报

由于杰林对特雷伯还算"客气"，特雷伯就利用对他的"优待"偷偷给情报中心写了一封信。

特雷伯在信中把每个人被捕的时间、地点、情况详细开了一份清单，然后叙述他们被捕后的表现。至于破获的电台、电报、密码、密电一一列入清单。接着又把"大赌博"的政治目的、军事目的、采取的手段尽量解释清楚。最后，他又列举了可能被捕的人的名单，建议情报中心安排他们转移到安全的地方。

在信中，特雷伯提出：如果情报中心认为有必要主动继续搞"大赌博"，那就由局长于1943年2月23日来电为红军节和特雷伯的生日道贺。

信写好了。特雷伯的床腿是空心钢管做的，于是特雷伯把这封信藏在这个"保险柜"里。

杰林在这个时期去了一趟柏林，征得上司对他的计划的同意后，开始动用特雷伯。

有一个叫朱丽叶的苏联联络员，也被发现了。不过杰林并没有逮捕她，而是想顺着这根"藤"摸出一个"大瓜"。现在，他让特雷伯去约会朱丽叶。

朱丽叶见了特雷伯十分高兴。两人彼此拥抱。特雷伯在她耳边告诉她，过一个星期再来递给她一封信，让她接信后立刻远走高飞。

第二次见面时间又到了。特雷伯把信从"保险柜"里取出来，随随便便放在口袋里。

大批暗探跟随特雷伯前往，可是特雷伯满不在乎。在趁和朱丽叶拥抱时把信塞到她口袋里。于是"炸弹"在杰林眼皮底下送出去了。

1943年2月23日，是一个特雷伯终生难忘的日子。杰林兴高采烈地来到他的拘留所，得意扬扬地告诉他，肯特的电台收到一封电报，电报上说："红军建军节也是你的生日（特雷伯几乎失声欢叫：情报中心知道了）。我们向你祝贺，情报中心念你劳苦功高，决定建议政府授予你军功勋章。"

看了电报，特雷伯不再掩饰自己的高兴，一切努力都收到了效果，"大赌博"的主动权业已落入情报中心之手，报复的时刻到了。

杰林也得意得脸上放光，他对特雷伯说："好极了，好极了，我们已经有了证据，情报中心信任我们！"

特雷伯后来得知，情报中心告诉他在苏联的妻子：您的丈夫是英雄，他为祖国的胜利出力报效。

以前，情报中心总是给各个组长发电报。特雷伯利用这一点说服杰林不要审判被俘的同事，因为莫斯科任何时候都可能要求直接同他们联系。杰林同意这个看法。

情报中心彻底利用"大赌博"，不断索取军事情报。纳粹分子为了使莫斯科相信自己的假情报，不得不向莫斯科提供很多真情报。

有时，情报中心提的问题使德国人十分为难，既不能不答复，用假情报答复又有被识破的危险。比如，情报中心发过一份这样的电报："在夏隆·塞·马尼和安古莱姆驻扎的是哪几个师？根据我方情报，在夏隆的是第9步兵师，在安古莱姆的是第10坦克师，希查对。"

杰林没有别的办法，只好据实回答："在安古莱姆的党卫军新师团没有番号，士兵穿灰色制服，戴黑肩章和党卫军徽号。"

第二天又老老实实地对该师武器装备提供了详细情报。

这些情报是杰林通过巴黎的德国军事情报领导机构把要求提到德国国防军参谋部，再由冯·伦斯德特元帅本人开放绿灯得到的。冯·伦斯德特对这些愈来愈精确的情报来来往往愈来愈怀疑，愈来愈不满。

1943 年 5 月 30 日，情报中心要求提供关于德军毒气弹的一切详细情报。

这一次太过分了，国防军司令部大大骚动起来。元帅也说："军队最高司令部认为不能再提供这类答复，否则必然引起可怕的安全问题。"但是杰林所属的别动队的领导认为没有必要大惊小怪，因为"红色乐队"是一个高效能的谍报网，它完全能搞到这些情报。

最后别动队的论点占了上风，军人被迫像以前那样精确地回答了这些问题。

与盖世太保的战斗

1943 年 6 月，由于久不见成绩，杰林被迫退出了。潘维茨代替杰林出任别动队在巴黎的头头，并全盘接过了"大赌博"行动的指挥权。但他也没取得什么成绩。

"大赌博"行动越来越受到纳粹上层人物的注意。1943 年，纳粹已经每况愈下，他们打起了和苏联单独议和的主意。

潘维茨在这段时间缴获了几台法国共产党的电台，其中有一台电台，特雷伯怀疑自己交给朱丽叶的那封信就是从那里发出去的。别动队决定让著名的沃克博士的密码特别破译组来巴黎。也许那封信是由别的渠道送出去的，可是如果是由电台发出去的，沃克博士就一定能破译出来，那么"大赌博"的全部内情都会变得明明白白。

特雷伯以往留在那里是为了利用"大赌博"继续戏弄德国人。现在，他决定逃跑。

9 月 13 日，特雷伯"好心"地向一个别动队的头目伯格建议，他愿陪伯格去一个叫巴伊的药房买药，那里的药对伯格的胃病有特效。伯格欣然答应了。他们到了巴黎，伯格交给特雷伯一个身份证和 500 法郎。每次特雷伯外出都是这样，这是为了防止被其他德国盖世太保盘问，引起误会。特雷伯很快利用这个身份证跑到了圣杰尔曼。

9 月底，特雷伯给潘维茨写了一封信。在此之前的头一封信里告诉他说，特雷伯在苏联反间谍人员的陪同下到瑞士去。但是从那以后，他发现特雷伯到过圣杰尔曼、维西内和徐雷纳……由于特雷伯必须给他一个说得过去的解释，特雷伯就告诉他，在反间谍人员的同意下，自己已经回到了巴黎。

对于一个逃脱了的，并且仍在逃走的人来说，这是个奇怪的行为！这等于给猎人指出猎物的脚印，是冒着极大的危险的。但是，特雷伯考虑到一个盖世太保特务比较简单的心理：只要你告诉他你在巴黎，他就会到欧洲四面八方去找你！

特雷伯还有更重要的理由，巴黎是地下工作者的乐园。一个人遭到追捕，只要能够断绝以前的关系，就很有可能逃脱追捕他的人。特雷伯在信中故意表现得镇静而有把握，对别动队的态度表示愤慨，指责它有意制造恐慌，逮捕同特雷伯情报网无关的无辜者。特雷伯又说，以后，他如何对待别动队，就看被捕的人是否得到释放。

潘维茨自以为别动队从一开始就完全掌握了"大赌博"，现在却被特雷伯的信弄得不知所措。他揣摩特雷伯的意图，不了解为什么特雷伯逃跑以后并没有向情报中心揭露全部实情。显然他不知道从1943年2月"朱丽叶事件"以来，莫斯科对真正的局势是一清二楚的。

特雷伯留在巴黎继续和潘维茨周旋。他时而一个电话，时而一封信，把潘维茨和他的手下调得团团转，而他自己则利用机会去通知一个个朋友和战友逃走。经过一番努力，特雷伯和法国共产党接上了联系，特雷伯具有惊人的组织和领导才能，就在这种严密追捕的情况下，他还居然组织了一个游击队和德国人对着干。

1944年8月，巴黎解放了。巴黎解放后几天，特雷伯接到情报中心给他的一份电报，表扬他的行动。1945年1月5日，特雷伯终于坐上飞机，踏上了返回苏联的航程。

特雷伯的磨难

战争结束后，特雷伯回到苏联，却被克格勃逮捕，关押了近十年才被平反出狱，后回到波兰，没想到却又被波兰政府迫害和软禁。西方世界许多人为他进行了声势浩大的声援活动。1972年10月2日，波兰共产党第一书记到巴黎访问，迎接他的是声援委员会的招贴画：《特雷伯呢，盖莱克先生？》社会党领导在公报中提出了"令人痛心的特雷伯问题"。

声势浩大的声援活动终于使波兰政府屈服。特雷伯终于离开波兰来到伦敦，他的妻子和他同行，受尽磨难的特雷伯终于和家人团聚了。

"毁掉"德军装甲部队的"露茜行动"

"露茜行动"是与"红色乐队"同样有名的另一个间谍网。这个间谍网从1939年到1943年在瑞士进行活动。在库尔斯克战役中，"露茜行动"发挥出了巨大的作用，对库尔斯克战役的结局起了关键作用。

"露茜"情报网发出警报

1941年4月，苏联以空前的速度向德国运送原料。在那个月里，共运交了二十万吨谷物，九万吨石油。事实上，最后一列运送谷物的火车驶离苏联，进入德国时，距入侵开始的时间只有三个小时。

在这一时期，"露茜行动"间谍网发往莫斯科的情报数量正在增加。

1941年6月17日晚，"露茜"情报网向莫斯科"中心"发出了极重要的情报。

"部长：

德苏边界上现在配置了大约100个步兵师，其中三分之一是机械化师。其余部队中，至少有十个是装甲师。在罗马尼亚，德军集中在加拉茨，一些负有特别任务的精锐师已经进行了动员。驻守政府（指波兰）的第5师和第10师正在动员。"

紧接着，"露茜"又向中心发来了进攻苏联的确切日期是1941年6月22日拂晓，而且还提供了德国战斗命令的准确细节，以及各集团军的主要作战目标。情报之具体令人难以置信。

> **二战初期的德国和苏联**
>
> "二战"刚开始时，苏联与德国签定了互不侵犯条约，苏军最高领导斯大林放任德国去侵吞欧洲而置之不问，不但如此，在对波兰的问题上两个国家还站在了同一条战线上。苏联在二战初期秘密出兵波兰，并且和德国瓜分了波兰。

立功库尔斯克战役

1943年在库尔斯克突出地带进行的战役是历史上规模最大的坦克战役，卷入这场战役的约有六千三百辆坦克，二百万人，战场面积长不足五十英里，纵深不过十五英里。同年4月8日，"露茜"向"中心"发出了这样一份情报："德国最高统帅部和陆军司令部之间的分歧已经解决，决定把进攻库尔斯克的日期推迟到5月初。"

希特勒想等待有更多的虎式坦克投入战役，同时期待最新式的豹式坦克成批生产。"露茜"间谍网早已向"中心"提供了有关这两种坦克装甲厚度、武器、速度等战术、技术数据，因而使俄国装甲兵得到了如何对付这些坦克的打法。

计划中的德国攻势现已命名为"要塞行动"。它在希特勒的最高统帅部里早已引起了一股狂热的势头。4月15日，希特勒在他的第六号行动指令中宣称，"要寨"是最重要的一次行动。"这次进攻",他写道,"必须成功,它必须迅速地,令人信服地取得成功。它必须使我们得到今年春天和夏天的主动权……库尔斯克的胜利必定是一把照亮世界的火炬。"

"保证进攻的突然性是至关重要的,必须使敌人在最后一分钟时仍然不能确定攻击开始的时间。"希特勒宣称,还制订一个欺骗计划,采取的形式是向高加索油田发动佯攻,其代号是"豹子行动"。希特勒还说,"豹子行动"的准备工作将在南方集团军群地区进行,每一个方面都将予以重视(显而易见的侦察行动,坦克的出现,架桥设备的展开,间谍的使用,空军的使用等等)。

尽管德国人在保密和欺骗方面做了一切努力,"露茜"间谍网仍然能把德国人的真实意图和每一个步骤不断地通知莫斯科"中心"。

在此期间,苏联人在继续进行库尔斯克突出地带保卫战的准备。他们倾注了自己的兵员和装备:将近全部地面部队的百分之四十和差不多全部现有的装甲力量。他们准备进行纵深防御。地雷埋设的密度是第一线每英里埋设了二千二百个反坦克雷和两千五百个反步兵雷。截至7月初以前,他们已有两万门大炮进入了阵地,其中包括六

▲库尔斯克战役剪影

千门76毫米反坦克火炮,外加九百二十门卡秋莎多管火箭炮。

6月23日,"露茜"向莫斯科报告说,德国最高统帅部已开始认为进攻库尔斯克是一次非常冒险的主张:"6月1日以来,苏联人已经集结了……如此数量的部队,致使德国人已不再谈论优势问题了。但希特勒还是希望发动进攻。"

7月1日,希特勒把他的将军们都召集到"狼穴"——他在东普鲁士的指挥部。他通知他们说:"要塞行动"将于四天之内开始。有关命令将立即下达。第二天,即7月2日,卡图科夫中将设在佐林斯基耶·德沃里村附近的司令部里,这位第一坦克军司令员有一位重要的客人——尼基塔·谢尔盖也维奇·赫鲁晓夫。赫鲁晓夫是当时斯大林格勒前线的政治委员。陪同他去的是图京将军。这两个人从最高统帅部里带来了极其重要的秘密情报,他们要亲自向前线指挥官们传达,那都是关于德国攻势的详细情报,其中包括进攻开始的日期。

在德国方面,等待出击命令的共有五十个师,九十万人,此外尚有二十个后备师,外加二千七百辆坦克,其中许多是虎式及豹式坦克。约有一万门大炮已进入阵地,德国空军集中了一千八百六十架飞机。苏联人部署了一百多万军队,三千六百辆坦克。

库尔斯克战役使德国装甲部队再未能恢复元气,再也未能夺回他们的主动权!这一战役也证明了潜伏在瑞士的"露茜"间谍网的高效率和巨大作用。

愚弄英国的"北极行动"

英国的情报机关是世界公认的诈骗高手。在第二次世界大战中,伦敦监督处和英国情报局策划的"肉馅"诈骗计划和"卫士"诈骗计划,让德国人吃尽了苦头。然而,英国人也有上当的时候,1942年至1944年,他们就被德国盖世太保策划的"北极行动"计划骗得挺惨,不仅损兵折将,还白白送给德国人大批电台、枪支弹药和经费。

劳威尔斯上尉被捕

吉斯克斯是德国党卫队盖世太保驻荷兰的反间谍组织的头目。自从1940年春天德国以迅雷不及掩耳的闪电战攻占了西欧后,荷兰的地下抵抗运动也如雨后春笋般地发展起来。抵抗组织统归伦敦的英国情报局特别行动委员会指挥,该委员会一方面为各国地下组织提供人力和经费援助,一方面接收他们的情报,帮助丘吉尔战时内阁掌握欧洲大陆德军的动向。有了伦敦的指导和支援,荷兰的地下组织如鱼得水,他们贴传单、做宣传、搞袭击、搞爆破,搅得驻荷德军惶惶不可终日。在希特勒的怒骂下,盖世太保头子施伦堡撤掉了驻荷兰反间谍头目,派他的得意门徒吉斯克斯接任这个职务。

吉斯克斯很走运,他走马上任没几天,一个荷兰告密者找上门来,自称可以帮助吉斯克斯抓住英国派来的间谍。吉斯克斯并没有相信眼前这个看上去有些猥琐的荷兰人。所以他没有表现出太多的热情,他漫不经心地问了一句:"你有什么办法吗?"

> ### 国家秘密警察——盖世太保
>
> 盖世太保是德语"国家秘密警察"的缩写Gestapo的音译。盖世太保由党卫队控制。它在成立之初是一个秘密警察组织,后加入大量党卫队人员。随着纳粹政权的需要,盖世太保发展成为无所不在、无所不为的恐怖统治机构。纳粹通过盖世太保来实现对德国及被占领国家的控制,是纳粹对被占领国家人民进行特务恐怖统治的工具。纳粹德国战败后这个组织被取缔。1946年,被纽伦堡国际军事法庭宣判为犯罪组织。

"我发现伦敦来的人都带着一只大皮箱,箱子里装着电台。"告密者一脸神秘地答道。

吉斯克斯认为精明的英国间谍绝不可能出现这么大意的失误,于是他确认这个荷兰人是骗钱者。

吉斯克斯很快把这事忘掉了。然而,那个告密者并不死心,他一天到晚走大街串小巷,寻找猎物。1942年3月9日上午,他终于发现了目标。记下门牌后,他立即跑到吉斯克斯那里通风报信。吉斯克斯先是半信半疑,但转念一想,去看一看也无妨,于是，他决定先去查看一番再说。

吉斯克斯带人和检测设备来到告密者所说的法伦海特大街736号。此刻，测向天线显示，法伦海特大街736号的那栋两层小楼里有人正在发报，吉斯克斯这才对告密者的话确信无疑。

为了不惊动发报人，车子在距目标200米外停下来。武装宪兵迅速包围了楼房，吉斯克斯伸手按响了门铃。

二楼东头一个窗帘紧闭的房间里，休伯塔斯·劳威尔斯上尉已经发完了最后一组电码。

劳威尔斯是荷兰陆军的一名上尉，两年前敦刻尔克大撤退，他也随着英法联军到了英国，随即被特别行动委员会录用，并接受了谍报训练。一个星期前，他携电台被空投潜回荷兰，负责一个地下组织与伦敦的联络。他没有想到，那个在英国很普通的大箱子引起了别人的注意，从而引来了大灾祸。劳威尔斯被捕了。

被愚弄的英国情报机构

面对这次意外的收获，吉斯克斯经过一番冥思苦想，一个大胆而阴险的计划在吉斯克斯大脑中酝酿成熟，他把这个计划命名为"北极行动"。

"北极行动"首先要攻破的是劳威尔斯这块堡垒，一番软硬兼施之后，劳威尔斯被迫答应做德国间谍，为德国情报机构服务。

对吉斯克斯来说，劳威尔斯是个宝，他的"北极行动"的主要内容就是把劳斯尔斯的电台控制在自己手里，然后仍以地下组织的名义与伦敦保持联络。这样一来，吉斯克斯只要在荷兰张开口袋，他所需要的战利品就会源源不断地从海峡对岸送来。吉斯克斯得意地把这种做法称作是"倒戈逆用"。

第二天上午，在吉斯克斯的导演下，一份报告安全到达并请示下一步行动的电报越过英吉利海峡，飞回伦敦。

但是令吉斯克斯做梦也想不到的是，劳威尔斯在发回的电报中打了埋伏。伦敦特别行动委员会规定，发回伦敦电报的第16个单词必须故意拼写错误，以此作为安全保险。如果伦敦接到的电报第16个单词的拼写是正确的，这就意味着电报有诈，而劳威尔斯发回电报的每一个单词都拼写得准确无误。

然而，不知何种原因，英国情报机关对此明显的暗记竟毫无察觉。本是自己安排的保险，结果因马虎而落入了吉斯克斯的陷阱，一连串的悲剧随之而来。

3天后，一份电报从伦敦发来：

"将派彼得·道伦上尉携电台空投入荷，协助你工作，请按规定信号做好接待准备"。

看过电报劳威尔斯知道了，粗心的伦敦没有发现他发回的电报中有诈。因为这不是欺骗德国人的虚假电报，它的真实性无可怀疑。因为，彼得·道伦是他的好朋友，是他同期接受报务训练的同学。

海牙近郊有一个斯丁威克镇，镇旁有一块平坦的荒地，荒地连着一片茂密的森林。这就是事先规定的空投地点。约定的时间到了，荒地上，包着红、蓝、白三色布的3道手电筒灯光，划出一块目标明显的三角形空降场地。吉斯克斯带着一帮德国士兵隐蔽在丛林中，等待猎物落网。不一会儿，一阵飞机的轰鸣声由远而近。不久，空中出现数个黑点，向三角地带的中心飘落。首先触地的是几包伞投物资包，最后的一顶伞下，看出是个人形。很快，劳威尔斯的同学彼得·道伦上尉从空中降落在草地上。不消说，彼得·道伦上尉被吉斯克斯抓了起来。

在这之后，同样的情形还在其它地点连续出现，一批又一批携带电台的盟国情报人员和大量的物资被空投到荷兰，吉斯克斯如数接收，吉斯克斯还命人将得到的空投物资登记造册。记录表明，他的收获颇丰，武器、弹药、间谍用具、食品、经费，一应俱全。吉斯克斯的功绩得到了党卫队情报安全局长施伦堡的高度肯定，他多次打电报来，对他的"功绩"表示赞赏。

为了把戏继续演下去，吉斯克斯也时常把一些情报发向伦敦，但这些情报不是无关痛痒，就是放马后炮，或者是完全的虚构。当然，有时候，为了骗取英国人的信任，吉斯克斯也需要付出些代价。蒙在鼓里的英国情报机关回电嘉奖有功的人员，吉斯克斯趁机要求再多派人员、多送物资、经费来。

吉斯克斯的收获越来越大，没用多长时间，他已控制了荷兰地下组织的14部电台。劳威尔斯绝望了，他深受自我良心的谴责，几乎痛不欲生。有几次，他也想发出警报，但德国人就坐在他身边，一听到报文异样，就立即按下开关、施放干扰。事后，劳威尔斯免不了吃一番苦头。终于有一次，他在报文中插入了不易发现的虚码，向伦敦发出警告信号。但这次，伦敦那边依然没有发现这个纰漏。

"北极行动"宣告结束

空投到荷兰的被捕人员被吉斯克斯关押在哈伦的监狱里。哈伦是鹿特丹附近的一个小镇，相当偏僻。道伦也被关押在哈伦监狱，不过，由于他拒绝与吉斯克斯合作演戏，吉斯克斯下令把他单独关在四层楼的顶层，吃饭、用水都是送进来，不许他到庭院内和众人一齐放风。

道伦被捕的一刹那，他就明白是劳威尔斯出了问题。在后来被捕的人中，他又发现了许多熟悉的面孔。道伦意识到问题的严重性，得立即通知伦敦。

但是，怎样把信息传出去呢？

房内有一根自来水管通楼下房间，道伦知道他的报务班同学，英军中尉霍姆斯就关在楼下。道伦走过去，用一根小木棒有规律地敲了几下。楼下无反应。他不灰心，继续又敲。终于，楼下有了回声。道伦知道，受过报务训练的人对长短有序的敲击声会有一种职业的敏感，他用有序的敲击声告诉霍姆斯"速通知伦敦，我已被捕，所有的潜入人员都被扣押，电台控制在德国人手里！"

最终情报通过霍姆斯之手，七转八转传到了伦敦。特别行动委员对此将信将疑，踌躇之际，向荷兰发了一份电报，要求抵抗组织炸掉科特威克电台的发射塔，并指定要彼得·道伦带队指挥。特别行动委员会是这样想的：如果电台没有被炸，则说明道伦确已被捕，只好另寻他途。

吉斯克斯犯难了。设在科特威克的电台非同一般，它是德国海军与大西洋活动的潜艇进行指挥联络的主要通讯工具，这样昂贵的代价他付不起。最终吉斯克斯还是想出了办法，他以道伦的名义回电说："袭击计划近日内实施，请静候佳音。"

四天后，德军控制的荷兰报纸登出消息："昨晚，一伙武装分子袭击了科特威克电台，但被守军打退，袭击者中有3人被击毙。"与此同时，伦敦也收到电报："袭击失败，彼得·道伦上尉遇难。"

伦敦还不放心，又发出新的指令，要他们建立一条从荷兰经比利时、法国到西班牙的交通线，掩护在西欧境内被击落的盟国飞行员返回英国。这样的任务对吉斯克斯来说不用犯难，因为这不会危害"北极行动"的安全，也不用付出什么代价。于是，在德国情报机构的"帮助"下，交通线很快建立起来，许多落难的飞行员经伪装的"抵抗组织成员"的协助，安全返回了伦敦。特别行动委员会的怀疑动摇了，他们最终认定，所谓道伦的情报是盖世太保的反间计，不予理睬。

这一切，道伦并不知道，但他看到仍不断有新的情报人员被捕，认为霍姆斯并没有把情报送出去。他决定设法逃出去，回伦敦报警。在一个风雨交加的夜晚，道伦拧下了门上气窗的摇头栓，趁走廊哨兵打盹的工夫，从气窗上爬了出来，并成功地越过高墙逃了出去。

第二天上午，吉斯克斯得到道伦潜逃的报告，大惊失色，他马上命令在四周紧急搜索，但一无所获，显然，道伦逃了出去。吉斯克斯命令驻荷兰的德军机构严密封锁检查各个关口，封锁车站以及海运等出入口。由于，吉斯克斯的严密封锁，道伦在潜伏了3个月后才找到机会化装进入比利时、法国，最后到达中立国西班牙，并最终在1943年底的圣诞节前夕，他在直布罗陀登上了一艘开往伦敦的英国货船。

道伦的归来使特别行动委员会大吃一惊，因为据荷兰来电，道伦早在袭击科特威克电台的战斗中"壮烈牺牲"。假如道伦的汇报都是真的，那他们的错误就犯得太大了，这如何向丘吉尔的战时内阁交代呢？怎样处理这个棘手的问题，特别行动委员会的首脑们举棋不定。他们不愿自己否定自己，于是，以道伦是德国双重间谍的罪名，把他投入了监狱。

然而，不断从欧洲大陆反映出的迹象表明，道伦的话越来越可信。于是，特别行动委员会决定暂停对荷兰的空投支援，但继续保持与荷兰的电报联系，当然，电报内容越来越没价值。有几次，吉斯克斯询问，假如盟军登陆欧洲，荷兰的地下组织应何时配合、需采取哪些行动，伦敦的回电总是避而不答。

吉斯克斯意识到，肯定是道伦出了问题，他的"北极行动"该到收场的时候了。1944 年 4 月 1 日，他指令在荷兰参加"北极行动"的 10 部电台，同时向伦敦特别行动委员会发出一份内容相同的电文：

"近两年来，我们收到 95 次空投，计有电台 75 部、枪 8000 支、子弹 50 万发、炸药 3 万磅，另有经费 50 万荷兰盾，足够开一个小银行。我们的合作一直很默契，很有成效。近来我们感到，你们似乎要甩开我们另有所为，如此亦不勉强。但愿我们能和好如初。再见！"

"北极行动"就这样以德国的几乎完胜而宣告结束，这次行动对英国的情报机关是一次莫大的打击和讽刺。

辛西娅窃取维希政府密码

辛西娅身材苗条，有着一头漂亮的金发，还有一双蓝色的大眼睛。正是这位娇艳迷人、富有勇气和智慧的非凡女人，在第二次世界大战中大显身手，为盟军在北非成功登陆建立了卓越的功勋。就工作效率和成果而言，辛西娅完全有资格同第二次世界大战中最优秀的间谍左尔格相提并论。在人类谍战史上，辛西娅拥有无可动摇的完美女谍的称号和骄人的战绩。

初出茅庐建奇功

辛西娅原名贝蒂·索普，1910 年生于美国明尼苏达州的明尼阿波利斯的一个高级海军军官家庭。

▲性感女间谍辛西娅

1930 年 4 月，20 岁的贝蒂和英国大使馆的官员帕克正式举行了婚礼。从那时起，嗜好冒险和娱乐的贝蒂开始涉足搞秘密活动的特工行列。她那好动、敏捷、生龙活虎的性格使她能在社交界大显身手。

1937 年夏天，帕克夫妇抵达波兰首都华沙。知识渊博、幽默风趣的贝蒂很快融入当地的上层社会。她热衷于冒险，间谍这一行在她眼中被视为一种高尚的富有挑战性的职业。

这个时期，华沙已笼罩在战争的阴影中，而英国在华沙的谍报工作特别薄弱。因此，不论辛西娅能帮什么忙，都是受欢迎的。不过那时贝蒂已被告知，不论她做什么事情，绝对不能让她丈夫知道。帕克当时正患脑血栓在外地住院，这一规定她很容易办到。贝蒂迅即兴致勃勃地投入这一冒险中。

贝蒂在华沙的最大成就，是在她坚决而果断地把一个波兰小伙子诱入圈套而获得的。这个小伙子就是波兰外交部约瑟夫·尼克上校的机要副官。他之所以特别重要，不仅在于他深得外交部长的信任，而且还在于他经常替外交部长去捷克斯洛伐克和德国执行秘密使命，得以接触各种各样的机密文件，而且更重要的是贝蒂可以从他那里得到德国艾尼格玛密码机的详图。

很快，贝蒂就把一张密码机的关键样图送到英国秘密情报局的办公桌上。搞到艾尼格玛密码机的秘密本身就是一项重大的谍报成就，有很多人和很多部门都为获取这些秘密尽了力，美国和英国人为此还在一定程度上进行了合作。然而这里搞到一点，那里搞到一点，都不很完善，后来又出现了好几种艾尼格玛密码机的变种，又各有不同的型号，真叫谍报人员头疼。而在这时，贝蒂却带来了最意想不到的成果，不能不说是功劳甚巨。

贝蒂的所作所为引起了英国情报机关安全协调局的领导人威廉·斯蒂芬森的注意，但他并没有吸收贝蒂加入秘密情报机关。在斯蒂芬森看来，一个多才多艺的业余间谍比职业间谍表现得更为出色。

贝蒂作为机要副官的情人与他一起出访布拉格和柏林。她从柏林回来时，居然从波兰秘密情报局那里获得了德国国防军密码系统的索引和其他一些情报。斯蒂芬森认为，在贝蒂所提供的情报中，有一些是英国已经掌握的，但这并非毫无价值，它可以证实已获悉情报的真伪，而更重要的是她所获得的新情报往往是极为重要的。

贝蒂在波兰的表现越来越出色，以致英国情报局不得不考虑把她派到更大的舞台上去。他们编出一套谎言以使她能顺理成章地离开波兰而又不致惹上她是在为英国人工作的嫌疑，正在这时，贝蒂的丈夫帕克的健康已完全恢复，英国外交部遂把帕克调到智利，并叫贝蒂陪同前往。

智利是一个受德国影响很大的国家。英国情报局认为，贝蒂那天才般的间谍才能以及她那一口流利的西班牙语在那里一定能大建奇功。然而斯蒂芬森却另有规划，他的打算是让贝蒂在那取得一个合法身份，然后再把她派回她的故土——美利坚合众国去，以发挥其穿梭于外交官之间的才能。

海军上将成为感情俘虏

贝蒂在智利首都圣地亚哥一安顿下来，就忙着为当地的报刊撰写文章。不久，德国入侵波兰，第二次世界大战爆发。在智利这样一个亲纳粹气氛很浓的国家里，贝蒂公开指责纳粹偏袒同盟国的观点引起官方的强烈不满。为此，英国驻圣地亚哥的大使对贝蒂极为恼怒。

此时，斯蒂芬森正坐镇纽约全面负责巩固的安全保卫和谍报工作。战争爆发后，美国是否准备参战直接关系到轴心国的命运。为此，华盛顿一时特工人员云集，成了各国间谍活动的大都会。斯蒂芬森认为，贝蒂大显身手的机会来了。诚然，贝蒂以前曾在华盛顿待过，她在那儿的某些圈子里早已为人们所熟知，这可能会带来某些不便。但斯蒂芬森却坚信，由于贝蒂一直是以业余身份进行谍报活动的，任何一个国家的间谍与反间谍组织都尚未注意她，这样，她在华盛顿的社交基础反而会更有利于她才干的发挥。

斯蒂芬森迅速把贝蒂召到纽约，正式吸收她为英国安全协调局的一名成员，并授予"辛西娅"的化名。经过短暂而紧张的训练之后，就把她派到华盛顿去了。从此，一个代号为"辛西娅"的间谍便活跃在华盛顿和纽约之间，谍报史上那个富有诗意和传奇色彩的名字"辛西娅"出现了。

1940年至1941年冬，安全协调局指派辛西娅完成的首要任务是：获取意大利海军的军用密码。辛西娅把目光盯上了意大利驻华盛顿大使馆的海军武官艾伯托·莱斯上将。辛西娅展开感情攻势，很快，莱斯就成了她的感情奴隶，欣然投入辛西娅布下的温情罗网。

辛西娅在知道莱斯对墨索里尼同德国人结伙没多大热情后，就暗示她在美国情报局里有朋友时，莱斯表示很感兴趣。诚然，这是一种极为冒险的战术，若赌注下错了，顷刻之间就会祸患无穷。但是辛西娅成功了，她从莱斯那里搞到了意大利海军的军事密码本以及将电文译成密码所用的图表。辛西娅立即进行复制并赶紧送往伦敦。

辛西娅的巨大成就取得了惊人的成果，1941 年 3 月 28 日，英国皇家海军凭借这一密码破译了地中海东部意大利海军的全部密电后，在希腊沿海的马塔潘角附近将这支舰队全部打垮，"阜姆"号、"波拉"号和"扎拉"号等巡洋舰被击沉。

莱斯可以为辛西娅提供的情报已经不多了，而且，如果他继续留在华盛顿的话，在许多方面都会给辛西娅招致危险。因此，辛西娅的下一个任务就是如何对付这位海军上将。具有讽刺意义的是，辛西娅正是利用莱斯给她传递的情报使莱斯被驱逐出华盛顿的。

莱斯曾告诉过辛西娅关于意大利、德国海军去美国港口破坏船只的联合行动计划。英国情报局收到这条情报后转告了美国联邦调查局，联邦调查局马上通报国务院，很快，这位海军上将就被宣布为不受欢迎的人而逐回罗马。

> **维希政府**
>
> 维希政府是德国占领下的法国成立的傀儡政府，1940 年 6 月德国侵占巴黎后，以亨利·菲利浦·贝当为首的法国政府向德国投降，1940 年 7 月 1 日政府所在地迁至法国中部的维希，故名。正式国号为法兰西国。统治大约 3/5 的法国领土。

接受重大任务

英国安全协调局对辛西娅在意大利大使馆里的表现非常满意。斯蒂芬森决定给她安排另一项重要的任务，让她继续施展其绝招以获取法国维希政府驻华盛顿大使馆的密码。斯蒂芬森清楚地知道，这个冒险计划很困难，这得从零开始。

斯蒂芬森告诉辛西娅，"法国维希政府十分希望英国也尝一尝领土被德国占领的滋味，目前，法国驻华盛顿的大使馆正不顾一切地为达到这一目的而拼命。有一股按照盖世太保的模式建立起来的秘密警察势力在华盛顿活动，它的主要目标是防止美国参战，方法是宣传、破坏甚至暗杀。我们需要得到维希政府驻华盛顿大使馆和欧洲之间来往的全部邮件——函电、私人信件和明码电报。请注意，要的是全部，这是最低要求。"接着，斯蒂芬森又向她说明，英国安全协调局迫切需要的是解读维希密码的线索。

辛西娅毫不迟疑地接受了这一任务。辛西娅并不是一个仅凭自己的姿色周旋于各国大使馆之间充当临时间谍的女人。在调查和研究了法国维希大使馆的人员情况后，她便明智地作出决定，不能从众目睽睽的华盛顿着手，而应从纽约着手，因为维希法国人集中居住在纽约的比埃尔旅馆里。同时她也没有忘记仍用她自己的新闻记者的身份作掩护。

开始时，她时常去看望她在智利结识的一名嫁给德国伯爵的女友和一位当了维希法国商人太太的英国妇女。从她们那里，她对维希法国驻华盛顿大使馆官员的人事情况获得了一个完整的印象。她们告诉她，大使加斯顿·亨利·海耶有些愚蠢可笑，正和一位已婚的妇女私通，而且他不喜欢美国的政界人士。辛西娅还知道了维希法国驻华盛顿大使馆管理新闻的人叫查尔斯·布鲁斯，过去是法国海军航空部队歼击机驾驶员，军衔是上尉。通过询问，辛西娅还知道，布鲁斯在战争初期曾是英法情报委员会的成员，与英国皇家空军的军官们有过极其良好的关系。

辛西娅决定以佯称采访法国大使为突破口。毫无疑问，这一任务是对她的机智的一次严峻考验。她明白，她正面临着她事业中最困难的使命。她先与纽约办事处核实了她从闲聊中得到的关于布鲁斯的情况，结果完全证实了在法国沦陷前一段时期，他确实与英国皇家空军一些军官处得很好。

1941 年 5 月的一天，辛西娅走进维希法国驻华盛顿大使馆。接待她的便是布鲁斯，双方一见面就被对方吸引住了。在大使到来之前，双方彼此都向对方展开了攻势。布鲁斯自我介绍说他是海军里的一个战斗机驾驶员，工作干得很棒，在短短的服役期内曾被授予很多荣誉。此外，他还不厌其烦地指点辛西娅如何与大使打交道。他告诉她，大使是个很难打交道的人，他不了解美国人，认为他们对欧洲及欧洲文化了解得甚少。辛西娅告诉布鲁斯她曾经到许多国家旅行过。听到这话后，布鲁斯建议她在会见大使时，最好以一种超脱的世界主义观察家的态度，这是同大使打交道的最好办法。

拜见大使的时刻到了。当辛西娅向大使采访时，大使正在生气，因为他刚刚会晤了美国国务秘书科德尔·赫尔。"这位国务秘书先生指责我们帮了德国人的忙。我们并不是奸细。这些美国人什么也不懂。但你例外，亲爱的女士。"他献媚地对辛西娅说。她老练地与大使周旋着。

采访结束后的第二天，辛西娅收到布鲁斯送来的一束红玫瑰花和一张请帖，邀请她一起吃饭。两人自然而然地越走越近了。

拉布鲁斯下水

据伦敦和华盛顿的皇家海军情报机构方面的情报，英国安全协调局认为维希政府的大使馆向德国海军提供了英国舰队穿越大西洋行动的情报。英国想了解事情的真相：是什么时候递交的？情报的内容是什么？辛西娅为此试探性地问过布鲁斯。然而，布鲁斯却对战事守口如瓶，他在谈到战争和政治问题时总是很谨慎。一次，在一家饭店里，他看到有一个维希秘密警察正坐在桌子旁，就向辛西娅透露说，他们的交往会带来危险，这号人总是在盯着他们，给他们找麻烦，因为他们不喜欢法国人同美国人交往。

更不凑巧的是，维希政府这时决定精减机构，削减驻外人员。维希政府驻华盛顿大使派人通知布鲁斯，他必须马上返回法国。布鲁斯当然不愿意这么做。大使说，如果他能够接受只拿一半薪水的条件，那么他就可以保留他在使馆内的工作。

布鲁斯为难地来找辛西娅。他向她详细地说明了情况，并问她是否同意与他一起回法国，他希望同她正式结为伉俪。辛西娅答应布鲁斯需要一些时间考虑考虑，但同时又叫他不要对此事抱有太大的希望。

辛西娅和她的上级经过一番激烈的争论之后，一致的意见终于形成了：辛西娅向布鲁斯挑明自己是个间谍，效劳于中立的美国而不是英国。另外，要给布鲁斯以经济报酬，是向辛西娅提供大使馆一切有关战争的来往信函和密码电报复制件应得的报酬。显而易见，这是一场生与死的赌博。但辛西娅认为值得一试。她感到，布鲁斯对维希政府感情是冷热参半的，因此她向他提出这一计划时，他肯定会同意，关键是时机的把握问题。

辛西娅为此作好了精心的安排。她认为，首先必须循循善诱，为告诉布鲁斯自己是个间谍准备好条件，然后，在他默认了她的计划后，他肯定要提出一些问题，如她的后台支柱是谁，他怎样向他的大使交代等。

成败在此一举的关键时刻到了。辛西娅把想好的话告诉了布鲁斯。两人发生了一些争吵，但最终，辛西娅说服了布鲁斯。她对布鲁斯说，很明显，这是唯一的一条能使他俩待在一起的办法。布鲁斯只能无奈接受。

一天，在布鲁斯的办公桌上突然出现法国海军司令部达尔朗上将发来的海军一份通知的副本，要求他搜集在美国船坞停泊待修的英国军舰和商船的情报。布鲁斯知道，达尔朗与纳粹德国打得火热，很明显他是要把这些情报交给德国海军情报局。这激怒了布鲁斯，他当天晚上就拿着这份通知去见辛西娅。以后，他又把海军武官发给达尔朗的几份复电的副本交给了她。复电中指出："军舰'击退号'在费城，巡洋舰'马来西亚号'在纽约，航空母舰'辉煌号'在费吉尼亚的诺福克检修……"德国海军对这份电文所作的决定是："对这些军舰，或者就地予以破坏，或者监视起来待其出航后让德国潜水艇伺机而动。"总之要这些英国皇家军舰在短短的几星期之内全部被摧毁。幸而英国安全协调局及时得到了这份情报，对舰队采取了保护措施，才使那些军舰免遭灭顶之灾。

有了开始，后面的就自然而然了，布鲁斯成了辛西娅最忠实最勤奋的情报提供者。凡是辛西娅可能感兴趣的东西，他都提供，例如信函、电报、大使馆档案室里的文件，以及种种私人活动情况如大使要会见某人，海军武官和陆军武官在做什么等等。除了口头提供的情报外，他还逐日给辛西娅写书面报告。

为了不让美国联邦调查局看到辛西娅同布鲁斯的频繁会面，进而猜测辛西娅是纳粹间谍。斯蒂芬森经与辛西娅商议后，决定辛西娅应离开她在乔治城的寓所，在沃德曼公园旅馆租一套房间住下，布鲁斯和他的全家也住在这里。辛西娅离布鲁斯的妻子这么近，表面上看来像是一个危险的举动，然而这却方便他们在没有任何外界监视的条件下彼此频繁接触。

欲取维希法国海军密码

1942 年初，英国海军情报局急于获取维希法国海军的密码，给情报人员施加了巨大的压力，首相丘吉尔本人又在这上面加上了一道砝码，这不仅是为了夺取法国占领下的马达加斯加，以阻止其沦为日本的潜艇基地，而且也是为了实现进展缓慢的法属北非登陆的计划。

1941 年底，美国由于日本偷袭珍珠港而被拖入战争，但美国人过多地把注意力放在远东地区，而英国人则明智地决定，要让美国人对反德战争给予同等的关注。要做到这一点，最好的办法是提供确凿可靠的高质量情报，以表明该是攻占阿尔及利亚和摩洛哥的时候了。英国人感到，维希政府的海军密码对搞到这一种情报是成败攸关的。

在这一背景下，辛西娅被召到了纽约。她的上司向她提出了英国安全协调局的要求：明确要她搞到这种密码。要是换了别人，肯定都会反驳说英国安全协调局的想法简直是异想天开，绝对不可能办到，而辛西娅却说："这不可能，但我喜欢干不可能的事。"她对她的新任务感到欣喜异常。

一回到华盛顿，她立即向布鲁斯提出了这个要求。布鲁斯告诉辛西娅，密码本是由沉甸甸的好几册组成的，而且总是密藏在机要室的保险柜里。只有大使和首席译电员才知道保险柜的暗码。最后，布鲁斯告诉辛西娅首席译电员叫贝诺瓦，是一个倔老头，很快就要退休了。退休后，由一个以机敏异常而又诡计多端著称的职业外交家来接替这个职位。

在尝试着拉贝诺瓦这个倔老头下水的企图破灭之后，辛西娅迅速把目光转向贝诺瓦的继任人。这位继任人有一个妻子和一个孩子，他们都住在华盛顿郊外的农村，而他本人在城区内有一套简朴的公寓。辛西娅还发现，他的妻子正怀着第二个孩子。凭以往的经验，辛西娅知道，一个做丈夫的在这种时候是最有懈可击的，加之他单独住在一套公寓，就更容易被攻克。她转而向这位新上任的机要员进攻了。

但是这次辛西娅失算了，她开门见山地对这位新上任的机要员讲，她是给美国人工作的。她爱法国，希望看到法国恢复完全的独立。最后，她告诉这位机要员它需要海军密码，她还挑明，她会设法使他为此而得到经济上的报酬；若密码索引每次有所更改他都能通知她，还可以定期给他支付的酬金。但是她的要求被拒绝了。此外，他还威胁说，恐怕责任心会迫使他感到必须向大使汇报她要搞的名堂。

布鲁斯知道事情原委后，预感到两人都已处于十分危险的境地。他和辛西娅通盘考虑后，认为必须马上对这位机要员可能采取的行动采取反击。布鲁斯恶人先告状，他对维希政府驻华盛顿大使讲机要员正到处散布关于大使本人与一位男爵夫人的艳闻轶事。大使听后十分震怒，很快，大使就通知机要员，他不再负责机要室了。危险终于暂时解除了。

成功窃取密码

赶走机要员之后，辛西娅和布鲁斯就摆脱了他们眼前最大的拦路虎，但是，如何把密码弄到手依然是个问题。经过进一步的商议，两人决定：唯一的办法是夜盗机要室。这意味着他俩必须亲自参加盗窃活动。

对于辛西娅的建议，英国安全协调局最初并不同意，但是由于这个密码对于英国十分重要，而且急需得到，因此，英国安全协调局最终同意了他们的建议。

他们制定了盗窃的计划，决定由布鲁斯做内应，由能打开保险柜的窃贼打开保险柜取走密码本复制。辛西娅把这个主意汇报给纽约，并给他们绘制了一张大使馆详图，图中特别介绍了机要室的位置和结构。在美国战略情报局的帮助下，斯蒂芬森从纽约的一所监狱里找到了一个窃贼高手。

辛西娅说服布鲁斯找个借口进入机要室看看，并把在那里所看到的一切记在心里。恰好老贝诺瓦就要退休，因此布鲁斯进去同他聊了聊，以示告别。同贝诺瓦聊的时间很短，只有短短几分钟，看完后，布鲁斯尽其所能画了一张保险柜的草图。窃贼高手据此得出结论："这是一个莫斯勒牌保险柜，锁上安有咔嗒咔嗒作响的转向器，大约有4个转向轮。估计可以在55分钟之内把保险柜打开。"

布鲁斯对大使馆保卫人员谎称有一大堆积压下来的工作要干，因此必须在大使馆内加几个夜班，还可能待得很晚。布鲁斯要保卫人员对此事保守秘密，并说："有一位女朋友将与我做伴……我不能把她带到旅馆去，免得我夫人怀疑。"同时，布鲁斯给了保卫人员一笔可观的小费，保卫人员对此表示了理解，并默许了布鲁斯可以这样做。

这样辛西娅得以进入大使馆。为了给窃贼高手创造一个打开保险柜的时间，布鲁斯设法让保卫人员喝了一口香槟酒，酒里面放了催眠药物，在保卫人员沉沉睡去后，布鲁斯就把窃贼领进大使馆。窃贼立即开始工作。但是，保密室里的这个莫斯勒牌保险柜很坚固，打开保险柜花了很长的时间。在保险柜终于被打开的时候，保卫人员有醒来的迹象，已经没有时间去对付那些密码本了，因此只得作罢。回到住所后，窃贼把打开保险柜的数字暗码告诉了辛西娅，并指点她怎样重新安上机要室的门锁，以便她在第二天晚上去单独完成任务。

但是恰巧的是，第二天保险柜的密码被改动了，因此，辛西娅没有得手。布鲁斯和辛西娅又一次把窃贼带进使馆。这次，窃贼只用几秒钟就打开了保险柜，他们通过窗子把密码本传给隐蔽在花园中的英国安全协调局的间谍，安全协调局的间谍在汽车里把密码本逐册逐页地进行拍照。偷盗活动终于结束，密码本被放回到保险柜里。间谍们不露痕迹地消失在夜幕之中。这是辛西娅一生中最感到自豪的时刻。

密码胶卷冲洗出来后，被带到纽约，又从纽约送往设在布莱奇列的厄尔特拉机关——英国情报部门的密码研究中心。在那里，英国人用它破译了敌国的密码。维希法国的密码本对英国以及间接地对美国都是无价之宝。

当时盟军正在实施一项在北非登陆的计划，正是这些影印出来的密码本使英美军队对在土伦、卡萨布兰卡和亚历山大的维希法国舰队各分遣支队的分布、调动等战略部署情况了如指掌。

1942年6月，盟军在征服了马达加斯加之后，着手准备在阿尔及利亚和摩洛哥登陆。11月，北非登陆成功、盟军几乎没有遇到维希政府军队的任何抵抗。北非登陆是战争史上第一次使用登陆舰艇"由舰到岸"的大规模渡海登陆战役，在战役组织、装备使用等方面为尔后的西西里岛和诺曼底等登陆战役提供了经验。

一位辛西娅认识的战略情报局高级官员曾对辛西娅说："多亏你搞到了密码，才缩短了战争的进程。"

犹太美女韦芳菲以命阻止细菌战

为了复仇，她从难民营到训练营，用了8个星期完成了间谍训练。临危受命，她用1个月炸毁了德军细菌武器的全部实验成果。没有她，也许希特勒的一个战争阴谋又将得逞，没有她，也许半个伦敦亦将遭受史无前例的细菌战。

顶替谢里薇潜入721

1943年8月，英国军情五处处长皮特里收到了一份密电："德国正在加紧研制无声武器。"无声武器？这会是什么秘密武器？皮特里不敢怠慢，迅速向首相丘吉尔作了汇报。丘吉尔当时已从多个渠道听说节节败退的德国正在研制一种不可告人的东西，现在看来，这绝非空穴来风，于是，他命令皮特里全权负责，迅速查清此事。

军情五处在忙碌半个月后调查出了明确结果：希特勒正组织科研人员在721研究所中秘密进行一项研制细菌武器的计划。这种细菌武器是指具有极大危害性的细菌炸弹，即密电中所说的无声武器。如果在伦敦上空投下这样一枚细菌炸弹，瞬间就会覆盖半个城市，人体一旦沾染、携带，8小时内就会死于非命，而且它传染性极强，3天后功效会完全消失。从调查情况来看，无声武器目前的研制已接近尾声，估计几个月后希特勒就会将这种可怕的战争产物投入战场。

> **英国军情五处**
>
> 　　英国军情五处是世界上最具神秘色彩的谍报机构之一。1905年英国陆军大臣R.B.霍尔丹实施的军队改革促使军事情报部门的成立，但是总参谋部为情报部门的归属问题却争论不休，争论的结果导致MI5（即军情五处）的成立。军情五处起先归属于陆军部，后来由外交部接管。军情五处成立以来，在对付颠覆和恐怖活动上立下了杰出的功勋，一度拯救英国于危亡之中，因此，在英国，甚至全世界享有盛名。

皮特里知道此事非同小可，他必须想办法尽快阻止这种细菌炸弹的研制计划。军情五处有人提议："我们可以考虑派人潜伏进去，彻底摧毁这个721研究所。"这个想法皮特里不是没想过，可问题是，721研究所设在德国史德格内市一处建筑物的地下室里，整个细菌研究所直接从事研究工作的大概有50人，都是忠诚于希特勒的纳粹分子，很难在这些人中策反成功。如果另外再派人渗透进去，难度也很大，要知道，凡是每天在721研究所上班的人都需经过严格检查，更别提另外进人了。皮特里将自己的想法与问题和盘托出。这时，军情五处B组组长莫森提出了一个大胆的方案："既然外人无法渗入，那就找个容貌相似的人冒名潜入721，伺机从内部炸毁它。"皮特里很满意这个方案，特别指定莫森来具体负责执行这项任务。

莫森的第一步，就是要找到合适的被顶替者。他翻遍了所有相关资料，将目光锁定在了一个叫谢里薇的女子身上。谢里薇，在史德格内市独居，未婚，无男友，身边没有任何亲人，性格清高傲慢，在研究所里负责管理照片等资料，有机会出入各个实验室，行动较为自由，是个难得的被顶替者。

顶替目标选定后，莫森的第二步是物色顶替者，这就要求顶替者和谢里薇身高、容貌特别相似，德语流利，善于随机应变，而且一定要是坚定的反法西斯主义者。

顶替者极不好找，莫森直到当年12月才有了新发现：一个探员向他报告说，难民营里有位姑娘，身材、长相、气质都酷似谢里薇。莫森仔细了解了这位姑娘的背景：她叫韦芳菲，1922年出生在德国，她父亲是一位著名的犹太学者，被德国人杀害后，韦芳菲和年幼的妹妹随母亲一道逃亡到了英国，不幸的是，妹妹死在了途中，母亲到达英国后不久也因病去世，美丽的姑娘只得孤苦无依地流落在难民营里。

莫森立即赶到难民营，向韦芳菲说明了来意，本来他还比较担心自己能否说服女孩，但韦芳菲的态度与决心彻底打消了他的担忧。确实，家庭经历已经让这个不幸的姑娘恨透了德国纳粹分子，现在有这么个机会她当然不会放过，韦芳菲就像生怕别人抢走一件美差似的，反复表述自己的各种有利条件，莫森终于放下心来，他立即将这个第一人选带去了训练营。

由于时间紧迫，韦芳菲的训练课程不得不强行压缩，在短短8个星期里，她迅速掌握了细菌基础认知、显微摄影资料的处理，学习了多种枪械、爆破、跳伞、空手搏击和通讯技巧等，甚至还包括如何施展女性魅力降服对手，如何将氰化钾胶囊藏在牙缝里等特殊技巧。待到训练结束，当初那个难民营里的犹太姑娘已经成为毕业成绩相当不错的英国女谍。

1944年2月的夜晚，英国某空军基地，一架没有任何标志的皇家空军飞机冲上夜空，不长时间，韦芳菲顺利降落在史德格内市郊区，前来接应的奥伯带她到城中某处地下室，这里关押着被英国情报特工绑架的谢里薇，两人谁也没想到世上竟会有如此相像的人，当谢里薇惊奇地看着眼前的美丽女孩时，韦芳菲也在观察着她。奥伯退出后，韦芳菲详细地询问起谢里薇的家庭背景、教育程度、生活习惯及相关同事、朋友的具体情况，仔细记下上班路线、时间、实验室陈设、技术细节等。时间过得很快，4小时后天亮了，她意外发现谢里薇右眼角旁有道不显眼的淤肿，便指着问："这是怎么回事？"谢里薇告诉她，是新弄上去的。韦芳菲又问起另一个关键人物——亨内博士。据谢里薇介绍，亨内博士丧偶后虽然年事已高，但色心不减，尤其是对身边的美女谢里薇很有意思，经常借工作之便与她见面、聊天，有时还抓起她的手说个没完没了。韦芳菲心中一动，这不正是她想要的吗？眼看上班时间就要到了，韦芳菲决定让奥伯打自己一拳，造成眼角淤肿。

与亨内巧妙周旋

奥伯和韦芳菲秘密来到谢里薇的住所。她换上衣服，稍做休整一下便骑着自行车去上班了。721研究所看上去并不起眼，只是栋两层高的红色小楼，周围的安保设施极为隐蔽，所以任哪个外人也不会想到这栋建筑物下面竟埋藏着希特勒的惊人阴谋。

偶尔有三五个人微笑着冲她点点头，韦芳菲猜测这些应该是谢里薇的同事，遂一一回应着。两个男女警卫正荷枪实弹站在大门口检查着过往职员。韦芳菲推着车子硬着头皮上前，女警将她全身搜了个遍，挥挥手放行了。按照谢里薇说明的路线，她顺利找到自己的办公室，为了保证不出纰漏，整整一个上午韦芳菲都待在屋里看资料、文件，以尽快熟悉、适应这里的工作。

下午刚上班，电话铃就响了，是个老头的声音："小姐，请带着 A5X 的照片资料到我办公室来一下。"她明白了，这肯定是亨内博士。亨内博士的实验室显然不是一般人可随意出入的，当门口的监测系统确定来者身份后，韦芳菲才得以进入。亨内博士戴着眼镜，头发花白，衣着考究，他热情地迎上来："亲爱的谢里薇，又见到你了，真是令人高兴。""噢，博士，看起来您今天心情不错。"韦芳菲的声音非常甜美。"那是因为见到了你，美丽的姑娘，只要一看到你，我心情就特别好。"亨内博士的眼神有些异样。韦芳菲羞怯地低下了头。

"我说的是心里话呀，亲爱的，你的身材如此漂亮，笑容如此迷人，怎能不让人心旌动荡呢。"亨内博士的言语越来越放肆，动作也越来越大胆，他抓起眼前美人儿的一只玉手，不停地摩挲起来。虽然韦芳菲觉得十分不舒服，但还是没抽回手，只是将带来的那些材料向前一推："博士，你不是要看这些资料吗？"亨内博士随手放到一边："我亲爱的姑娘，你真的感觉不到我的心在为你跳动吗？来，你摸摸，是不是？"他边说边硬拉着姑娘的手就往胸口上贴。韦芳菲努力镇定下来，亨内博士见心中的爱神没有明确拒绝自己，心中狂喜不已，他喃喃说道："亲爱的谢里薇，如果我能年轻 20 岁，不，哪怕只有 10 岁多好，我一定会娶你，可我太老了。"他颓丧地摇摇头，韦芳菲赶紧接上："不，我尊敬的博士，您并不老，在我心里您是那么年轻英俊。""噢？亲爱的，你真是那么想吗？"亨内博士瞪大眼睛急切地盯着眼前的韦芳菲。韦芳菲赶紧道："亲爱的博士，我将终身为您服务，只是现在我该回去了，要不然时间太长会让别人怀疑的。""哦，那好，明天这时候再见。"亨内博士才反应过来，恋恋不舍地目送韦芳菲身影远去。

成功炸掉细菌成果

此后的几个星期，韦芳菲尽量和亨内博士多次接触，但每次都没让他得手。转眼到了 3 月，奥伯转告给韦芳菲最新的英国情报总部指示：根据情报得知，亨内博士需在 10 日内向纳粹头目交出细菌武器的程式与样本，命令韦芳菲必须在一周之内不择手段销毁亨内博士的研究成果。

事不宜迟，韦芳菲决定尽快搞清研究资料。第二天中午刚一上班，亨内的电话就来了，她来到实验室，亨内上前一把抱住她。韦芳菲使劲推开，问："亲爱的博士，你真的爱我吗？""当然，这还用问？"亨内急得两眼发红。"那我让你做什么你都能答应吗？""那好，就让我来考验考验你。我要你打开那个铁柜，看看里面是什么东西！"

亨内迟疑起来，但最终还是打开了铁柜。韦芳菲注意到，那里面全是一摞摞文件，一瓶瓶液体，"都什么文件呀，还用这么保密？""这是我5年来所有的研究成果，上头可是要我用生命来担保的。"韦芳菲最终确定，铁柜里锁着的就是她一直寻找的目标，现在要做的就是毁掉这里面的所有东西，她必须做到万无一失。

下班后回到住所，韦芳菲立即在窗外挂起条白毛巾，这是她与奥伯联络好的接头信号。1个小时后，奥伯带来了微型炸药，韦芳菲连夜赶做了一堆三明治和馅饼，第二天一早进入办公室之前，她将微型炸药夹藏在美食中，说要请同事们品尝，顺利通过了警卫检查。

吃饭前，韦芳菲将美食分成两份，大份送给同事们，小份她带着去了亨内的实验室。亨内迎了上来，韦芳菲趁他迷乱时，用一块浸有迷幻药的手帕就轻易弄晕了他。她迅速取出亨内拴在腰上的钥匙，按操作步骤准确地插入匙孔。韦芳菲昨天注意到，这只大铁柜内部安有报警装置，稍一不慎就会引发警铃，所以当她小心翼翼启开柜门时，紧张得满头是汗。展现在眼前的一堆堆文件上印有"高度机密"字样，韦芳菲将炸药小心放置在中间，轻轻关上柜门。她知道，1分钟后炸药就会自动引爆，现在离得越远越好。1分钟后，721研究所里传来一阵惊天动地的爆炸声。韦芳菲还没有跑出721研究所就被小楼的警卫人员抓住了。

韦芳菲被关押在史德格内市附近的某处监狱中。经历过此次爆炸，纳粹分子当然明白了对手的意图，只是他们还想从韦芳菲嘴里得到些什么，于是，各种严刑拷打、威逼利诱通通强加到了韦芳菲身上，但坚强的韦芳菲就是不开口。这天，一位纳粹头子突然得意地向她叫嚣起来："你以为炸掉那些东西便万事大吉了？告诉你，只要这个人还在，就能轻易复制出所有细菌样本，你的工夫就全白费了！"

纳粹头目一挥手，老态龙钟的亨内博士走了进来，韦芳菲惊呆了！她在紧张地思索着对策。

韦芳菲突然有了主意。她让亨内博士在她临终前再吻她一次。在亨内听来，韦芳菲的声音仍然那么甜美动人，他又怎能抗拒得了？两人紧紧地拥抱在一起，亲吻着。韦芳菲暗暗启动牙齿里隐藏着的微型毒药，吐入亨内口中。博士那苍老的身体突然瘫软下来，韦芳菲嘴角渗出一丝鲜红，纳粹头目惊呆了："快！快叫医生来！"但是已经晚了，瘫倒在地的亨内抽搐了片刻，终于陷于沉寂，韦芳菲亲眼目睹这个制造细菌的博士死后，才闭上了双眼。

"红衣女谍"与"铁砧行动"

1944 年，在第二次世界大战的关键时刻，原纽约一个美艳绝伦的女模特，为确保美英联军在法国南部登陆作战的胜利，立下了汗马功劳。事后，盟军总司令艾森豪威尔这样评论道："在我们的'铁砧行动'中，很难想象一位美丽的小姐所做出的巨大贡献，她是这次胜利的功臣。"

悄然开始的"斗牛行动"

艾林·格里菲斯是一名漂亮的纽约女模特，她有着靓丽的容貌和傲人的身材。但是她不留恋纽约灯红酒绿的生活，而非常向往硝烟弥漫的战场。在一次参加一个纽约名流的家庭宴会上，她无意中结识了一个叫约翰·德比的人，深度交谈之后，格里菲斯对德比讲了自己内心的愿望。她哪里知道德比是美国情报机关的一名高级官员。因此，这次会谈改变了格里菲斯的命运，使她走上了间谍之路。

宴会后不到两周，格里菲斯突然接到德比的电话。电话中德比说："我代表陆军部里的一个部门与你联系，可以为你安排你想作的工作，你能在 10 天之内到华盛顿来一趟吗？如果事情顺利的话，也许你就不用回来了。"

稍作准备后，格里菲斯将信将疑地来到华盛顿。在华盛顿机场，格里菲斯看到了德比。德比开着车将格里菲斯送到了美国谍报训练学校。在这所学校，格里菲斯接受了语言、搏击、跟踪训练、密码收发破译等特工人员要求掌握的技能训练，并且还结识了一个叫威士忌和一个叫皮埃尔的特工人员，格里菲斯对皮埃尔充满了好感，皮埃尔也对格里菲斯抱有好感。两人私下里约好了好几次，感情急剧升温。

格里菲斯又一次见到了德比，那是在所有的训练结束后。在一座其貌不扬、矮墩墩的大楼里，格里菲斯被人领到了约翰·德比的办公室。德比告诉格里菲斯，所有的训练她都已经过关，可以执行任务了。格里菲斯心里一阵兴奋。

"我们需要你去……西班牙。但在送你去之前，你还必须作更充分的准备，你必须熟悉西班牙的历史和地理，能够辨认出当今的政治人物。但要特别留神，不要让人注意到你对西班牙感兴趣。你的代号叫'虎子'。你被分到秘密情报处工作，具体任务我还不能告诉你。到时由秘密情报处的处长马尔科姆·马格里奇告诉你，你先按我说的去作准备，到时他会召见你的。"

格里菲斯遵照德比的吩咐，悄悄地注意了有关西班牙的情况，大约又过了两周的时间。格里菲斯被通知去见秘密情报处的处长马格里奇。当格里菲斯被引进马格里奇的办公室时，马格里奇热情地接待了她，并向她交代了任务："格里菲斯小姐，挑选你去完成的这项任务特别重要。在柏林，潜伏在盖世太保内部的一个内线告诉我们，希姆莱手下有一名最精干的间谍在马德里活动，他领导着一个高效率的谍报网，专门负责收集盟军有关'铁砧行动'的情报。你的任务就是要挖出这个间谍。我们需要你打入马德里的上层社会。你的这次行动就叫作'斗牛行动'，你对外的掩护身份是美国石油公司办事处的工作人员。"

谁是深藏的"鼹鼠"

格里菲斯于 1944 年 4 月的一天来到西班牙马德里。在马德里，格里菲斯的顶头上司是美国战略情报局马德里情报站站长菲利浦·哈利斯。菲利浦·哈利斯对格里菲斯讲："格里菲斯小姐，请你一定要记住，在马德里只有我一人知道'斗牛行动'，不要随便吐露秘密。一定要严格地遵照指示行事，时间紧迫，要分秒必争。估计在发起'霸王行动'的一周后就要进行'铁砧行动'，而'霸王行动'随时都会发起。"

1944 年 6 月 6 日，"霸王行动"开始了，盟军在诺曼底一举登陆成功。正在人们欢庆胜利的时候，对格里菲斯来说，又传来了令她高兴万分的大好消息。这天，收到一封马格里奇从华盛顿发给哈利斯的电报。

格里菲斯边译电文边轻声读道：

"兹派皮埃尔赴马德里执行特殊任务。用'虎子'作他的接头人。"

从这天起，格里菲斯时刻在盼望着皮埃尔会突然出现在自己身边。正在她焦急等待之中，突然有一天，格里菲斯得到一个千真万确的情报：盖世太保打入西班牙马德里情报站的内线被称作"鼹鼠"，现在她看谁都像是隐藏在内部的"鼹鼠"，甚至她的顶头上司哈利斯都有可能是这名"鼹鼠"。唯一使她感到宽慰的是，皮埃尔很快就要来到她的身边。但问题是能来得及吗？

一天晚上，格里菲斯利用一人值班的机会，悄悄向华盛顿发了一份密码电报：

马格里奇：

据可靠情报，希姆莱在美国马德里情报站内部安插了一名间谍。请告我应否将此事告哈利斯。

"虎　子"

两天后的一个晚上，格里菲斯与皮埃尔在一家舞厅里"突然"相遇，两个人都非常高兴。

从舞厅回来，格里菲斯马上将与皮埃尔会面的情况向哈利斯详细作了报告。哈利斯点点头说道："那好，从现在起，你就是我与他之间的联络员了。"

第二天上午，格里菲斯与皮埃尔又在皇宫饭店圆形大厅一个靠窗的座位见面。

"你有关于这次登陆的消息吗？尽管我到这里来见你很高兴，但我真正想去的地方还是敌后的法国。"说到这里，他语气一变，问道："请告诉我，关于我，哈利斯说过什么？"

"他叫我把一切都告诉你，并通知你我是你与他之间的唯一联系人。这个你以前知道吗?"

"我不知道，我被告知去参加那次舞会并设法在那儿见到你，就这些。"他思索了一会儿，又说道:"'铁砧行动'一定快开始了。我不想错过参加这次行动的机会。他们是否已经选定了'铁砧行动'的登陆地点?"

"就我所知，好像还没有。"格里菲斯答道。

格里菲斯回来后，即把皮埃尔的情况告诉哈利斯，哈利斯高兴地说:"'虎子'，大家认为皮埃尔是我们最能干的谍报人员之一。他的经历不凡，你能同他一道工作是很幸运的事。不过，有一点你必须要牢记，除了你我之外没有第三者知道关于'鼹鼠'的事。当然'鼹鼠'本人也要除外。所以你今后同他们共事时一切要和原来一样，丝毫不能流露出你对他们的态度有了变化。你迄今为止的经历将有助于你取得成功。现在还不能把全部情况都对你说清楚。在今后几个星期的某个时间，你将收到一份马格里奇直接发给你的绝密电报。我会通知密码室，从现在起，所有的绝密电报都由你一人负责译码。你一收到我所说的那份绝密电报，必须立即把它拿给我。你可以随时找我。我说的话你一句也不能对外界透露，即使对皮埃尔也不要透露，除非事前经我许可。"

1944年8月8日清晨，那份关键的电报终于来到了!

"虎子":

绝密。绝密。告哈利斯立即开始执行第二阶段计划。

马格里奇

格里菲斯译完报，连门都没有来得及敲，便一口气冲进了哈利斯的办公室。

太阳出来了。哈利斯舒服地靠在他的扶手椅上，脸上带着一副满意的微笑。他取出收音机，扭开开关，并将音量调大，以使人无法听到他俩的谈话内容。

"'虎子'，这封电报的意思是说登陆作战将在法国的马赛进行。我们正是为了这一任务才把皮埃尔调到马德里来的。"

这时，哈利斯迈步走到墙角，把屋里唯一的一把椅子移过来，让格里菲斯坐下。继续说道:"马上与皮埃尔联系，告诉他，他的任务是将他领导的特工人员带到马赛地区。以便在我军登陆时他们能随时支援。让他注意，登陆地点的情报是要绝对保密的，不能让任何人知道，即使对他的部下也不能露出一点风声。为确保万无一失，我们不能让皮埃尔冒险越过比利牛斯山沿老路去法国，以免他在中途被捕。我将想办法把他送到阿尔及尔，从那里他可以被空投进去。'虎子'，你马上行动吧。今天晚上我们有一架专机飞往阿尔及尔，晚上9点用我的轿车送他到机场。我现在还不知道他被空投到法国的准确时间，但是到时我会告诉你，以便你能同我们一起收听无线电来了解他是否平安到达。"

格里菲斯把哈利斯的命令带给皮埃尔。皮埃尔显得十分高兴。

将计就计赢得胜利

1944 年 8 月 15 日，格里菲斯从收音机里听到一个震惊的消息："10 万盟军正在圣特罗佩附近的一个渔村登陆。"她简直不敢相信自己的耳朵。圣特罗佩位于戛纳附近，离她告诉皮埃你的马赛差得太远了。这对格里菲斯来说，真是灾难性的消息。格里菲斯直奔哈利斯办公室。

她根本不听哈利斯的解释便大声说道："你为什么不信任我？为什么认为我不可靠，因此才不让我知道传给皮埃尔的是假情报？现在我明白了，那只'鼹鼠'就是皮埃尔。你们都知道，把假的登陆地点告诉他，就会迷惑德国人，使他们作出错误判断。"

"'虎子'，是这样的。这次登陆成功也是你的功劳。如果不是你出色地完成了任务，今天我们就不会在这里欢庆胜利了。我们这样做，只是为了保护你。一旦皮埃尔稍微察觉到你知道他是双重间谍，他就会杀了你。他肯定会知道的，不用你告诉他，他就会嗅出味道来。至于说确切的登陆地点，包括许多参加作战的将军和我们都不知道具体的日期和地点。这是艾森豪威尔的命令，我们必须服从。"

不管哈利斯怎么说，格里菲斯都难以平静。这对她的打击实在是太大了，自己最亲爱、最信任的人一下子成了"鼹鼠"，尽管她也明白这是事实，但在感情上却一时难以接受。

几天之后，德比来到了马德里，他对格里菲斯说："皮埃尔早就是个叛徒，但他最终却成了我们向德国人提供假情报的工具。这个功劳应该属于你。你做出了无法估量的重大贡献。在同一时间内，我们虽然还利用了其他一些人去迷惑敌人。但我认为，使敌人确信无疑的是你传给皮埃尔的那份决定性的情报。显然，皮埃尔从未想到你会告诉他假情报，而德国人也非常信赖他。另外，哈利斯非常敬重你。其实，要不是他欣赏你的工作，今天我也不会专程到这里来的。"

德比的一席话，使格里菲斯感到无比高兴。她的工作得到最大的肯定是她感到最欣慰的事情。

第二次世界大战结束后，格里菲斯受到了盟军的高度赞扬，盟军总司令艾森豪威尔破例将一枚军功章授予不是军人的她，并风趣地称格里菲斯为"我们的红衣女谍"，赞扬她是"铁砧行动"取胜的"大功臣"。

要了山本五十六性命的电报

以山本五十六大将为首的日本军国好战分子制造了珍珠港事件，这成了美国人的耻辱。山本五十六也成了美国人眼中罪恶滔天的战争罪犯。美军破译的一份密码将山本的行踪暴露无遗，也为除掉山本创造了机会，一场"复仇"之战开始打响。

启动"复仇"之战

1943年4月17日上午十一时，美国海军部将该部所属第224室破译的一份日本海军的密码电报送到诺克斯海军司令和金格作战部长的办公桌上。刚刚开完参议院会议返回驻地的海军司令扫了一遍电文。这是一份有关日本海军司令官山本五十六将在前线作空中视察的详细日程表。

这份情报极其平常，并没有什么重大的战略意义。诺克斯和金格照例前去与总统聚餐。席间，诺克斯提到了刚才那份电报，听着听着，罗斯福总统心生一念：何不借这个机会击落山本的座机！诺克斯和金格也同意借这个机会干掉山本五十六，以雪珍珠港之耻。

很快，一个以"复仇"命名的作战行动决定下来了。紧接着，美陆军航空部队指挥官阿诺德将军和P38飞机的专家被召集到一起。从海图上粗略计算了一下距离，看来只要出动瓜达卡纳尔岛的P38机队，就足能捕捉到山本座机。时隔不久，诺克斯司令和金格作战部长便向珍珠港的尼米兹将军下达了"向山本报仇"的指令，然后经过努美阿的哈尔赛司令，这份密令到了所罗门地区航空部队指挥官米切尔海军少将的手里。

▲美国总统罗斯福

负责执行此次"复仇"作战行动的米切尔司令官收到的情报和命令如下：

"山本司令官于4月18日晨，从新不列颠岛北端的拉布尔出发，前往位于其东南方最前线的航空基地——布干维尔岛南端的卡希利。但是，他并非直飞卡希利，而是先降落在巴拉莱岛（布干维尔岛的正南方）的机场上，从那里乘猎潜艇驶往对岸的卡希利。抵达巴拉莱岛的时间预定在上午九时四十分。P38机队要想尽一切办法，消灭山本司令官及其随员。山本司令官在严守时间上是有名的。总统很重视此次行动。战果立即上报华盛顿。此电报不得复印、保存，等战斗结束即行销毁！"

成功击落山本座机

肩此重任的美国所罗门地区航空部队指挥官米切尔海军少将曾担任过"大黄峰"号航空母舰的舰长，该舰在空袭日本本土和中途岛战役中威名远扬，之后他又成为开入所罗门第一线的身经百战的飞行员首领。如今，米切尔少将指挥着陆军、海军和海军陆战队组成的混合航空部队。

接到命令后，他迅速召集作战参谋哈里斯准将等几名主要军官，召开拦击山本座机的作战会议，并且邀请战斗机队长参加。

最初的计划决定趁山本坐猎潜艇驶离巴拉莱岛之机，将他和潜艇一同炸沉。但是这个计划遭到了战斗机队指挥官兰弗阿的反对，他认为，那样做不保险，应该采取空中炸毁座机的方式。在场的参谋则认为，这种情报不过是根据拉布尔一带的传言拼凑而成的（实际上不是），时间的准确性很不可靠，所以还是轰炸猎潜艇来得有把握些。因此，不迟不早的时机便成了此次战斗成败的关键。研究来研究去，关键还是在于时机问题。受命制定计划的哈里斯准将把该草案上报米切尔司令官和哈尔赛司令官，最后，在空中干掉山本的计划获得了批准。

成功的唯一希望就寄托在山本的性格上了。他那一丝不苟地严守时间的习惯是众所周知的。要是在这次前线视察中他也能遵从这个习惯，那可就太好了。

由约翰·米契尔少校指挥的十八架P38飞机被挑选出来，其中六架是以兰弗阿为首的攻击机队，其它十二架则担任掩护。如果山本座机果然像传说的那样行动的话，就必须在卡希利北面五十英里处进行截击。从亨达逊基地到巴拉幕岛的直线距离为三百英里，但为了避开敌人的警戒搜索，所以必须看作为四百英里。据判断，双方的接触大概是在九时三十五分。山本座机的高度推测为三千公尺，所以，攻击机队和护航机队的高度也就要定为三千五百公尺和六千公尺，

4月18日这一天，阴云密布，空气中饱含着水分。上午七时二十五分，十八架P38飞机开始滑行。攻击机队的两架飞机因轮胎爆裂和燃料系统的故障而落伍，但出发却不能因此而推迟。七时半，余下的十六架飞机腾空而起，旋即编好队形，一路直飞布干维尔岛。为了避开日方雷达的搜索，在海面上低空飞行了约两个小时。在截击前的几分钟内，攻击机队急速拉到三千五百公尺的高度，护航机队则上升到六千公尺的高空。九时三十三分，"双体恶魔"P38机队便横穿过布干维尔岛绿色的海岸线，飞翔在林海的上方。一分钟后，当它们飞临卡希利北面三十五英里的上空时，突然在左下方三十度处发现了两架双引擎飞机，在两架飞机的后面还有一架陆战攻击机，陆战攻击机后还有几架零式飞机。

"看啊，那不是陆战攻击机吗？它闪烁着黑色的暗光，就好像事先约好似的，摇晃着翅膀匆匆赶来赴约了……"兰弗阿中尉激动而又兴奋地喊道。

很快，兰弗阿中尉就发现了山本座机，他调整好机载机枪，对准山本座机一阵长时间的、连续地扫射。对方的右发动机很快起火，紧接着，它的右翼也冒出了火焰。

两架零式战斗机反扑过来，紧追不舍，兰弗阿这边的战机也随即加入了战斗。冒着烟的山本座机斜飞着一头扎进森林里……兰弗阿中尉知道山本是死定了。

　　米切尔少将向哈尔赛司令官这样报告说："P38 机队于上午九时半多，击落了两架由密集队形的零式战斗机护航的陆战攻击机。同时击落三架零式战斗机。我一架 P38 未能返航。4 月 18 日好像是我方的胜利之日。"

寻找山本遗骸

　　在山本座机被击落的第二天，有一支日军搜救小队找到了坠毁的山本座机。山本的遗体位于飞机残骸之外的一棵树下，仍旧坐在座椅之上，戴着白色手套的双手拄着他的日本刀。解剖报告显示山本身上有两处枪伤：一发子弹自身后穿透他的左肩，另一发子弹从他的下颌左后方射入，从右眼上方穿出。

　　然而，这次战斗并未到此结束。队员们被告知要守口如瓶，除兰弗阿中尉以外，其他人连日来被命令继续在布千干维尔岛附近无目的飞行。这是为了使日方相信：山本长官的座机被击落纯属偶然，而不是因破译了密电码而组织的有计划的作战行动。

　　兰弗阿中尉被召回国内。他刚到飞机场，就接到一道命令："由宪兵护送你直抵陆军部，路上不许和任何人交谈。"这是为了保守破译电码的秘密。接着，兰弗阿中尉晋升为上尉，被授以勋章，并得到了总统的贺电。但他的功绩得以公布时，却是在战争结束后的 1945 年 9 月 1 日。

成功源于一场密码破译战

　　时间追溯到 1942 年 2 月 10 日上午，日本的数艘潜艇在澳大利亚海域完成布雷任务之后，正在返航途中，突然在达尔文港附近与美军的"埃索尔"号驱逐舰和 3 艘澳大利亚猎潜舰遭遇。经过一番激战，"伊号 124"潜艇还没有来得及发出呼救信号，就在它的全体乘员的"陪同"下沉没在 500 米深的海底。

　　从此，在特鲁克的日军潜艇司令部里，再也不可能收到"伊号 124"的无线电信号了。然而，日本人还以为"伊号 124"早已被美国人打成了一堆废钢烂铁，在汪洋大海中无影无踪了。因此，很快也就将它彻底忘到了脑后。

　　但是，事情却远非如此。

　　此事，经太平洋舰队司令部研究后一致认为，这是一个送上门来的"宝贝"，决不能让它永远卧睡海底，应该尽快打捞上来。于是，就在"伊号 124"沉没的第三天，2 月 12 日，美国人便秘密调来 1 艘名叫"霍兰"号的潜水母舰，并派出技术熟练的潜水员潜入海底，用割枪切开艇体，钻了进去。在潜艇舱内，美国人发现了几十具横七竖八躺着的日军官兵尸体。在"伊号 124"的指挥室和电报间里，潜水员借着手电筒的光柱，仔细地检查了每一个地方，就连一个小角落都没有放过。当他们拉开指挥舱控制台的抽屉时，只见一个大红皮夹呈现在面前，在夹子里面，美国人终于找到了他们最需要的东西——日本海军使用的"JN—25"最新密码本。"霍兰"号正是为了它，才不惜千里迢迢前来海底探宝。当返航的"霍兰"号刚靠上达尔文港的码头时，太平洋舰队总司令尼米兹将军的电报就到了。不一会儿，一架海军专机载着日本人送来的"礼物"直飞珍珠港。

▲由于对密码解析成功，山本五十六被美国战斗机击落而丧生，图为山本五十六在地图前研究战况

美国人的心血没有白费，以罗彻福特海军中校为首的秘密情报中心，就以这笔"意外之财"为蓝本，很快就获得了"大丰收"——破译日本人的密码。另外，罗彻福特情报中心，全天24小时对日军方的无线电实行不间断地监听，这样美国人就能做到随时截获日本军方之间的往来电报，进行破译，事先能够查明日本舰队的行踪，并及时做好战斗准备。

中途岛以东约1000海里处，是美国太平洋舰队司令部所在地——珍珠港。1941年12月7日，日本成功的偷袭，使美太平洋舰队几乎全军覆没。太平洋战争由此而爆发。

珍珠港的惨痛教训使美国人饱尝了缺少情报而盲目作战的苦楚。尼米兹将军一上任，就特别加强了罗彻福特小组的工作，人力物力绝对保障。他决心一雪珍珠港的耻辱。

在珍珠港太平洋舰队司令部地下室的入口处有两个卫兵荷枪实弹，除尼米兹和少数几个有关人员之外，谁也无权进入地下室镶有钢制拱形大门，门上上了双层大保险锁。这里是以罗彻福特为首的一群才华横溢的密码破译人员大显神通的天地，他们的代号为"海波"。

1942年4月份这段时间里，日本联合舰队异常而神秘的电报，立即引起了罗彻福特的高度警觉，也引起了太半洋舰队司令尼米兹的极大关注。这表明日本海军在近期内很可能有重大行动。当时在截获的大量电报中，日本人没有明确其攻击的地点，但是有一个名称的反复出现，却引起了罗彻福特的特别注意，那就是"AF"。"AF"是日本海军在这段时间里经常出现的一个词，罗彻福特估计日本海军肯定要在"AF"这

▲p-38击落山本座机

里采取重大的军事行动。但是"AF"之谜极难揭开。经过层层分析计算，罗彻福特断定，"AF"一定是中途岛的代号。为了证实"AF"就是中途岛，5月10日，罗彻福特专门找到尼米兹总司令，请求他下令："给中途岛守军司令部发份密报，让他们用明码向舰队令部发份缺水的报告。"

很快罗彻福特等人就收到了日军海军报告"AF"缺少淡水的电报。一切都明白无误！罗彻福特略施小计，终于证实了"AF"

就是中途岛。

1943 年 4 月 13 日，位于瓦希阿瓦无线电监听站的一名监听员正在抄收一份密电。这名监听员用的是一台最新式的精巧打字机，打字机同时打出一条电传纸带，纸带随即输入一台发报机，自动拍发给罗彻福特的特别情报小组。因此，远在千里之外的日军报务员刚刚发完报，这条电文就到了罗彻福特的手上。

罗彻福特和手下的情报人员很快破译了电文。发现这份电报是关于日本联合舰队司令长官山本五十六在下一个星期从腊包尔到布干维尔视察，然后返回的详细日程安排。

罗彻福特马上拿着刚译好的电报稿匆匆去找司令部情报官莱顿海军中校。山本五十六的命运就这样被历史定格了。

重水在爆炸声中沉入湖底

1938 年，德国两名科学家发现了原子分裂，并发现其在分裂的过程中能放出巨大的能量，整个世界都为之震动了。各国的间谍机构都争先恐后地收集这方面的资料，他们明白，如果希特勒抢先研制出了原子弹，后果将不堪设想。为此，围绕着原子弹的研究，盟军与纳粹德国展开了一场惊心动魄的间谍战。

蒙在鼓里的科学家

1942 年，第二次世界大战进入到了关键时刻。盟军虽然占据了战场上的主动，但纳粹德国仍在垂死挣扎、负隅顽抗。而决定这场战争胜负的一个关键因素，就是原子弹的研究。一旦德国原子弹研制成功，不仅盟军胜利无望，而且还有可能给整个世界带来毁灭性的灾难。因此，要摧毁德国，取得第二次世界大战的彻底胜利，最关键的，就是绝不能让德国研制成功原子弹。

当时盟军对此同时实施了两个解决方案：一个方案是摧毁德国进行原子弹生产的重要物质设备，使其生产无法进行；另一个方案则是从人力上予以扼杀，通过策反或者控制正在进行关键性研究的原子能物理学家，从而起到阻止德国原子弹研制的作用。

很显然，这两个方案都是不可能通过真枪实弹的战斗来实施的，唯一的办法，就是通过特工人员潜入纳粹德国及其占领地进行秘密行动。

在人力控制上，英国情报机关首先想到了丹麦皇家科学院院长兼理论物理研究所所长尼尔斯·玻尔。玻尔教授是丹麦著名的原子物理学家，在原子核裂变研究上为世界作出了突出的贡献，并因此而荣获了 1922 年诺贝尔物理学奖。1940 年，德国侵占了丹麦。

▲丹麦物理学家尼尔斯·玻尔

玻尔教授虽然有着非常强烈的亡国之感，但他一贯认为科学是为全人类服务的事业，科学家应该潜心研究，不应为科学以外的事分心。因此，在希特勒占领丹麦后，派人给玻尔教授提供了种种方便，并让他继续研究原子弹的制造的时候，玻尔并没有太多的反对。

在当时的历史条件下，继美国开始研制原子弹的"曼哈顿计划"以后，英国也开始了一个类似的计划——"合金管计划"，该计划由著名的原子能物理学家韦尔奇博士负责。

英国秘密情报局接到任务，要为"合金管计划"小组增添得力干将，于是便要求负责人韦尔奇博士予以配合，想方设法把玻尔教授弄到反法西斯的队伍里来。

很快，韦尔奇博士给玻尔教授写了一封邀请信，后附聘书一封，托秘密情报局将之转交给玻尔教授。秘密情报局把这封信用密码发给瑞典斯德哥尔摩站，再由斯德哥尔摩站负责丹麦的情报员罗纳德·特恩布尔潜入丹麦，把信交给丹麦的地下组织，传给其组织的一个"王子"小组。"王子"是丹麦军方成立的秘密抵抗活动小组，暗中受到英国秘密情报局和特别行动执行署的支持与帮助。

在这封密码信辗转交到韦尔奇博士手后，他完全不相信信中所言德国在研制原子弹这回事，他也不相信德国能制造出原子弹，他认为自己的研究对德国没有多大用途。因此，他拒绝配合。

在利物浦大学任教的查德威克爵士是玻尔教授在英国最亲密的朋友，于是韦尔奇博士找到了他，求他帮忙。查德威克爵士义不容辞地给玻尔教授写了一封语意恳切的信，希望玻尔教授不要还被蒙在鼓里，十分诚恳地请他离开正被希特勒纳粹德国占领的丹麦，到英国来干一番事业，为"合金管计划"尽一份心力。但是，这次玻尔教授还是婉言拒绝了这个要求。其原因有两个：一是玻尔教授出于自己强烈的爱国心和恋乡情绪，不愿离开自己的祖国；二是在他看来，德国并没有表现出任何要研制原子弹和夺取世界霸权的意思和行动。同时他也不相信，原子弹的研究会在德国的支持下产生任何突破性的进展。

玻尔教授的回信很快被"王子"小组拍摄成微型胶片，然后由负责丹麦的情报员罗纳德·特恩布尔把这张微型胶片装进自己的假牙之中，然后又秘密地潜回了瑞典的首都斯德哥尔摩，把玻尔教授的回信发给了伦敦总部。这封信令伦敦总部大感为难，也让查德威克万分焦急——国家的生死存亡正在此一线之间，玻尔教授竟然没有答应自己的建议和请求。

《魁北克协定》

1943 年 8 月 19 日，英国首相丘吉尔和美国总统罗斯福签订《魁北克协定》，英国"合金管计划"并入美国"曼哈顿计划"，两国原子弹研制项目实现整合并且由美国主导。之后，同盟国一些最卓越的物理学家逐步参与其中。《魁北克协定》标志着英美两国统一核计划的完成，条款规定，除了双方"成立联合机构领导原子弹研制"、"未经双方同意不得泄露技术"等之外，还有英国可以享有相关技术成果的内容。

科学家成功脱离虎口

就在英国方面感到绝望的时候，突发的两件事使此事的难度大为降低：一件事是玻尔教授已从其同行那里获得了德国重水需求量剧烈增加的消息；另一件事是德国已经开始对丹麦的犹太人进行了大搜捕，而玻尔教授就是一名犹太人。

英国情报机关又开始了行动，他们找到饰演《安娜·卡列尼娜》里的安娜·卡列尼娜和《茶花女》里的马格丽特的演员古雷特·嘎尔波。嘎尔波与玻尔教授有过数面之缘，而且，她反对希特勒的思想，反对纳粹的种族歧视和肆无忌惮的侵略行径。在这次行动之前，盟军情报官员找到嘎尔波，请她参加反法西斯的情报工作，她欣然同意了。这次，盟军情报处决定让嘎尔波出马，由她来做玻尔教授的工作，并协助玻尔教授逃出丹麦。

▲尼尔斯·玻尔与爱因斯坦

嘎尔波接受命令后，立即通过自己的联络网，给玻尔教授送去了一份呼吁书，那是英国物理学家查德威克所写的《纳粹拥有原子弹之恐怖》。玻尔读后大为震动，他原来只想自己一心研究科学，并没将自己的研究与战争联系起来。以为自己的研究能够为人类服务，没想其他。

玻尔教授最终领悟到自己给希特勒制造原子弹，是对人类极大的犯罪，因此，表示要脱离纳粹的控制投入到反纳粹的斗争中去。

嘎尔波迅速将此信息传给了英国秘密情报局，秘密情报局当机立断，指示嘎尔波与"王子"小组配合，马上把玻尔教授送到瑞典。

1943年9月，按照计划，玻尔教授和夫人领着两个孩子，带着沉重的行李包，装着一大堆食品和各种水果，准备做一次长途旅行。玻尔教授开着车行驶在出城的山路上，按照与"王子"小组预先的约定，天黑以后，将有人悄悄在山下的海滩边接他们一家人偷渡去瑞典。在一位由盟军情报机关人员扮成的渔民的指示下，玻尔教授领着家人走进了一个小小的港湾。在港湾停泊着一艘小型渔船。玻尔一家人坐着这艘小船顺利地脱离了虎口，来到了瑞典。使他吃惊的是前来迎接他的人竟是他熟悉的古雷特·嘎尔波。

1943年10月1日，德国尼尔斯·玻尔实验室里的同事发现玻尔教授早上没有上班，也没有向任何同事提到有事或有病。很快，他在山下弃置的汽车被德国搜查队看到了，才知道了事情的真相，但已无济于事。

此后，英国的"合金管计划"如虎添翼，德国的原子弹研制却每况愈下，英国的釜底抽薪之计终于使德国的原子弹研究搁浅了。

"秃鹰"在行动

"秃鹰"叫保罗·洛斯伯德，1896年出生于奥地利第二大城市——格拉茨，其母亲安娜·洛斯伯德出身于当地的一个望族。他从小就是一个爱好和平、天性善良的天主教徒。第二次世界大战期间，他被英国情报机关雇用，潜伏在德国，代号"秃鹰"，公开身份是德国斯普林格——韦拉格出版公司的科学顾问。他以此身份为掩护，巧妙地编织了一个庞大的社交网，网罗了许多德国科学家和军队技术人员，并凭此收集了许多有关德国制造核武器的绝密情报，为盟军成功地阻止纳粹的核生产提供了前提。

20世纪20年代至30年代期间，德国是世界核物理研究的前沿，有许多犹太血统的德国科学家在这方面取得了令人惊讶的成就。如果这些科研成果被希特勒所利用，研制成原子弹，那将对人类的文明产生毁灭性的影响。为此，保罗·洛斯伯德决心要尽力阻止纳粹德国的核步伐。他利用帮助犹太科学家逃离纳粹德国为手段，挖空德国在核物理领域的科研实力。比如他曾帮助著名的犹太核物理学家维克托·戈尔德施米特和利瑟·迈特纳逃离德国，前往英国或其他中立国。同时，他还及时把德国科学家在这方面的研究成果通告给英国情报机构，以期引起他们足够的注意，呼吁盟国科学家加强核物理方面的研究。

1938 年 12 月 22 日晚，保罗的朋友、柏林化学研究所的奥托·哈恩教授打电话告诉保罗一个激动人心的消息，他说他刚完成了一个重要的实验。这个实验证实了低速中子撞击铀原子时会产生一种新元素。保罗非常激动，凭他的直觉，他认为这个物理实验将改变人类的历史。他立即把这个消息通知了在英国的科学家利瑟·迈特纳。迈特纳读完哈恩的实验报告后，很快计算了一下。结果表明，哈恩的实验比历史上任何一个时期的实验所释放出的能量都要多得多。这也就是说，人类揭示了原子核中固有的能源。

也许保罗比任何一个科学家都早一步认识到哈恩和迈特纳的发现对人类的特殊意义。他敏感地意识到这项重要的研究是在德国做的，其他国家的科学家还不了解，这很容易形成德国对核科学的垄断，而这种垄断只能对希特勒有利。保罗想尽快让全世界都知道这项工作的深远意义，于是他迅速复制了哈恩的手稿，希望能引起世界物理学界共同的关注。

这一发现果然引起了许多英国科学家的兴趣，约翰·道格拉斯·科克劳夫就是其中的一位。

就在保罗努力提醒世界关注德国的新发现的时候，德国也开始注意到原子能研究的重要性。为此，一些德国核物理科学家以德国核物理学会的名义向德军统帅部写了一封信，呼吁德国军方重视并支持这方面的研究。

这封信引起了德国军事统帅部的注意，很快，柏林政府召开了一个禁止旁听的会议，会议建议加强保守对原子能研究的秘密及德国铀储备的秘密。德国核武器计划终于在德军最高统帅部的推动下前进了。

但通过保罗，英国方面了解到了他们想知道的有关德国原子规划的一切事情。

在当时的情况下，能否较快制造出原子弹的关键是能否找到合适的核原料。

钍是一种很特殊的核原料，由它制成原子弹要比铀元素容易得多，当时在德国唯一对钍有恰当理解的物理学家便是弗里茨·豪特曼斯。当时，德国军队和帝国研究协会一同进行原子研究。德国海军军械部的负责人卡尔·威策尔将军把豪特曼斯有关钍元素研究的报告发给了帝国研究协会负责人鲁道夫·门采尔教授。保罗不但了解钍，而且更了解豪特曼斯的经历和德国的政治气候。得知这一消息后，他适时地给他的"好友"门采尔教授写了一封信，信中含蓄地点明豪特曼斯曾长期在苏联工作。于是，门采尔于 1942 年 3 月 31 日给威策尔回函道："当前德国科学方面的形势是几乎所有的研究工作都是为政府和战争的重要目标而进行的，而且所有这些都必须秘密进行。为此，利用苏联人是不可靠的。"因此，当威策尔将军打算再次推进对钚的研究时，门采尔信中的调子很明确，他不仅不相信仍在苏联的科学家，而且也不相信刚从苏联回来的科学家。于是钚的研究在战时的德国再一次未受到重视。

而与此同时，保罗早已把豪特曼斯从苏联带回的有关钚研究的报告的复印件传送给了英国科学家。两星期内，美国、英国与德国的原子弹计划完全向两个相反的方向发展。

在研究原子核反应堆方面，德国要领先于当时的美国和英国。1942 年，德国科学家维尔纳·海森贝格和 R. 多普尔在莱比锡核反应堆实验基地，获得了超过美国人和英国人所作的同样实验目标 13% 的成绩。

通过保罗·洛斯伯德，盟国了解到德国之所以在核反应堆方面暂时领先是得益于他们充足的"重水"生产和供应。

"重水"是一种特殊的原子化合物，它可以从普通的海水中提炼，但每万吨的海水仅能提炼 1 千克的重水，而且提炼过程需要大量用电。当时，德国的"重水"生产处于严格的保密管制下，一般人根本无法了解其中的真相。为了迷惑盟国，德国人还建造了许多生产"重水"的假工厂。英国情报机构派出刺探这方面情报的特工屡屡被

▲德国科学家维尔纳·海森伯格

德国盖世太保捕获，英国情报机构为此大伤脑筋。在此情况下，英国情报局局长孟席斯将军决定再次动用"秃鹰"。孟席斯通过密电告知保罗，伦敦需要有关重水方面的情报。

接到命令，保罗·洛斯伯德立即去了荷兰，表面上是去安排一些出版事宜，可他真正的目的却是与荷兰地下组织进行联系，获取德国进行重水生产的情报。

经过暗中多方打听，保罗初步断定纳粹德国的重水生产基地在挪威的某个地方。保罗立即与伦敦取得联系，让伦敦方面派出空军侦察机进行空中摄影。1942 年 12 月 8 日，挪威韦莫克上空出现了英军空中侦察机，它们尽量装作是偶然从此飞过。英国情报部门根据航拍的结果认为，这里很可能就是德国秘密的重水生产基地。

不久，保罗也从另一个渠道了解到，韦莫克地区果然是德国的重水生产基地。保罗立即把这一情报通知了伦敦，这为后来英国皇家空军准确地摧毁该厂奠定了基础。

"山猫"出动

保罗·洛斯伯德关于韦莫克已成为德国重水生产基地的情报送到伦敦后，立即引起了英国秘密情报局的重视。重水是铀原子在核裂变过程中的减速剂，没有重水，就

不可能制造出原子弹。因此，英国战时内阁下令摧毁韦莫克的重水工厂，以免它继续为德国人的原子弹生产服务。

经过进一步侦查获知，德国重水的生产基地是处于崇山峻岭之间的韦莫克化工厂。保罗虽然了解到了韦莫克化工厂的大致位置，但还缺乏有关这家工厂的详细情报，而这只能另派间谍去进行侦察。于是，"山猫"出动了。

"山猫"叫艾因纳尔·斯金纳兰德，是个非常英勇，又非常有智慧的游击队员，斯金纳兰德战前曾是一个化学家，自从1940年德国攻陷挪威后，许多挪威人背井离乡，四处流浪。斯金纳兰德在其导师利夫·特龙斯塔德教授的影响下参加了挪威的地下抵抗组织，代号"山猫"。特别巧合的是，斯金纳兰德的家就住在韦莫克化工厂附近。让英国情报局局长孟席斯更加意外的是，韦莫克重水工厂的前身竟是利夫·特龙斯塔德教授创办的，并且斯金纳兰德的弟弟和几位好朋友都在这个工厂里工作过。显然，刺探韦莫克化工厂的情报，再没有比斯金纳兰德更理想的人选了。于是，孟席斯当即决定派斯金纳兰德去执行这项特别的任务。

为了增加事情的成功几率，孟席斯决定把斯金纳兰德送到英国特种训练中心，接受速成谍报培训。斯金纳兰德聪明过人，他仅用了一个月的时间，就掌握了操纵手提式大功率短波发报机、跳伞等技能，学会了在极度的饥饿与疲劳中艰难地行动，并熟记了电报密码。孟席斯在斯金纳兰德培训结束后，立即将斯金纳兰德派回挪威，进一步搜集有关韦莫克化学工厂的情报。

回到挪威韦莫克工厂所在的小镇——尤坎镇的斯金纳兰德经过一段时间建立了一个谍报站。期间，他从韦莫克化工厂的总工程师约马·布伦那里获知德国人正在工厂加紧生产重水。

斯金纳兰德又从韦莫克警卫司令部秘书凯蒂小姐那里获知了许多重要情报，比如，德国研究部门为增加生产，工厂大兴土木，修建了一座发电站；生产出来的重水每个月都有船只向德国本土运送……

"新手"行动

情报送到英国秘密情报局局长孟席斯手里后，他毅然决定迅速摧毁这家工厂。在英国首相丘吉尔的亲自主持下，联合情报委员会同意了情报局的意见，责成秘密情报局、特别行动执行署等情报机构，制订出了一个详细的炸厂计划，代号为"新手"。之所以命名为"新手"，其意思是"初生牛犊不怕虎"，要有大无畏的精神，才能成功。

这是一个大胆的作战计划。40个伞兵将分成两队乘滑翔机降落在哈丹格高原上，然后从斯金纳兰德的基地出发去奇袭韦莫克化工厂，迅雷不及掩耳地将它摧毁。

"新手"行动的先遣队按照计划在1942年10月8日安全降落。但是由于天气的原因，"新手"行动部队始终没能到达工厂。在寻找的过程中，先遣队的部分成员被德国的滑雪巡逻队发现并俘虏了。德国人把伤员打死，其他人审问之后，也全部枪毙了。

显然，德国人明白这些伞兵的进攻目标就是尤坎镇的重水工厂。这次行动的后果可想而知：工厂周围的警卫加强了。

"新手"行动的首次失败没有使伦敦放弃行动。特种行动局挪威组的组长杰克·威尔逊上校奉命组织第二次攻击——即"加纳塞德"计划。这次行动计划得很周密，根据韦莫克化工厂总工程师约马·布伦介绍的情况制作了一个巨大的工厂模型，上面不但有工厂，而且还有工厂周围的地形。威尔逊从挪威皇家陆军的志愿人员里挑选出他的队员。对他们进行了长期和充分的训练。为了防止泄露"加纳塞德"行动的秘密，训练是在"第十七站"进行的，那是苏格兰一个特殊的训练学校，把其它谍报人员全部都搬出去了，他们主要的破坏目标就是韦蒙克工厂里的18个不锈钢的高浓缩电池。按计划参加"加纳塞德"行动的成员在着陆时由"燕子"（这是给原"新手"行动先遣队没有被发现的人员新起的代号）接应他们。目前，那些"燕子"的处境十分险恶。"新手"行动受挫之后，他们就在哈丹格高原上潜伏下来。高原上地形险峻，到处有高山冰川、悬崖峭壁和急流险滩。他们的食品也所剩不多了。

1943年2月16日，"加纳塞德"行动开始了。行动队员被空投到和"燕子"的藏身之所相距不是很远的地方，很快"燕子"找到了他们。行动队员在"燕子"的隐蔽所里躲藏起来，一直到2月26日（星期五）傍晚他们才出来，然后隐蔽在尤坎镇以北山坡上林间猎人的两间小屋里。他们在那里制定了行动计划。为了不惊动卫兵进入工厂，只能沿高原的边缘溜下深谷，跨过谷底冰封的河流，再顺着一个陡坡爬上去，到达重水工厂。

第二天天黑以后，行动开始了，行动队员按照计划沿高原的边缘溜下深谷，跨过谷底冰封的河流，再顺着一个陡坡爬上去，最后按照布伦提供的路线图，进入了工厂里找到那18个不锈钢的高浓缩电池，然后把炸药装在这18个电池上。凌晨一时，"加纳塞德"完成了预定的任务，导火线也装好并点燃了。他们开始撤退，仍旧顺陡坡滑下谷底，越过河流。当他们爬上对面的峭壁时，炸药爆炸了。事后的调查结果表明，重水工厂里所有电池都被炸得粉碎，将近1吨的重水也全部报销了。

永沉湖底

伦敦在分析这次奇袭的结果时，估计德国的重水生产起码要耽误两年，但事实上，那个工厂在当年4月就恢复生产了，到1943年年底时，德国已经可以重新抽取重水了。当时尼尔斯·玻尔身在伦敦再次提醒盟国注意德国原子弹的危险。1943年11月16日，美国最高司令部命令空军第8军再次袭击尤坎镇的工厂。700多枚500磅的炸弹雨点般地倾泻下来，虽然工厂本身并没有受多大损失，但由于动力系统受到严重破坏，重水的生产停顿下来。在这种情况下，当时负责德国原子武器发展的部长戈林决定把韦莫克工厂迁移到德国。

斯金纳兰德得知消息后马上向他的上级发出电报说，韦莫克即将迁往德国。伦敦在开会研究这项情报时认为，由于德国本上的水力发电资源有限而且昂贵，工厂的迁移在目前对盟国还不会造成很大的威胁。但是如果德国能把他们目前储存的重水运回德国，那将是很危险的。斯金纳兰德接到指示，要他密切注意韦蒙克工厂的发展变化。

1944年1月末，斯金纳兰德在电报中报告说，重水已经包装好，就要向德国发货起运了。德国人已经清完仓库，共有14吨液体和613千克浓度不同的重水，分别装在39个圆桶里，上面标有"氢氧化钾液"的字样。斯金纳兰德还报告说，货物所要经过的沿途道路都由德国别动队的党卫军严加守卫。伦敦打来电报追问他是否有机会破坏货运，斯金纳德回答说，假如英国想采取军事行动，就必须尽快动手，他说重水还有七天就要从尤坎镇启运了。特种行动局立即行动起来，"加纳塞德"行动后继续留在挪威的克努特·豪克利德和斯金纳德接受指示去袭击并炸毁货运。

豪克利德和斯金纳德决定不采取直接袭击工厂的办法，而在运输过程中毁掉重水。两人到尤坎镇找工厂总工程师阿尔夫·拉森，阿尔夫·拉森是接替布伦工作的。拉森告诉豪克利德和斯金纳德两人德国人企图先用火车把重水运到廷斯约湖边的铁路渡口，从湖上摆渡到廷诺塞特。从那里继续通过铁路和公路运到黑罗伊，再继续装船运往德国。

拉森还告诉两人廷斯约湖特别深，有的地方深达400米，如果能把渡船弄沉，货物就永远不能再被打捞上来了。拉森答应安排合适的发货日期，使重水恰巧在2月20日（星期天）上午到达渡口，这是一星期中渡口上挪威公民最少的时候。

两人进一步侦察以后，发现那天上午在渡口拉货的是"水力"号，豪克利德乘"水力"号试着走了一次，发现开船后大约30分钟就进入了深水区。豪克利德决定把炸药安放在船头的位置上，先使船头深入水中，这样螺旋桨和舵就会吊在半空中，船就再也无法得救了，船长也没有办法再把船开回渡口去挽救货物了。

与此同时，伦敦和柏林也在忙于部署，前者是要保证不让重水运到德国，后者则恰恰是要达到这个目的。英国特种行动局向挪威的另一个特工组"苍头雀"布置了任务，一旦货物到达赫罗亚，他们就要设

▲希特勒为德国拥有核武器充满前景

法袭击货车。英国皇家空军也接到命令在必要的情况下，把载着重水运往德国的轮船在海上击沉，同时，党卫军的一个警卫连被派往尤坎镇；希姆莱特别飞行队的一个"菲斯勒鹳"侦察机飞行中队被派去进行巡逻飞行，以防埋伏，一支庞大陆军纵队被派到沿途护送重水。但他们仍不知道何时何地会遇到袭击，因此，德国人又决定派一支特别警卫队把重水从韦蒙克护送到湖边，"水力"号到达对岸后，再把货物分成两批，用不同的方法分两路运往德国。奇怪的是，他们没有在"水力"号渡船上采取任

何特别的防备措施。

2月19日晚十一点，也就是货物到达的头一天晚上，豪克利德带着两个助手来到码头，登上了"水力"号。经过一番辛苦，三个人终于把炸药装在了船头。假如一切正常的话，第二天上午10点45分，"水力"号渡船和船上的货物就会沉入廷斯约湖的湖底。

1944年2月10日（星期日）上午八点，一列货车从尤坎镇车站出发了，列车上挂有两节车皮，上面装着盛重水的圆桶。在铁路沿线每隔30码就有一个卫兵把守，"菲斯勒鹤"飞机在上空盘旋。10点钟的时候，车皮装上了"水力"号的甲板，渡船准时离岸，船上共有53个人。上午10点45分正，渡船在剧烈的"撞击"之下摇晃起来，可塑性炸药把船底炸裂了一个口子，"水力"号在5分钟之内沉没了，共有26名乘客和水手死亡，盛着重水的圆桶只有三只被打捞上来。

失去了重水，沉重地打击了德国的核武器研制计划。希特勒整天吹嘘的秘密武器也就成了泡影。

"阿尔索斯"在行动

　　1943年到1945年，在欧洲大陆战场上，活跃着一支小小的谍报队伍。他们的任务是搜捕纳粹德国科学家、搜集重要的战略物资、刺探有关德国秘密武器的情报，这就是经常随同美军一起行动的"阿尔索斯"工作队——美国的科学间谍小组。当时他们的行动极端机密，只有美军最高领导层的少数人，像国防部长史汀生、参谋总长马歇尔将军等知道。直到40多年后，人们才终于了解了它的内幕。

"阿尔索斯"谍报队成立

　　1939年，美国罗斯福总统接受了爱因斯坦等科学家的建议，开始了在美国研制原子弹的工作。1942年"曼哈顿工程"上马，使这项工作大规模开展起来。随着这项工程接近成功，一个问题就像噩梦一样纠缠着他们：德国人什么时候造成原子弹？会不会赶在他们前头？

　　德国有许多优秀的科学家，1939年发现铀原子核裂变的哈恩就是德国人，还有海森堡等一大批科学家，都是和爱因斯坦同样有名的人物。这些人加上整个欧洲的工业能力，德国人就一定能制成原子弹。1940年3月7日，爱因斯坦在致美国总统的第二封信中，告诫他注意德国在战争一开始就明显增加了对铀矿石的兴趣。随着德国在战场上节节失利，希特勒多次叫嚣要使用"秘密武器"，笼罩在美国人心头的阴霾便日趋沉重。

　　为了弄清德国人到底有没有原子弹，曼哈顿工程负责人格罗夫斯将军向军方建议，成立一个特别工作队。1943年底，一个代号为"阿尔索斯"的特殊的谍报队成立了。队员们都佩戴着一个小小的徽章，上面有一个白色的希腊字母"α"，一道红色的闪电穿过其中——这是原子能的标志。

> **绝密计划——曼哈顿计划**
>
> 　　1941年12月6日，美国正式制定了名为"曼哈顿"的绝密计划。罗斯福总统赋予这一计划以"高于一切行动的特别优先权"。"曼哈顿"计划规模大得惊人。由于当时还不知道分裂铀235的3种方法哪种最好，只得用3种方法同时进行裂变工作。在"曼哈顿"工程管理区内，汇集了以奥本海默为首的一大批来自世界各国的科学家。"曼哈顿"工程在顶峰时期曾经起用了53.9万人，总耗资高达25亿美元。这是在此之前任何一次武器实验所无法比拟的。

　　"阿尔索斯"这个特殊侦察分队最初由20多人组成，都是来自陆军和海军的优秀情报人员。队长是鲍利斯·帕希上校。由于"阿尔索斯"的特殊性质，需要有一名科学家参加工作。他必须是原子物理学家，但又没有参加曼哈顿工程的工作，一旦被德国人俘虏，不会说出美国制造原子弹的秘密。经过仔细选择，最后看中了丹麦实验物理学家高德斯密特。他不但具备上述条件，而且还能说一口流利的法语和德语。他曾经长期在丹麦首都哥本哈根的玻尔研究所工作，认识许多德国科学家，与海森堡尤其熟识。他1927年来到美国，虽然是丹麦人，但大家都称他"山姆大叔"。

1943年秋天，盟军首先在意大利的西西里岛登陆。1944年6月4日，第5军攻陷罗马。"阿尔索斯"的人也随之集中到那里，开始审讯意大利科学家。他们从这些科学家口中得知，战争使意大利的研究与发展工作基本上处于停顿，一些科学家到部队里服役。他们和德国科学家之间很少来往，从未与德国人一起或为德国人做任何工作。"阿尔索斯"人员查阅了大量德、意科学家之间的私人信件，分析查获的全部档案，终于稍稍松了一口气：在战争结束以前，德国人的原子弹不会扔到美国人头上。

破坏原子能工业设施

1944年8月，另一组"阿尔索斯"人员进入法国，他们的目标是找到法国著名核物理学家约里奥·居里。25日，他们和法国的装甲部队一同进入巴黎，紧跟在第一辆坦克后面的是一辆美国吉普车，车上坐着"阿尔索斯"人员。他们在约里奥的实验室找到了他们想找的人。约里奥告诉这些美国人，不少德国科学家曾到巴黎访问过他，并用他实验室里那台欧洲唯一的回旋加速器工作过，德国人向他保证，不会用这台加速器从事军事研究。他曾在夜间秘密检查过他们的工作，他个人确信，德国人离制造一颗原子弹的阶段为期尚远。但这一情况却引起了美国人的疑虑。德国科学家如此频繁地使用约里奥的加速器，肯定是在实施一项计划。在战时，这项计划如若不和军事计划有关，德国当局是不会允许他们的科学家经常出国的。

虽然"阿尔索斯"的工作证明德国人不会抢在美国的前头造出原子弹，但德国人也在从事研究原子能。有情报说，早在1942年就有德国科学家向希特勒建议把原子能用于军事。战后才搞清楚，希特勒对任何在六个月内拿不出成果的武器都不感兴趣。他太狂妄了，相信自己的闪电战可以征服全世界，没有耐心等待原子弹问世。

但是，美国人却认为，即使德国人不会抢先造出原子弹，也不能让其具有这种潜在的能力。战争打到欧洲大陆后，美国人更担心苏联人和法国人接管德国发展原子能的工业设施。他们要破坏德国可能用于原子能计划的一切工业设施、夺取德国人手中的铀金属及矿石、抓捕德国科学家，这些任务全都落到了"阿尔索斯"的肩上。

1945年2月，"阿尔索斯"随美军进入了德国的阿亨附近地区。他们发现，有一个重要的目标在苏联人预定的占领区内，那是德国奥厄公司的一个工厂，专门从事金属铀的提炼工作。它位于柏林以北的奥兰宁堡。"阿尔索斯"不可能夺取这个工厂，更不愿意让它落入苏联人手中，因此建议用空袭的方法把该厂炸掉。3月15日下午，第8航空队出动612架B-29轰炸机，30分钟内投下了1906吨炸弹和178吨燃烧弹，将地面的厂房全部摧毁。为了欺骗苏联人和德国人，掩饰轰炸奥兰宁堡的真正意图，美国人同时轰炸了德军总部所在地——柏林以南的措森小镇。意外的收获是，这次空袭把德军总参谋长古德里安炸成了残废！

搜捕原子能科学家

"阿尔索斯"一成立,就把绑架和俘获德国著名原子物理科学家作为自己的重要任务。当战争打到德国本土以后,搜捕工作就成为头等重要的任务。

1943年12月,"阿尔索斯"将卡耳佛特少校派到伦敦,名义上是美国大使馆的武官,实际上则专门从事科学间谍的工作。他首先仔细查阅了德国现期和过期的全部物理杂志,并且询问了逃到美国的所有欧洲物理学家,像爱因斯坦、费米和玻尔等人。然后开列出一张共有50名德国科学家的名单,他们都是可能与德国原子能计划有关的人。他把名单交给美英的情报机构。这些情报机构每天都仔细查阅偷运出来的德国报纸,追踪这些人的行踪。当盟军登上欧洲大陆时,"阿尔索斯"工作队的每个成员都得到一张表格,上面印有所有德国大科学家的简历、住址和工作地点。

柏林威廉皇家研究院不仅是德国,而且是整个欧洲的原子物理学家集中的地方,但是由于柏林遭到了频繁的轰炸,"阿尔索斯"得到情报说,铀研究机构已经转移到一个比较安全的地方,大部分科学家也不知去向。"阿尔索斯"面临的最大问题就是尽快查清纳粹把科学家们藏在什么地方及他们正在干什么。

"阿尔索斯"得到了第一份情报是英国情报局收到的来自瑞士的一个告密者的报告,英国情报局将它交给美国大使馆。报告说,据某个亲纳粹的瑞士科学家讲,他正协助德国人研究一种比黄色炸药威力大1000倍的炸药。他们的实验室就在德国黑辛根的一个未使用的纺纱厂内。

第二份情报是美国的邮政检查员截获的一封由德国黑辛根寄来的信,是一个美国战俘寄出的。信上说他正在一个"D"号实验室做苦工。据了解,德国许多秘密机关都已迁往那里。

直到1944年春天,"阿尔索斯"才得到了一个具体的情报。美国战略服务处从瑞士伯尔尼得到报告,一位瑞士科学家说,德国著名原子物理科学家海森堡博士住在黑辛根附近。"阿尔索斯"的耳朵竖起来了,他们联想到前两份情报,确信发现了希特勒的原子物理科学家的隐藏地。这时情报源源不断地送来,在德国的一位英国情报局的谍报人员也发来消息:在这一地区又发现了其他一些重要的原子物理科学家。

下一步计划就是设法打入这一地区。但是,进入黑辛根的计划未被批准,华盛顿认为那太冒险了,一旦"阿尔索斯"的人被俘,纳粹就可能从他们身上得知美国的计划,并采取防范措施。单单是发现"阿尔索斯"的存在也会使美国人的努力前功尽弃。

1945年3月,美军已突入德国本土。"阿尔索斯"进入海德堡,占据了当地的一些实验室,并俘获了几位重要的科学家。据他们交代,德国在原子能研究方面的主要科学家有二十几个,著名的科学家奥托·哈恩已经撤到斯图加特以南的小镇泰耳芬根,而海森堡和劳埃在附近的黑辛根,柏林的实验性反应堆也撤到黑辛根附近。他们承认,德国缺少重水,重水唯一的来源是挪威。这个来源一断,反应堆已无法运作了。至此,整个谜底终于被揭开。看来下一步行动顺理成章地就是进军黑辛根地区，尽快抓住海森堡等人。但一件意外的事使"阿尔索斯"伤透了脑筋。

根据雅尔塔会议精神，德国被分成英、美、苏三个占领区，后来又决定建立法国占领区，而由美国让出去的弗顿堡——斯图加特——乌耳姆——腓德烈斯哈芬一带正是德国原子研究机构所在的地区，黑辛根就在这个地区的中心。而且，法军这时正向该地区挺进。美国军方坚持要占领这一地区，但遭到了国务院的坚决反对，于是"阿尔索斯"的上司格罗夫斯将军和史汀生、马歇尔一同研究制订了一个"掩蔽作战法"。根据这一计划，美军必须抢在法军的前头，斜插过法军的阵地，找到"阿尔索斯"感兴趣的人，并把有关的实验设备全部毁掉，不能让任何有用的东西落入法国人之手。美国又一次背叛了自己的盟友。"阿尔索斯"不等大队人马到来，便带着少数支援部队深入到德军阵地，抢先进入泰耳芬根。他们向街上的一个德国人打听哈恩在什么地方，这个德国人指了一条通往一所古老学校的道路。他们很快包围了这所学校，抓到了哈恩和劳埃。几乎同时，法国的摩洛哥部队也到了这个地区。他们人数不多，并且认真地和散布在各地的德军小股部队作战，并未顾及到美国人的行动。

哈恩等人很快被送到海德堡。然而海森堡还未抓到，这是"阿尔索斯"最担心的事。他们怕他落入苏联人之手，这比让法国人抓住他还要糟。他们下一个目标也是最后一个目标就是抓住海森堡。"阿尔索斯"随同美军的前锋到达黑辛根时，海森堡在两周前已离开了此地。后来才知道，海森堡是到巴伐利亚他的家乡乌尔费耳德去了。帕希上校带着"阿尔索斯"人员和侦察巡逻队于 5 月 2 日傍晚进入了乌尔费耳德镇。一小时后，一队德军想通过该镇，两支部队发生了一场激烈的战斗。巡逻队撤退了，只剩下帕希的八个人控制着乌尔费耳德。最后，他们发现了海森堡的住宅，并在屋里找到了海森堡。最终，海森堡在他们的保护下，有惊无险地被带回了海德堡。至此，二十几个重要的原子科学家都抓到了。

通过审问，美国人终于搞清楚了。早在 1940 年，哈恩的发现就已经引起德国军方的注意，而且也有科学家向最高当局建议，铀可以用来制造炸弹，也可用作能源。由于德国科学家的消极态度，又得不到政府有力的财政支持，研究原子弹的工作基本上没有开展。他们主要的工作是试图建立原子反应堆，为德国提供能源，但就是这项工作也只停留在实验室工作阶段，离建成实用的反应堆还相当遥远。

1945 年 10 月，"阿尔索斯"谍报队出色地完成了它的历史使命，正式解散了。

暗杀希特勒的"女神行动"

希特勒是法西斯德国的统治者，一个嗜杀成性的战争狂人。对内，他采取血腥统治，镇压反抗斗争；对外进行军事侵略，大肆奴役被占领国的人民，罪行累累，令人发指。对于这样一个战争疯子，德国的有识之士曾发起过几起谋刺事件，"女神行动"便是其中之一。

"女神行动"秘密展开

施道芬堡上校是德国反抗运动的领导成员之一。1944年7月20日上午，他乘飞机抵达东普鲁士的拉斯腾堡机场。施道芬堡1943年4月在北非时，在一次低空轰炸中受了重伤。他只剩下一只眼睛、一条胳膊，残存的左手还缺少两个指头。尽管受过如此重伤，他还是重返了国防军。1944年夏天，37岁的施道芬堡已是德国后备军司令部的参谋长。

施道芬堡上校此行要去见正在狼堡附近大本营的德国最高元首希特勒，向他汇报由于苏联红军的压力，需要在东方战线的中段投入多少后备军兵力的问题。

施道芬堡腋下夹着一只浅色的文件皮包，里面装着一个长方形盒子。盒子里装有约一千克的炸药。

施道芬堡来这里的真正目的是暗杀希特勒。几年来，德国反抗运动的领导成员一直在谋划暗杀希特勒和纳粹领导人来夺取政权。机会终于来了，这次行动被称为"女神行动"。

"女神行动"共分6个步骤：（1）用暴力手段除掉希特勒。由于德国国防军的士兵向希特勒宣了誓，所以他们认为只有在希特勒死后国防军才会服从其他人的指挥；（2）由国防军的高级军官来接管行政权力；（3）占领新闻要害部门；（4）逮捕所有纳粹省党部的头目、帝国地方长官、部长、警察、秘密警察以及党卫军的领导人；（5）占领集中营；（6）封闭国社党及下属组织机构。

抵抗运动

1930年代中期，当希特勒上台不久，有少数的军人及政治家，或者因为知道他势必引发一场生灵涂炭的大战，或者不满他的种族政策，而开始逐渐聚集商讨将其推翻。早期的领袖包括陆军参谋长贝克上将、军事情报局长卡纳里斯上将、魏兹里本上将、莱比锡市长戈德勒等人。在1938年希特勒威胁入侵捷克，欧洲局势紧张期间，反抗人士曾经计划发动一场政变，并且与英国方面联络，希望里应外合。但是英国首相张伯伦选择姑息政策，不支持政变行动，反而飞到德国与希特勒签订了出卖捷克的慕尼黑协定。在外援消失之下，希特勒对外扩张又节节得胜，纳粹政权声势如日中天，抵抗运动也就低沉下去。

大约在12点，施道芬堡与国防军总司令部总参谋长，陆军元帅凯特尔见了面。凯特尔通知施道芬堡，向希特勒汇报的时间提前，定在十二时三十分。

施道芬堡故意把帽子和武装带放在凯特尔的接待室里，然后便与凯特尔及其副官一起离开办公室。在去希特勒的平房作战室的路上，施道芬堡说他得回去取帽子和武装带，随后返身回去。在凯特尔的接待室里他调好了炸弹的定时器。据计算，离炸弹爆炸的时间约有10分钟。

炸弹如期爆炸

大约12点35分，凯特尔和施道芬堡走进希特勒作战室。这时，陆军最高司令部作战部部长豪辛格将军正在向希特勒和其他高级将领汇报东方战线的情况。希特勒站在一张用坚实的橡木做成的桌子旁。桌上放着各条战线的形势地图。

施道芬堡把皮包放在紧靠希特勒的桌子底下，随后他借口说要打个紧急的电话，便离开作战室。

大约在12点40分，豪辛格的副手勃兰特上校的脚碰到了装有炸弹的皮包，便用脚挪了挪它。这样，这个装着炸弹的皮包便被挪到了桌腿下，而希特勒已离开原地。也许是希特勒命不该绝，为了看清地图边上的一处战况，他走近地图。就在这时，炸弹爆炸了。但炸弹仅仅炸死了一个速记员、勃兰特上校和其他两个人，希特勒只受了点轻伤：头发被烤焦，右腿被烫伤。

施道芬堡确信希特勒已被炸死，便与副官黑夫腾上尉乘汽车离开元首大本营，驶向拉斯腾堡机场，飞往柏林，到坐落在本特勒尔大街上的帝国国防部去了。

▲施道芬堡上校

大约在16点30分，他到达了那里。一些高级军官早已在等待着他的到来。这些军官有：陆军元帅维茨勒本（如果暗杀成功，他将任陆军总司令）；贝克上将（他将成为新的国家元首；赫普纳上将、奥尔布里希特将军以及克维恩海姆上校。

施道芬堡告诉大家：希特勒肯定已被炸死。而他的上司弗罗姆上将则说，他刚刚与在大本营的凯特尔陆军元帅通过电话，凯特尔向他保证：希特勒还活着。施道芬堡反驳说，凯特尔在撒谎。他亲眼看到了"炸弹爆炸，威力像一枚一百五十毫米的炮弹一样。房子里的人一个也活不了。"弗罗姆威胁施道芬堡和奥尔布里希特，要逮捕他们二人。后来，施道芬堡和奥尔布里希特反而把弗罗姆软禁起来了。

暗杀希特勒的炸弹爆炸声已消失三个多小时了。

▲战争疯子希特勒

继续执行"女神"行动的命令已由本特勒尔大街的电传机发向各个军区。

看起来行动计划已经取得成功。在维也纳、布拉格、卡塞尔等地的国社党头目已被拘捕。驻巴黎军事司令施蒂尔普纳格尔——贝克上将的好友接到本特勒尔大街的电传命令后，立即把自己管辖区内的党卫军头目拘捕了。

在柏林，遵照柏林城防司令哈泽将军的命令，警卫营包围和封锁了政府区。

"女神行动" 意外破产

1944 年 7 月 20 日，帝国广播电台播送了一条使暗杀行动破产的消息："今天，有人用炸弹阴谋暗杀元首，元首除受到轻度烧伤和撞伤外，安然无恙！"帝国宣传部部长兼柏林省党部负责人戈培尔与雷默尔少校会晤。雷默尔问，希特勒到底是死了还是活着，戈培尔立即与大本营接通电话。片刻，希特勒的声音便传入雷默尔的耳朵里。希特勒告诉雷默尔要直接听从他本人指挥，并马上把他提升为上校。

雷默尔把矛头转向叛乱者。他把部队集中在戈培尔的后院。这位宣传部长要求雷默尔的部队毫不留情地镇压叛乱者。

国社党党魁博尔曼电报指示各省党部负责人要谨慎从事，必须"只执行元首和他的亲信的命令，掌握好手中的权力并立即与有关警察头目取得联系！"接着他命令党的高级官员，立即逮捕"一切与罪恶的弗罗姆、赫普纳、维茨勒本、施道芬堡阴谋集团有联系的人，并将此措施传达到党的所有机构。"

很快，警卫营的士兵包围了在本特勒尔大街的国防部，封锁了整个大楼。在国防部忠于希特勒的军官冲向奥尔布里希特的房间。途中，他们与施道芬堡和他的副官黑夫腾遭遇。双方交火，施道芬堡左臂中弹。军官们把弗罗姆解救出来，弗罗姆下令逮捕施道芬堡、贝克、赫普纳、奥尔布里希特等将军以及阴谋集团的其他军官。

贝克上将用手枪朝自己的太阳穴开了一枪，子弹擦其前额而过。贝克瘫在椅子上，请弗罗姆再给他一次自杀的机会。弗罗姆转向在场的其他军官，给他们几分钟时间写遗书。然后离开房间走到大街上，命令警卫营的士兵组成一支行刑队。弗罗姆由雷默尔部队的军官陪同又返回叛乱者所在的房子里，宣布他已成立了一个临时军事法庭。他以元首的名义宣判被捕的军官中四人死刑，他们是：施道芬堡上校，他的副官黑夫腾上尉，奥尔布里希特将军及其副官克维恩海姆。弗罗姆说将立即执行此判决。

在这以后的一些日子里，有近二百人以参与阴谋罪被逮捕。后来他们被枪决、绞死或砍头，许多人被迫自杀。但是，下令枪毙阴谋叛乱者的弗罗姆上将也未能逃脱厄运，仅仅多活了几个月。1945 年 3 月，希特勒下令将他枪决。

"石油商人"的深入虎穴行动

"为了纳粹的利益，可以允许艾理库森在德国各地自由参观，并发给他特别通行证。"这是盖世太保头子希姆莱给艾理库森开的绿灯。然而，这个受希姆莱青睐的石油商人在战争期间，周游于盖世太保内部，为盟军做出了巨大贡献。

拿到进入德国的签证

艾理库森1890年8月出生于美国的布尔克林，多年从事石油贸易，在石油的提炼、生产和进出口贸易等方面都有丰富的经验。他1921年毕业于柯莱尔大学，获工科学士学位。在大学学习期间，曾中断学业应征入伍，参加了第一次世界大战，并毕业之后先在亚洲待了几年，最初担任美国标准石油公司的推销员，以后又成为得克萨斯石油公司的代表，不久又根据公司的需要，来到瑞典。1929年，他辞掉了在美国石油公司的所有职务，自己开始组建石油进出口公司，忙于石油生意。由于他的祖父是瑞典人，再加上他的石油生意主要在瑞典，因此便于1933年加入了瑞典籍。

▲美国驻苏联大使劳伦斯（左）

1939年12月，艾理库森在瑞典首都斯德哥尔摩巧遇自己的好友美国驻苏联大使劳伦斯，两人共进晚餐，对眼前的国际形势进行了一番深度交谈。期间，劳伦斯问艾理库森："美国迟早会被卷入这场大战的，一旦局势紧张，有关德国人石油工业方面的情报便会格外受人重视，你难道不打算帮我们做点什么吗?"

艾理库森很痛快地回答道;"绝无问题，只要我能够做到的，我一定效劳。"

"你是最合适的人选，不但精通德语，而且到目前为止，还在和德国各地的石油公司进行石油贸易。我们想请你做的事情是：加速并扩大与德国石油贸易机构的往来，以贸易关系获得进入德国的签证，然后想方设法去搜集有关德国石油炼油厂的情报。一旦将来对德国进行轰炸时，这些情报对美国来说是极为重要的。"

"我明白了。"艾理库森说："但这对我来说并不是一件容易的事，因为我从不和那些纳粹分子打交道。不过，从现在起我可以装出对纳粹有好感的样子，尽量找机会和他们接近，以博取他们的欢心和好感。"

和劳伦斯谈话回来后，艾理库森马上开始着手他的工作。首先，在周围的人群中，当听到有人嘲笑纳粹的言论时，他再也不像从前那样发出痛快的大笑了。其次，他开始发表赞成希特勒发动战争的言论，并公开说，希特勒将会取胜。同时，他还想尽一切办法结交住在斯德哥尔摩的德国实业家和使馆的外交官员。由于他对纳粹表示出的友好，使他很快就顺利地拿到了进入德国的签证。

开始了自己最冒险的间谍生涯

艾理库森几年前曾到过柏林，在柏林有很多朋友。下了机场，艾理库森被两名佩戴"SD"袖章的治安警察带到盖世太保总部。

经过了治安警察详详细细地盘问，艾理库森被准许在德国从事贸易生意。艾理库森全面展开了他的"贸易"活动。他首先在柏林四处拜访知名的贸易商人和政府官员，并特别留意寻找战前和他曾有过交往的商业界朋友。被艾理库森列为最有希望成为他的合作者的，是在纳粹政府石油管制委员会担任高级官员的奥丁堡男爵。此人是一个德国贵族，尽管发展此人对艾理库森来说有相当大的危险性，可一旦使他成为合作者，那将会对下一步"贸易"工作带来很大便利。因此，艾理库森还是决定要冒险试一试。一天晚上，艾理库森在作了充

> ### "SD"
>
> "SD"是帝国保安部的意思，是德语 Sicherheitsdienst 的缩写，是党卫队属下一个情报机关，是纳粹党第一个成立的情报机关，与盖世太保关系密切。1933 年至 1939 年间，帝国保安部隶属安全警察，后来转隶帝国中央安全局。帝国保安部主要工作是找出并清除对纳粹执政不力的敌人。为此，帝国保安部创立了一个特工组织并在全国设立了情报网络，其后扩展到占领区。该组织有数百名全职特工和数千名"线人"。政治警察系统内，帝国保安部负责搜集情报而盖世太保和刑事警察则负责执行工作。盖世太保和帝国保安部都完全在警察总长海因里希·希姆莱掌控之下。

分的准备后，来到奥丁堡男爵家里，两人在男爵的书房里闲叙着。正在奥丁堡男爵兴致很高的时候，艾理库森便单刀直入地说："奥丁堡男爵，我想和你谈一件重要的事，也许你心里已经猜到了，我现在正在为德国的敌人——盟国工作。"艾理库森的一席话惊呆了奥丁堡男爵。经过艾理库森的一番陈诉利弊，奥丁堡男爵答应做艾理库森的合作者。

在争取到奥丁堡男爵后的几天，艾理库森在柏林又吸收了一名石油公司的经理和几名反纳粹的德国青年男女。艾理库森在柏林待了两星期后，又先后到了汉堡和汉诺威等地，并分别在各地吸收了多名合作者。

艾理库森播下的种子，很快就有了结果。他在各地的合作者们，陆续送来了许多有关纳粹石油生产、储备及工厂分布等情报。每天夜里，艾理库森都是小翼翼地整理各处送来的情报，他把每份情报都熟记在心，甚至连细枝末节都没有放过。他还把自己白天在各地看到、听到和搜集来的炼油厂、飞机场跑道等绘成略图，记熟后，再把纸片撕碎，烧成灰烬，然后倒入抽水马桶冲走。

返回柏林后，他赶到盖世太保总部报告生意进展情况并办理回国手续。治安警察头子罗朵霍夫只是简单地询问了一下贸易上的事，就让他离开了。

艾理库森回到斯德哥尔摩，遵照劳伦斯的指示，秘密约会了他的顶头上司美国情

报机关的特工理查德少校。艾理库森将深深记在脑海里的情报一一报告给理查德少校。理查德听完他的报告后，非常满意地说："祝贺你，取得了意料之外的成功。"

后来的日子里，艾理库森便多次往返于瑞德之间，在1943年的大半时间里，他几乎每隔几周都要去德国一次，如同以往，每次返回斯德哥尔摩，他就把自己记忆中的情报向理查德详细汇报。

艾理库森冒着生命危险撒下的种子，经过漫长的2年，才开始有了大面积的收获。1943年夏天，美军航空兵根据艾理库森提供的情报，相继准确地轰炸了汉堡、汉诺威等地的炼油厂和石油设施，使德国的石油生产能力遭到严重破坏。

大获成功的"海市蜃楼"

1944年6月8日，也就是在诺曼底登陆的第三天，盟军总司令艾森豪威尔将军作出决定："今后盟军战略空军的第一目标，就是要彻底切断敌人的油料补给线。"

艾理库森得知这一消息后，心中非常高兴。他想：自己大显身手的机会终于来临了。由于纳粹德国对被炸的炼油厂修复和重建工作进行得极为迅速，为了防止盟军轰炸，还将部分工厂疏散到山区，这就给盟军的继续轰炸带来了许多困难。因此，在艾理库森及他的"合作者"面前，又摆下了一大堆有待去完成的新"课题"。

然而，随着德国石油产量大幅度下降，艾理库森意识到今后从德国进口石油将会越来越困难。他想，一旦德国决定全面禁止石油出口，他和德国的石油贸易就将不得不停止，到那时，自己也就再也没有什么借口到德国各地去"旅游"了。

由于从德国进口石油进入绝境，因而，艾理库森和理查德决定由输出变输入，也就是说应德国需要，给德国输入石油，以保证联络的畅通。

这一计划就被命名为"海市蜃楼"正式开始实施。

为了不让德国人在具体技术细节上看出破绽。艾理库森和理查德一起草拟了公司成立的宗旨，并在美国驻瑞典大使馆的帮助下，伪造了瑞典方面主要投资者的证明书和瑞典国家银行总经理承诺贷款的亲笔函件等。艾理库森关于建厂的申请报告送到柏林后，在盖世太保头目希姆莱的干预下，还不到一周，德国相关部门就回信说对此计划颇有兴趣，并希望能尽快与艾理库森面谈。因此，艾理库森又飞赴柏林，他将成立公司的全部计划及有关文书、证件呈给罗朵霍夫等纳粹官员审阅。

第二天，审阅完毕后，罗朵霍夫即约见艾理库森，对他说："关于你成立石油公司的全部文件，我个人认为此计划很有吸引力，但是希望你能再征求一下奥布利特的意见。"

奥布利特是德国石油工业部部长，与艾理库森也算得上是老相识了，艾理库森早就想将此人发展为自己的"合作者"。为此，艾理库森决定干脆一不做二不休，冒险游说奥布利特，告诉他该计划的真相，如果他同意合作，那么战争结束后，他和全家的生命财产都有保障。艾理库森还特别强调了德国战败只是时间问题，而且已为期不远了。

果然，正如艾理库森所预料的那样，奥布利特冷静地考虑了一会儿，便很爽快地答应合作。

又过了3天，罗朵霍夫告诉艾理库森说：该计划已获希姆莱批准并呈交德国最高当局。因此，他还建议艾理库森尽可能地多拜访一些有关部门的要员，以获得更多人的支持。同时还让他趁最高当局进行审核的这几天，先回瑞典汇报。但艾理库森却提出在返回前，想先到各地的炼油厂去参观学习一次，罗朵霍夫很痛快地同意了。

在各地"参观"期间，他的情报网又给他送来了数不清的各类情报。参观结束后，艾理库森见还有时间便返回了瑞典。

在瑞典待了几天后，艾理库森又返回柏林，在到达柏林的当天下午，罗朵霍夫就通知艾理库森希姆莱明天想亲自和他谈谈有关石油工厂的事。

和希莱姆的交谈，给艾理库森打开了更为方便之门，会谈后，希姆莱派人把罗朵霍夫找来，告诉他：为了纳粹的利益，可以允许艾理库森在德国各地自由参观，并让给艾理库森发放特别通行证。

由于有了希姆莱的授权，艾理库森一下子身价倍增。每到一地，都受到非常周到的接待，他可以随意参观炼油厂的任何地方，提出任何问题，对方无不殷勤款待、据实回答。就这样，艾理库森一路上耳闻目睹，详细调查，搜集了大量有价值的情报。

10月末的一个晴朗早晨，按预定计划圆满完成任务的艾理库森返回了柏林。为了防止夜长梦多，一到柏林，艾理库森分别向罗朵霍夫和希姆莱汇报了这次参观的成就。然后，艾理库森很快返回了瑞典。

第二天，艾理库森的情报便被以最快的速度送到了美军最高统帅部。很快，盟军的空军准确找到了德国的各个石油基地和炼油厂，投下了大量的炸弹。就这样，艾理库森这个普通的石油商人，为盟军完成了即使一名最能干的间谍，也难以完成的间谍使命。战后，美国大使馆特意为艾理库森举行了一个盛大的宴会，会上，宣读了由杜鲁门总统亲笔签名的表彰信。

窃取原子弹机密的"蜜糖行动"

在历史上，很少有像这次间谍活动对世界政治的进程产生如此深远的影响。"蜜糖行动"是苏联谍报机关给这次行动所取的代号，这是一次极为成功的行动，也许是空前绝后的成功。这次行动使苏联获得了梦寐以求的关于原子弹制造的大量信息，使其在美国成功制造出世界第一颗原子弹后也拥有了制造原子弹的能力，在与美国对抗中大大加重了自身的砝码，对世界的格局起到了有力的平衡作用。

"蜜糖行动"出炉

"蜜糖行动"开始于1938年，当时两名德国科学家哈恩与弗雷茨·斯特劳斯曼在实验中将原子分裂，这是个划时代的变革，这永远改变了20世纪的科学进程。与在世界各地的同行一样，苏联的科学家们清楚地认识到德国人的实验具有划时代的意义：核武器具有一种空前的威力——是能在一次爆炸中夷平地球的威慑武器——这在理论上是可能的。全世界的政治家们也了解这个含义，所以原子武器的研制开始在一些国家秘密地展开了，其中也包括苏联在内。一开始相对在较小的范围内，日本、意大利、英国和苏联的科学家们都知道他们必须面对大量的困难。在实验室分裂原子是一回事，可要大规模地实现这种分裂而又能加以控制就是另一回事了，而要利用这种超强的能力制造武器攻击预定的目标那更是难上加难。当时的许多科学家都认为在他们的有生之年这个梦想将难以实现。

格鲁乌和克格勃这两个主要的苏联谍报机关都认识到发展原子武器有着众多的科学难题，但他们同样地也认识到作为一个有优良传统的谍报机关必须负起责任。他们要了解西方的敌人是否有克服这些困难的能力。

格鲁乌

"格鲁乌"是俄罗斯军事情报总局的简称，是在当时的国防部长朱可夫元帅的建议下成立的。它与克格勃有所不同，它主要任务是威慑和阻止突然袭击，并对敌后进行打击。它始建于20世纪50年代。成立初期，该部队的服装千奇百怪，起初着摩托化步兵服装，后着飞行员和通信兵服装，最后才正式改穿特种兵服装。

他们主要担心的是德国。如果发誓要从欧洲根除共产主义的希特勒手中有了核武器，那不言而喻将是个噩梦的开始。从科学标准来衡量，德国是最有可能研制出原子弹的国家。德国在科学方面有着卓越的成就，在发现原子能方面首先有所突破，在德国东部有大量的铀矿，而且还能列出大量的用于发展核武器所必备的技术手段。更重要的是德国控制着世界上仅有的重水生产工厂。设于挪威的这座工厂能生产出大量的氘，这是在控制裂变过程中，减缓中子速度所必备的材料；工厂中巨大的发电机组生产出足够的能量，可将10万加仑的普通水转化成一加仑的重水。比一切都更重要的是德国人有一个成功地实现科学研究计划的基本要素，那就是科技力量。虽然许多伟大的科学家逃亡国外，但德国科学神童维尔纳·海森伯格决定留在德国。海森伯格是世界上最伟大的核物理学家之一，他在1925年仅25岁时就成为物理学界的骄子，并获得了诺贝尔奖。实际上从海森伯格发现电子以一定的能级从一个轨道跃迁到另一个轨道来看，海森伯格的智慧是何等高深，这个能捕捉原子世界奥秘的头脑，当然也具有让原子爆炸的能力。

还有一个令人困扰的线索使苏联人不安。希特勒于1939年在但泽发表讲话，谈及一件能使德国免受攻击的神秘武器，但泽是在德国入侵波兰后落入希特勒手中的，与这巧合的是克格勃得悉优秀的德国核物理学家已聚集在凯撒·威尔海姆学院开始核武器的研制。与此同时，一切有关核物理研究的内容都从德国的科学出版物上消失了。德国报纸只隐晦地提到正在发展一种"死光"，而伊斯坦布尔的报纸在未说明来源的情况下，暗示德国人马上就能制造出一种超级武器，是以原子能为基础的武器。

1941年德国入侵苏联后，使苏联谍报机关面对比任何事都紧急的任务：斯大林下令尽一切努力弄清希特勒是否会制造一种苏联无法防御的武器。

与苏联一样，英国与他的盟友美国也非常担心德国可能拥有核武器。英国人开始行动了，计划代号为"管道合金"。移居到英国的德国科学家发出警告，他们声称仍留在德国的同行们正准备研制原子弹。美国也有个类似的计划——代号为"曼哈顿行动"——正在执行。

莱斯利·格鲁夫斯将军是"曼哈顿计划"的领导者，同时还是该计划的间谍军队的首脑，这支军队的唯一任务是监视德国核计划的进展。由于没有像"新人"那样的人在德国内部，格鲁夫斯的谍报人员只得筛选与德国计划有关的线索，仍相信该计划正在顺利进展，很快就能制造出核武器。战略情报局也没有德国的内线，也得出了相同的结论。

这两者的判断全都错了。事实上，"新人"与英国是正确的：德国人毫无希望地停顿下来了。

英国人不同意格鲁夫斯的德国原子弹即将成功的结论。格鲁夫斯也承认他没有确切的证据，但还是提出了一个有趣的结论：正因为没有任何迹象，更能说明德国的原子弹是确切无疑的了。极端缺少证据正说明德国采取了滴水不漏的安全措施来防止秘密泄露。

实际上，得感谢"新人"，英国人才能如此清楚地了解德国的科研进展情况，但他们为了百分之百地有把握，而让一个极有才能的年轻物理学家参加"管道合金"计划，来评价"新人"的资料，从科学角度来判断是否绝对可信。被选来执行这个任务的科学家叫阿兰·努恩·梅依，但他刚好是苏联克格勃的间谍，他已经将"管道合金"计划的详情透露给了莫斯科。如今，苏联人不仅发现德国人已毫无希望制造出原子弹，他们同样也知道美国确信德国原子弹的威胁仍存在，正在竭尽全力制造自己的原子弹。因此苏联谍报机关作出了一个戏剧性的决定。由于德国的原子弹已不可能成功了，唯一真正的潜在可能是美英的联合计划。显然只有二者的联盟才具备建造核武器的必要资源。因此苏联谍报机关可以无视德国的核计划，集中全部的精力关注美英核计划。为了战后力量平衡，美国原子弹的威胁要比德国制造出原子弹的可能大得多。苏联人下令尽最大的努力，揭露美英同盟的原子弹秘密。这个行动就是"蜜糖行动"。

谍报人员的巨大成功

苏联谍报机关开始像一部巨大的机器似的开动起来了。克格勃在英国的间谍唐纳德·麦克莱恩受命尽一切努力搜集美英有关原子弹的研制情况。克格勃同时还收买了布鲁诺·波恩塔科尔夫，一名意大利共产党员物理学家，他的巨大价值在于他是科学家恩里科·弗米的亲密朋友，由于这个关系，苏联人得到了极其重要的情报，弗米在1942年成功地实现了核反应实验。同时，克格勃和格鲁乌以加拿大为基地的成员很快就发展了十几名加拿大的共产党员，他们侦察出了一些重要的技术秘密。因为加拿大也为曼哈顿计划完成一些辅助工作，其中包括用于制造武器钚的气体扩散过程。后来，阿兰·努恩·梅依被任命为原子弹计划在加拿大的负责人，梅依利用工作之便，给苏联提供了真正的经处理后的铀样品。

但"蜜糖行动"只有在美国才能有完满的结果，这主要是由于下述5个高智商的谍报官员出色努力的结果：

格里高利·克哈依菲兹居住在圣·弗朗西斯科，1939年克哈依菲兹曾是马萨诸塞工学院的学生，在那里他是核物理学专业的高才生。他小心翼翼地与美国科学界中的共产主义同情者们建立起了广泛的联系。这些关系现在起了作用：克哈依菲兹得以渗透入设在伯克利的辐射实验室，那是美国的原子能研究中心，曼哈顿计划的参与者大都曾在那里工作过。由于有3个谍报人员在该实验室工作，克哈依菲兹得以在1941年末给莫斯科提供了美国原子弹计划的规模。

范西利与伊莉莎白·查鲁宾居住在华盛顿特区，有外交身份作掩护，范西利·查鲁宾全权负责在美国的"蜜糖行动"。他的妻子伊莉莎白是克格勃的高级成员，能流利地说五种语言，与美国共产党有着广泛的接触，经常在他们中招募共产主义的热心支持者，并告知他们苏联是盟友，应分享原子弹的成果。是她收买了珀尔修斯（一名与曼哈顿计划密切相关的高级科学家），控制着克劳斯·福切斯（一名从德国移民过来的科学家和共产党员），当他被吸收参加"管道合金"行动时，他正在英国为克格勃工作。现在他转往洛斯阿拉莫斯工作，因此他能为查鲁宾提供有关原子弹构造的详细资料——后来证明这些资料在帮助建造苏联的原子弹方面起了重要作用。

高依克·奥瓦克米安是一名高级克格勃特务，以阿姆托格（苏联贸易组织）驻纽约代表的身份作掩护进行情报收集工作，奥瓦克米安是位收买人员的天才。在20世纪30年代想要窃取美国技术时，他列出了长长的美国共产党员名单。他想将那些人转成原子弹间谍，并且发现他的谍报员朱利叶斯和艾特尔·罗森伯格有亲戚在洛斯阿拉莫斯工作。艾特尔的兄弟大卫·格林拉斯在洛斯阿拉莫斯是一名低级技术人员，但他的工作很重要：他为原子弹唯一的内壳制作模具，这是整个计划机密中的机密。

阿纳托利·扬茨可夫是一位以纽约为基地的克格勃成员，扬茨可夫在美国共产党人中也招募了大量的人员，其中有几个在美国政府中效力。他能给克格勃提供曼哈顿计划的重要内幕，其中包括提炼铀所需的装备，这可以让苏联人能估算出美国到底能制造出多少原子弹。

到1944年，可以说苏联人对"曼哈顿"计划已了解到无所不知的程度。莫斯科得到了286份高级机密文件，这些都是直接从"曼哈顿"计划的神经中枢窃取来的。

不圆满的结局

但就在胜利即将到来之时，灾难却降临了。纰漏出现在苏联间谍机构使用的无线电通讯上。间谍人员有大量的资料要发往莫斯科，这使无线电通讯大增，密码员们经常超负荷工作。在急急忙忙地发送重要情报时，发报员犯了一些错误。有时他们重复使用同一种一次性密码簿，而在另外的情况他们使用简单密码以加快发报速度，有时他们过多地插入有关各式雇员的详细情况。1945年美国和英国的谍报机关再次将目标转向苏联，开始破译战时苏联谍报机关的大量通讯材料。就这样，他们很快发现了"蜜糖行动"。很快，福切斯被发现了，曾是查鲁宾的主要信使哈里·顾尔德也被捕了。萝娜·库亨和她的丈夫成功地出逃了，但罗森伯格在拿到伪造的护照前被逮捕。布鲁诺·波特科夫逃出了罗网，但福切斯和阿兰·努恩·梅依被逮捕了。还有，在加拿大的行动小组整个被暴露了出来，还有一些在美国的谍报员也相继被发现并被拘禁起来。由于苏联在外交上的努力，查鲁宾和另一些高级苏联谍报员才得以返回莫斯科。虽然"蜜糖行动"中的谍报人员大部分暴露并且被逮捕，但他们已经成功地将"曼哈顿"计划的核心部分传递给了莫斯科，从这一角度来讲，"蜜糖行动"获得了空前的成功。

智取绝密"V-1"火箭图纸

1943年10月，盟军的轰炸机一架接一架飞过德国的上空，把数万枚炸弹投下，准确地炸毁了73个"V-1"火箭发射台。5个星期的轰炸，使德国大伤脑筋。希特勒曾夸口要往伦敦发射5万枚新式飞弹——"V-1"火箭的发射台由此成了一片废墟。希特勒为此大发雷霆："是谁泄露了我们的'V-1'号绝密档案？"

有惊无险过封锁线

1943年10月，一个身材矮小的法国人正在准备跨越边境，偷偷地进入中立的瑞士国土。他的肩上扛着一麻袋的土豆，手里拿着一把斧子，从外表看，是一个道道地地的伐木者。

当这个伐木人迅速向前奔跑时，清晨的阳光已透过茂密的树林。这个时候发出任何一点声音就可能导致死亡。因为在森林里和小山峰后面，有德国巡逻队和德国警犬的耳朵。这位名叫霍拉特的法国人原是一名工业设计师，他为了拯救自己的祖国成了一名间谍，曾偷越边境进入瑞士达49次之多。每次他都带有递交给英国方面的军事情报。他和他的同伴经常精确地描绘出纳粹德国在法国的秘密机场和炮兵群的位置，或者带回整个德国军队的调动情况等等，都是十分有价值的情报。然而所有这些机密都不能同这一次携带的情报相比。

这次藏在他的土豆中间的是一张图纸。这张图不仅将拯救伦敦，使之免遭毁灭，而且也会把战争缩短好几个月。霍拉特带着的是希特勒夸口的那个可怕飞弹——"V-1"火箭发射场的蓝图。按希特勒的想法是要往伦敦发射5万枚"V-1"火箭，差不多每个月要有5000枚之多。关于发射这种火箭的准备工作，纳粹是用了最严密的方法加以保密的。建造这些发射架台的工人大部分是荷兰和波兰的劳工，他们都不会讲法语。这些发射台有100多处已经接近完工。

米歇尔·霍拉特是盟军这方面唯一知道这个计划细节的一个人。他这时正在邻近的边境线，并且飞速地奔跑着，不一会儿他已经到了把法国与瑞士边界隔开的铁丝网边。他把斧子和一口袋土豆扔过了铁丝网，正当他要爬过去时，突然，他的膝盖被一条硕大的德国警犬牢牢地咬住了。这只警犬直直地站在那里，并紧紧地咬住他不放。霍拉特动弹不得，但是他意识到他必须尽快脱身，因为附近一定有警犬的主人。可霍拉特身边没带武器，因为像他这样乡下人打扮的人，如果被搜身，带武器会引起敌人的怀疑。这时他忍着剧痛，向四周搜寻有没有什么东西可以把这条警犬的嘴撬开。他找到一根长长的坚实的棍子。他拿棍子用尽平生力气插进了警犬的气管内。好一会儿这条狗才松弛下来，趴在那里死了。

当霍拉特半蜷着身子穿过铁丝网时，"不许动！"一名德国士兵的枪口对准了他，接着另一名德国士兵也赶了上来，他被抓了起来。看着丢在国境线那边的土豆，他心急如焚，因为土豆里藏着"V－1"火箭发射台分布图的微型胶卷，他只得举起双手让德国人押着往回走。

"这家伙看来是个伐木的，打死他算了。"一个德国兵说道。

"不，你看他那么能干，还打死了我们的警犬，我看八成是个间谍。抓回去有奖。"

"什么间谍，每天从这儿越境的那么多人都是间谍？押着他麻烦，干掉他算了。"说着开始拉枪栓。

霍拉特当然懂德语，而且还很流利。他迅速用后肘顶倒了身后拉枪栓的士兵，在另一位德国士兵还未反应过来时，他扑向倒下的士兵，两人翻滚起来。站着的德国士兵慌乱中向他们开了一枪，霍拉特身上的德国士兵被打死了。霍拉特捡起枪，再一个翻滚，德国兵开的第二枪未打着他。正当德国兵要开第三枪时，霍拉特一枪了结了他的性命。

霍拉特终于逃过了封锁线。

发现神秘飞弹基地

米歇尔·霍拉特是法国人，是法国一个研究机构里一名薪水很低的雇员。当德国人进军巴黎，霍拉特的老板开始为德国人干事时，霍拉特感到一个新的转折点已经来临，他辞掉了工作以示抗议，并且另外找了一个工作，充当木炭炉发动机制造商的代理人。这工作对他决心献身于祖国，去完成的任务是十分有帮助的。因为这可以对他经常去靠近前线的森林地区，提供有力的证明——他是为了寻找木材烧炭而去的。当他要传送情报时，他就越过边境到瑞士去。

> **法国情报机构"秘密行动分局"**
>
> 法国情报机构在某些领域的工作，独树一帜，颇为引人入目，其中的佼佼者为国外情报和反间谍局。该局中的一个主要部门"秘密行动分局"是开门撬锁的行家里手。尽管它经常被嘲笑为"一伙小偷"，但正是这伙小偷，在国内外搞到的情报占全局的90%，而且全部是原版文件。

他为了当一名间谍，试图悄悄地越过有重兵把守的瑞士边境。但第一次被德国士兵抓住了，不过他用一席话使自己脱身了。第二次越境得到了成功，英国方面要他弄清德国军队番号情况并报告他们的调动情况。

他向英国方面报告了德国军队番号及部队调动情况，英国情报局对霍拉特进行了多次考验，最后录用他为英国情报局的间谍。

霍拉特找到几个法国人作帮手。其中有铁路工人、卡车司机、旅馆看门人。他们一共5个人结成了一个组织，取名为"行动网"。最后这个组织发展到120人。

1943年初，霍拉特通过一个工友的介绍，来到法国里昂的郊外一个工地干活。他发现那里有好几百工人，人们正在浇灌混凝土，仿佛是在建新的车库。他边干活，边观察周围可疑的痕迹。最吸引他注意的是一个45米长的光秃秃的水泥平台，上面有一条笔直的蓝线指示标。他拿出指北针，发现这个平台的方向正好直接对准伦敦。他明白了，这是发射台。当他了解到德国人让工人们三班倒，24 小时连着干时，他假装干不了这么沉重的活而离开了工地。

霍拉特此次行动的目的就是调查希特勒夸口的新式飞弹的情况，他乔装打扮，终于有了点线索。他按照规定的时间，把建筑神秘基地的事向伦敦作了报告。

丘吉尔和艾森豪威尔都十分关注德国人在搞什么名堂。在波恩霍尔姆的海滩上，一个英国间谍发现了一种显然是从天空中掉下来的奇怪的武器残骸。另外，从佩内明德得到的情报似乎表明，看来有一种新的闪电式武器正在研制，但到底是什么，谁也不知道，直到希特勒夸口要用那种可怕的飞弹轰炸伦敦，英国才有了点线索。

正在丘吉尔为难的时候，霍拉特的报告及时地来了。英国方面立即命令这个积极的法国人放下手中的所有工作，集中精力搞清这个神秘的建筑基地。霍拉特把他手下的 12 名助手分别部署在 6 个方向，骑着自行车从法国北方开始进行了一次神秘的"旅行"。他们在 3 个星期内，发现共有 12 处同样神秘的基地。尔后他们在法国南部的森林里又发现了另外的 4 个。所有这些基地集中在一条 320 公里长、50 公里宽的走廊地带，大体同海岸平行，并且方向都直指伦敦！

成功获取飞弹基地总蓝图

为了搞清这些神秘的建筑基地，霍拉特紧锣密鼓地开始了行动。他把手下的 12 个人分为 4 组，装扮成劳工，到各个神秘的基地做苦工，打听总的建筑基地分布图。

一个星期过去了，没有消息，眼看有的建筑基地接近竣工，霍拉特有些着急了，命令小组成员要不惜一切代价尽快搞到情报。不过有一点是可以肯定了，那就是修好的建筑基地根本不是什么汽车库，而是一种武器的发射台。

一天，霍拉特所在的卡利森林建筑基地已竣工，来了 4 个德国人验收。霍拉特立即安排他手下的人坐在小汽车里，守在必经的公路旁准备跟踪。

中午，德国人收起图纸，宣布验收完毕，坐上小汽车离开了建筑基地。当黑色小汽车通过森林边的交叉路口时，一辆灰色的小汽车远远地跟在后面，霍拉特警惕的目光紧紧盯着前方的黑点。

大约 1 小时后，黑色小汽车左弯右拐在一座灰色二层楼的小花园门前停住了，门前一位卫兵上来检查证件。

这就是德国人的秘密军事建筑设计所。霍拉特喜出望外，终于找到了。

接连两天，一直守候在远处的三层楼房里的霍拉特，用高倍望远镜观察了这所二层楼房的情况，筹划了窃取图纸的行动方案。

第二天，一个佩戴着少校肩章的德国军官和一名卫兵从一辆灰色的小车上下来。

"长官，请出示您的证件。"门卫的德国兵敬了个礼。

霍拉特不以为然地掏出了墨绿色封面的证件，上面写着：党卫军少校赫尔利·布朗。卫兵行了个军礼放行了。

进入楼房，看到的是穿梭不息的人员和繁忙接电话的情景，不时有几位军人向"党卫军少校"敬礼。一刻钟的观察后，霍拉特找到了设计室，门口的卫兵看了证件后，霍拉特进入了房间，一个套间，有5个人。

"谁是马丁博士?"霍拉特边脱白手套边问。

一个戴眼镜秃顶的人站了起来。

霍拉特递上了证件："元首命令我来了解一下卡利森林建筑基地的情况。"霍拉特巧妙地避开了是什么建筑基地。

图纸从保险柜里拿出来了。上面几个醒目的大字"'Ｖ-１'火箭发射台分布图"。霍拉特边看边问了几个无关紧要的问题。"准备什么时候完工?"这是个关键的问题。

"10天后全部完工。"博士答道。

"看来元首会满意的。"霍拉特边说边掏出烟和打火机，咔嚓一声，点燃了一支香烟。

"少校先生，这里禁止吸烟!"一个中尉显出狐疑的神色。

"对不起!"霍拉特掐灭了烟。"好，我这就回去向元首汇报。'Ｖ-１'火箭发射台的工作进展顺利。"霍拉特准确地用了这个名称。当他一转身时，发现中尉不见了。他匆忙告别，大踏步走出门外，与同来的士兵跳上了汽车，快速开走了。

汽车开出去不久，他听到了远处那幢小楼的警报声。

在接应地点，霍拉特换上了另一辆白色的小汽车，脱掉了军服。

霍拉特掏出了打火机，那是一个微型照相机。"Ｖ-１"火箭发射台分布图已被拍摄下来了。

当霍拉特穿过边境线，把这件无价之宝交上去之后，伦敦发来了一份无线电报，上面写道："缴获品安全收到，致以庆贺。"

几个月后，由于一个同事的疏忽，霍拉特在一家小酒店里被捕了。与他同时被捕的另外3个人中，一个死在集中营里，其他2个过了3个月被释放了。霍拉特受到了残酷的折磨。可是他没有对德国人提供任何情报。由于在他身上没有找到同谋犯罪的证据，他未被枪毙，但被送到了"诺因加默"集中营去了。

战争即将结束的时候，纳粹清除了集中营，把俘虏赶进了轮船的底舱，并且让船只在海上漂流。德国人深信不疑：这些船只一定会被盟军轰炸机炸沉。霍拉特和其他几百个人被关在一起，但是到最后一刻，他却奇迹般地到了瑞典红十字会的船上。霍拉特被送进医院，整整6个星期的治疗，才使他逐渐能动弹。皇家空军派了一架飞机接他去伦敦。在那里，他将获得外国人在英国可能获得的最高军事勋章，即"功勋勋章"。

对于霍拉特在战争时期的活动，英国某军团司令官、陆军中将布赖恩·霍罗克斯爵士给予了很高的评价："谁都不会怀疑，霍拉特完全有资格在勇敢方面获得最高荣誉勋章。可以毫不夸张地说，他是一个拯救伦敦的人。"

接到情报的盟军从 1943 年 10 月起，轰炸机频频飞过德国的上空，把数万枚炸弹投下，准确地炸毁了 73 个"V－1"火箭发射台。希特勒为此大发雷霆。而与此同时，丘吉尔首相却称霍拉特是"拯救伦敦的勇敢法国人！"

美苏冷战时期的谍战

　　第二次世界大战刚刚结束，冷战的大幕就慢慢拉开，冷战是以美国为首的资本主义阵营和以苏联为首的社会主义阵营进行的经济竞争、军备竞争和科技竞争。双方的目的简单说就是为了争夺世界霸权。在这个时期发生的谍战和反间谍战大部分都是围绕上述内容进行的。谍战的结果是双方各有胜负。客观来看，在一定程度上，却促进了双方某些领域的超快发展。

为苏联服务的"剑桥团伙"

对于俄国间谍机构来说，20 世纪 30 年代是他们征募的黄金年代。在英国，他们培养了一些富有的终身间谍。其中就包括著名的"剑桥团伙"。

苏联的"潜力股"

在剑桥大学，三一学院的研究员安索尼·布朗特领导着一个共产主义同情者五人小组。这个组织包括 4 名大学生：当纳德·迈克李、加伊·博盖斯、约翰·凯恩克劳斯以及凯姆·菲尔比。尽管当时他们什么也不能做，但苏联仍然做了很多的准备，等待他们拥有有影响的地位时，从而可获得重要的情报。

菲尔比从剑桥毕业后从事记者工作，他总是注意表明他的共产主义言论。他站在法西斯角度采访了西班牙内战，并且随着二战的爆发，他还报道了在法国的英国军队的举动。在当时，加伊·博盖斯是凯姆·菲尔比的信使，这种情况一直维持到敦刻尔克撤离后，菲尔比才加入到博盖斯一起为 M16（英国国外间谍机构）服务并最终在 1944 年转移到苏联工作。而同时，布朗特从部队转到了反间谍局 M15（英国国内反间谍机构）工作，而迈克李正在外交部工作，他后来又转到财政部工作。

他们的苏联长官已经看到了长远投资的回报，在最终下跌之前，这些股票的价值一直在飙升。1949 年，菲尔比作为中央情报局的联络官被送到了华盛顿，博盖斯则被任命为英国大使馆的二等秘书，尽管后来他由于酗酒问题又被送回伦敦。布朗特当时也在华盛顿大使馆工作，但是到了 1949 年，他由于个人的酗酒问题，又被派到外交部的美国部工作，这使他能够向他的苏联主子提供有关核研究的英裔美国人计划的绝密情报。

▲安索尼·布朗特，"剑桥团伙"的领导，同时又是三一学院的研究员

"剑桥团伙"的覆灭

然而，天有不测风云。1951 年，西方成功破译的密码表明有人正在泄露核研究的机密，调查过后他们怀疑到了布朗特头上。菲尔比得到了消息，他试图使怀疑转向其他人，但是没有成功。对布朗特的审讯将在 5 月 28 日（星期一）开始。苏联人也开始了行动。在 5 月 25 日（星期五）的晚上，博盖斯打电话到布朗特家中。随后，两人乘

船去了法国。他们得到错误的信息去了维也纳，然后得到同盟国力量的帮助，他们到了苏联防区并直接去了莫斯科。在博盖斯公寓找到的便条暗示凯恩克劳斯可能是个间谍，凯恩克劳斯本人不承认这一点，但他承认曾经为了钱卖了一些情报给苏联人，这使得他被迫从财政部退休。菲尔比对嫌疑人发出的警告也使他自己处于被怀疑之列，他被重新召回伦敦接受审查。他设法逃避了大部分指控，并仍被留在 M16 工作。1956 年，因为害怕再次受到伦敦方面的指控，菲尔比调到贝罗特，在那里他工作了 7 年，最终，菲尔比逃跑了。

▲加伊·博盖斯在华盛顿的英国大使馆工作时，因为是"剑桥团伙"的成员而首次受到怀疑

尽管布朗特在战后一直在间谍圈之外，但他仍使得博盖斯和迈克李成功逃脱。1964 年，他因曾是"剑桥团伙"的成员而被秘密控诉，他向审问者承认了他所犯下的罪行。由于他揭露了在英国的苏联间谍机构，而被释放了。但在 1979 年，他的变节行为被人们所知，他所拥有的一些荣誉被剥夺了，其中包括为皇家艺术团服务而被授予的爵士封号。最终，"剑桥团伙"的这 5 位成员全都暴露了。

为苏情报机关赢得美名的菲尔比

菲尔比无疑是世界间谍史上最著名的间谍之一。他以出色的成就被同行们冠以"神奇鼹鼠"的称号。即使他的对手也对他尊敬有加。正是由于有菲尔比等这样的优秀间谍，才为苏联情报机关赢得崇高的声誉。

胸怀大志的剑桥高才生

1929 年，年轻的哈罗德·金·菲尔比进入了著名的剑桥三一学院。当时，社会主义运动风起云涌，菲尔比加入了剑桥社会主义者学会。在最初两年里，菲尔比按时参加这个英国工党领导的学会。但是在 1931 年的大选中，英国工党的惨败使菲尔比对议会民主制产生了怀疑，思想上发生了重人转折，开始接受共产党的主张。在 1933 年夏天，也就是菲尔比在剑桥大学的最后一个学期，他耳闻目睹了希特勒对犹太人惨绝人寰的暴行以及纳粹分子对共产党人的疯狂迫害。他决定：为了人类的美好未来，必须牺牲一切，为共产主义事业而奋斗。

> **大难不死的菲尔比**
>
> 在西班牙法西斯占领区，有一次，一发炮弹正好落在菲尔比乘坐的敞篷吉普车上，车上的人都被炸死，但有一个人毫发无损，那就是菲尔比。大难不死的菲尔比相信自己定会大有后福的。

1934 年，菲尔比怀着满腔热情奔赴维也纳，参加奥地利社会主义者同政府的斗争。不久，菲尔比返回伦敦。为从事间谍工作，开始极力掩饰其共产主义倾向。渐渐地，菲尔比作为一名共产主义分子的印象在人们的大脑中逐渐消失了。

西班牙战争爆发后，德、意法西斯开始了武装干涉。菲尔比接到任务，要求他前往西班牙法西斯占领区，在尽可能接近要害的地方潜伏下来。菲尔比轻而易举地成为《泰晤士报》驻佛朗哥军队的随军记者，并以这个身份经历了这场悲惨战争的全过程。

在西班牙期间，菲尔比一直在等待时机，以便打入英国特务机关，他甚至产生了这种预感。但令他失望的是什么也没有发生。

在国防部一名上尉的安排下，菲尔比与一位名叫玛乔丽·麦克瑟小姐进行了一次"谈话"。谈话是在一家饭店进行的。虽然菲尔比一直未能弄清她的身份，但她的言谈举止有着一种明显的权威性，这预示着她可以给菲尔比一个"有意思"的职位。菲尔比口若悬河，滔滔不绝，令麦克瑟小姐大为赞赏。在他们分手时，麦克瑟小姐要求菲尔比几天之后在同一地点同她再次会面。

第二次会面，麦克瑟是同菲尔比的朋友盖伊·伯吉斯一起来的。伯吉斯也是苏联间谍，已于 1939 年 1 月打入英国秘密情报局。由于伯吉斯在场，菲尔比增强了信心，又极力表现了一番。后来伯吉斯告诉菲尔比，这一切都是浪费时间，因为英国情报局机关早已决定录用他。

菲尔比最初在 D 科（破坏行动科）工作。不久，菲尔比因工作出色，调到第五科任伊比利亚组组长，主管在西班牙和葡萄牙的英国情报工作。

1942 年初，菲尔比充分显示了他的才华。在他的领导之下，英国情报机关成功地识破了德国军事谍报局密码机的秘密，截获的德国军事谍报局的电报数量与日俱增。

在全面掌握德国军事谍报局在伊比利亚半岛的活动情况后，菲尔比开始为如何利用这些情报而苦思冥想。仅仅抓几个间谍是不够的，菲尔比决定利用这些情报去搞一个富于想象力的行动。他认为完全有可能充分利用所掌握的情报，对敌人在西班牙的基地进行破坏和干扰。

当菲尔比获悉德国人要在直布罗陀海峡安装一套侦察夜间通航情况的设备时，他决定采取行动。后来，他又出人意料地选择了外交途径，他要看一看德国军事谍报局驻西班牙工作站得知他们的秘密不再是秘密时的那种震惊的情形。

果然，在英国驻西班牙大使向西班牙将军佛朗哥提出抗议之后，收到了良好的效果。由于佛朗哥当时伪装中立，不便偏袒德国，因而在那两三天之内，马德里和柏林之间一直在惊慌失措地互拍电报，采取各种各样的应急措施。甚至还有一份报告说德国驻马德里使馆的一些烟囱在反常地冒烟，他们可能在焚烧与此有关的文件。最后，柏林下达最高指示——行动必须完全停止。

菲尔比取得如此辉煌的战果，博得各方的信任，青云之路已经铺在他的脚下，只待时机罢了。

进入核心顺利开展工作

菲尔比在辛勤工作时，并没有忘记他的真实目的——为苏联搜集一切情报。

由于第五科科长考吉尔的无拘无束，第五科的人员经常互相开玩笑，人们非常容易知道别的同事在做些什么，这为菲尔比提供了广泛的活动余地。他自告奋勇每个月在秘密情报局百老汇大楼值一两次夜班。这是一项很有用的工作，因为每个晚上都会有来自世界各地的电报。

菲尔比如同一只鼹鼠，四处钻营，通过各种途径，获得了大量重要情报。但这并非菲尔比的最终目的，他的目标是获得一个更有利的职位。他认真工作，加大负荷，使自己的权利扩大到北非，然后又扩大到意大利，愈来愈多的情况表明菲尔比将获得提升。机会终于来了，第九科在法西斯行将崩溃之际设立，宗旨是反苏反共，暂由军情五处一名年近退休的官员负责，显然这名官员将在对德工作减少后被替换。

苏联方面对此十分关注，派人同菲尔比商讨对策。为此菲尔扰写了好几份报告，进行了详尽的分析。情况正如分析的那样，要么由另一名官员接管第九科，要么第九科并入第五科。毫无疑问，考吉尔将促成第二种解决办法，并将成为合并后的负责人。

鉴于此，苏联总部通知菲尔比，必须为保证自己能够成为第九科的科长——不管它是否同第五科合并——而尽一切努力，不管用什么方法！苏联总部的意思是让考吉尔离开。菲尔比表示异议说，他之所以能够接触局里许多不为人知的角落，正是由于他从不参与机关里的勾心斗角。但苏联方面指出：为了这一重要的职位，很值得暂时牺牲一点名声，不出几个月，人们就会忘记考吉尔和他离去的方式。

为了达到目的，菲尔比必须小心谨慎。菲尔比很快建立了一个反考吉尔同盟。最后，由副局长维维安向局长提交了一份报告。报告历数了考吉尔的缺点和错误，并主张在过渡到和平时期之前进行根本的变革。菲尔比被提名为第九科科长的继任者。

最后，局长召见了菲尔比，任命他为第九科科长。菲尔比得到授权：在局长的领导下，负责搜集和解释来自海外各地所有关于苏联和共产党活动的情报。

在菲尔比领导第九科期间，没有一项针对苏联情报机关的活动产生过效果。他们工作的进展只能靠天上掉下来的馅饼——苏联叛逃者。除此之外，菲尔比搞到的那点秘密情报几乎全都是假的。原来出色能干的菲尔比似乎突然变笨了。

但是，随着战后美苏冷战的开始，西方加强了对苏联的谍报活动，菲尔比的日子也越来越不好过了。

有惊无险躲过审查

1941 年 2 月 10 日，叛逃的苏联将军，曾任苏联驻西欧军事情报系统负责人的克里维茨基被枪杀。他曾告诉英美情报机关，他知道三个打入英国政府的苏联间谍，一个在外交部；另一个看上去是一个苏格兰青年，20 世纪 30 年代初期受过共产主义熏陶，据说也进入了英国外交部门；还有一个年轻的英国记者，西班牙内战期间曾被派往西班牙替苏联人搜集情报。

美国方面当时负责克里维茨基案件的是安格尔顿和哈维，但西方情报界对此兴趣不大，以致错过了时机。

苏联叛逃者不断给菲尔比制造麻烦。最严重的一次是 1946 年 8 月，一天早晨，菲尔比还没有在办公室坐稳，就受到局长的召见。原来是苏联驻伊斯坦布尔总领事馆负责情报工作的副领事要求到英国政府避难。他特别声称，他知道在英国工作的三名苏联高级情报员的真实姓名：两个在英国外交部工作，另一个是英国情报机构的负责人，这个领事名叫伏尔科夫，他强烈要求不能用电报向伦敦报告，因为苏联情报部门已经破译了英国的各种密码。英国驻土耳其大使也确实按他的要求，用邮袋把材料安全却很缓慢地寄回了伦敦。

菲尔比倒吸一口冷气，但仍面不改色地对局长说，现在遇到了极为重要的问题，希望能给他时间进行进一步的研究，根据具体的情况，提出适当的行动措施。局长毫不迟疑地接受了他的意见，并要求菲尔比第二天一早向他报告这件事，同时还指出只许菲尔比一人保管这些材料。

菲尔比立刻向苏联方面发出了这个迫在眉睫的灾难的警报，接着向局长孟席斯爵士建议不要用电报联系，而是派一个了解全部情况的人去现场负责处理这个案子。菲尔比还建议局长要征得外交部同意。总之，他要尽量为苏联方面争取时间。

出人意料的是，由于负责此事的官员怕坐飞机，这个担子落到了菲尔比肩上。菲尔比去外交部办手续又耽搁了一段时间。等他到达伊斯坦布尔，伏尔科夫已被"请"回莫斯科了。对这样一条大鱼的脱钩，官方进行了调查。菲尔比向局长提交了一份报告，他强调是伏尔科夫坚持使用外交邮袋把事情彻底搞糟了，在这段时间里，苏联人识破了伏尔科夫的计划。

在危险边缘行走

根据英国密秘情报局使干部成为多面手的既定方针，菲尔比已不可能在反共反苏科负责人的位子上永远干下去了。1946年底，当菲尔比得知自己已被任命为秘密情报局土耳其站（设在伊斯坦布尔）站长时，感到这是不幸中之大幸。那时伊斯坦布尔是直接对苏联、巴尔干社会主义国家进行渗透的南方基地，虽然不再处于中心，但毕竟离中心不太远。

1949年夏天，菲尔比接到通知，要他担任秘密情报局驻美代表，去做同中央情报局和联邦调查局联络交流的工作。菲尔比未经请示苏联总部就毫不犹豫地答应了，他实在难以抗拒这项工作的诱惑力。接受这项工作不仅意味着回到制定情报政策的中心，而且还可以仔细观察美国情报机关的活动。菲尔比的决定是明智的，也是极度危险的。在他被派往美国前不久，由于苏联人的疏忽大意，美国成功地破译了在理论上无法破译的苏联密码。他们顺藤摸瓜，一举破获了原子弹间谍案。虽然菲尔比明了这些情况，但为了保护菲尔比这一良好的情报来源，苏联情报部门不得不听任美国情报部门采取行动。

不久，根据破译的电报披露，有一个苏联间谍身居要职，可以获得丘吉尔发给杜鲁门的亲启电报全文。由于这名间谍位置是如此重要，苏联方面甚至不惜暴露菲尔比。这样，只身进入华盛顿情报机关中枢的菲尔比的处境就十分艰难了。

联邦调查局对此案花了近两年时间，重点放在勤杂人员身上，结果一点突破也没有。他们只知道这个人的名字曾在一个文件上出现过，叫霍默。菲尔比很清楚，迟早有一天，注意力将转移到处理过这份电报的外交官身上，那么真正的霍默将无处藏身，显露原形，菲尔比的苏联化名最终也将出现在破译的材料上，菲尔比的真实身份用不了多久，也会暴露。

菲尔比在华盛顿的两年任期将于1951年秋天届满，他为苏联人监视这项调查的任务也将随之结束。在此期间，他参加了一个特别政策委员会，指挥了一次对阿尔巴尼亚的联合渗透。自然，最后以失败而告终。但是菲尔比因此与美国情报负责人安格尔顿建立了友谊，当然，也都怀有不可告人的动机。安格尔顿希望通过搞好同菲尔比的关系，达到控制菲尔比的目的；就菲尔比而言，只满足于能够拉住安格尔顿。菲尔比明白，他们之间愈是公开地互相信任，安格尔顿就愈不怀疑他搞隐蔽活动。菲尔比也说不清楚谁在这场复杂的比赛中得到的好处多。但他有一个有利的条件：他知道安格尔顿在为中央情报局干些什么，安格尔顿也知道他在为秘密情报局干些什么，但却不知道菲尔比的真正兴趣所在。

事情暴露尚算完美结局

安格尔顿开始怀疑当时担任英国外交部美洲司司长的唐纳德·麦克莱恩。麦克莱恩毕业于剑桥大学，1944 年至 1948 年间曾在华盛顿任职。他生于一个显赫的苏格兰家庭，在剑桥期间是一个坚定的共产主义分子，曾表示要去苏联参加革命。毕业后，麦克莱恩并没有去苏联，而是突然摒弃革命热情，进入英国外交部，并立刻成为模范官员。1944 年，麦克莱恩被提升为英国驻华盛顿大使馆的二等秘书，除主管大使馆的机要室外，还特别兼管大使专用密码，丘吉尔给杜鲁门的电报就是用该密码编发的。

不久，美国密码工作人员从已截获的电报中成功地破译出一个情报：霍默以探视怀孕的妻子为掩护，每周去纽约两次，同他的联系人接头。这个活动方式与麦克莱恩任二秘时每周去探望怀孕的妻子两次的情况完全一致。毫无疑问，麦克莱恩就是霍默，但要拿出确凿的证据并非易事。麦克莱恩受到监视，不能再接触任何秘密文件，他自己却浑然不知。

菲尔比感到有必要告诉麦克莱恩有关他的危险处境。于是他就此事与当时任大使馆二秘的盖伊·伯吉斯商量。在伯吉斯找到房子之前，曾同菲尔比住在一起。这在当时情况下是非常错误的，因为两个秘密工作人员不能住在一起。

当时，伯吉斯正想回英国，如果伯吉斯从美国回到伦敦，他去看望美洲司司长就成了当然的事，也就可以促成营救活动。但是，伯吉斯如果是在麦克莱恩失踪之前主动要求回去的，那就会让人生疑，所以菲尔比决定搞成是被强行送回去的。

这个方案正合伯吉斯心意，伯吉斯他采取了最简单的方法。于是，一天下午，伯吉斯三次因高速行车而被截住查询，每次他都训斥警察侵犯他的外交豁免权。鉴于他的无理取闹，胡搅蛮缠，弗吉尼亚州州长将此事报告了美国国务院。几天之后，伯吉斯又在一次盛大的聚餐会上调戏美国情报官员哈维的妻子，与哈维发生冲突。

由于在美国任职期间言行"失慎"，伯吉斯只好打道回府。1951 年 5 月 25 日晚，在英国军情五处准备审讯麦克莱恩的前夕，麦克莱恩和伯吉斯搭乘客轮渡过英吉利海峡，从此无影无踪。直到 1956 年，他俩才在莫斯科举行的一次记者招待会上露面。

伯吉斯的潜逃是菲尔比万万没有料到的，这样一来，菲尔比必将受到怀疑，因为只有几个既认识伯吉斯又知道麦克莱恩的人受到怀疑。虽然缺乏证据，美国中央情报局还是基本断定菲尔比是一名苏联间谍。安格尔顿将所掌握的材料转交英国秘密情报局，并声明菲尔比作为情报联络官不再受到欢迎。

英国军情五处也据此动手编写菲尔比的履历材料，这一次他们不再说"没有问题"，而是找到许多疑点。但由于菲尔比的精明，英美情报部门只能做出"查无实据，保留疑问"的正式结论。

伯吉斯和麦克莱恩一起潜逃使菲尔比面临重大抉择：是走是留。他首先考虑了两件事：一是拆掉藏在房间里的秘密设备；二是了解联邦调查局的态度，因为这涉及到逃跑的具体安排。虽然拆掉设备是非常紧急的事，但考虑到如果听到消息后就立即离开大使馆，会让人起疑心，菲尔比遂决定等等看。随后，菲尔比还亲自向美国情报部门通报了情况，发现他们态度很正常，对事实真相还很不了解。

了解到这些情况，菲尔比感到轻松多了。凭他多年从事情报工作的经验，断定他还会有几天的宽限。他知道未经秘密情报局同意，军情五处不太可能要求联邦调查局来监视他，同时，秘密情报局也不会随随便便去损害自己的一名高级官员的声誉。基于以上认识，菲尔比大胆地进行了销毁证据的活动。

当天中午，菲尔比借口喝几杯酒而溜回家中，销毁了一切证据。最后，他作出了一个大胆的决定：不动声色地留下来。他的指导思想是除非混过去的机会十分有限，否则一定要闯过这一关。虽然蛰伏期会很长并很难受，但可能会有机会接着再干。菲尔比已经爱上这一行，无法脱身了。事实再次证明，他的决定是大胆而明智的。

菲尔比担忧的是他同伯吉斯的关系。伯吉斯是最早介绍菲尔比进情报机关的人之一，但他已经想好用负责招募的麦克瑟小姐作挡箭牌。真正困难的问题是要对他和伯吉斯的亲密关系进行辩解。他们的爱好不同、学术兴趣也不一样，共同朋友很少，能把他们联系在一起的东西只有政治，这一点菲尔比得尽力抹掉。地理情况帮了菲尔比的忙，他们俩很少在一个地方，在华盛顿一起待的时间也不长。

菲尔比还尽力将一些人所共知的事情都编在一起，推断是军事五处的错误造成了麦克莱恩的潜逃。他的说辞以众所周知的事实为依据，几乎无懈可击：麦克莱恩富于经验，他很快发现自己不能接触秘密文件并被跟踪，正苦于无法与苏联人联系之际，伯吉斯回国了。他通过伯吉斯作好了潜逃的一切准备。由于伯吉斯的前程已经完结，所以他们一同潜逃。

菲尔比被召回伦敦，接受讯问。菲尔比沉着冷静，巧妙应付，结果，换了一次又一次审讯官员，没有人能从菲尔比口中撬出任何有价值的东西。

虽然由于伯吉斯的关系，菲尔比被迫离职，但这个结局对任何人来说，都是很不容易的事情。从这个意义上来说，菲尔比获得了胜利。

1962年底，苏联间谍乔克·布莱克被捕，证实菲尔比是一名苏联情报员，但英国情报机关已对他无可奈何。1963年1月，菲尔比在贝鲁特失踪。紧接着，苏联宣布准许菲尔比在莫斯科政治避难。直到同年7月，英国政府才不得不宣布：现已确认，菲尔比在1946年以前就是苏联情报员。不久，菲尔比被苏联政府授予最高荣誉勋章——红旗勋章。

虽然菲尔比的间谍生涯结束了，但其影响却还远没有结束，无论是对美国，还是对苏联。

盖伦组织帮助美国对付苏联

东线情报处准确的情报不被纳粹头子希特勒所认同，最终惹祸上身。早有准备的盖伦实施了自己的秘密计划，在成功抱住美国人的大腿后，竭尽所能为美国情报机构收集、分析情报，特别是在对付另一个超级大国苏联的时候，盖伦和他所领导的小组更是起到了巨大的作用，在他们面前，苏联几乎没有什么秘密可言。盖伦小组无孔不入，极尽所能，创下了众多的谍报奇迹。

惹怒希特勒导致下台

1944 年底，伴随着苏联红军的大规模反攻，东线情报处提供的真实、但非常令人沮丧的情报，越来越引起希特勒的不快。在希特勒看来，这些情报充满了失败主义论调。1944 年 12 月 24 日，新任陆军参谋长古德里安根据盖伦提供的关于俄国人发动大规模进攻的情报，想要说服希特勒把德国军队集中到东线上。但这些话引起了希特勒的极度反感，他下令撤销了古德里安陆军参谋长的职务。1945 年 4 月 9 日，东方战线情报处处长盖伦也成了希特勒暴怒的牺牲者，被解除了东线情报处处长一职。他的职务由韦塞尔中校接替。

盖伦的事业一夜之间由顶峰跌落至谷底，这促使他下定决心实施自己的秘密计划。

早在 1944 年，盖伦就预料到德国必败无疑，他开始设计未来的脱身之计。经过一番权衡，他把视线转向美国人。1945 年 4 月 4 日，盖伦召集韦塞尔和鲍曼开了一次秘密会议。3 个人一拍即合，一致同意为美国人效力。他们还准备了一份丰厚的见面礼——来自东线情报处有关苏联武装部队的全套情报，包括有关红军人员的卡片索引和"瓦利 1 号"的一条一直延伸到莫斯科的特工网。3 个人还商定，一旦他们遭到隔离时怎样相互联系。他们选定东线情报处 3 个字母作为呼号，并选定一个天主教牧师鲁道夫·格拉贝尔作为通信联系人。在由这个牧师传递的信息中，Y 代表盖伦，X 代表鲍恩，W 代表韦塞尔。

4 月 5 日，盖伦在东线情报处总部发布了他最后的倒数第二项命令：把卡片索引、情报、空中拍摄的照片、分析材料和档案的复制件装在 50 只铁箱里面。盖伦指定在文德尔施泰因和阿勒高的一些地方把这些有关苏联的最宝贵情报隐藏起来。

4 月 9 日，盖伦被希特勒撤职，但并未影响这项计划的实施，因为他的继承人韦塞尔也是这项秘密计划的策划人之一。

1945 年 5 月 20 日，盖伦在埃伦萨尔姆山被美军的一个分遣队抓获。起初，东线情报处长盖伦并没有引起美军的注意，他被关进萨尔茨堡的一个战俘营，后来又被投入威斯巴登监狱。直到听说苏联人大张旗鼓地搜寻东线情报处的材料及其负责人的下落时，美国人才作出反应，也开始寻找盖伦。此时，盖伦已被美国反情报部队押送到奥伯鲁泽尔特别战俘营。1945 年 7 月，战俘营指挥官威廉·菲利普上校发现了盖伦，把他交给美国占领区的高级情报官埃德温·赛伯特准将。就是这个赛伯特，使盖伦的情报事业东山再起。

为美国情报机构服务

为了取得美国人的信任，盖伦向赛伯特详细介绍了东线情报处的工作和方法，并说出了"苏联和它显示军事力量的真正意图"。盖伦预言：斯大林不会容许波兰、捷克斯洛伐克、保加利亚和罗马尼亚独立；他将把芬兰置于克里姆林宫的控制之下；可能还想把共产主义强加于整个德国，包括美国占领区在内。他警告说，凭它现有的武装部队的潜力，苏联可能铤而走险，同西方交战，而这种战争的目的就是占领整个德国。

这次谈话的结果是，赛伯特置美国军部的禁令于不顾，批准盖伦建立一个"盖伦工作小组"，搜集、分析尚与美国保持同盟关系的苏联的情报。于是，前东线情报处的军官一个个被盖伦从受苦受难的战俘营里解救了出来。盖伦还把 50 个铁箱子从隐藏地点取了回来，并把在苏联的特工网恢复起来。一个月后，盖伦向美国人提供了第一批情报——苏联师团的驻地、兵力和组织情况、苏联各军火公司的生产数字、苏联铁路枢纽的空中照片，以及有关红军和苏联人民士气的报告。

从那以后，赛伯特对盖伦的价值更是深信不疑。不久，赛伯特把盖伦介绍给了盟军最高统帅部参谋长比德尔·史密斯将军，并建议由盖伦重新建立一个德国情报机构，这个情报机构由美国出钱，矛头指向苏联。比德尔·史密斯同意了这个计划，并将其上报华盛顿国防部。五角大楼表示感兴趣，于是，1945 年 8 月，赛伯特派盖伦去华盛顿。与盖伦同行的还有东线情报处的另外 4 名军官。

盖伦一行 5 人于 9 月初抵达华盛顿，向美国情报机关首脑详细介绍了他的构想。盖伦的建议被全部接受。1948 年 6 月，华盛顿正式批准建立一个新的德国情报机构，这个机构集搜集和分析职能于一身，它的领导人就是赖因哈德·盖伦。此后，这个机构就被称作"盖伦组织"。

盖伦走马上任后，把他的组织分成两个处：第一处是情报收集处，由鲍恩领导，负责收集各种情报材料；第二处是情报分析处，由韦塞尔领导，负责情报的分析和鉴定工作。然后，开始大肆招兵买马，许多前纳粹军官都被他招到门下，包括他从前在总参谋部作战处工作时的上司阿道·豪辛格中将。

从 1947 年春开始，盖伦率领他的组织开始为美国人工作。然而，初期的工作并不顺利。由于德国的战败，鲍恩与他过去在俄国建立的情报网失去了联系，许多情报员向一些苏联反谍报机构自首了，因为他们不想为战败的德国人冒生命危险。盖伦组织失去了情报来源。

在美国人的压力下，盖伦只好另择他途。不久，他把目光投向了被苏联遣返回来的德国战俘。1947 年夏，盖伦建立了一个询问系统，专门盘问返回的战俘，让他们说出他们所知道的一切。这种询问工作的代号是"竞技神行动"。

像一件件镶嵌的工艺品一样,盖伦的询问员把战俘们提供的一点一滴的情况拼凑起来。很快,盖伦组织就有了惊人的收获:它知道了乌克兰的粮食产量和巴库的石油产量,它掌握了有关苏联制造先进的潜水艇和汽车的情况;从一个战俘身上得到的一块放射性矿石,它知道了俄国人正在从事原子武器研究的秘密。因为这个情报,华盛顿还专门发来了贺电。

1947 年秋天,盖伦的情报还为美国军方拉响了警报:当时美国已封存了它的大部分战舰,第二次世界大战的轰炸机也大部分被拆毁;而在苏联,一辆辆新式坦克和一架架新式飞机正源源不断地出厂。华盛顿对盖伦组织的情报越来越感兴趣。

1947 年 12 月,盖伦把他的组织拉到离慕尼黑以南约 6 英里的普拉赫,建立了大本营。此后,他开始着手在受苏联人控制的东德建立间谍网。

驻在东柏林的前纳粹军官迪尔特·科伊纳被盖伦相中,被拉入盖伦组织。科伊纳很快就建立了一个拥有 20 名组员,每个组员手下又有 10 名情报员的谍报网。正是这个谍报网,于 1948 年 9 月报告了一条重要信息:苏联正秘密帮助东德重建军队。

1949 年,盖伦组织的情报工作又获得重大突破。这年的春天,盖伦的情报人员报告在东德上空发现了奇怪的飞行物体,"这种飞行物体,样子像火箭,乍看起来,它好像是一种没有机翼或螺旋桨的新型飞行器。"根据盖伦的情报,华盛顿判断:苏联现在已经拥有一种同美国第一代 F—86 "佩刀"式战斗机相媲美的喷气式飞机,这使五角大楼感到严重不安。于是,盖伦组织又接到一项任务:搞到苏联制造这种飞机的原料及其所用燃料的详细情况。

这一次,盖伦组织干得同样出色。盖伦的情报人员先是从苏联第比利斯飞机制造厂的一名工人手中得到一把制造那种飞机用的金属打成的壶,然后又通过拦截火车、收买司机的办法,从运油火车上得到那种飞机使用的燃油。他们甚至还探听到了这种飞机的代号是"米格—15"。

随着时间的推移,美国和苏联走向全面对抗。根据美国相关方面的要求,盖伦组织的发展越来越快,它的工作早已超过军事情报范围,扩展到各个领域。特别是对东德的情报工作,盖伦组织可以说是无孔不入。当盖伦听说东德政府国家海运部"海运和港口处"处长格拉姆施对政府产生敌意时,立即把他发展进自己的组织。1953 年,盖伦又听说卡尔·劳伦茨是一个坚定的反共分子,而他的未婚妻是东德政府总理格罗提渥总理的秘书。盖伦一番威逼利诱,将两人一起策反了过来。于是,格罗提渥的信件、讲话稿,东德政府的机密文件,源源不断地送到盖伦的手上。更令人惊奇的是,盖伦竟能把东德政府副总理卡斯特纳也拉下了水。

1953 年,当盖伦在东德组织起严密的情报网后,开始把他的触角伸向东方。他如法炮制,相继在波兰、捷克斯洛伐克和匈牙利建立起可靠的情报网,然后,集中全力向莫斯科进军,发起了"普菲库斯行动"。盖伦派他的情报人员与将要前往苏联的学生、教授、工程师和科学家进行联系,说服他们为盖伦组织服务。盖伦还从在西德的流亡人员中，挑选了 11000 名捷克人，4000 名爱沙尼亚人和 5000 名立陶宛人，经过 3 个月的培训后，把他们送回苏联，搜集情报和进行破坏活动。

与此同时，在美国相关机构的授意下，盖伦和他的组织还从事起反间谍工作，先后破获了捷克斯洛伐克、南斯拉夫和苏联在西德建立起的谍报网。

出色的谍报工作，使盖伦和他的组织声名鹊起。盖伦越来越不满足于他的组织为美国的一个私立机构进行活动，他要让他的组织成为德意志联邦共和国国家机构。盖伦把西德政府总理康拉德·阿登纳选作实现自己目的的突破口。盖伦以给阿登纳争夺总理职位提供信息为诱饵，接近讨好阿登纳，并以诬陷手段排挤掉他的竞争对手。

1955 年 7 月 11 日，阿登纳终于同意接受盖伦组织加入联邦机构，作为"联邦总理办公厅的一个部门"。盖伦组织名正言顺地打出了"联邦情报局"的旗号，盖伦被任命为局长，他终于实现了自己的目的。

富克斯使苏联原子弹提前爆炸

1945年7月16日，美国第一颗原子弹爆炸成功。时隔四年后，即1949年8月，苏联也成功地爆炸了第一颗原子弹。这个消息令美国震惊，他们认为苏联人不可能这么快就仅凭自己力量把原子弹研制成功，这背后肯定有问题。是不是他们在多年以前就开始了原子弹的制造工作？在研制过程中是否得益于从美国搞到的有关情报？

答案是肯定的。苏联人之所以在短短几年之内就追上了美国人，在很大程度上是靠一个神秘人物富克斯传递的情报。

仇视纳粹分子的共产党员

1911年12月29日，埃米尔·克劳斯·尤利乌斯·富克斯诞生在德国达姆施塔特附近的一个小村子里。他的父亲埃米尔·富克斯是路德教派的牧师。在13岁时，富克斯加入了基督教公谊会。他先后在莱比锡大学和基尔大学攻读数学和物理。慢慢地，他放弃了基督教信仰，成了一个无神论者。在基尔大学期间，他加入了共产党。没过多久，他父亲因持社会主义观点而被纳粹分子投进了监狱，他妹妹伊丽莎白在柏林地下铁道卧轨自杀，他母亲也接着自杀了，这使得他更加仇视纳粹分子。

1933年2月28日早，他到柏林参加一个共产党召开的学生大会，在火车上他买了一份报纸，一看之后，他为自己的幸运暗自喝彩。因为头天夜里纳粹分子纵火焚毁了国会大厦并嫁祸于共产党人，此即有名的"国会纵火案"。他们已开始大批地抓捕共产党人。由于不能再公开身份，他只好退学转入地下活动，但德国共产党中央认为，这位年轻的物理学方面颇有天赋的共产党员永远都不可能成为一名出色的游击队

▲原子间谍埃米尔·克劳斯·尤利乌斯·富克斯

员，并且由于反纳粹的游击战的取胜希望太渺茫，所以建议他出国到英格兰去留学，以便将来有朝一日能在共产党掌权时建设新德国。

经过半年多的躲藏和磨难，在一个公谊会家庭的帮助和担保之下，他被作为难民登记到了政府外侨处的官方档案上。几个星期后，布里斯托尔大学录取了他。在颇富同情心的内维尔·莫特教授的帮助下，他被允许免交学费，并且还设法取到了一份奖学金。他学习刻苦，富有钻研精神，学业一直名列前茅。

1937年，他获得了数学物理博士学位，得到了一笔奖学金，到爱丁堡拜在马克

斯·博恩教授门下继续深造。1939 年，他又获得了理论物理学博士学位，并又得到了一笔卡耐基研究奖学金，继续在爱丁堡大学工作。同年 7 月 17 日，他在公谊会朋友们和他的大学导师及同事们的支持下，申请加入英国国籍，只是由于战争爆发，作为敌对国的公民，他的申请被搁置在了一边。

1940 年 5 月，他作为敌对国的侨民被押送到了加拿大的魁北克。由于与他同行的档案是在被德国鱼雷击沉的另一条船上，所以，没有人知道他到底是谁，是干什么的。1940 年底，他从集中营里被释放出来。鉴于他的出众的头脑和才学，他又得以回到爱丁堡大学从事研究工作。

开始向苏联提供情报

1941 年春天，一位德裔伯明翰大学教授鲁道夫·皮埃尔斯博士征询富克斯的意见，问他是否愿意承担伯明翰大学的"某种特殊性质的工作"。富克斯表示同意。有关部门又对他进行了审查，没有发现什么问题。于是，他就在"官员保密法"上签了字，并于同年 5 月开始从事原子能工作的研究。

为协调各大学的原子科学家工作，英国政府特地成立了一个"合金钢管"公司。富克斯受命所写的每份报告都被认为是该课题的典型报告。1942 年，他再次申请加入英国国籍。富克斯被认为是一种特殊情况——从事一种对国家来说非常重要的工作，从而得以在战时以敌国侨民的身份加入英国国籍。

此时的富克斯已经开始暗中给苏联提供情报了，他通过另一名共产党员同苏联人建立了联系。从那以后，他一直同一些他所不认识的人打交道，他知道他们会把他交给他们的所有情报都交给苏联当局。他认为，西方同盟国蓄意让德国和苏联决一死战。他倾向于苏联的政策。

> **德国社会民主党**
>
> 德国社会民主党是德国现存的最古老政党，也是世界上最古老、最大的政党之一。前身为 1863 年 5 月 23 日于莱比锡创立的全德工人联合会。德国社会民主党在历史上的整合，曾受到德国哲学家马克思的协助，因此至今仍奉马克思为精神领袖，以马克思的思想主张作为政党政策的蓝本。

富克斯是在 1941 年年底同一个叫"亚历山大"的苏联驻伦敦武官接上头的。那是一个周末的傍晚。富克斯来到伦敦肯辛顿王宫花园苏联大使馆附近的一所房子里。来接头的那个人自称是"亚历山大"，但富克斯并没有相信他，他怀疑他是英国情报部门的人或者是一个双重间谍。因此，此次会面他没有提供任何东西，过后他又到苏联大使馆去调查一番，发现"亚历山大"不是假冒的。于是，他开始提供关于用铀可以制造原子弹以及他用分离铀同位素的气体扩散法原理所得的计算结果等重要情报。

1943 年 11 月，富克斯等人一起到了美国。他们在华盛顿同美国政府签订了例行的保密保证书。美国方面又对他进行了审查，因为英国当局提供的情况是"他是可信赖的"，于是，他又得以蒙混过关。

12月7日，富克斯同美国人就气体扩散工艺交换了意见并共同拟定了今后的工作计划。他还负责一座大型气体扩散工厂的设计工作，他正式成了"曼哈顿工程"中重要的一员。

1944年1月的一个下午，根据事先的约定，他来到了纽约上东区，左手拿着一只网球，在那里，他看见一个戴手套的男人手里还拿着另外一副手套，外加一本绿封皮的书。这就是他在美国的接头人"雷蒙德"。两人一起乘坐出租汽车来到下东区第三大街的一家餐厅，富克斯告诉"雷蒙德"，他正在为"曼哈顿工程"计划从事研究工作，目的是把核裂变产生的能量运用到军事上。

"雷蒙德"真名叫哈里·戈尔德，1910年在瑞士出生，1914年全家移居美国，成为美国公民。他是一个生化学家，向苏联主要提供生化方面的情报。1994年6月，富克斯给戈尔德带来了有关制造铀原子弹的实际设计图。同年7月，他又给戈尔德带来了许多自己写的原稿，其中有一份有关橡树岭制造厂及其设备的详细情况报告，中间谈到了一台用来进行核物理运算的计算机的情况。事后专家估计，他提供的这些情报至少可以使苏联人在原子弹制造方面节省18个月的时间。

将原子弹爆炸情报传往苏联

美国人选择了新墨西哥州北部圣菲附近的洛斯阿拉莫斯作为安装和试验原子弹的地点。具体负责人是加利福尼亚大学的罗伯特·奥本海默博士。富克斯被选拔去参加这一工作。

1945年，他与戈尔德又一次见面并向他提供了内容更丰富的情报，包括：钚弹的设计、制造方法以及钚是在华盛顿州汉福德的原子反应堆中生产的、反应堆是水冷却的、钚的引爆装置是一种向中心方向爆炸的内向爆炸透镜状体等。6月，他们再一次见面，富克斯又带了一捆材料，并且告诉戈尔德，原子弹首次试验将在下一个月即7月份进行。

1945年7月16日，美国在新墨西哥州的阿拉莫戈多空军基地，成功试验了首颗原子弹。

1945年8月6日，一个被杜鲁门总统称为"有史以来最了不起的东西"被扔到了广岛上空，它当场就杀死了78150人，被它辐射留下后遗症的人更是不计其数。

1945年9月19日，富克斯把美国原子弹的尺寸、里面装填物质、如何制造、如何引爆，以及在现场观测到的原子弹爆炸时的情景及测量结果都如数以材料的形式交到了戈尔德手中。

▲杜鲁门决定向长崎和广岛投掷原子弹迫使日本投降

事情败露锒铛入狱

1945 年 9 月 5 日，苏联驻华盛顿大使馆武官尼古拉·扎博京的主任译电员古津科怀揣 100 多份绝密材料义无反顾地走出了苏联大使馆，他叛逃了。

1946 年 3 月 4 日，已回到英国的纳恩·梅博士被逮捕。经过几次审问后，5 月 1 日他招供了：

大约在一年以前，我还在加拿大的时候，有个人同我进行了接触，他要求我提供原子能研究的情报。我认为对原子能的研究不应仅限于美国，所以，经过一番思想斗争后，我决定把有关原子能的一般性情报告诉他。我给了他一份关于我所了解的原子能研究情况的书面报告，这些情报大多属于已发表过的或即将发表的……我干这些事是因为我觉得这样做会对人类的安全有所贡献。我不是为了钱才干这个。

纳恩·梅被指控 1945 年 1 月 1 日到 9 月 30 日期间向一个姓名不详的人传递"对一个敌国有用的情报"。他被判处 10 年劳役监禁，在约克郡的韦克菲尔德监狱服刑。

由于此事的发生，直到 1947 年，苏联人没有派人同富克斯联系。6 月 16 日，富克斯离开了洛斯阿拉莫斯，他先到华盛顿汇报他的工作完成情况，然后于 6 月 28 日从蒙特利尔乘飞机回到英国，到英国新建的哈维尔原子能研究所任理论物理研究部主任。他在这里也得到了极好的评价。

1947 年的一天，他又一次跟苏联人接上了头。

此后，富克斯已不能再像以前那样提供那么多对苏联人有那么重大价值的情报了。由于对苏联政府的做法上存在一些疑问和不满，他甚至连哈维尔的一些情报也提供得不再那么全面。

1949 年，就在英国人发现苏联人原子弹爆炸的背后有疑问后，他们采取了行动。他们很快就找到了苏联人盗窃原子武器资料的线索。9 月中旬，联邦调查局的兰菲尔从刚破译出来的克格勃于 1944 年拍发的一份电报中发现了一条令他们兴高采烈然而又是触目惊心的情报，电报的主要内容是介绍气体扩散过程，其中有一种关键性的技术是提取标准铀要用到的。兰菲尔强烈地意识到：纽约的克格勃在参加曼哈顿工程的英国代表团里安插了人。他查阅了当初能接触到那份学术论文的人的名单，发现论文的作者是富克斯。他又调出了富克斯的档案，发现其中有一份从纳粹那里缴获来的关于富克斯的记载，上面说 1933 年富克斯就已被发现是名共产党员。

很显然，富克斯就是头号嫌疑分子，只是苦于无

▲大卫·格林格拉斯被美国警员看押着露面，他曾因向苏联出卖原子弹的情报而犯案

法证明。

12 月份，英国军情 5 处的威廉·斯卡棠想出了一个迫使富克斯招供的办法。斯卡棠连续几个星期去找富克斯，逐步取得了他的信任，他设法让富克斯感觉出当局已经掌握了他在美国期间可能参与过间谍活动的大量证据，但又不让他知道联邦调查局和军情 5 处已通过破译的密码掌握了他的犯罪活动。

1950 年 1 月 24 日，经受了长时间折磨的富克斯终于向斯卡棠交代了自己全部的间谍活动。

2 月 2 日，英国人逮捕了他并以触犯国家保密法的名义对他提出起诉。他被判处 14 年徒刑。

在审问期间，富克斯交代了他的接头人"雷蒙德"的外形特征。兰菲尔进行了大量的走访，阅读了相当数量的档案，拍摄了许多照片，终于于 5 月 26 日正式由富克斯确认了"雷蒙德"即戈尔德。

联邦调查局逮捕了戈尔德。联邦调查局调查表明，从 1935 年起，戈尔德就开始从事间谍活动。戈尔德被判处 30 年徒刑。但他于 1965 年因病而假释出狱。

1951 年 2 月 12 日，富克斯被正式剥夺了英国国籍，被判处入狱 14 年，因为表现良好而于被减刑提前释放。后获准来到德国，并成功取得德国国籍，余生在德国度过。

温纳斯特洛姆一仆三主提供情报

史迪克·温纳斯特洛姆 1949 年被派往美国任瑞典驻华盛顿武官。1954 年回国，被任命为瑞典国防司令部空军的负责人。可令人没有想到的是他是一名活动了 20 年的多重间谍。二战末曾为德国、1948 年开始一直为苏联，也曾一度为美国充当间谍，提供情报，但同时为瑞典情报工作服务。直到 1963 年 6 月被逮捕法办，结束间谍生涯。他的间谍案是瑞典有史以来最大的一件间谍案。

与苏联情报机关接上头

1949 年，在瑞典空军任职的温纳斯特洛姆被派往美国任瑞典驻华盛顿武官。他身材高大，能流利地讲多国语言，在华盛顿的外国使馆中，是个很受欢迎的人物，经常参加美国和苏联使馆举办的舞会。

在 1948 年 10 月 7 日的一次舞会上，他偶然同苏联军事武官雷巴津科夫聊起来，雷巴津科夫开玩笑地提到在瑞典内陆的一个秘密机场。温纳斯特洛姆也用开玩笑的口吻问他："你想知道它在什么地方吗？"苏联武官耸耸肩头，没有回答。温纳斯特洛姆说："给我 5000 瑞典克朗，我就告诉你。"苏联武官不置可否就走开了，他担心这是一个故意设下的陷阱而且要价这么低，只值 1000 美元，这不能不引起怀疑。当雷巴津科夫向莫斯科报告后，莫斯科命令他不妨冒一次险。于是在另一次舞会上，他同温纳斯特洛姆握手时告诉他："生意成交了。"

> ### 胆小如兔子的温纳斯特洛姆
>
> 温纳斯特洛姆胆子很小，1943 年末，他同几个瑞典空军军官在一只快艇上观看海军的军事演习。他突然感到有一排子弹似乎是向他所在的快艇射来，就立即一跃跳进了浮着冰块的海水里。事实证明什么事情都没有。他被救上来后承认被吓坏了。3 个月后，他在拉兰上空飞行时，发现飞机出了故障，他没有设法降落在附近的冰湖上，而是弃机跳伞逃生了。从这天开始，他的同事就给他起了个绰号叫"兔子"。

过了几个星期，他们在一次舞会上见了面。然后雷巴津科夫驾车送他回家，分手时将一个装着钱的信封给了他。不久，雷巴津科夫就得到一张画有机场所在地点标记的地图。

3 个月后，温纳斯特洛姆告诉雷巴津科夫，他已经设法得到了驻苏军事武官的职位。在莫斯科，温纳斯特洛姆同苏联红军情报总局的一个副局长列曼诺夫搭上了关系。

列曼诺夫观察出温纳斯特洛姆有着很强的虚荣心，便故意说他过去提供的关于机场地点的情报没有什么重要价值，使他的虚荣心受到打击，然后提出愿意出 2000 美元买瑞典国防计划。一次，温纳斯特洛姆化装成农民溜出大使馆，坐上汽车到了一个秘密据点，跟苏联情报局的负责人见了面。不久，苏联情报机关任命温纳斯洛为"苏联红军将军"，虽然他们知道这个瑞典人根本不是个共产党员，在瑞典根本不是将军级的军官，也根本无法升到这个级别。但这一招使史迪克·温纳斯特洛姆的虚荣心得到满足，感到无比自豪。

玩一仆三主的把戏

在莫斯科，温纳斯特洛姆跟美国的军事武官也扯上了关系，答应为美国情报机构服务。作为一个中立国家的代表，他比美国人更易于在苏联国内到处旅行。他把他同列曼诺夫一起去访问的敖德萨军用机场偷拍下照片卖给美国人，又把同美国人交谈中获得的情报转告给苏联人，还将从中获得的两国情报寄回斯德哥尔摩，以证明白自己的工作能力。苏联人还特意给他提供一些"情报"，以便使他在瑞典的地位日益提高。瑞典最高指挥部对他工作做得如此出色，给以很高评价，不断给他奖章。史迪克·温纳斯特洛姆有三重收入：从瑞典、美国和苏联同时得到金钱。他在后来受审时还吹嘘说："我觉得自己已变成能左右世界政治的一个决定性的分子啦！"

不过苏联早就发现了他三重间谍的把戏。苏联情报局人员解读了美国武官的一份密电，其中谈及这位瑞典上校的"反苏活动"。于是他们把他召到莫斯科郊外的一间别墅里，列曼诺夫突然将那译出来的电文摆在他面前。当时温纳斯特洛姆吓昏了，可是列曼诺夫反而称赞他，说他做得很对，要取得美国人的信任，应该混进他们的情报组织中去。他说："温纳斯特洛姆将军，我们从来也没有怀疑过你的忠诚。"从那天开始，温纳斯特洛姆就只为苏联情报机关工作了。

几个月后，温纳斯特洛姆被瑞典调到美国华盛顿当空军武官。在华盛顿，他同苏联大使馆武官古维诺夫中将接上了关系。古维诺夫交给他一张纸，上面写着他们下次见面的地点，同时交给他5000美元作活动经费，每月还答应给他800美元作月薪。古维诺夫告诉他，之所以月薪只给800美元，是怕他花钱太多引起怀疑，其他的钱则为他存进瑞士银行的户头上。

温纳斯特洛姆通常是在公园或十分拥挤的大街上与苏联人接头，见面时装出偶然碰见一样表示惊喜，继而握手，一同走一小段路，见机交出情报。有一次，他为了表现自己勇敢，竟冒险在五角大楼的餐室中，同一个苏联间谍会面。又有一回，他将显微点底片贴在一朵兰花上，当众送给苏联大使夫人。如果他偷到某些重要文件，就把它放在大衣口袋里，在某次外交集会中把大衣存到存衣室，而将取衣证在握手时交给苏联外交官，这样是不易被人发现的。

回到瑞典后，他被任命为国防司令部空军的负责人，同时还负责国防部的导弹设施。从1957年至1963年，温纳斯特洛姆的间谍活动发展到最高峰。在他的办公桌上，每天都有大量的秘密文件，包括行动计划、新式武器和空防设施的资料等。由于他同美国的交往，获得的情报比在华盛顿时更为详尽。

不久，温纳斯特洛姆到柏林去度假，从西柏林走到东柏林去会见苏联红军情报总局第一副局长列曼诺夫。列曼诺夫带他到莫斯科去参加一次秘密会议，会上苏联情报总局的头目颁给他3个苏联高级勋章。

"女佣"出马侦破秘密

有一个名叫奥托·丹尼松的瑞典保安机关的青年警官对温纳斯特洛姆在美国的所作所为有所怀疑,他在档案中写道:"我们只购买战术性飞机,也只有战术性飞机,为什么他却对战略性轰炸机这样感兴趣呢?"

丹尼松对温纳斯特洛姆在1959年11月东柏林之行,略有所闻,虽然不知道他曾飞往莫斯科接受3个勋章,但他怀疑这次到东柏林"度假"是同苏联特务机关有关。丹尼松设法说服了反间谍机关的负责人维斯丁,让他对温纳斯特洛姆秘密进行侦查。最后他得到了对温纳斯特洛姆的电话进行录音的特许,他也查出了温纳斯特洛姆买了一个美国产的"荷利克拉夫特SX"型高效收音机,用来收听短波传送的密电。

1959年末,苏联大使馆武官达维尼·尼柯尔斯基中将通知温纳斯特洛姆,苏联间谍发现瑞典保安警察已开始注意他,提到他的一些同事开始对他怀疑,因为他对一些不是他工作范围的机密文件表现出过分的好奇心,并且指出他的电话可能会被偷听,除非情况紧急,不可使用电话。

电话监听毫无结果。温纳斯特洛姆是不会使用电话同苏联使馆联络的,也绝不会在电话中谈任何能引起怀疑的事,除非是到危急之时。整整3年,他不停地偷拍秘密文件,将胶卷送交苏联使馆。

丹尼松派了一个名叫卡琳·罗辛的女特工调查温纳斯特洛姆。她设法到温纳斯特洛姆家中去打工。

1963年6月,罗辛终于侦知了温纳斯特洛姆的秘密,那就是在他家的地下室里,找到了两张照有总参谋部的文件的微型胶卷。丹尼松派出几个精明的探员,趁温纳斯特洛姆不在家时去进行搜查,并指示要故意留下一些痕迹。温纳斯特洛姆回家时,看见了这些被搜查的痕迹,又发现两张微型胶卷失踪,十分吃惊,他知道这下完了。他打了一个电话给苏联武官达维尼·尼柯尔斯基中将,请示如何脱身。这样就把身份完全暴露出来了,因为他的电话一直是被监听的,这次谈话也被录下来了。

尼柯尔斯基立即同苏联间谍机关联系,核对情报,最后指示温纳斯特洛姆立即逃离瑞典。此时,丹尼松已拿到逮捕令,在6月21日,也就是在温纳斯特洛姆原定逃走的前一天,将他逮捕了。

史迪克·温纳斯特姆在虚荣心的驱使下,充当起了苏联、美国的间谍,同时仍为瑞典效劳。这个一仆三主的多重间谍,确实善于利用公开身份掩护自己,并且在获取和传递情报上也确实手段高明、灵活多变,然而最终也被捉拿归案。他的间谍行为给美苏以及瑞典三国带来了不同的影响,其中苏联得益最大。

窃取北大西洋公约组织密件

作为一名学者、教授，休·汉布尔顿没有安心于本职工作，却意外地走上了间谍这一危机重重的凶险之路，在上级组织的谋划下，他成功地窃取了北大西洋公约组织的秘密文件，并将之赠送给苏联克格勃。

接受指令

休·汉布尔顿是加拿大人，出生于加拿大一个外交官家庭。他在自己家庭宴会上认识克格勃特务，从此成为一名苏联间谍。

1955 年 3 月，巴黎南郊离市区 18 公里处，一座农舍式的房屋，远远望去，这幢建筑典雅古朴，四周环境优美，显得格外幽静。

休·汉布尔顿携带着他的妻子泰雷兹，在这座世界著名的花都生活了 3 年，他们在索邦大学过着一种无忧无虑的生活。除了闲暇学习之外，他们还有为数寥寥的几个朋友往来。

一天下午，太阳已落下山去，塞纳河上船只汽笛悠悠，休·汉布尔顿正在书房聚精会神地看书。"笃笃笃"，门外突然响起了敲门声。休·布汉尔顿连忙放下手中的书，打开大门。

鲍罗廷——他的苏联间谍的领路人突然满面春风地出现在门前，旁边站着一个同伴。这种不期而遇，让休·汉布尔顿惊异不已，他彬彬有礼地把两位客人邀入屋内。

这次是鲍罗廷从华盛顿调到伦敦后他们的第一次"邂逅相遇"。休·汉布尔顿的行踪早就被克格勃掌握得十分清楚。这一次鲍罗廷便直接找上门来。

三个人一边喝着茶，一边聊起来。鲍罗廷指了指身边的陌生人说："他叫保罗，苏联人。我的朋友。"

休·汉布尔顿表示了欢迎。

这次见面后的一个星期，保罗又邀请了休·汉布尔顿。一见面保罗就问休·汉布尔顿今后的计划。

休·汉布尔顿打算在巴黎学完西班牙的经济理论课后，到伦敦获取一个哲学博士学位。他把这种想法告诉了保罗。

保罗表示非常钦佩他的计划，也表示愿意出资资助他学习。不过他建议休·汉布尔顿去伦敦经济学校学习的计划可推迟一两年。相反，应在巴黎申请为北大西洋公约组织工作。因为只有在那里，才能实现与苏联的合作。

休·汉布尔顿接受了这一指令。

窃取北大西洋公约组织秘密

1956 年 11 月 14 日，经过在蒙邦大学认识的美国朋友劳埃德·德拉米特的帮助，在与北约的约翰·莱斯特两次会面之后，他正式收到了一份聘书。

北约组织是第二次世界大战以后，西方盟国为了进行联合对付苏联的华沙条约集团而建立的一个政治军事组织。作为该组织的一名工作人员，休·汉布尔顿必须同所有其他工作人员一样，在一份宣誓书上签字，保证忠于职守。

按照保罗的安排，休·汉布尔顿接受了特定的接头方式。时间在星期五，两周一次。地点定在地铁车站，不过是灵活的。会面从某一星期五开始，直至所有的地铁车站全部用完为止。然后重新开始。如果由于某种原因不能如期赴会，会面将延到下一周，时间不变，但地点要按照顺序改为下一个地铁车站。

第一站是克利希，然后每次会面时，地点将沿着罗什瓦尔特大街线路依次向东朝着大卫德昂热路上的多瑙河地铁车站活动。

计划简单易行，然而是周密妥当的。

北大西洋公约组织的文件分为四个秘密等级，最重要的是绝密，其次是机密，再次是秘密，最后是内部。开始的时候，保罗指示汉布尔顿："在新的岗位上要谦虚谨慎，不要惹人注目，务必不得急于搜取情报，不得孤注一掷地冒险从事。

头一个月，保罗要求汉布尔顿用口头简要汇报秘密等级低的文件的内容，具体选择由汉布尔顿自定。到 1975 年 4 月，汉布尔顿在他的农舍别墅上拍照了 70 多份文件。

1957 年 5 月，在皮加尔一家小巧高雅的饭馆，保罗与汉布尔顿又在这里会面。保罗态度和蔼地说："我要离开法国，夏天才能回来。6 月里，你无论如何不得离开巴黎，而在此期间必须停止一切会面。"

保罗边吃边说："克里姆林宫的官员正在阅看你不辞辛苦拍照下来的北大西洋公约组织秘密文件。这是你的光荣。"

北约组织的力量

北大西洋公约组织简称北约组织或北约，创建于 1949 年。是美国与西欧、北美主要发达国家为实现防卫协作而建立的一个国际军事集团组织。北约拥有大量核武器和常规部队，是西方的重要军事力量。这是资本主义阵营在军事上实现战略同盟的标志。

保罗又接着说："从今以后，送回国的文件必须升级为绝密一级。"

"绝密？"汉布尔顿低声问道。

保罗点了点头。

"仅在偶尔的情况下。"保罗提醒道，"定期签名借阅文件也许会引起过多的怀疑。"

保罗的离开，汉布尔顿以为他是正常回国。他没有想到，一场波及到欧洲间谍的案件发生了。苏联一个知晓大量秘密的间谍叛变了，他向美国中央情报局泄露了克格勃派驻在巴黎的所有主要间谍，包括苏联招募的一部分法国人和几名外国间谍的姓名。保罗此次是紧急调离巴黎的，以躲避西欧的追捕。所幸，保罗和汉布尔顿并没有牵连到此案之中。

成功逃脱克格勃控制

多年以来，汉布尔顿提供了成百份文件，加起来有上千页。现在苏联疯狂地坚持要提供更多的文件，把交情报的频率提高到每周一次。更为糟糕的是，他们命令他从指定的北约档案里窃取特定的超级机密文件。

自从 1961 年东西关系恶化后，他感到自己从事的颠覆性活动的严重性。克格勃的外部压力，他自己良心的责备，使他终于决定一刀两断。

1961 年 5 月，汉布尔顿打电话给保罗，约定在巴黎拉雪兹甫父公墓相会。见面后，汉布尔顿对保罗说他已经被北约组织解雇了。

保罗自然不相信，他追问是什么原因。汉布尔顿告诉保罗，是因此他的姐姐从渥太华秘密地到古巴去了一次。某个西方情报机关发现了她。进而牵连到他了。

保罗表示想想办法。下一次相见，已是一个星期以后。保罗提出一个办法："我们想让你跑到苏联去，通过莫斯科电台向全世界发表声明，揭露北约组织反对和平的种种阴谋诡计。那将会成为轰动全世界的西方丑闻。你可以用掌握的各种语言讲话，各国人都会相信你，因为你知悉内情，你可以引用自己看到过的文件。在你学会俄语之后，你可以在我们的大学里教书，搞研究和写文章，并在其他方面帮助我们。"

汉布尔顿竭力隐藏自己的惊恐不安，表示自己一声不响地待在西方干点工作可能要更好些。他向保罗要求去伦敦经济学院。

狡猾的克格勃这一次也被骗住了，由于汉布尔顿被认为是失去了北约组织的职务，克格勃对他的控制也暂时解除了。最后，保罗无可奈何地说："那就这样吧，不过我们还得见一次面。我们需要那些收报机、密码本和照相机。你把它们都装在一个提包里。"

1961 年最后一次见面，汉布尔顿把保罗要的东西都交给了他。休·汉布尔顿十分庆幸自己终于逃脱了克格勃的魔掌，他如释重负地松了一口气。他从北约组织辞职进入伦敦攻读博士学位。

令美国损失惨重的埃姆斯

埃姆斯1962年进入中央情报局。1983—1991年间任中央情报局苏联东欧反间谍处处长。后在中央情报局缉毒中心任职。埃姆斯及其妻玛利亚自1985年开始为苏联和俄罗斯情报机构服务，为其提供了一系列绝密情报，成为双重间谍，给美国造成巨大损失。

成为苏联的"鼹鼠"

埃姆斯从1962年开始为中央情报局工作，那时他52岁，他曾先后前往土耳其、墨西哥、意大利、苏联等国执行特殊使命。1983至1991年期间，他曾任中央情报局苏联东欧反间谍处处长；1991年后在中央情报局缉毒中心任职，负责黑海地区反毒品走私工作。

在中央情报局，埃姆斯并不是一位成功者，他在中央情报局工作20年后，才得到一个中等职位，这意味着他的事业似乎走到了头。

1982年，埃姆斯在墨西哥做招募间谍的工作时，认识了一个名叫罗萨里奥·卡赛斯的女人，此人后来成为他的妻子。他发展卡赛斯为中央情报局的雇员。虽然埃姆斯此时已是有妇之夫，但自从卡赛斯成了他的部下后，便与他有了暧昧关系，他们经常在中央情报局为埃姆斯提供的秘密住所内厮混。埃姆斯的上述做法违反了中央情报局的规定，但却没有引起上司足够的注意。因为许多在第三世界国家工作的中央情报局特工对枯燥的工作、孤独的生活普遍感到厌倦，像埃姆斯的行为算不得什么大事。

1984年3月，当担任中央情报局苏联东欧反间谍处处长的埃姆斯第一次走进15号大街苏联驻美使馆的铁门时，是身负秘密使命的。他的任务是发现可以被美利用的、自身带有弱点（如失败的婚姻、事业无成、酗酒或缺钱）的苏联外交官或特工。但是，这一次埃姆斯碰到的克格勃对手恰恰也是这方面的高手。当他迈进使馆大门时，对方看到的是一个很有潜在利用价值的策反对象。

埃姆斯本人正具备一个标准的潜在变节者的条件：刚刚离婚，很孤独，嗜酒，他公开地向新结识的苏联酒友抱怨他所承担的大额离婚赡养费和自己的低收入给他造成的负担。苏联人通过调查发现了他的真实身份，同时也了解到他的事业走到了尽头——42岁的年纪，再也没有晋升的机会。他的工资水平是飞黄腾达的人12年前就已达到的。结论是：这是一个可以立即被利用的人。

之后是6个月的劝降。他的苏联朋友对他说他们知道他的真正价值，他的天赋是超群的，并且到现在为止一直没有被发挥出来。同时，他们使他确信他所做的工作是会得到充分回报的。1985年埃姆斯终于上钩，成了前苏联在美情报机构内部的"鼹鼠"。

大量机密流向莫斯科

埃姆斯于1985年成为双重间谍，开始向苏联及后来的俄罗斯提供各种绝密情报。

从迄今已揭露的材料来看，8 年中，埃姆斯利用他在中央情报局有机会接触几乎所有机密文件之便，向苏联和俄罗斯提供许多绝密情报，其中包括中央情报局对俄反间谍机构人员名单和身份、中央情报局海外执行行动的计划、中央情报局在苏联和东欧招募的情报人员、中央情报局在海外的情报人员名单等等。这是一些绝对高度机密的情报。

调查结果还表明，20 世纪 80 年代中期以来，美国中央情报局不少工作人员在海外神秘"失踪"或被捕，正在接受秘密调查的外国谍报人员突然逃跑等事件，都同埃姆斯有关。1985 年以来，至少有 10 名美国间谍在苏联和东欧国家暴露了身份，进而被处决。还有一些人被关进监狱，如莫斯科美国和加拿大研究学院的裁军专家弗拉基米尔·波塔绍夫，20 世纪 80 年代初被中央情报局吸收为其工作。但 1986 年 7 月，他被苏联逮捕并被送到 35 号监狱。在那里他遇到另外两个为美国情报部门工作的间谍。

1991 年 "8·19" 事件时，布什总统的高级助手们不得不主要靠窃听政变策划者之间的电话来获取情报，因为没有谍报人员可从苏内部提供有关策划者的动机和意图的情报。

在 20 世纪 80 年代中期的短短两年时间内，美国至少有 10 起重大的间谍行动遭到破坏。最引人注目的莫过于尤里琴科叛逃事件。尤里琴科当时是克格勃负责美国和加拿大事务的高级谍报人员。在美国情报人员的策反下，他于 1985 年秋天叛逃到美国，出卖了一些苏联的机密情报。可是，一个月后，尤里琴科神秘失踪了，最后在莫斯科露面。初步的调查表明，当时正在华盛顿与罗马两地来回穿梭的埃姆斯在此事件中起了作用。他通过某种手段向受到严密保护的尤里琴科施加了巨大压力，迫使他不敢再吐露情报，最终还得乖乖地返回苏联。尽管当时许多人猜测在尤里琴科事件中有苏联"鼹鼠"起作用，但没有人想到身为苏联东欧反间谍处处长的埃姆斯会是一个双重间谍。

遭调查机密泄露

埃姆斯向苏联及后来的俄罗斯提供如此高度机密的情报，得到的回报是什么呢？1985 年以来，克格勃向他提供的活动经费达 200 多万美元。他每次出差或同苏联驻华盛顿的"外交官"碰面之后都会得到一笔酬金，收获甚丰。就像 1986 年 2 月 14 日，埃姆斯同苏联使馆的一位官员秘密接头，一手交钱，一手交货。几天之后，他便在不同的三家银行分别存入了 5000、8500 和 6500 美元。他在美国和瑞士都有银行户头，以便把存款调来调去。

本来，中央情报局有一套严格的管理制度，对文件和机密情报采取的保密措施不可谓不严，其工作人员还须定期接受测谎检查，外出旅行必须得到批准。既然如此，埃姆斯又是怎样获得并出卖情报的？又怎样频频活动又长期不被察觉呢？

对埃姆斯的真正调查是从 1991 年开始的。在一次例行的测谎检查中，技术人员发现测谎器上埃姆斯的波纹反常。几乎是在同时，他的上司还发现他有几次去拉美国家旅行都没有报告。另外有一次，他以到哥伦比亚首都波哥大探望其岳母为名向上司请假，但联邦调查局查明，当时他岳母却在美国。此后，中央情报局就把他从敏感的苏联东欧反间谍处处长岗位上撤下来，调任负责黑海地区缉毒工作。同时，联邦调查局同中央情报局联手对这个被怀疑是双重间谍的埃姆斯进行秘密调查。

调查人员在他房间里安装了窃听器，在其电脑中装上了监视装置，在过道上安了微型摄像机，并通过无线装置窃听他家的电话。特工人员还不时潜入他家，检查其打字机和电脑打印机的色带，从中捕捉罪证。调查人员从他的电脑中获取一份电脑文件，注明日期是1992年6月8日，文件写道："我最迫切需要的是钱，正如我几次说过的，我尽可能把我收到的现款，拨出可观的数目进行投资，只保留一部分作为日常开销之用。现在我必须把投资转换为现金，以应付非常吃力和不利的局面。"这是一份十分重要的证据。另外，特工人员还每天检查他家的垃圾，从中捡到一张便条，内容是有关他没有按规定向中央情报局报告他前往南美的一次行程，而在这次行程中他与俄罗斯情报人员进行了接触。

联邦调查局还从叛逃到美国的前克格勃特工那里得到一些线索，但这名前克格勃特工并不知道埃姆斯的身份和姓名。

1993年6月23日，调查人员在埃姆斯外出时进入其办公室，进行秘密搜查，共查出144份机密或绝密文件，其中大多数同苏联和东欧国家的情报和反情报活动有关，有些还涉及美国高度的军事机密，而这些文件同他当时的缉毒工作毫不相干。

另外，调查人员通过对其打字机色带处理后发现了这样一句话："除了在阿拉斯加要得到一笔现金之外，我还希望你们以更完全的方式给我汇一大笔钱。"果然在他从阿拉斯加回来不久，他在当地两家银行以其妻子的名义存了一笔钱，总计8.67万美元。

▲被捕后的奥德里奇·埃姆斯

本来联邦调查局还想进一步寻找证据，让更多的接头人出洞，可是恰恰在这一节骨眼上，埃姆斯根据早就安排好的日程将出国公干，而且还将前往莫斯科。此外，还有迹象表明，他可能乘机出逃。迫于无奈，联邦调查局只好提前行动，在其启程前将其捉拿归案。

中央情报局的这一特大丑闻曝光后，美国舆论哗然，朝野震惊。克林顿总统认为"这是一起非常严重的事件"，要求彻底调查和评估此事给美国造成的损失。美国国务院也向俄外交部照会抗议，并要求俄罗斯召回同埃姆斯一案有牵连的外交官。2月25日，国务院发言人麦柯里宣布，美国政府决定驱逐俄罗斯外交官亚历山大·李森科，限其在7日内离境，这是8年来美国第一次驱逐常驻美国的俄国外交官。

虽然华盛顿这边显得火药味很浓，但莫斯科那边却声色不动，并表示不应把此事演变成政治事件。此事终于也不了了之。

瑞士有史以来最大的间谍案

14 年来，这个坦率忠诚的爱国者把瑞士的秘密向苏联公开。是什么使他背叛自己的祖国？不是金钱，也不是美色，更不是权力，那么到底是什么？他的背叛使他的同胞感到痛心，感到意外。他的背叛给他的国家带来了巨大的损失，也伤害了同胞的民族自尊心。他们庆幸的是背叛及时被发现，否则后果不堪设想。

一个令瑞典人意外的叛国者

低低的云层和薄薄的晨雾笼罩着阿尔卑斯山。在这昏暗的清晨，瑞士秘密警察在洛桑市一座公寓附近布下了特工人员。这是 1976 年 8 月 9 日凌晨，他们正准备结束一场已进行了好几个月的搜索。然而，他们感到的不是胜利的喜悦，而更多的是沮丧、痛心。因为他们搜寻的人从外表上看，是瑞士荣誉的化身，为国民部队忠诚献身的化身。

他们的目标出来进行早晨散步了。这是一个矮壮的人，圆脸，秃顶周围的白发剪得短短的。他们很有礼貌地请他和他们一起到一个僻静的办公室去。

在那里，一场紧张的审问开始了：他是否认识一个叫瓦西里·德尼深科的苏联上校？他是否给苏联递送过秘密文件和其他国家机密？事情很快就清楚了：冉路易，让梅尔，这个不久前才退休的瑞士军队准将原来是瑞士有史以来最大的叛国者。

1948 年至 1976 年间，瑞士在他们国内破获了一百一十三宗独立的共产党间谍案件。在最近四年里，驻瑞士的苏联外交官员人数几乎翻了一番，达一千零七十九名。侦察发现，在这些使者中，很大一部分是职业间谍。这样，瑞士人明白了，他们小小的国土也像其他许多较大的欧洲邻国一样，成为一种空前的巨大颠覆性打击的对象。但他们从未想到会出让梅尔这样的叛徒。

踏入了通敌的世界

瑞士军队在世界上是独一无二的。每一个男性公民年满二十岁就要入伍，进行十七周基本训练，然后在以后的二十八年中始终处于预备役，随时可以应征。其中八年，预备役的每个成员每年要回部队接受三周训练，以后还要不断接受训练。瑞士这个只有六百多万人口的国家可以在一夜之间动员六十五万名经过训练、装备精良的战士保卫自己的祖国。

冉路易·让梅尔生长在瑞士比尔城。他精通法语、德语，从小他就想成为一个勇敢而有魅力的军事领袖。由于他父亲是个建筑师，让梅尔也读了建筑学，但仅仅为的是在大学里取得个学位，以便使他有资格受命成为正规部队军官。1937 年，他加入瑞士军队的核心——杰出和有影响的职业军官队伍。这个队伍既是民兵部队的指挥官，又是预备役部队的职业教官。

举止生硬、言谈直率、雄心勃勃的让梅尔要成为一个战士中的战士。无论对上级和下级，他都猛烈地抨击共产主义的邪恶，赞美瑞士的光荣。他作为一个引人注目的能干军官的声誉传开了。到1957年，让梅尔已升为上校，一些地位很高的瑞士人成了他的朋友。

1943年他33岁时，与一名27岁的名叫玛丽·路易丝的姑娘结了婚。她出生在苏联，父亲是一位瑞士教授，曾在苏联教书。

1957年，让梅尔从步兵部队调往国民保卫队，他的自我形象受到了损伤。尽管他从未见过真正的战斗，但只要在步兵队伍中，他就可以把自己看作是一个战斗指挥员，在敌人入侵时会带领自己的战士进行抵抗。现在，他感到自己的生涯已踉跄不稳，他实现孩时梦想的可能性正在消失。

1959年，让梅尔在一个为外国武官设的午宴上认识了一个和蔼可亲的苏联空军武官瓦西里·德尼深科上校，一个职业情报官。让梅尔一见便对他产生了好感，他在德尼深科身上看到了自己渴望成为的那种人。

不久之后，德尼深科打电话约让梅尔和夫人去吃晚饭。很快，他们三人便开始共度愉快的夜晚。德尼深经常请让梅尔上校分析过去的伟大战役，预测未来理论上的争端。在长达两年多的时间里，他对这位瑞士同行可能掌握的敏感性情报从未追问过，甚至连可能的兴趣都未表示过。逐渐地，让梅尔把这个苏联上校看作为自己最亲密的朋友。

1962年，让梅尔正期待着被提升。那时有一位将军退休，空出了一个准将的位置。但军队提升的人却是他的一个对手。让梅尔对此十分恼火。苏联情报机关无疑对于这件事在让梅尔身上产生的怨恨心情十分欣赏，他们现在要采取行动，把网口拉紧。

德尼深科对让梅尔说，他为未能与更多的瑞士军官相识，使自己更好地了解瑞士而感到有所失职，不知是否有一种人名录之类的东西，上面可查到他们的私人电话及住址。几天之后，当让梅尔交给德尼深科一本机密的人名录时，让梅尔明白，他正在违反军队条例和瑞士法律。这样，让梅尔便踏进了通敌的世界，而苏联人则迅速而又温和地使这一步成为不可挽回。一次，德尼深科递给他一个装满钱的信封。让梅尔由于被刺痛和气愤而满脸通红。这笔钱将使他出于友谊而作出的行动，使他为了报复藐视他的机构而作出的行为成了肮脏的行贿。让梅尔把信封扔到地上，从此苏联情报机关再也没有给过让梅尔钱。

然而，德尼深科仍不断提出索取更多的文件和具体军事情况的要求。让梅尔甘心情愿地照办了，似乎他可以此维持一个重要人物的自我形象。他杰出的记忆力使他可把偷不到的文件内容口述出来。作为一名受过训练的建筑师，他还可以准确、详细地把装置和设备画出来。

让梅尔与苏联人进行交易，从没有过诡秘的集会，没有密码、暗号或代号。瑞士军方是知道让梅尔要接触外国武官的，但他作为一个直率的反共人物的声誉实际上免掉了对他的一切怀疑。德尼深科与让梅尔如同一开始那样，一直是公开地、自然地接触。

收紧的罗网

到1964年，苏联人认为他们对让梅尔的控制已有足够把握可以把德尼深科撤下去了。他们把与让梅尔接触的工作交给了维克多·依萨耶夫，一个同样具备战斗经验的职业情报官。他与德尼深科一样，把让梅尔看作一个平等的伙伴，他沉着自信，幽默诙谐，同让梅尔志趣相投。

也许是出于有罪的心理，也许是为了更好地掩盖自己的背叛，让梅尔现在以焕然一新的精力投入自己的工作。他又通过培训一批知名人物而使自己在他们之中的地位得以进一步加强。1969 年 1 月，部队把让梅尔提升为准将，并任命他为全国国民保卫部队司令。这次提升弥补了过去的痛苦，所以他决心与苏联人断绝关系，从此开始一个崭新的生活。

在 1969 年 4 月份，另一个苏联武官弗拉基米尔·斯特廖比茨基来接替对让梅尔将军的控制工作。当让梅尔表示出要结束与苏联人的秘密关系的意图时，斯特廖比茨基冷酷无情地威胁要揭发他。

在斯特廖比茨基的压力下，让梅尔把什么都讲了。由于他直接向参谋长报告工作，因而实际上他可接触到全部主要的瑞士军事机密，包括总动员及应急计划，即瑞士在受到攻击时将采取哪些措施。无疑，他还把极其重要的防空及导弹目标的准确位置出卖了，其中包括花费巨资精心修建的隐蔽工事，建在山上的防守阵地、仓库和指挥中心。

苏联人还认识到，让梅尔可以非凡地渗入瑞士政府最高层。通过他，他们可以了解到最敏感的政治、军事问题。他们的视线可以一直进入到他们有意策反的某些知名或地位较高的人士的私生活中去，因为让梅尔出卖的不仅是国家，而且还有许多朋友及相识，苏联人要求他了解这些人的性格、需要和弱点。

根据法律规定，让梅尔于 1975 年六十五岁时退休。退休前不久，他向苏联人递送了最后一份情报。既然他现在已将瑞士的安全保卫全部向他们暴露无遗，他们也可以满足地让他走了。

亡羊补牢的幸运

由于瑞士政府给了他最高的荣誉，让梅尔为自己得以幸存与逃脱而感到宽慰。多年来的节俭和高薪，加上现在的退休金，使他经济上很宽裕。随着 1976 年每一个月的平安渡过，他的信心也逐渐增长了，他生活中黑暗的一面从此永远被埋葬了。

在那个阴暗的八月的早晨，这种信心使他失去了应付一连串猛烈袭来的问题的准备，这样在他最初的混乱中，他承认了自己叛国的粗略轮廓。

1977 年 6 月 17 日，瑞士法庭判处让梅尔十八年徒刑，"降级并开除军籍"。法庭的结论说："被告犯罪的动机既非出于意识形态原因，也非由于贪婪所致。他的行动是出于严重的性格缺陷，加上个人野心，渴望引人注目及怨恨心理混合而成。他对我们的国家、军队和军官队伍所造成的损失是不可估量的。"

直至今日，损失仍无法计算。经过一段时间并花费巨额投资，瑞士人是可以改变他们的防务规划并重新布局其中一些设施的。如果他们对让梅尔的背叛继续一无所知，那么，地处二百英里外的苏联在东欧的师团一旦进攻，他们就将受到毁灭性的打击。

鲁德克携带苏联机密叛逃美国

鲁德克1929年出生于捷克斯洛伐克的摩拉维亚，苏联克格勃上校。从小接受共产主义教育，17岁时加入共产党，并进入查理大学学习国际关系，毕业后被分配到捷克边防旅当兵。1955年参加克格勃，被派往加拿大、美国长期潜伏，担任克格勃非法常驻代表，但却在美国联邦调查局的策反下，叛逃了。

苏台德年轻的克格勃

1938年德国法西斯的气焰正是十分嚣张的时候。正当德国、法国和英国军队于这年秋季动员起来准备打仗时，英国首相内维尔·张伯伦发出了和平的呼吁："为了一个遥远的地方，我们所不了解的人们的一场争吵，我们就要挖战壕，戴防毒面具，这是多么可怕！"9月29日，他飞往慕尼黑，向纳粹头子希特勒躬身乞求和平。

在张伯伦所指的那个"遥远的地方"——即捷克斯洛伐克的苏台德地区，有一个名叫茨朵文基的小村庄，村子里只有1602个农民。这个偏僻的小村子地处摩拉维亚低地，几乎与世隔绝。

直到第一次世界大战末，独立的捷克斯洛伐克建国以后，摩拉维亚人才算结束了异邦的统治。现在他们都为有了自己的国家而骄傲，他们有炽热的爱国心。在9月29日夜里，邻人们都聚到了约瑟夫·泽莫尼克的家里，等待着村里唯一一台短波收音机里传来的慕尼黑会议的消息。

> ### 张伯伦的"绥靖政策"
>
> 张伯伦于1938年9月间两次飞往德国亲自与希特勒会谈。9月28日至30日，与希特勒、墨索里尼和达拉第在慕尼黑举行会议，同意德国对捷克斯洛伐克的领土要求，并迫使捷克政府同意《慕尼黑协定》。9月30日张伯伦同希特勒签署了《英德互不侵犯宣言》。

泽莫尼克只有1.60米高，因为他的脚有些瘸，由于慢性风湿病而有点驼背。这种病是他在一战期间参加奥地利军队时得的。1919年匈牙利企图重占新独立的捷克领土时，他又参加了捷克志愿军，击退了入侵者。当他第二次从战场返回家乡后，就当上了摄影师。

慕尼黑会议在9月29日中午开始，一直持续到深夜还没有结束。而这夜发生的事情改变了后来人称"鲁道夫·赫尔曼"的鲁德克的生活。

当村民们在泽莫尼克家围坐在收音机旁等待着从慕尼黑传来的消息时，快10岁的鲁德克也跟大家一起听广播，两眼盯着他的父亲泽莫尼克。午夜两点，消息传来。会议发布了德、法、意、英四国联合公报后宣布结束。决议很简单但蛮不讲理。为了和平事业的利益，捷克斯洛伐克被迫把整个苏台德地区割让给德国。

泽莫尼克每天夜里向大家报告和讲述新闻。在父亲的教导下，鲁德克勤奋学习当代历史。第二次世界大战的历史进程使他更加相信父亲的判断，使他更为蔑视背信弃义的西方"民主"国家的软弱无能。

尽管泽莫尼克不了解共产主义，可是从大战一开始他就同情苏联人。斯大林格勒保卫战之后，他对苏联人更钦佩了。因此，在苏联红军解放了捷克斯洛伐克之后，他向他的家庭和全村宣布："我是共产党员！"

鲁德克接受共产主义是一种自然的承袭，他热情地阅读马克思、恩格斯、列宁和斯大林的著作。到16岁时，那是1945年他生日的时候，他在共产主义理论中找到了他可以为之献身的伟大事业。

1953年，鲁德克大学毕业。1955年，由于他清晰的政治倾向和出色的才能被克格勃看上了，由此鲁德克进入了克格勃。

在美国顺利开展工作

加入克格勃不久，鲁德克接受了语言和发情报以及跟踪和反跟踪的专业训练。

克格勃从档案里找出了一个名叫鲁道夫·赫尔曼的死魂灵。此人是德国辅助劳动部队里的一名工人，1943年死在苏联。经调查，克格勃已经肯定鲁道夫·赫尔曼没有活着的近亲了，使这样一个人"复活"是非常理想的。

鲁德克从此成了鲁道夫·赫尔曼，他每天研究自己的假历史：鲁道夫·赫尔曼（人们都称之为鲁迪），1925年4月22日生于苏台德。父母是德国人。毕业于职业学校。17岁加入托德团体，到捷克斯洛伐克的首都布拉格当司机运送供品。战争结束后到德累斯顿罐头厂工作。从1951年底到1956年底一直在马格特堡国营书店当店员。因为女朋友英格丽在法兰克福找到一个理想的秘书职务，为了跟她在一起而辞职了。

这便是目前为止鲁迪的履历，以后为空白，按克格勃的计划，鲁迪在1957年1月应自行在法兰克福附近找到工作，以便填上空白之处。

总的说来，这份假履历的真实性来自于它的枯燥乏味。它提供的是一个普通人的形象，此人的经历平淡无奇，不会引起别人的兴趣，更不用说是怀疑。这一经历使他毫不起眼地混入从东德到西德的几百万难民和移民行列中。

与鲁德克一起改变身份的还有另外一个人，这个人是与鲁德克一起学习情报技术的德国女孩英伽。

英伽已变成英格丽·摩尔克。克格勃帮她在德国法兰克福一个州立设计所里找了个秘书的职位。鲁德克和英格丽结了婚，在有了一个孩子彼得后，他们就要工作了。

在克格勃的帮助下，鲁德克在德国斯图加特以北的海尔布伦开了一家照相器材店，买卖很快就兴隆起来。

1961年2月末，鲁迪接到一个紧急通知：立即申请移民加拿大的签证，抓紧时间学习英语。一年后鲁德克一家乘飞机抵达加拿大多伦多。

鲁德克买下了加拿大广播公司总部附近的一家哈罗德熟食店。由于英伽做的家制德国马铃薯色拉和新鲜烤面包，熟食店的名声一下子传了出去。顾客越来越多，其中很多是加拿大广播公司的摄影师、技术人员和职工。

1963年12月，他们的第二个孩子迈克尔降生，他们的熟食店无法保证工作了。于是他卖掉了熟食店，通过一位摄影师朋友在加拿大广播公司找到了从事音响效果的兼职工作，不到一年他就成了一位技术高超、可靠可信的广告电影制片人。这一时期，他向上级发出了关于加拿大政治方面的问题和十几个加拿大人情况的报告。

1967年2月，上级通知鲁德克，让他为取得去美签证并迁往美国做好一切必要的准备。鲁德克不知道美国最终是他的最后目的地。加拿大仅仅是他长途旅行中的一站，却是最容易正常地和合法地移民到美国的一个国家。

鲁德克开始研究美国移民的法律和程序，最后认为如果掌握了电子技术便更容易获得签证。为了说明自己有从事电子学方面的经历，他加入了加拿大电影和电视工程师协会。在签证申报上强调自己的技术专长。

很快在1968年初，鲁德克拿到了获准移民美国的签证。上级告诉他，纽约将是他的基地，要他在长岛或威斯切斯特郊外买一幢房子。

鲁德克利用周末飞往纽约，在市区以北，哈茨达尔的安多菲路上找到了理想的房子。他通知上级，预定在6月份孩子们放假后把家搬来。上级要求他在5月份去巴黎接受有关在美国使命的指示。

一个晴朗的早晨，在泛着金光的塞纳河的左岸长椅上，鲁迪跟克格勃军官巴维尔·巴夫诺维奇·鲁基扬诺夫接上了头。他告诉鲁迪，在美国，鲁迪将和在加拿大时一样，担任克格勃非法常驻代表。他得再次在社会上打下良好基础，一旦合法的情报站失去作用时，由他掌握全部情报网。他必须不断物色"进步人士"。此外还要完成一些其他任务，其中一项是渗入哈得森研究所。

回到美国，鲁德克开始了他的社会工作。他开了一家纪录影片公司，不久他结识了国际商用机器公司的人，并使他们愿意租用他的高级影片编辑机，以后该公司就让鲁德克为他们拍摄培训片和广告片。由于鲁德克说他曾为一家以追求完美闻名的著名公司拍过影片，便很快又吸引了一批新的顾客，其数量之多竟使他难以应付。从1969年开始，上级就经常让他放下合法业务，去执行华盛顿和纽约情报站的人难以应付的秘密任务。

1969年秋，克格勃指示鲁德克去侦察一个苏联叛逃者。此人住在弗吉利亚州阿林顿一幢公寓大厦里。指示要求查明叛逃者每天的行动规律。上级提醒鲁德克，侦察是冒险的，务必要小心。因为中央情报局在那幢楼里有好几套房子，如果发现他在那里窥探，会立刻引起怀疑。鲁德克开车在深夜一点三刻从纽约出发，以便在早晨七点前赶到阿林顿盯梢，圆满完成了任务。

鲁德克对于中心指示在美国科研中心或军事基地周围选择无人交接点是十分理解的，也清楚中心为什么选择他来完成此项艰巨任务。克格勃情报站的合法官员虽然可能在纽约这样的大城市里躲过监视，但是要在一些遥远偏僻的地区采取行动而不被发现，那就困难多了。而鲁德克是个商业摄影师，有理由去各处旅行。他在泥泞的林间踯躅，在灼热的沙漠里徘徊，在雨中察看公墓，都是为了寻找交接点。对此，他毫不抱怨，他认为他的行动对克格勃、对苏联、对人类是有意义的。

1970 年末，克格勃为表彰他的功绩，晋升他为中校。他本人则继续谨慎行事，以备在必要时接管在美国的苏联谍报网。

摇身一变为美国当局服务

然而鲁德克的一切行为却没有逃过美国联邦调查局的目光。

1977 年 5 月 2 日傍晚，一位自称是建筑师的迪克·马丁打电话找鲁德克，说经国际商用机器公司的朋友介绍，得知鲁德克是一位一流摄影师，想请鲁德克为他刚研制的一种新型蒸汽浴室拍一些产品说明照片。鲁德克爽快地答应于星期三去。

星期三上午，迪克·马丁开车来接鲁德克，他帮忙把摄影器材放进车里，然后开车向他的庄园驶去，一路上他们谈得很亲热。来到庄园的一间会客室里后，鲁德克见到了两个陌生的人。这两个人开门见山地对鲁德克说他们是美国联邦调查局的人。两人都出示了联邦调查局的证件。他们告诉鲁德克说他们很清楚他为谁工作。他们已经掌握了他的一切情况和证据。最后，他们给出两条路供鲁德克选择：一是被捕，以间谍罪判处长期监禁，同时他的妻子英格丽和他的儿子彼得也将判以同谋罪予以监禁。另一条路是与联邦调查局合作，反克格勃。美国可以重新安置他们一家，给他们改变身份并保证其安全，从此一家会永远在美国生活下去，过上安静的生活。他们还告诉鲁德克，如果到下午三点他不同意合作，他们的人会同时在哈茨代尔鲁德克的住宅和乔治城大学逮捕英格丽和彼得。

鲁德克必须为自己全家的未来作出决定。终于，为了儿子的一生和家庭的幸福，鲁德克屈服了。他同意与美国人合作，并提出两个条件：一是不杀害任何人；二是不放弃信仰，并保证他们的安全。

联邦调查局原定第一阶段的审问先要使鲁德克在间谍业务上服气，他们达到了目的。他们提问题时有意露出他们知道所有无人交接点的确切位置，联邦调查局掌握他们三个人每次去莫斯科的情况。他们甚至了解鲁德克在国内旅行时哪一次是合法业务活动，哪一次是执行克格勃的任务。联邦调查局了解情况的深度和广度，使鲁德克更加确信，任何隐瞒都是枉费心机。鲁德克向联邦调查局坦白了一切。

鲁德克神秘失踪

克格勃继续与鲁德克联络，他们显然没有发觉鲁德克的背叛。他们继续布置新任务。鲁德克和彼得在联邦调查局研究人员的协助下，写出了几份政治报告。报告写得很好，足以使克格勃继续提出要求。

1978 年 1 月 14 日，克格勃中心发来一份电文："由于您在工作中以及指导彼得所取得的成绩，您被晋升为上校军官。我们衷心祝贺您和英格丽，祝愿您身体健康，工作顺利，全家幸福。"

在以后的时间里，克格勃继续来电发出指示和要求，其中还反映出克格勃对彼得的进步和前途越来越关注。

克格勃在5月通知鲁德克，在新泽西州一个垃圾堆放场给他放了5000美元。由于鲁德克并没有要钱，所以这种体贴再次说明了克格勃是信任他的。克格勃要求和彼得以及英格丽在美国以外的地方见个面。鲁德克找不到不见面的借口。过去英格丽至少每两年看望她母亲一次，现在不再去看望她是没有道理的。彼得再三推托跟克格勃见面，理由是他第一年工作期间不能休假。现在这一年已经过去了。

对联邦调查局来说，让彼得和英格丽在国外跟克格勃见面，以便把这个案子继续经营下去，是有很大吸引力的。鲁德克已经揭露了苏联某些重要的渗透活动。彼得如果能继续扮演双重间谍的角色，可以想象，再过几年，他就会把联邦调查局引入克格勃在美国行动的核心里去。

但风险同样是很大的。如果英格丽和彼得在维也纳或莫斯科犯了什么错误，如果他们在克格勃的残酷拷问下暴露了自己，他们生存的希望就渺茫了。

9月初，联邦调查局对这件案子做了仔细慎重的研究。他们的结论是："鲁德克对我们说话算话，我们对他也一定要说话算话。"

1979年11月23日，星期六。早晨五点钟，一辆没有标记的带蓬卡车从纽约州哈茨代尔安多非路五号的房子里拉走了全部家具和财物。"鲁德克·赫尔曼"不再存在了。他、英格丽、彼得和小儿子迈克尔已经远离莫斯科和纽约，改变了身份，成为新人。

鲁道夫·赫尔曼神秘地失踪了。

鲁德克的叛逃使克格勃几十年的苦心经营化为泡影。他是克格勃精心培养的非法常驻代表，任务是一旦合法情报网关闭时负责接管。但还没有完全达到这一设想时，鲁德克就失踪了，这对克格勃是一个沉重的打击。

"美国秘密" 的窃贼

肯特是美国驻英大使肯尼迪的首席密码员，由于自己的疏忽和不检点，他在苏联克格勃的诱惑行动中成为俘虏，带着怨恨和对金钱的觊觎，他开始把美国的秘密泄露出去，这其中包括美国总统和英国首相的私人通讯电文。他哪里知道，看过这些秘密文件的不只有苏联人，还有德国人。

克格勃诱惑行动

1940 年 5 月的一个早晨，英国军情五处反间谍部门的领导戈依·里德尔给美国大使尤素福·肯尼迪的办公室打去电话，要求安排让他的助手当天下午 3 点与大使会面，讨论一个微妙的问题。

当里德尔的助手麦克斯维尔·奈特到达肯尼迪大使的办公室后，他告诉大使他的首席密码员泰勒·加特伍德·肯特是一名德国间谍。奈特向肯尼迪出示了两千多份高级秘密外交电报，这些是他们刚在 1 小时前从肯特寓所搜到的。肯尼迪大使感到震惊。在这些电文中还有些罗斯福总统和温斯顿·丘吉尔首相间的高度机密的私人通讯电文。

奈特告诉肯尼迪大使，自从肯特于 1939 年 10 月到达伦敦起，军情五处一直在严密监视着他的行动。奈特说，当时军情五处在肯特和一个著名的德国秘密警察会面的现场发现了这个秘密才开始监视肯特的，并发现了他的背叛行为。

根据起诉材料，肯特是纳粹狂热运动的支持者。由于他对犹太人充满恶意，他还是个孤立主义者，他认为罗斯福正在导致美国参战。肯特将外交电文交给德国人只是想警告他们，在罗斯福和丘吉尔之间进行着进一步帮助英国人的安排。他并不将这个行为看成是背叛或间谍活动。

但实际上，肯特只是英国谍报机关所玩把戏里的一个次要角色，他们的主要目的是要去掉这位持失败主义思想的美国大使：这是使美国政策向英国倾斜的巨大计划中的一个部分，其最终目的是使美国参战。但在这场复杂的游戏中还有另一名角色——克格勃，这连英国人也不清楚。

肯特不仅在为德国谍报机关服务，同时也在为苏联的谍报机关服务，更主要的是在不知不觉中成了精心策划的英国计划中的角色。

泰勒·加特伍德·肯特出身于美国东部新教徒的家庭，他的祖宗声名显赫，童年时肯特就自认是个杰出的外交家。他认为自己在预科学校和常春藤联盟中的经历应是进入外交机关的通行证，可国务院并不认为如此。他们以肯特曾患过神经方面的疾病为由拒绝了他的申请。

但通过关系，1934 年 23 岁的肯特得到了驻莫斯科的新美国大使馆中的一个职务——虽然只是个低级职务：密码员。由此肯特对国务院无法赏识他的才干产生了怨恨情绪，他在家庭的压力下勉强地接受了这份工作。但他决定要进行报复。

在他到达莫斯科后机遇立即就出现了，他落入克格勃典型的诱惑行动中。在这个特殊的行动中钓饵就是一名漂亮的女演员，克格勃收买她来引诱年轻的美国大使馆成员。她的名字是塔吉亚娜·伊洛瓦依斯卡娅。她成功地引诱了 6 名美国大使馆成员，其中就有肯特。

肯特也受到了威胁，但他只是为了金钱。他与伊洛瓦依斯卡娅参与了黑市交易，很快就赚得了大量的金钱。买了两辆轿车和大量高档的生活用品。一个密码员的收入是无法达到这种生活水平的。但大使馆的官员们却认为这些财富来自他那显赫的家族，所以未引起任何怀疑。他们应该想到但并未想到，肯特已落入克格勃勒索的陷阱之中，克格勃让他自己选择：要么为他们工作，要么因参与黑市交易被揭露而丢掉自己的外交职务。他选择了前者，开始为克格勃提供交给他发送的秘密外交电文。

实际上在美国大使馆中克格勃感兴趣的重要情报并不算很多，但招募了像肯特这样的人员则能保证将来的利益。1938 年，他在莫斯科的 4 年使命结束了，肯特准备另赴新职。在克格勃的建议下，他要求去柏林，苏联对那里的外交情报兴趣极浓。但结果肯特被派往伦敦。克格勃感到有些失望，但随着事情的进展，克格勃反倒取得了额外的收获。

肯尼迪大使成为目标

不知什么原因，肯特在他离开莫斯科后与克格勃的接触中断了，似乎他不必为他的黑市交易活动负任何责任了。但后来出现了一个奇怪的事件改变了一切。

在去新任所的途中，肯特在火车上和一位德国商人交谈了起来。他们一拍即合，主要是因为他们都是激烈的反犹太主义者。在肯特对希特勒的反犹太暴行表示钦佩后，那名德国商人要求他帮个忙。他问肯特是否能在他到达伦敦后即刻给住在旅馆中的朋友送一个小包裹？肯特立即表示愿意效劳。

> **溶液密写**
>
> 溶液密写是利用某些有机化合物或无机化合物溶液作密写剂在纸上密写的方法。溶液密写是各国间谍用作秘密信联络最古老的办法之一。可以作溶液密写剂的种类很多，例如血液、唾液、牛奶、米汤、淀粉眼药水等等。

刚到伦敦，肯特拿出包裹并送了过去。可他不知道收包裹的男人是一名德国秘密警察局的间谍。更有意思的是那个人处在军情五处的监视之下。军情五处并不了解这个美国人的内情，所以他们决定也对肯特进行监视以观察事情的进展。

军情五处对肯特的监视后来被证明是非常有意义的，这使一个有着极高赌注的行动彻底被挫败了。这个行动的目标是美国大使尤素福·P.肯尼迪。

1938 年，肯尼迪就任美国驻英大使。肯尼迪是个对纳粹的绥靖主义者和秘密支持者，他给华盛顿的报告总坚持一个话题：纳粹德国是将来的浪潮，英国毫无希望。在第二次世界大战爆发后，肯尼迪坚持英国将被德国人击败，因此美国毫无理由浪费时间协助一个注定要失败的国家。

肯尼迪一点也不知道他发给华盛顿的密电被英国破译了，英国谍报机关成功地进入大西洋电缆。他们所看到的东西发出了一条警报，肯尼迪的失败主义和率直的反英偏见可能会影响到美国官方的观点，对英国是极为危险的。正因为这个原因，丘吉尔绕过肯尼迪直接与罗斯福建立了一条秘密的私人通讯渠道。不过肯尼迪还是非常碍眼的，必须设法让他保持中立，更理想的是除掉他。可怎么才能做到这一点呢？

泰勒·肯特提供了解决办法。军情五处对肯特的监视一直持续着，但未发现任何有用的东西。1940 年初，负责监视的军情五处官员发现他卷入一个称之为右翼俱乐部的奇怪组织。该组织是由反犹太分子、各类右翼狂人与一些同情希特勒的人组成的，组织的社交中心设在伦敦的俄罗斯茶社内。这个茶社是由一名沙俄将军移民后开设的，他的名字是尼古拉斯·沃尔可夫。肯特和将军的女儿安娜成了朋友，她也是一名公开的恶毒的反犹太分子。有趣的是安娜一直为英国谍报机关工作，秘密地用蒸汽拆开来往于英国和苏联间的信件以获取情报。

负责反间谍行动的军情五处官员麦克斯韦尔·奈特得知德国人在英国正渗透入政治团体的消息后，决定继续注视事情的发展。他派出 3 名妇女渗透到沃尔可夫的茶社，与安娜·沃尔可夫接近，试图发现肯特到底在那里干些什么。另外他们也想发现这些右翼分子到底与德国是否有联系。

奈特的 3 个女谍报员装作为心怀不满的战争办公室雇员，慢慢地渗透到右翼俱乐部的圈子内。其中有一个谍报员名叫琼·米勒，赢得了安娜·沃尔可夫的信任。在她俩变得很亲近时，沃尔可夫向她透露她的朋友泰勒·肯特有一次曾告诉过她，肯特本人见到了罗斯福和丘吉尔之间的秘密电报，孕育着要使美国参战并站在德国一方的阴谋计划。肯特说他想要披露这个阴谋，但不知道该如何办。

至此，奈特就可以直接照会美国大使馆，声明肯特是对安全的威胁。则肯特将被召回美国，一切就可结束了。但奈特的头脑中还有更重要的目标。他的第一个行动是命令米勒劝说沃尔可夫，让肯特盗取更多的有用电报并亲自交给她。然后将由她传送给德国人。沃尔可夫和肯特马上就表示同意。

沃尔可夫实在不知道如何才能将肯特的材料转交给德国人，但突然间她记起了认识的一名在意大利使馆工作的助理武官安东尼奥·迪尔·蒙特。她清楚地了解迪尔·蒙特是意大利谍报机关驻伦敦的首席代表，安娜开始为蒙特提供肯特偷来的材料的副本。很快这些材料就转到德国人手中，他们是非常关心罗斯福和丘吉尔间的通讯内容的，因为从政治观点来看这将关系到德国的存亡。

最后的赢家

肯特的活动展开后，奈特让它维持了几个月，直至他实现了预期目的之后。一是收集足够的证据以拘捕右翼俱乐部的部分成员，指控他们违反了战时国内安全条例。而第二个目的即是毁掉尤素福·肯尼迪大使的前程，这是奈特所要达到的最有意义的影响。当奈特于 1940 年步入肯尼迪的办公室，告知有关肯特的坏消息时，他就确信大使也会面临巨大的麻烦。此外，英国还为能在肯特的住所发现大量电报而高兴，这就让他们不必暴露截听和破译美国外交密码的活动，而使肯尼迪的绥靖思想暴露无遗。肯尼迪一直认为那些对英国领导人丘吉尔表示轻蔑的报告是极为秘密的。

显然肯尼迪的外交地位突然地无法维持了，罗斯福也对在伦敦发生的事件抱怀疑的态度。一名低级密码员能轻易地携带大量的秘密电文走出大使馆，并将它们交给德国人这个事实一直存留在总统的脑海中。是否可能肯特只是个被选定的工具，而使馆高层官员中有德国的支持者，是他想要让柏林知晓罗斯福与丘吉尔之间的联系，让德国得到有用材料的可能性呢？

在肯特被捕后，肯尼迪探知白宫对他极为不满，认为他是坏事的根源，当罗斯福和丘吉尔在一艘驱逐舰上协商时，肯尼迪被排除在外。感到丢脸的肯尼迪提出了辞呈，英美关系立即发生了变化，显得更密切了，最终结成为有特殊关系的亲密盟友。

活跃在英国夜总会的朗斯达尔

戈登·阿诺德·朗斯达尔在 1961 年 3 月被英国法庭审判时，曾轰动了英国。在认识朗斯达尔的英国人眼中，朗斯达尔是慷慨无私的生意人，与间谍给人的阴暗印象大相径庭。朗斯达尔的被捕是因为克格勃给他的警报错发给另一名间谍，使他来不及逃走。朗斯达尔这个活跃在娱乐场所和生意场的苏联间谍是如何为他的祖国服务的呢？

任务：搜集军事情报

朗斯达尔从小就进间谍学校，第二次世界大战时曾从事反间谍工作，1942 年，他派往波罗的海舰队司令部，任上尉时，成功地逮捕并破获了司令部的外国间谍。后又进间谍学校继续学习，毕业后，上司认为他"目光远大，对从事的活动领域有充分的理解。"经审查后。1944 年 12 月他进了间谍城加兹纳深造，从此，他变成了戈顿·阿诺德·朗斯达尔，编号为 K—442812/263G。

朗斯达尔在加兹纳学习了 10 年，在这期间他同一个在供应部门工作的姑娘结了婚。1955 年 9 月，他通过了考试，克格勃对外谍报局派他出国。他首先被派往加拿大，因为他使用的是一个叫朗斯达尔的加拿大人的护照。这个真的朗斯达尔 1924 年出生在加拿大的安大略省科巴尔特市，他跟随母亲 1952 年到芬兰，以后就失踪了。苏联间谍机关获得了朗斯达尔的护照，决定用作间谍的护身符。

他在加拿大的温哥华定居后，熟悉了"出生国"的情况后又到多伦多，重领了新的身份证件，尔后就坐公共汽车由多伦多到尼亚加拉大瀑布，然后从那儿步行进入美国，再坐车到纽约。会见了阿贝尔上校，阿贝尔安排他去英国。

他一到英国，就在伦敦圣詹姆士皇家外侨社区租了一套豪华的客房，过起花花公子似的生活来了。

朗斯达尔的任务是搜集军事情报，特别是海军情报。他曾在波罗的海舰队工作过，对海军十分熟悉。他一反克格勃常规，出入于伦敦西区的夜总会，流连于豪华区的脱衣舞场，赌起钱来下注很大，每晚都找一个漂亮的姑娘陪他过夜，挥金如土，俨然是个从美国来的花花公子。他结交三教九流，甚至黑道人物，人人都将他视为知己，尽力巴结。

一个在英国隐蔽做内线工作，监视海外间谍的克格勃监察间谍，立即将这个花花公子的情况报告给莫斯科。欧洲间谍负责人警告他如不收敛行为，就送回苏联。朗斯达尔坚持己见，最后克格勃总部容忍了他的做法。

事实上，花花公子的生活，立即收到实效，朗斯达尔不只在伦敦站住了脚，建立起生意网，而且通过上层社会和三教九流，认识了很多人。美国空军拉肯罕核轰炸机基地的空军少校雷蒙特·萧成了他的座上宾。他同一个叫彼得·阿雷斯的英国人，经营起一间租赁自动电唱机的公司，生意兴隆。

他提供的一份重要情报是英国核潜艇基地所在地和反潜艇追踪系统的秘密设施。他还把矛头对准美国和北大西洋公约组织。

他以一种美国生意人那样一往无前的经营方式进行活动，反而没有引起任何怀疑，1960年他以自己的小发明参加了布鲁塞尔国际贸易会，得到"最佳英国产品"的金奖。他在英国生意人的地位已经十分稳定。

源源情报因意外而终止

朗斯达尔表面上依然出入夜总会与妓院，但暗中却建立起间谍网。根据阿贝尔提供的情报，一个叫夏利·候敦的英国前驻华沙大使馆武官，曾被克格勃的波兰战友们"谨慎"地逮捕过，答应秘密供应情报。此时的候敦，正缺钱花，两人一拍即合。

> **格鲁乌的结构**
>
> 格鲁乌机构设置是这样的，它分为部、局（直属处）、处（室）、科四级建制。共22个局、2个院所，10个处室，1个直属科。除此而外，格鲁乌还掌握一支秘密的特种破坏部队，领导各武装部队的情报部门，还有专供格鲁乌挑选干部的学校，如基辅的联合军事学院。

朗斯达尔并不只依赖候敦，他还招募了好几名间谍，但尽量不发生直接接触，只通过"中间人"来联系，在英国活动6年，他提供了很多克格勃满意的情报。

他的别墅内设有秘密电台通讯，寄发微型菲林的邮件等设备，客人却不会到这座别墅。

朗斯达尔的暴露坏事在候敦身上。在特兰这个海军基地所在的小镇，邻居们对候敦住宅修饰得过好，家具太漂亮，议论纷纷。对他众多的藏酒，有了一辆小汽车又买一辆新车早已眼红。

有一个邻居走进警察局，心怀忌妒地说他怀疑候敦是间谍，于是警方开始调查。通过信件检查和电话窃听，最后发现了他跟朗斯达尔有来往。

对朗斯达尔的侦察是多方面进行的，他们首先对他的身份进行调查。加拿大安大略省的一名医生提供了一份报告书，提到朗斯达尔幼年时做过包皮手术。赫尔辛基的犹太教教堂的证明书也证实了这一点。

苏格兰场为了证实这个朗斯达尔的真假，便挑选了一名漂亮的女间谍，同他搭上关系，两人在旅馆开房风流了一夜，肯定了这个朗斯达尔没有做过包皮手术。这样，朗斯达尔暴露了，从他的别墅中搜出一份尚未寄发的微粒菲林，放大出来原来是一封俄文家信。

1961年1月候敦同朗斯达尔碰头时，苏格兰场当场将他们捕获，搜出一份超过200页的有关英国核潜艇的技术文件。

朗斯达尔被判刑25年，他在狱中情绪很好，除了下棋外，他将三本英文间谍书籍翻译成俄文。最后，克格勃用英国间谍温尼将朗斯达尔交换回去。

从天而降的"永别"号绝密情报

　　莱斯基柯是一名苏联克格勃的高级官员，他向法国领土保安局提供了 4000 份西方一直未能得到的绝密情报，内容包括克格勃的官员名单、机构及西方间谍名单等。这份代号为"永别"的特级绝密文件使西方各国如获至宝，而苏联的克格勃遭受了有史以来最沉重的打击。

一个巨大的令人不可置信的惊喜

　　1981 年春季的一天，上午 10 点钟，一个身穿雨衣的人从雨雾中走进了法国领土保安局。他自我介绍说，他是具有法国国籍的人，并从衣服的内兜掏出了两封信。

　　法国总统的私人密使沙雷——当时是法国反情报组织领土保安局（以下简称保安局）的领导几周后来到美国，和美国副总统布什会晤，共同研讨"永别"档案中一些重要的项目，布什曾任中央情报局局长，所以比里根更了解沙雷给他看的资料的重要性。

　　走进法国领土保安局的法国人指着第一封信解释说，2 个月以前他的一位苏联朋友在莫斯科请他转交给法国领土保安局一封信，也不知道信的内容，但自己害怕把这封信带出苏联遭到逮捕，而迟迟没有照办。他虽然不知道那位苏联朋友的确切工作性质，但知道他在苏联国家机构中担任很重要的职务。

　　第二封信是这个人的苏联朋友用法文写的。信中说他 60 年代曾在苏联驻法领事馆任职，想为法国效劳。信中未说他的职位，但信末签有他的姓名。

　　在情报界，利用对手急于获得情报的心理，采取假情报或者用对手了解一二，但不完整的真实情报引诱对方，使其掉入挖好的陷阱，这是司空见惯的事。

　　法国领土保安局的人深知这一点，马上查询着这位苏联人的档案。微机屏幕上马上显示了这个苏联人的档案！

　　莱斯基柯，男，45 岁，俄国人，苏联共产党党员。60 年代在苏联驻法国大使馆任职……不但如此，保安局还曾和他接触过，而他也曾表示过亲法的意向，但是，在保安局能够用他之前，他被调回莫斯科了。

　　现在，15 年后，他却自动要求效劳。这件事似乎叫人难以置信。也许这是苏联的诡计——又想用假情报来瘫痪西方的情报工作。

　　如果是精心策划的阴谋，一旦上当，领土保安局就可能一下子受到致命的打击；如果是真心实意效劳，但他的动机又不得而知；要是置之不理，说不定会错过了一次大好时机。

　　法国领土保安局决定探个虚实，由领土保安局两名高级负责人亲自掌握，并采取了特殊的保安措施。他们将此案命名为"永别"号。

为便于联系，也是考验一下转交莫斯科信件的法国人，希望他作为传话的中间人，如果他干得出色，将获得法国荣誉勋章。这位法国人知道干这个一旦被发现，克格勃是有很多东西"慰劳"他的。虽然他很害怕，但还是勉强同意了。

这个法国人用了仅仅几个星期的时间，便从苏联带回来了第一批材料，一枚金光闪闪的法国荣誉勋章真的戴在了身上。

法国领土保安局觉得给这位法国人戴勋章非常值得，当法国人将资料放在他们面前时，他们开始是目瞪口呆，继而跳了起来。因为这些资料涉及到苏联情报机构中西方尚未掌握的最核心的机密。

法国领土保安局得到了货真价实的东西，马上意识到"永别"号档案非同一般，决不能依靠一个不懂行的局外人充当中间角色，改由一位高级间谍人员在莫斯科亲自联系。

法国领土保安局派到莫斯科的人员，通过与莱斯基柯的间接接触，对他的职务级别有了些了解。

莱斯基柯是克格勃重要的第一局负责技术情报的高级官员。他能接触到科技情报部门掌握的在该部门工作的全部官员的名单，包括莫斯科在全世界各分支机构的官员的名单，令人为之动心的是，他能知道情报的"来源"，即，他掌握了为苏联效劳的西方间谍人员的名单。

由于莱斯基柯身处要职，因此，从1981年开始，他向法国领土保安局提供了大约4000份西方一直未能获得的绝密情报。专家们看了这些情报，把它们称之为苏联在科技战线上的战斗动员令。

它的内容包括：在这一战线上活动的所有组织机构详尽而完备的名单；这些机构的工作计划，已取得的成就及其经济上的收益；全世界负责收集科技情报活动的克格勃官员的名单；克格勃在美国、法国等十几个国家，负责收集科技情报的主要间谍人员的名单。

神秘人物的离奇失踪

在源源不断接收到莱斯基柯的情报时，法国领土保安局的高级人员翻动着这些绝密材料，有的甚至有克格勃头号人物的签名。他们怎么也想不通，这位克格勃的高级官员为什么这么做！

对于这样一位默默无闻的人物，他从来就未向情报的受益者——法国领土保安局提出过什么要求，而唯一提出的希望是：一旦他离开苏联时，法国能保证他过上满意的生活。至于他这样做的动机，却从未透露过。

法国的情报机关

法国的情报机关主要有：海外情报与反间谍局，是法国最大的情报和反间谍机关。1981年改为对外安全总局。本土警戒局：主要任务是负责国内的反情报工作。电话侦控部，主要任务是专门偷听各种各样的电话。军事情报机构，一般称为"二局"，它与对外安全总局的职责、任务类似。内政部普通情报司，其正式使命是随时报告政治、权力阶层的动向变化。

于是，情报局的人员只好从他在法国任职时和了解他在克格勃时的情况寻找答案。莱斯基柯向法国领土保安局提供情报可能是出于对法国的怀念。特别是当他多次提出要到国外任职，遭到拒绝，继而在跻身克格勃最高层机构的希望破灭后，更增添了他对曾经工作过的第二故乡的思恋之情。他越来越多地体会到他所领导的部门进行的活动，是一种破坏活动。同时也为法国所遭受的危害在良心上有种不道德感，经过痛苦的选择，他的正义感战胜了自我，以非凡的勇气，做出了惊人之举。正当法国领土保安局乃至整个受益的西方反间谍机构为有在苏联间谍机构内部埋伏下这样一个最重要的"鼹鼠"而沾沾自喜时，突然，莱斯基柯没有了消息。为此，法国领土保安局经过多方联系，仍然没有音讯，他们深为这个幕后人物而担忧。通过调查，莱斯基柯没有因为充当双重间谍而被克格勃发现。但到了1983年初，领土保安局确信，莱斯基柯必死无疑。这是从莫斯科流传的社会新闻分析出来的。在1982年末，有传闻说一名克格勃的高级官员可能由于参与谋杀案而被判刑。有消息说，在一次民事调查中这位官员可能与某一起桃色案件有牵连。几天后，他可能杀害了某一个想写一份有关此案丑闻报告的警察。此事被揭发后，克格勃和党的最高层对他作出了判决。

虽然此案并未提及任何人，但法国反间谍机构从时间上分析，此人就是莱斯基柯。

莱斯基柯死了，但他提供了"永别"号机密，仍然发挥着巨大作用，以至于苏联克格勃组织阵脚大乱。

任何知道这类绝对机密的人都是不许离开苏联的，因此保安局的谍报人员必须冒着极大的危险去和他接头。冒这个险很值得。从1981年春季到1982年秋季，"永别"提供了大约4000份文件——都是西方历来所得的机密文件中最最机密的。

"X 战线"——科技间谍活动明细表

法国和其他西方国家都欠了莱斯基柯一笔无法估计的人情债。根据他所提供的资料，专家很容易地便弄清楚了整个"苏联科技战线上的战斗序列"，其中包括，所有从事科学间谍活动的机构及其彼此间关系的一份明细表。对于苏联这些情报系统的复杂情况和范围，以前从未有任何西方情报机构会这么确实地查明。

关于各项作业、作业之完成、以及苏联各种武器工业因秘密取得外国科技而每年所节省的经费的报告。这些报告提供了前所未有的衡量尺度，可据此判断苏联间谍所使用的方法及广泛程度，以及他们盗窃所得的多少。

所有被派在"X 战线"——T 处的科技间谍活动队的人员已被苏联国家安全委员会官员吸收，包括美国和法国在内的十几个西方国家的主要情报人员。"永别"的情报都是从最佳来源取得的。上面都盖着"绝对机密"的印章，并且标明"第一号"，这也就是说，这些文件来自 T 处的总部。有好几份案卷是当时苏联国家安全委员会的首长安德罗波夫亲自签署的，还有一份文件上有国家元首勃列日涅夫亲笔批示的意见。因此，"永别"证实了这些间谍活动和盗窃行为是经过原苏联最高当局批准的。而且，"永别"还首次揭露了苏联军事工业委员会所做的主要工作。从1985年11月起，这机构由马斯留可夫主持，其任务是：审核与武器制造工业有关的 20 个苏联部门所提出的请求；根据这些请求拟订年度情报计划；把拟定的计划分送给苏联国家安全委员会和苏联军事情报局；把它们一年盗窃和间谍活动的成果汇总起来。

在克格勃里，T 处的任务是搜集军事工业委员会的情报计划所需的资料。T 处特别负责收集太空研究、导弹、机械学和一般工业技术的情报。它把军事工业委员会的计划书发给海外的每个"驻所"，由那里的 X 战线人员来完成计划任务。T 处又通过 D 组和东欧集团的情报组织密切合作——D 组是负责把"兄弟之邦"搜集到的所有"特殊情报供应品"集中起来的机构。那些东欧集团的情报机构比苏联国安会和苏联军事情报局加在一起更有效率，因为西方反间谍组织对他们的人员不像对苏联情报人员那样严密监视，而且他们在西方国家内的行动也比苏联"外交人员"享有更大的自由。

"永别"档案所提供的情报，使西方领袖们深为惊骇，法国反间谍组织有一位高级官员时常以雷尼亚为笔名发表文章，他对这项档案的每一页都极为熟悉。1983 年间，他在《国防》月刊上发表了一篇文章，做出这样的结语："苏联对西方的高级科技有条理地进行探索，已经取得了自由世界防务的一些重要资料，严重地损害了西方的安全。"

自从 20 世纪 70 年代末以来，苏联从西方取得 3 万多个先进装备的样品。"永别"档案所提供的军事工业委员会年度报告显示，在 1979 年到 1981 年间，每年有 5000 余件苏联武器从西方的技术中获益。单是和国防工业有关的两个项目，就在 1976 年至 1980 年期间因取得西方技术而为莫斯科节省了 8 亿多美元，或节省了 10 万名研究人员一年时间的努力。

20 世纪 80 年代初期苏联军事工业委员会年度报告显示：有 42% 的苏联电子产品是用西方技术改良的。在 1970 年，苏联在电子工业方面据估计要比西方落后 10 ~ 12 年，但是现在，由于仿制西方的产品，他们已把这差距缩短为 4 ~ 6 年。

"永别"档案迫使美国改变他们的巡航导弹的导航密码，因为旧密码已在数年前被苏联破解了。同样地，苏联空军已经获得情报，因而能使 F—18 战斗机发射的导弹改变方向。北大西洋公约组织国家所使用的陶式反坦克导弹也有同样的问题。

向"永别"号致敬

当法国把"永别"档案的主要内容告诉一些主要盟国的时候，有些国家的领袖（如里根就是其中之一）吓出一身冷汗。

1983 年 1 月，法国总统密特朗的办公桌上放着两份不同的，但内容互为补充的材料。材料揭露了克格勃和格鲁乌（俄罗斯军事情报总局的简称）是怎样有计划、有目的地进行着危害法国利益的活动，材料列举了克格勃依靠在法国驻苏使馆的电传机上安装的电子窃听器，掌握了法国驻莫斯科大使馆所有收到和发回的全部外交电报，其中包括最机密的电报。

密特朗看了这一材料后，鉴于苏联肆无忌惮地窃听外交电报，便决定毫不手软地惩罚一下苏联。他有信心让苏联人提不出反击的理由，他手中握有一枚令苏联人吃不消的"炸弹"——"永别"号。为此，法国领土保安局负责为总统准备了一份报告，并提出了一份在法国本土上特别活跃的克格勃和格鲁乌人员名单。

法国在驱逐这些人员前一周，向苏联对外关系部发了通知。一听要驱逐这么多人，苏联领事馆代表对此提出了抗议：这是对苏、法之间"传统友谊的卑劣的破坏行动。"谁知当法国人从"永别"号文件中抽出仅仅是少量材料时，苏联人当面出丑，灰溜溜地走了。

1983 年 4 月，巴黎发生了空前的驱赶苏联间谍的行动。几小时内。47 名苏联"外交官"被驱逐出境。

1983 年末，皮埃尔·布尔狄奥在法国被捕；曼弗米德·罗施在西德被抓获。还有两位美国人威廉·贝尔和詹姆斯·哈珀，他们两人是由为苏联服务的另一个国家的情报机关所操纵的间谍。贝尔在休斯航空公司任职。他能接触到雷达、空对空和地对空导弹方面最先进的科技资料。从 1978 年到 1981 年，他所提供的情报为苏联节省了数百万卢布，并且为苏联赢得了 5 年的科研时间。哈珀造成的损失更为严重。他是电子学家，从 1971 年至 1981 年间，他向苏联提供了美国在洲际导弹方面的几十份绝密情报，两人均被美国中央情报局抓住。南非海军的一名高级军官迪特尔·舍哈特在 1964 年至 1983 年间向格鲁乌提供了主要属于西方防空导弹方面的科技情报，因此进了监狱。

1984 年 10 月，曼费米德·罗施在波恩被西德反间谍机构抓捕。此人 60 岁，是西德最大的武器制造厂梅塞施米特·伯尔科·布洛姆的预测部总工程师。他为克格勃忠实效劳历时 17 年，他一直使用微型摄影机拍摄该厂的机密文件与计划。

靠着"永别"号机密，西方反间谍机关不断挖出隐藏在十几个国家内部为苏联效劳的间谍，看着苦心经营起来的阵地遭到破坏，克格勃和格鲁乌不得不采取措施，命令许多间谍停止活动。

1985 年 9 月，美国国防部长温伯格在公布国防部关于苏联获得西方军事技术的一份报告时说："苏联每年有 5000 多项军工项目由于得到了西方的重要技术而获益。"他还含蓄地说："我们前不久才确切地估量到苏联非法搜集这类情报的规模。"

极少数知道内情的人一听这话就明白这是在向"永别"号致敬。

"印第安人行动计划"

并非所有的间谍都是专业的情报人员。有些人只是进行合法参观的普通游客，他们可能是为了生意，也可能是为了寻找快乐来到了目标城市，情报专家只是简要但确切地告知他们要看什么。这就是美国中央情报局精心组织并富有成效的"印第安人行动计划"的主旨。"印第安人行动计划"最大限度地利用了在冷战期间到苏联参观的美国人。

"印第安人行动计划"出炉

许多年来，不管是在西方还是东方，被任命的大使馆武官绝大部分都会利用他们去指定国家旅行的合法机会去注意一些重要的情报。例如，在 1953 年的 6 月，在莫斯科的美国、英国和加拿大的空军大使随员就能够参观位于莫斯科郊区罗门斯科伊的军用飞机场。他们成为首批参观图波列夫 TU－4 的西方人，并且美国大使随员还能够有机会给飞机拍照。在同年的 3 月，一位美国大使馆武官在去机场的路上携带了钢丝录音机，从而记录下这一区域内雷达的信号。

从那时起，美国和英国就开始执行一系列的计划，以便充分利用去苏联正式参观的每一个机会获取情报。他们给外交官和大使馆武官都提供了旅行文件夹，其中规定了要查看的每一个细节。最后，在此基础上，美中央情报局建立了"印第安人行动计划"，这种方法使从西方来的非外交的旅行者提供了他们要查看的细节。

▲作为"印第安人行动计划"的一部分，乘坐苏联航空公司国际航班去苏联的英国和美国游客只要在他们的行程中查看一些特定的细节就可以了

民众间谍网的功绩

这是由民众形成的间谍网，没有任何风险。参加者没有必要离开他们原定的旅游路线，或是和潜伏在苏联集团内部的人联系。事实上，他们所要做的仅是记笔记而已。例如，从一个特定工厂的烟囱里冒出的烟的颜色、或是他们乘坐的飞机上登记的留言条。不管他们是游客、商人、大学教师还是记者，他们所得的细节信息综合起来就能揭示越来越多的有关苏联的资源、装备、产品率和生产方法的信息。

▲正在进行阴影测试的图波列夫 TU－4 模型的示意图，当被一束光照着时，阴影部分显示其最易受攻击的部位

随着苏联和其他卫星国对游客限制的取消，逐渐地更多的地方被投入到游客的旅游路线中来。有些地方只能乘坐飞机在很低的高度飞行才能到达，同时还可以用照相机对地面的情况进行拍照。总之，"印第安人行动计划"得到了有关导弹位置从地面到空中的一系列详细的情报，这比通过十几次的测算得到的情报更多，这些情报综合在一起就给出了非常有价值的洲际弹道导弹位置情报并且非常的便利。

其他游客带回了有关早期苏联核潜艇和装备有导弹的驱逐舰情报等等。

彭科夫斯基事件

在 20 世纪 50 年代末期，奥列格·彭科夫斯基上校深切地担心赫鲁晓夫的领导可能会引发一场世界大战。所以他觉得唯一能阻止这一事件发生的方法就是和西方合作，提醒他们密切注意这个威胁，并给西方提供能免除这一事件发生的重要情报。由此，他走上了一条"不归路"。

充当英美间谍

奥列格·彭科夫斯基是苏联红军的一名上校。他曾在红军对德作战的战争年代有过卓著的记录，从而在 20 世纪 50 年代被挑选出来到 GRU 军事情报部门工作。1961 年 4 月，彭科夫斯基与一个在莫斯科为苏联贸易团参观英国提供服务的、名叫格林威尔·威尼的英国商人打交道。而彭科夫斯基正是这个贸易团的团长。威尼事实上在战争期间和战后一直从事情报工作，他答应为彭科夫斯基在伦敦找到合适的接头人。当苏联贸易团到达英国后，彭科夫斯基与英国和美国情报局的代表会面，他们检查了彭科夫斯基的资格并判断彭科夫斯基是不是有意过来为莫斯科搜集情报的。在代表团参观英国期间，彭科夫斯基利用每一个机会与西方反间谍机构会面并告诉他们他所知道的一切。

联系建立起来了，彭科夫斯基得到一个微型相机和电台，并被要求在他 1961 年 5 月 26 日返回莫斯科后发回更多的情报。

当威尼在 5 月 27 日再次来到莫斯科时，彭科夫斯基递给他 20 卷胶卷，包括从导弹操作手册到苏联情报文件等很多方面的内容。在 7 月和 9 月彭科夫斯基再次访问伦敦和巴黎期间，彭科夫斯基又提供了很多的情报，但他同时也带回了由他的西方联系人给他提供的一些情报，从而使得其苏联上司能够相信他去西方是为苏联服务的。后来，彭科夫斯基和一位驻莫斯科的英国大使随员的妻子有了另一次的接触，在这次接触中，他把胶片藏在送给她孩子的糖果盒中。

行迹暴露

从巴黎回来后，彭科夫斯基仍继续向不同的会面者提供情报，但是在 1962 年 1 月 5 日和那位大使随员妻子见面时，他注意到有人在跟踪他，而且从跟踪他的那辆车的车牌号码看出这是政府的车。在接下来的一周，他们的会面如期进行，但是彭科夫斯基发现那辆车又出现了，所以他采用了其他的方法。为了告知联系人他手上有情报，彭科夫斯基不得不在库图佐夫·普罗斯佩克特大街上的第 35 根街灯上绑上黑色的面罩，或是拨打事先安排好的电话号码，让铃声在其他人接之前响一定的次数。

然而，很清楚的是克格勃对彭科夫斯基和西方的接触越来越怀疑，当格林威尔·

威尼在 1962 年 7 月 2 日再次到达莫斯科时，他发现彭科夫斯基确实已经被监控了。三天后的 9 点钟，他们安排在北京饭店见面，但同时彭科夫斯基也发现威尼也开始受到了怀疑。当彭科夫斯基到达饭店的时候，他的经验使他发现饭店里有一组克格勃的情报人员，他迅速离开了饭店并在外面等威尼。

▲彭科夫斯基在听法庭宣判对他的死刑判决

两个人冒着危险简短地谈了几句。威尼由于第二天早晨要离开莫斯科，彭科夫斯基答应到时会去飞机场给他送行。然后，他回到办公室，并对克格勃的监视表示了正式的抱怨，他说他和威尼接触纯粹是为了 GRU，以此来掩盖他和威尼见面的真正原因。克格勃对他道了歉。直到那时，威尼仍在为是否在早晨 5 点 30 分去机场而担心，即使这样，他还是在下午预订了一张飞往伦敦的机票。彭科夫斯基在 6 点 15 分赶过来，他把威尼的票改为首飞西方的第一个航班，也就是在 9 点钟飞往哥本哈根的航班。飞机起飞了，威尼离开了莫斯科，看来克格勃上当了。

被执行枪决

尽管如此，最终克格勃还是对此进行了报复。在将苏联的导弹情报传给西方之后，根据彭科夫斯基提供的情报美国经过勘察就可以在导弹危机中事先确认安装在古巴的导弹类型。

彭科夫斯基在 1962 年 10 月 22 日被克格勃逮捕了。威尼也在 11 天后，当他正在汉格里的巴德帕斯特参加一个贸易展览时被捕了。这两个人在莫斯科拉博奄卡监狱里有了最后一次的见面，并在第二年接受审判。两人都被判定犯有间谍罪。彭科夫斯基被枪决了，而威尼被投进了监狱。一年后，威尼作为交换间谍回到了英国。

无处不在的现代谍战

　　"二战"后期的谍战，除了美苏两大国之间的较量外，其他国家为了国家利益展开的谍战也层出不穷，这个时期商业间谍活动已经超过政治、军事间谍活动。当然，商业谍战很多时候也是出于军事斗争和军事竞赛的需要。一个国家、一家公司或某个研究机构，为了取得一项重大的科技成果，往往需要耗费巨资，动员大批杰出的专家和工程技术人员，进行几年乃至几十年坚持不懈地研究，然而，商业间谍则可能在一夜之间就可将这项研究成果窃为己用，这是商业间谍"兴盛"的重要原因。商业间谍防不胜防，从尖端技术到普通商业，商业间谍无所不取。

法国将埃及大使馆变成阅览室

法国秘密行动分局由法国情报局和反间谍局成立，在阿尔及利亚战争时期，它的任务是潜入埃及大使馆，搞到埃及武官定期向开罗呈送的报告。埃及大使馆是阿尔及利亚民族解放阵线的活动基地，主要负责给武装部队输转武器和资金，平日戒备极其森严，外人休想进入，而且绝不能被卫兵抓住而引起外交纠纷。法国间谍是如何做到神不知鬼不觉地一次次将秘密文件取出送进的呢？

寻找机会进入地下室

1959 年冬季，法国巴黎秘密行动分局正紧锣密鼓地布置行动计划。他们经过调查发现，埃及人的绝密文件既不是通过邮局寄出，也不是用外交邮袋送出，这使他们根本无法获得情报。所以他们只能铤而走险，去盗取埃及大使馆保险柜里的文件副本。

阿尔及利亚战争

阿尔及利亚战争是一场阿尔及利亚民族解放独立的战争。阿尔及利亚 1830 年沦为法国的殖民地。第二次世界大战后，阿尔及利亚民族解放斗争日益兴起。1954 年 8 月，由争取民主自由胜利党的一些青年党员组成"团结与行动革命委员会"，同年 10 月改组为民族解放阵线，其终极目的是争取民族独立，实现社会民主，为此成立民族解放军，开展武装斗争。

在这之前，秘密行动分局早已经顺利地在埃及大使馆里发展了两个线人，一个是大使馆的老门卫，是个法国人。这个老门卫很善于在大使面前表现自己的忠实，而且对大使馆十分熟悉，所以一直被留用至今。因为他嗜酒如命，常常捉襟见肘，所以秘密行动分局以每月付给他 350 法郎为诱饵，很容易就收买了他。

老门卫每天替大使馆发信的时候，都要拎着皮包先到皮埃尔一世大街上的一家小酒馆与法国秘密行动局的特工多兰碰头。多兰趁老门卫喝酒的时候，拿个相同的皮包将两个皮包调换，然后从后门飞奔到停在附近的小卡车上。早已在车里等着的特工人员迅速地将信件拆开、拍照、按原样封好，多兰再将皮包带到酒馆换回来。这时，老门卫会喝完最后一口酒，然后拎起皮包到邮局寄信。通过这种方法，秘密行动分局多年来获得了大量的情报。

另一个线人是个埃及人，叫鲁克索尔，他是大使的总管，长期住在法国，负责为大使及使馆官员们寻觅娱乐场所和漂亮的姑娘，深得他们的信任。经过长期的跟踪了解，秘密行动分局发现他非常喜欢西方舒适的生活，而且已经沉浸其中，万万不想再回到开罗生活。所以他们根本就没跟他兜圈子，先让多兰与他认识，然后直截了当地让他做出选择：是为法国情报机关服务，继续留在巴黎过安逸舒适的生活，还是被吊销在巴黎的居住权回到埃及。鲁克索尔当然不愿意放弃眼前飘飘然的生活，只好冒着被埃及人视为叛徒的危险，开始为秘密分局服务。

秘密分局先从老门卫那里弄来大使馆房间的详细分布图，经过研究，他们确定可以利用一下法鲁克国王和纳吉布将军时期修建的地下室，那里现在是乱七八糟的废纸库。于是，他们制订了一项非常周密的行动方案。

行动的那一天，鲁克索尔在大使馆里四处逛了一会儿，然后找机会溜进地下室。地下室里堆满了杂物，废报纸和旧卷宗一层层地摞到天花板，地面上到处都是厚厚的灰尘。鲁克索尔灵机一动，迅速地将一小堆废纸摆放在电线下面，然后用打火机点燃废纸，随后他飞快地溜出地下室，到走廊里装作路过的样子。

当滚滚的浓烟从地下室冒出来时，鲁克索尔一边高呼着火了，快救火啊，一边勇敢地冲入地下室救火。使馆人员赶到时，鲁克索尔正好奋勇扑灭了最后的火苗，浑身上下被烟火熏燎得乌黑黑的，一时间，他成了英雄人物。大使拍着他的肩膀，不住地夸赞他奋不顾身救火的行为，而且还要奖赏他。趁此时机，鲁克索尔献策说，地下室离锅炉房和配电房很近，积留那么多的废纸，实在是火灾的隐患，该马上处理掉。于是大使要鲁克索尔找一家回收公司，尽快处理掉地下室那些乱七八糟的东西。

第二天早饭后，穿着破烂工作服的多兰开着一辆破旧的小型带篷卡车停在埃及大使馆的后院门前。很快，卫兵带着老门卫出来了。老门卫打量了下多兰后，告诉卫兵说："这是大使先生让鲁克索尔联系的回收公司的工人，你把他带到地下室去吧！"多兰拿着一叠麻袋，跟着卫兵来到地下室。在卫兵的严密监视下，他把一摞摞的废纸塞满麻袋，再一袋袋扛到车上。走到院门口时，他蹲下身系鞋带，站起来时很自然地用手扶了下门锁，神不知鬼不觉地用藏在手心的橡皮泥获得了锁印。结束工作时，多兰把剩下的空麻袋留在了地下室，说第二天接着用，并说工作太多，得带个帮手一起完成。

有惊无险获益丰厚

当天晚上9点钟，一辆车篷上写着"雅克公司修锁配钥匙"的小卡车从万森基地驶出。这辆小卡车里面装有配置钥匙的机器和修锁的全套工具，其实这里是秘密行动分局的一个活动工作室。多兰和另一名特工穿着没有商标也没有号码的衣裤，衣服口袋里装着他们的假身份证。身份证上面的出生地都是二战时期因为被炸毁而失去户籍资料的城市，现住址是远郊早已荒芜的房屋。这样即使被抓住，也无人知道他们的真实身份，只会被当作流窜盗贼而已。

他们来到了埃及大使馆旁边的美国广场，司机把车停到了一个便于观察的地方。他们身上都带有微型步话机，能够在500米的距离之内传递信号。司机福雄和多兰商定好暗号，响一声表示后门口有危险，响二声表示正门前有危险，响三声表示一切正常。多兰和一名特工下了车，观察下四周，开始行动。

他们贴着大使馆的墙根儿，一前一后快速向后门口走去。多兰拿出配好的钥匙小心翼翼地打开门锁，然后两个人悄无声息地溜进使馆，关好后门。他们藏在花坛后面，屏住呼吸聆听着院内的情况。见无人巡逻，他们悄悄转到前厅，根据使馆平面图的方位，很顺利地找到了楼梯口。他们轻轻地踏上楼梯，溜到 4 楼首席参赞的办公室。他们没费吹灰之力就打开了保险柜，找到了武官所有报告的副本。他们把材料整理后，由多兰送到地下室，装进白天特意留下的麻袋里。与此同时，另一特工又顺利地打开了档案室的门，用了 5 分钟的时间打开了大保险柜的锁，取出文件再一次送往地下室。一直忙到凌晨 1 点，然后准备撤退了。

到了后院，司机福雄发出了危险的警告，原来是后院外面广场上布满了法国警察，这些警察是被派来对付上午要发生的示威集会的。多兰和他的伙伴只好等到天黑才离开大使馆。

第二天早上，多兰又装成回收公司的工人，开着卡车来到埃及大使馆的后门。在卫兵的眼皮底下，把一袋袋的废品装上了车，当然也包括偷盗的文件。

当多兰正要离开的时候，一个埃及大使馆人员过来，问多兰是否认识什么好的锁匠，大使馆为了安全起见，想把所有的锁都换成新的。听到这个消息，多兰高兴得简直要跳起来！他回答说："当然有，我有个好朋友就是个最优秀的锁匠。我把他介绍给你，在价格上他也会给你优惠的。"他们约定两天后，由多兰带着朋友来给大使馆换锁。

两天后，多兰领着他的"好朋友"科伊东来到了埃及大使馆。科伊东果然是个行家，很快就把大使馆的锁全部换成了新锁，埃及人对科伊东赞不绝口，再一次夸奖他们干活迅速。

令埃及人想不到的是，这位科伊东锁匠其实是秘密行动分局 C 科的头号盗窃专家！于是，从埃及大使馆换锁的那天起，法国情报机关就拥有了他们每个房间的钥匙。秘密行动分局把他们得到的全部文件运到巴黎南郊的一座古旧钟楼里。依照这些文件，他们把埃及人的密码完全破译出来，然后一一编号整理分类，最后再分别包装运往总部。在与阿尔及利亚解放阵线进行斗争的警察部门充分利用了这些情报，秘密监视着埃及武官和他的手下。此后，对法国情报机关来说，埃及大使馆就如同阅览室一般，再无秘密可言。

切瑞尔诱擒核专家

切瑞尔 1960 年生于美国，17 岁时赴以色列学犹太史和希伯来语，逐渐倾心于这个国家。1985 年，与以色列情报部的少校欧弗·本托夫结婚。从此，她以她的美貌开始接受足以令她自豪和光荣的国家使命，成为以色列"摩萨德"情报机构中忠实而又得力的一员干将。1986 年 9 月，她诱擒核专家瓦奴奴，名震天下。

核专家的秘密工作

地中海东岸，一条公路绕过山岗，越过小镇，直插内盖夫沙漠，这便是当地人只知道其存在，却不知道通向何处，有什么意义的贝尔谢巴—索姆公路。

每天早上 7 点，一个由 40 辆蓝色的沃尔沃牌轿车组成的车队准时出现，沿公路由北向南，浩浩荡荡疾驶而去。在离沙漠小镇迪莫纳 9 英里处，车队向右拐入一条小道，又驶过半英里的路程，前面出现一个军队检查站，身挎微型冲锋枪的士兵，逐次检查司机递出来的证件，尔后车队又继续前进。

约 10 分钟后，车队已进入沙漠深处。这里是一望无际的漫漫黄沙，朝阳下一个"禁止通行"的路标格外醒目。下车的乘客接受着极为严格的安保检查。

眼前，一道蛇形铁丝网无声无息地趴在地面，向两边伸展。电网圈内的沙土用拖拉机彻底耙过一遍，犹如铺着地毯那样平整松软。如果有人非法潜入此地，就会留下一串明显的脚印，马上就会被荷枪实弹走动的巡逻兵和空中盘巡的直升机发现，就是插上翅膀，也休想逃离出去。

四周的小山包上，耸立着一个个瞭望塔，配备着高倍红外线望远镜的士兵如临大敌似的手扶着高射机枪，密切注视着各处的动静。数十枚地对空导弹直指蓝天，如箭在弦，随时准备击落任何贸然闯入上空的飞机。

这个阴森恐怖，连麻雀都飞不进的地方，坐落着以色列最秘而不宣的高科技机构，它的官方名称是——内盖夫核研究中心，其职能是研究和平利用核能技术。

研究中心共有 2700 名科学家、技术和管理人员，上面所说的沃尔沃车队就是接送他们上下班的。

这里的保密措施极为严格，工作人员如有不慎，说漏嘴泄露少许机密情报，等待他的将是至少 15 年或者终身的铁窗生涯。

进入铁丝网的工作人员，四散进入一座座"马亨"，这里的"马亨"共有 10 座。"马亨"一号是一幢圆形建筑，直径为 60 英尺，银白色的圆屋顶闪闪发亮，这是一座核反应堆。"马亨四号"是核废料处理车间。"马亨二号"就鲜为人知了，整个研究中心只有 150 人能进入，它正是迪莫纳真正的秘密所在。

仅看外表，这只是一间建造简易的水泥建筑物，两层楼高，没有窗户，就像一座废弃不用的仓库。然而，它的墙壁既厚又坚固，即使遭到重磅炸弹轰炸，也会安然无恙。为了掩盖高高的电梯塔架，这座电梯深入地下六层之深，运送工作人员和装配材料。

很少有人知道这是一座地下核武器生产工厂。

多年来，这一成功的伪装不知骗过了多少间谍人员、侦察飞机和核专家。"马亨二号"的地面部分确实就像以色列当局宣称的，是个试验性的核电站。

世界各国曾怀疑以色列研制原子弹，但一直未得到证实。种种疑问扑朔迷离，无法断言！

然而，莫迪恰·瓦奴奴是这一绝密的知情者。瓦奴奴是经过朋友的介绍后，经过多次身份审查和三番五次的考试后才进入"马亨二号"工作的。在长达 9 年的工作之中，瓦奴奴对"马亨二号"的工作情况已有了相当了解，当上了核技师。

然而有一天，他对自己的这份工作恼怒了，甚至开始仇视。那是因为他偶然看了一部反映第二次世界大战美国扔在日本广岛和长崎的原子弹的纪录片后，内心产生一种负罪感所引起的。

瓦奴奴的表现被相关部门注意了，他被解雇了。

令以色列当局没有想到的是，瓦奴奴从以色列来到英国后想泄露这一天机。这一点是以色列无论如何都不愿看到的。以色列情报机构接受了把瓦奴奴押解回来的任务。

"鱼儿"上钩了

来到伦敦的莫迪恰·瓦奴奴本想把自己知道的以色列地下核工厂的秘密报告给《星期日泰晤士报》，好让世人都知道以色列正在偷偷研制原子弹。谁知报社虽感兴趣，却对他存有许多疑问。他感到这个世界缺乏太多的信任。自己一腔正义感，却落得如此下场。为此，他十分沮丧。

以色列情报机关派出了辛蒂·切瑞尔，一个出生在美国的以色列间谍。以色列情报机关的头头们派出辛蒂·切瑞尔是有一定自信的。

辛蒂·切瑞尔是在美国出生并长大的。在校时，她的老师多佛·肯托夫抓住时机向她灌输犹太思想。后来她到以色列学习深造，深深地爱上了这个国家。1985 年 3 月，25 岁的切瑞尔结束了浪漫的少女生涯，与以色列军事情报部少校欧弗·本托夫结成夫妻。随着婚礼的完成，她也作为一个忠诚和有献身精神的公民被以色列接纳了。从此，她以她的美貌开始接受一些令她自豪和光荣的国家使命，成了以色列"摩萨德"情报机构忠实而得力的一员干将。

对于这次擒拿瓦奴奴回国，首先要确保成功，并且还要不引起舆论界的轰动，这样的任务，采取诱捕当然最合适。正是基于这样的考虑，以色列的情报总部才决定派切瑞尔出场。而切瑞尔接到这个行动命令时，她早已在伦敦恭候。

9 月 19 日，位于维多利亚街区的埃克莱斯顿饭店出现了切瑞尔迷人的身影，继而住进了 209 号房间。

对"摩萨德"来说，随时掌握瓦奴奴的行踪以便"伺候"他，这是行动的第一步。而这一目的，在瓦奴奴和《星期日泰晤士报》进行交涉时，混在摄影记者中的"记者"已开始"关心"他了。

沮丧的瓦奴奴漠然前行，不知不觉来到累切斯特广场。这里行人稀少，显得异常空旷。他从以色列来到伦敦后，整日提心吊胆。他突然发现一个靠站在喷水池旁的女人似乎正在观察他。她身着宽松的蛋黄色裙服，一条雪白的披肩在她身上微微飘动，眼睛里流露出孤独的神情。她就是切瑞尔。

瓦奴奴顿时忘了心中的不快，他觉得这个女人很有女人味，他禁不住走向她。切瑞尔想不到瓦奴奴这么快就上钩了，脸上浮现出蔑视的冷笑。就这样，两个人各怀心事地搭讪起来。很自然，交谈甚欢的切瑞尔把瓦奴奴领回自己埃克莱斯顿饭店209号房间。

秘密终于被揭露出来

《星期日泰晤士报》的记者史密斯向自己的顶头上司，国际报界最有势力的人物之一安德鲁·尼尔社长汇报有关瓦奴奴向他提供的以色列地下核工厂的情况。

史密斯告诉社长："5个星期以前，一个自称为奥斯卡·格雷罗的哥伦比亚人来到报社，说他帮助一个以色列高级科学家从迪莫纳逃了出来，一路上担惊受怕遭到以色列'摩萨德'的追捕，刚刚甩掉尾巴，在悉尼找了个较安全的地方住下来。他携带着几张彩色照片，声称拍的是以色列制造的中子弹。我派了一个学过物理的记者陪同格雷罗到澳大利亚见到了所谓的高级科学家，他约40岁上下，名叫莫迪恰·瓦奴奴。我们的记者带回了他提供的部分文字资料和照片资料。"

尼尔社长觉得这极有可能是个大新闻，他命令史密斯："你一定要把这个瓦奴奴控制住，争取尽早弄清事情真相，这样，我们可以发出让人可信的独家报道。知道吗？这就是一枚足以震动世界的原子弹。为了慎重起见，你抓紧时间带上瓦奴奴，找有关权威的核弹专家证实一下，这样不至于引起麻烦！"

正当史密斯调动手下人将核实情况总结为一份数千字的报告，附上瓦奴奴的陈述和他的护照副本，以及有关照片，准备在《星期日泰晤士报》将这个消息公布于众时，《星期日镜报》却抢先将这一重大新闻公布于众。这是与瓦奴奴相识的格雷罗从瓦奴奴那儿骗来的文字和照片提供给《星期日镜报》的。

《星期日泰晤士报》于1989年10月5日在头版显赫位置报道了以色列制造原子弹的地下核工厂详细内幕。

▲瓦努努揭露的以色列"马亨二号"钚分离车间的控制室

一时间，人们都在议论这场"新闻炸弹"。

法国外长雷蒙出面声明：以色列地下核工厂与法国无关。

10月10日晚，驻联合国的一些阿拉伯国家代表团致信联合国秘书长德奎利亚尔，要求在本届联大上就以色列的核武器计划问题进行紧急辩论。

被秘密押解回国

很自然，瓦奴奴成了新闻记者追逐的"红星"。切瑞尔逼真的表演，使瓦奴奴觉得一天也离不开她，他需要她，以支撑脆弱的神经……善解人意，似乎已真正爱上瓦奴奴的切瑞尔，理解里包含着关怀，娇嗔里包含着担心，向瓦奴奴发起了"进攻"。

切瑞尔对瓦奴奴说，如果要结束这一切，只有离开这里，到更熟悉的环境中去。9月29日，切瑞尔拿出两张机票要求瓦奴奴跟他到罗马的姐姐那里去。瓦奴奴没有拒绝，答应一同前往。

从此，瓦奴奴这颗新闻记者眼中的"红星"就此失踪。

10月20日，英国《新闻周刊》驻耶路撒冷记者米兰·库比克引用以色列情报机关的人士的话说，"摩萨德"精心策划了一次海陆行动，它派出了一个女人引诱瓦奴奴，邀请他到地中海沿岸的游艇上，扬帆出海。游艇驶入公海后，埋伏在海面上的"摩萨德"人员立即将瓦奴奴逮捕押往以色列。还有的地方流传着更为刺激的消息：9月30日，以色列间谍切瑞尔巧妙地让瓦奴奴喝了带麻醉剂的白兰地。瓦奴奴被装进了一个结实的长方形木箱内，运到了货运机场，准备运回以色列……

实际的情形是1986年9月30日，瓦奴奴在意大利罗马被绑架押回了以色列。

米格—21 飞往以色列

米格–21是以色列等国家觊觎已久的先进战机，因此，这次行动的成败关系重大。基于同样的目的，美国情报机关也加入进来，积极帮助以色列搞到米格–21。在以色列情报机关摩萨德的努力下，也在美国等国的帮助下，这架关系重大的米格–21终于成功地飞往以色列。在以色列谍战史上写下了光辉的一笔。

觊觎米格—21

1963年3月25日，在以色列间谍机关摩萨德总部，呈现出一片欢腾景象：原特工部长梅尔·阿密特破格擢升为摩萨德首席长官。上任的第一天，他就到政府各部游说，倾听对摩萨德的期望。在空军司令部，司令莫尔杰海·霍德将军，略加思考，便直言相告："如果你能搞到一架苏联的米格—21战机，那就会显示摩萨德的存在价值。"

"阁下，你能谈谈有关米格—21的情况吗？"阿密特起初有些愕然，过了片刻，便谦虚地开始询问起来。

"就目前而言，米格—21是世界上最先进的歼击机。在1961年，俄国人在最机密的情况下，悄悄将这种战机提供给中东的阿拉伯国家，正式列入埃及、伊拉克和叙利亚的空军。然而，除了我们，整个西方对此竟然一无所知。米格—21在制空权上对我们已构成最大威胁。因此，为了更好反击，了解米格—21的结构和性能已成为当务之急。"

"阁下，我准备为您搞一架米格—21来，您看怎么样？'

"哈哈，这谈何容易，俄国人对他们的宝贝飞机戒备森严，根本不许外人靠近，驾驶这些飞机的阿拉伯驾驶员也都是精心选择的，都经过严格的训练，要想接近他们都很困难，更甭提搞一架飞机了。这样吧，你只要能给我搞到准确的技术性能的数据，我们空军就很满意了。"

阿密特笑着说："再严密的防范也会有漏洞，将军，您等着瞧吧。"

肩负使命潜入巴格达

1964年圣诞节。一位陌生人迈进了以色列驻巴黎大使馆，他穿着一套颜色古怪的衣服，戴着一顶圆圆的巴拿马帽，粗重的眉毛和乱蓬蓬的胡子构成了脸部的显著特征。使馆的工作人员巴拉尔出面接待了这位不速之客。

陌生人开门见山，要求见使馆军事官员，并再三强调说："我有极其重要的情报，必须立即同武官交谈。"巴拉尔告其武官不在。

"这么说，那我只好败兴而归了。不过，你们却也失去了一次大好机会，以后，你们肯定会后悔的。"

"你有事可以对我说，请相信，我会如实转达的。"

"我在伊拉克有位密友，他让我转告你们，如果以色列人想搞到苏联米格—21 的话，那么，你们就应当往巴格达去电话，号码 361—009，受话人焦泽弗。

"先生，你能否再说得详细些呢？"巴拉尔提出。

这个人说完，便扬长而去，也未留下姓名和地址。此刻，巴拉尔才发现他的穿戴完全是化装的，脑海里立刻升腾起一个疑团。但巴拉尔还是给使馆摩萨德处写了一份谈话记录，可谁也没有给予认真的重视。

但是，阿密特对这件事却很认真。他想：无论在巴黎出现的事件多么不可思议，也要从中受到启迪，粗心大意和满不在乎都会坐失良机。

阿密特几天来思考着派往巴格达潜伏的人选，最后，终于想到了以色列军情局的青年军官约西弗·迈索尔，一名经过专门训练的跳伞员。他是阿拉伯人，耶路撒冷大学毕业，英语和阿拉伯语都说得相当流利。他的家住在巴勒斯坦，他的祖辈也是搞情报工作的。按军衔，他是名中尉。论条件，他比较全面，唯一的不足是缺乏过硬的实战经验。"对，就叫他去吧！"阿密特果断地下了最后的决心。

阿密特把迈索尔叫到市郊的秘密据点里谈话，他仔细打量一眼迈索尔，沉思片刻，才逐字逐句地说："现在，有一项极为重要的任务，就是去巴格达同一名叫焦泽弗的进行联络，通过他搞一架米格—21 战斗机。你愿意承担这项任务吗？"

"愿意。"迈索尔笔挺地站起来，话语里充满了自信。

"记住，你潜入巴格达的身份，是英国 X 光专家，受以色列高级电疗设备公司聘用，前往巴格达推销货物。"

"明白。"

"那好，你回去准备一下，5 天之后出发。"

1965 年 9 月 8 日，迈索尔飞抵巴格达机场，乘出租轿车驶入市区，下榻在萨阿丹大街的一家豪华的古典式旅馆。在一周内，他走访了伊拉克卫生部的部长和各家医院，全力推销电疗设备。表面上，他委实是一名优秀的推销员，不过，他在心里时刻考虑的还是那个电话。最后，他认为不能再继续拖延了，为更安全起见，他特邀了卫生部的两位上年纪的官员，前往巴格达一家高级饭店共进午餐。酒过三巡，他说他应当去打个电话联系业务，还一再表示抱歉，随后，便缓步进入绿色电话室。

当他走近电话时，又突然害怕起来，总感到那部电话好像一枚炸弹，稍一触摸便会爆炸。于是，他迟疑起来……最后，他还是勇敢地拨动了电话号码，电话打通了，接话人正是焦泽弗，还客气地问他："喂，你是谁呀？"

"我是你的一位外市的朋友！"迈索尔强作镇定地说道。

"你找谁呀？"

"我很高兴同你的朋友相识，请问，我与你有可能相见和商讨我们的生意吗？"

"那好，明天 12 点整在巴格达中心咖啡馆相会"

迈索尔打完电话就往旅馆走去，他心里很紧张，他知道自己违反了特拉维夫的命令：按规定，这次接头的时间、地点和穿戴都应该由他决定，压根儿不该听焦泽弗的，可是，结果都完全弄颠倒了。一想到这里，他的确感到后怕，浑身直出冷汗，本想再打一次电话纠正过来，可又觉得会弄巧成拙。就这样，他怀着矛盾的心理，企盼着又一个黎明。

第二天，迈索尔坐在咖啡馆帆布篷下等着焦泽弗的到来。12点整，突然有一个人在迈索尔对面坐下。焦泽弗来赴约了。焦泽弗有60多岁，脸皮黝黑，皱纹很深，一头白发。

迈索尔呷了一口咖啡，声调缓慢地说："我们对您的朋友所提示的商品，是极其感兴趣的。"

"你所指的是米格吗？"焦泽弗直截了当地问，显得十分敏锐。

"是的。"

"不过，这种商品很贵，况且，还得很长时间才能搞到货物，但我深信这是可能的。"

事情原来是这样的：焦泽弗出生在伊拉克一个犹太人的贫穷家庭。在20世纪50年代初期，伊拉克当局大批驱逐犹太人，并将剩下的少数犹太人集中在巴格达。到60年代，伊拉克当局对犹太人的迫害更趋严重，焦泽弗昼思夜想设法逃到以色列去。但这时，他的儿子明尼尔·列德法已在伊拉克空军当了飞行大队长，并受重托驾驶米格—21。焦泽弗认为，倘若他能劝说自己的儿子把米格—21战机运到以色列去，那么，作为交换，以色列就会同意将他的全家送到国外，并用足够的经费保证他家庭的生活起码不会低于在巴格达的水平。就这样，当他的一位朋友要去欧洲办事时，他便请他顺便到以色列驻法大使馆去转达他的建议。此后，他就开始耐心等待，并坚信以色列人一定会有回音的。

迈索尔问焦泽弗要多少钱。

"50万英镑。"焦泽弗很爽快。

"好，一言为定，我马上向上级请示，您等候回答吧！"

两人分手后，迈索尔在巴格达开始秘密调查，调查结果证明，焦泽弗所述是可信的。于是，他给阿密特拍发了一份密电。

行动计划出炉

在以色列特拉维夫，阿密特为了给迈索尔的行动扫清障碍，他将以色列潜伏在伊拉克的间谍全部撤出，省得他们稍有不慎泄露了有关米格—21的机密。同时，让迈索尔以高级电疗设备公司的名义到巴格达，阿密特也是冒着

SR－71A 间谍飞机

SR－71A 间谍飞机是美国一种曾起过重要作用的间谍飞机，它可以飞至三万米的高空，速度可超过2000英里每小时，一小时可侦察15.5万平方公里的地域。1973年，美国派出一架 SR－71A 间谍飞机从佛罗里达州起飞，中间不停留，完成了飞越以色列上空的往返飞行。SR－71A 间谍飞机拍回的照片证实以色列有紧急使用核武器的能力。

极大风险的。他知道，倘若迈索尔之行败露，那么，这家高级电疗设备公司就得倒闭，摩萨德的掩护机构便会从此宣告崩溃。

现在，阿密特突然收到了巴格达的来电，他十分高兴。他和参谋长伊茨哈克·拉宾一起，向内阁会议如实汇报了情况，最后获得了批准。紧接着，阿密特便命令作战部长沙龙马上拟定这次行动的计划，越快越好。

3天之后，在阿密特的写字台上，摆放着一份绝密计划：

1号行动组，由迈索尔和一名报务员组成，仍然以兜揽生意为名潜伏巴格达。迈索尔所担负的任务，主要是搞好同焦泽弗的联络，如条件成熟的话，也可与焦泽弗的家庭进行接触。

2号行动组由4人组成，潜入巴格达暗中协助迈索尔。但迈索尔对这4个人却一个也不认识，不过，他可以与这4人联系，用递信的方式汇报和请示。实际上，2号行动组所肩负的任务，是在失败的情况下将迈索尔和报务员救出来，或者，如迈索尔万一因局势突变而叛变的话，那么，2号组便对他取而代之。

3号行动组有3人，其任务是监视，驻巴格达的期限是2到3个月，可以使用电子设备。

4号行动组由以色列军情局的6名间谍组成，任务是潜进库尔德斯坦，组织偷袭队将焦泽弗的家属运出伊拉克国界。

5号行动组住在伊朗的阿瓦士，参加焦泽弗家属的撤退工作。

摩萨德还以外交官的名义，往华盛顿和土耳其派了大批间谍，他们的任务是安排给飞机加油和着陆。要知道，从伊拉克到以色列的航线全是敌对国家的领空，米格—21无法着陆，况且，约旦还拥有能在空中截击米格—21的战斗机，这种特殊的危险是不能不事先考虑到的。此外，摩萨德更清楚的是，俄国人因怕米格—21被西方劫持，在训练时只往油箱装一半燃油，这样一来，从巴格达飞到以色列不加油是根本办不到的。

阿密特知道，美国的中央情报局和五角大楼也急于想搞到米格—21战机，于是他便给华盛顿中央情报局长打电话说，摩萨德可以搞到米格—21，但强烈要求美国给予帮助。美国方面欣然同意了。

一天晚上，美国驻巴格达大使馆的一位高级外交官，在约定地点秘密接见了焦泽弗和列德法，并向他们宣布："这架米格机不仅对以色列，而且对整个西方来说，其意义都是非常深远的。你们父子的壮举，将被奉为楷模。"

米格飞越地中海

在巴格达南郊的底格里斯河畔，东升的太阳映射着一片树林，有两个男人正在钓鱼，手中的钓竿随风摇曳着。他们是迈索尔和焦泽弗。

迈索尔小声说："以色列内阁已经批准了我们的计划，决定帮你偷运出境的不仅是你和你的妻子儿女，而且是你的整个家族。"

"好，那么，我决定先叫我的叔叔去瑞士，安排好房子，为全家人的前往做好准备。这样一来，就要求你们先拨款25万英镑。你认为如何?"焦泽弗提出了要求。

"可以，让你叔叔持我的明信片去提款就行。现在，最重要的问题是快些做好家属的工作，千万不要露出半点破绽，否则，我们的计划便会功败垂成。"

"不会的。现在的问题是，他们到底何时启程?"

"你和全体家属于1966年8月14日夜间启程，列德法于15日驾机飞往以色列。你快回家准备吧，对外一定要守口如瓶。"

库尔德游击队是与伊拉克当局作对的反政府武装，在族长班扎尼的率领下频繁出没于深山林海，他们的武器和装备都是摩萨德供应的。摩萨德作战部长沙龙交给班扎尼一个任务："8月14日晚上12点，你带人潜入巴格达，将焦泽弗全家悄悄运出来，然后将他们用直升机送到伊朗的阿瓦士。"

此后，班扎尼率领一支小分队混进巴格达，把焦泽弗家通往B区和A区的路线绘制成地图。

焦泽弗的叔叔以治病为名率先到达瑞士，购买了一处住宅，静候着全家的来临。

列德法有位朋友是医生，他开了一份诊断书："列德法的儿子患有疑难病，在伊拉克不能治疗，必须立即去伦敦，否则有生命危险。"就这样，列德法的妻子与孩子一起去了英国。

预定起事的一天即将来临，列德法的部分家属仍留在伊拉克，于是，他便向迈索尔提出了强烈要求，只有当他的家属全部撤离伊拉克之后，他才能驾机起飞。最后得到的答复是，列德法驾机起飞和运送家属的直升机在A区着陆，都在同一时刻进行。

8月14日晚上，班扎尼带人分乘两辆汽车到了巴格达，将焦泽弗全家运到了B区。紧接着，又将他们送到A区。30分钟后，载着焦泽弗全家的直升机徐徐腾空，向预定的伊朗飞去。

在米格—21的训练计划上，1966年8月15日凌晨，列德法必须从摩苏尔基地起飞到伊拉克北部。他按照计划驾机腾空而起，两分钟后又急速调头，打开备用发动机向土耳其飞去。一入国境，美国的鬼怪战机便出来领航，列德法在美国中央情报局的一个秘密机场着陆，加油之后，便经地中海向以色列飞去，从此，米格—21战斗机不再是苏联人手中的王牌了。

"开罗之眼" 透视导弹基地

沃尔夫冈·洛茨，这位以色列除了伊莱·科恩之外的王牌间谍潜伏在埃及几年来，数度出没于导弹基地，戒备森严的导弹基地在他看来如若无人之境，他为以色列情报部门送去了极有价值的情报，为此，以色列摩萨德局长梅厄·阿米特称他为"开罗之眼"。

养马养到了军事基地

1961 年 7 月 6 日，以色列第一枚火箭"沙维特 2 号"成功升空。既然是第一枚，为什么还要叫"沙维特 2 号"呢？原来，这是他们为了迷惑阿拉伯人的计策之一。当时，阿拉伯国家都是以色列的敌对国，尤其是埃及，从 1955 年 4 月起，埃及总统纳赛尔就源源不断地为巴勒斯坦人提供武器、金钱和其他所需的一切，埃及几乎成了巴勒斯坦游击队的训练基地和大后方。所以以色列这次发射火箭，一半是军事威慑，一半是故意迷惑。

但以色列人没能高兴多久，就被埃及人重击了一下：仅仅 1 年以后，即 1962 年 7 月 21 日，埃及就连续发射了 4 枚火箭！这一招埃及人的反击让以色列惊恐不已，对手能如此快地跟进并超越，而他们却一无所知，这种技术一旦运用到军事战场上，以色列必将遭到极严重的创伤。以色列情报部门立即指派沃尔夫冈·洛茨尽快搞清埃及的火箭计划。

洛茨 1921 年出生于德国小城曼海姆，父亲是一名戏剧导演，母亲是犹太裔演员。

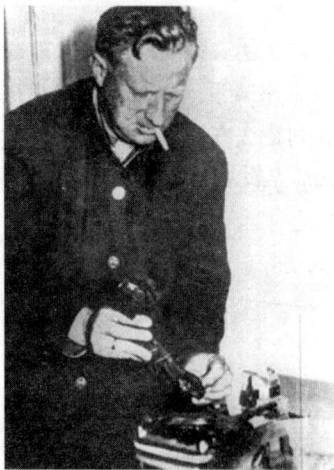

▲沃尔夫冈·洛茨

在父母的影响下，洛茨小时候就表现出极佳的表演能力，后来为了躲避纳粹政权对犹太人的迫害，他跟随母亲移居到巴勒斯坦，在一所农业学校学习了大量的养马知识。洛茨当时恐怕怎么也不会想到，一个喜欢表演的小小少年日后竟会从事间谍职业，而在农业学校里学到的养马知识也竟然会对他的间谍生涯产生至关重要的影响。二战爆发后，他进入了英国部队，在苏伊士运河战争中被晋升为少校旅长，在此期间，洛茨还熟练掌握了德语、希伯来语、阿拉伯语和英语 4 种语言。一个具备德国背景，擅长多种语言且有表演天赋的人才，以色列情报部门怎肯轻易放过？就这样，这位少校旅长很快就被以色列的情报部门收至麾下。

1961 年初，洛茨就已来到埃及的开罗潜伏下来。

这时，他已有了一份经过伪造的特殊履历：1921 年出生于德国曼海姆，毕业后参加了隆美尔的非洲军团第 115 师，在该师服役至第二次世界大战结束。战后在澳大利亚居住 11 年，成为一个擅于养马、育马，家财万贯的跑马场老板。后来由于思念故乡，他又在德国逗留了 1 年。之所以能来到开罗，是因为这位富有的跑马场老板想在尼罗河畔建立一个阿拉伯纯种马饲养基地和马术中心。

洛茨首先拜访的是格齐拉骑士俱乐部的名誉主席、亚历山大市警察局长尤素福将军，然后通过这位将军的帮助，洛茨仅用半年时间就以酒量惊人、挥金如土、精于养马的富豪印象彻底融入了埃及上层社会。当他返回欧洲时，在列车上又巧遇桃花运，与一位德裔美国女子瓦尔特劳德一见钟情，并迅速结了婚。

洛茨很明白，对最亲密的人隐瞒间谍身份几乎不可能，弄不好还会累及到她，相反，如果能取得妻子的支持，夫妻身份远远比一个单身汉更有利于隐蔽。所以，他从一开始就向瓦尔特劳德和盘托出了实情，而洛茨的这招棋也确实下对了！瓦尔特劳德不仅没给他的工作造成障碍，反而帮了大忙！

以色列情报部门授命洛茨调查埃及火箭计划，回到开罗的他立刻花费巨额钱财，为格齐拉骑士俱乐部购进了几匹阿拉伯纯种马，并聘请赫利奥波利斯马术中心的一位教练来训练。要知道，埃及的军队大多数都集中在赫利奥波利斯附近沙漠中的庞大基地里，摩托化部队每一次较大规模的行动都必须从这里出发，而赫利奥波利斯马术中心正好就在这个军事基地附近。

每天早晨，洛茨都会来到马术中心，手持高倍望远镜站在 5 米高的塔楼上，一站就是几个小时。看似他是在观察妻子在马背上的美丽身姿，实际上只要稍稍抬动一下望远镜，那个庞大军事基地里的一切活动就可尽收眼底。洛茨凭着间谍特有的敏锐观察力和军旅生涯的经验，一眼可以辨明基地车辆的类型，并且能判断出这是战术调动还是进行演习，是部队出来训练还是把军队的车辆开出来修理等等。他甚至还通过这只望远镜判断出了埃及装甲部队向西奈半岛的重要调动。洛茨把这些绝密情报在夜间偷偷发回了以色列。

在洛茨有意的安排下，骑士俱乐部的军官们与洛茨夫妇的关系越来越熟络，他们看到这位富豪对纯种马的兴趣有增无减，便与之闲聊起来，洛茨趁机大倒苦水："我还打算培养几个良种，可是至今还没有自己的马厩，不知道买下马以后该把它们放在什么地方，俱乐部的马厩已经塞满啦。""那您为什么不把它们放到我们阿巴希军营的马厩里来？"阿巴希骑兵军官阿勒维·加齐少校说，"这简直是个绝妙的主意！"洛茨沉住气，又故意抛出问题："好是好，可我就不能随时去看马了呀。"骑兵部队的指挥

希伯来语

希伯来语是犹太人的民族语言，是世界上最古老的语言之一。它属于中东闪含语系，没有元音字母，只有 22 个辅音字母，其文字从右往左书写。许多文学作品和文献是用这种语言创造出来的，今日则主要保留在《圣经》、《死海古卷》和大量犹太教法典及文献之中。以色列建国后将"希伯来语"定为官方语言之一。

官、障碍赛马队队长奥马尔·哈达里上校大笑起来："真是个典型的德国人！您和您夫人有照片吗？拿来我让他们给你俩办个通行证不就行了？这样你们可以随时进出军营。"

真是没想到，绝密军事基地竟然如此轻易地被打通！洛茨大喜过望，此后他们夫妇二人在军方带领下几乎参观遍了每个角落，常人难以进入的军事基地对他们再无秘密可言，一份份绝密情报也自此不停地发回以色列。1963 年，当梅厄·阿米特调任摩萨德局长后，这位大量获取高质量情报的优秀特工也由阿穆恩转归摩萨德旗下，并被梅厄·阿米特赞为"开罗之眼"。

装作懵懂无知获取情报

洛茨搜集情报的重要渠道之一就是不定期举行酒会，老牌纳粹、排犹分子冯·雷斯就是在这种场合下认识的。冯·雷斯年事已高，是个过气的法西斯老党徒，被上峰搁置在埃及徒劳地打发日子。在瓦尔特劳德看来，这样的人用处并不大，可丈夫洛茨并不这样认为，他的兴趣不在于听冯·雷斯没完没了地唠叨曾经的过往，而在于通过这个老家伙认识一些德国的导弹专家。他对妻子说："要知道，监视在埃及的德国专家的工作，与搜集有关飞机及导弹生产情况的准确情报是同样重要的。我们的情报搜集范围应该是广泛的，无论是军事情报还是关于幕后的政治新闻，都非常重要。"

洛茨的迂回战术很奏效，夫妇二人很快认识了不少来自德国的飞机和导弹研制专家。这时候，他们买下了尼罗河三角洲的一处牧场，这处牧场与埃及的一个火箭试验场距离很近，试验场里经常发射火箭，洛茨每每经过周密观察后，就记下火箭发射的准确时间和次数，再连夜发回以色列。

当然，这个秘密除了他和妻子谁也不知道。夫妇二人在牧场里修建了马厩、围栏、跑马场和一条赛马跑道，成为吸引德国专家们的首要聚集地，他们常常在休息日来到这里，说是练习马术，更多的时候都在畅所欲言，有意无意中总能泄露很多情报。用洛茨的话说："就好像是埃及的参谋部和技术人员找不到其他地方来讨论这些问题似的。"

在这些人面前，洛茨装得一无所知，洛茨给这帮家伙的印象是，他连飞机发动机和咖啡粉碎机也分不清，所以他们丝毫没将这个懵懂无知的养马富豪视为危险人物，反而是洛茨越没兴趣，他们就越要坚持向他介绍这方面的专业技术。洛茨当然乐得顺水推舟，索性"成全"了他们的好意。就这样，在短短 6 个月里，他就参观了连同试验场地在内的两个导弹发射井，听了有关两个飞机工厂的详细情况，了解到在军备工业部门工作的几乎所有德国专家的详细人事安排，以及有关红海的军舰情况，另外还获悉了关于西奈半岛上全体部队和物资的运输情况，再加上其他相关政治、经济情报等等。毫无疑问，这些绝密信息都无一例外地被传送给了以色列。

查明楚沙卢发导弹基地

1964 年夏季，洛茨接收到一纸电令，需要他立即查明楚沙卢发导弹基地的军情。

据以色列军方总部说，虽然他们已从空中拍摄到该基地的地理位置，但不排除基地里停靠着的可能是用来蒙蔽以色列人的导弹模型，所以总部要求洛茨尽快发回准确情报。

楚沙卢发导弹基地位于苏伊士与伊斯梅利亚之间，由于时间紧急，洛茨决定和妻子开车一块前往。10分钟以后，他们打扮成一对出外钓鱼的游客，从赫利奥波利斯直驶苏伊士。快到目的地时，洛茨将车交由妻子继续驶向伊斯梅利亚方向，自己则打开地图仔细察看着沿路一带。

很快，洛茨找到了目标，这是一个加设岗亭的岔路口，只有一名懒散士兵在站岗，他根本不在意眼前经过的车辆。洛茨指挥妻子从一个拐角处，装作迷路的样子跌跌撞撞直冲过去，连绵卷起的尘土四散吹过，那名士兵哇哇乱叫着追了过来。洛茨根本不作理会，小车像醉酒的汉子继续颠簸着向沙漠深处驶去。

一辆满载士兵的吉普车迎头路过，吉普车开过之后又调转车头追了上来。"太好了，亲爱的，快！往沙漠里开！最好能陷进去！"瓦尔特劳德一时反应不过来，但她没犹豫，继续驾驶着小车向前开去。"呼嘀！"就在吉普车距离不远时，他们的小车一下窜进了沙地里。"打到一档！加油门！猛加油门！让车轮转起来！"洛茨低声命令道，继而，他猛地跳出车门，对着妻子大吼大叫起来："你这个臭婆娘，看看都干了些什么？噢，天啊！我可怜的汽车！"

吉普车上的士兵显然给弄懵了，看着洛茨还在挥舞着手臂，声嘶力竭地叫嚷着，他们不耐烦了，开始用阿拉伯语查问起来，洛茨装着不懂阿拉伯语，用英语哇哇叫着，还从后备箱里拿着小铲子接连比划着，要士兵们帮他弄出汽车。一位上尉下车后，用英语对他们进行讯问，洛茨说他们是德国游客，准备去红海游泳，不小心在车上打盹，结果愚蠢的妻子将车稀里糊涂地开到了沙漠里。上尉检查了他们的护照，又将轿车仔细地搜查了一遍，不容置疑地将他们带去了兵营。

这下洛茨可高兴了，当吉普车载着夫妇二人经过一处山坡时，映入眼帘的全是排列整齐的导弹发射架、弹药仓库和行政大楼。接下来他们受到了基地司令的盘问，基地司令怀疑眼前这两位外国游客是混进基地的间谍，洛茨聪明地抬出了老朋友："这太荒唐了！我在贵国并非一个无名之辈。您为什么不给警察局的尤素福·古拉卜将军打个电话问问？他是我的好朋友，可以为我担保。您认识他吗？"基地司令沉默片刻后道："我知道他是谁，不过他并不拥有直接命令我的权力。对安全机关来说，他的话也许会有一定分量。""安全机关？好，这是安全机关福阿德·奥斯曼将军的电话号码，我可以给他打个电话吗？或是由您来拨这个电话？"洛茨拿出了电话本，毫不客气地回敬道。

基地司令打过电话之后，接下来的态度就来了180度大转变，不仅将夫妇俩闯入基地的责任全部归于岗亭哨兵，而且还主动邀请他们参观基地设施。从楚沙卢发导弹基地返回之后，一份关于此处的详细军情密报就飞回了以色列总部。"开罗之眼"又一次不负使命，出色地完成了任务。

作为一个优秀间谍，洛茨的高明之处在于他从未露出过马脚，在埃及潜伏的几年里，与他交往的权贵政要们也无人发现他的蛛丝马迹，洛茨的最终暴露来自于一次埃及安全机关的监测，他发报时被埃及安全机关测出了发报位置，才最终暴露。就算到这时，洛茨仍没吐露自己的真实身份，他一口咬定自己是为了金钱才替以色列搜集情报。1965 年 8 月，这个为以色列效命的间谍特工被判处终身苦役，妻子瓦尔特劳德也被判处了 3 年苦役。

但两年之后，这对夫妇的命运再次出现转折：第三次中东战争即将结束时，以色列与埃及两国政府达成了一项秘密协议：以色列当局用包括 9 名将军在内的 5000 名埃及战俘交换包括洛茨夫妇在内的 10 名以色列人！于是，1968 年春，这对间谍夫妇终于重获自由，他们随后在以色列的特拉维夫定居，安静、幸福地度过了后半生。

窃取 200 吨铀矿的 "桔红蝙蝠" 行动

拥有核武器一直以来是以色列政府的梦想，为此，他们付出了许多努力。缺少制造核武器的铀矿是他们最大的障碍。另外，富铀的制造和销售受到世界核武器俱乐部的严格控制也加重了他们的忧患，他们的核武器梦似乎遥不可及。就在以色列政府的头头们为此深感绝望的时候，出生于丹麦犹太人家庭的阿尔伯利奇迹般地解决了这个令以色列政府头痛的问题。

渗透入铀矿公司

1965 年，以色列政府决定发展核武器。一旦以色列的国土安全受到阿拉伯国家入侵的威胁，即能投入使用。如果以色列面临战败的情景时，核武器就可用来作为战胜敌人的战略性王牌。另外这个核武库还可用来遏制埃及和叙利亚这两个以色列的主要敌人。以色列人认为只要以色列成功地发展和建成自己的核武库，则这个消息将会被世界所传播，并让人们相信只要阿拉伯国家想建立核武库，以色列将毫不犹豫地使用核武器来加以制止。

但发展这样的武器面临着难以想象的障碍。最主要的是以色列必须搞到足够的二氧化铀矿石，这是核研究和发展计划的基本要素。而这正是以色列所缺乏的，而且还没有任何可能加以解决。

问题是富铀的制造和销售受到世界核武器俱乐部的严格控制。这种材料只能小宗交易，而且还要在最严密的监督之下进行，确定的程序用于保证绝不会有核武器俱乐部之外的国家能得到足够的铀来发展和制造核武器。美国官方的态度非常坚决，他们绝对不允许核武器进入中东火药桶。

受命为以色列原子弹搜寻原材料的摩萨德的一切企图均遭到了失败。最终他们中一位经验丰富的老手丹恩·阿尔伯利想出了一个主意。出生于丹麦犹太人家庭的阿尔伯利以丹麦商人的身份作掩护已有多年了，与欧洲商业界有着广泛的联系。阿尔伯利清醒地认识到无论如何摩萨德必须渗透进某个开采和处理铀矿的公司，然后将它的产品运往以色列。然而由于对铀产品有严格的控制，这个任务似乎无法完成。

摩萨德

摩萨德全称为以色列情报和特殊使命局，由以色列军方于 1948 年建立，与美国中央情报局、苏联内务委员会（克格勃）一起，并称为"世界三大情报组织"。自从成立以来，摩萨德进行了多次让世界震动的成功行动。它已经成为世界情报史上的传奇。

阿尔伯利在研究了与铀相关的欧洲化学公司之后（大部分铀都是用于核电厂的），他选中了一个称为阿斯马拉·切米依的小型德国公司。阿尔伯利了解到阿斯马拉的合伙人之一赫尔伯特·舒尔茨在第二次世界大战时是空军驾驶员，他经常为他本人在"二战"期间所扮演的小小角色而感到内疚，因为他认为他的国家应为几百万犹太人的被杀负责。

利用舒尔茨的负罪感

阿尔伯利设法与舒尔茨建立起了密切的关系，他声称本人是以色列政府的采买人员，负责为各种以色列机构安排与西方公司的购货合同。阿尔伯利的行动非常谨慎：他寻找机会并得知阿斯马拉与以色列军方签订了制造化学净化装置的合同。舒尔茨也注意到了以色列付给阿斯马拉超出一般价格的金钱。由于能协助他极为同情的人，又能得到较大的利益，舒尔茨成了阿尔伯利的亲密朋友。经多次的长谈后，阿尔伯利开始利用舒尔茨对在霍罗卡斯特发生的事的负罪感，他告诉舒尔茨他的一些家人在奥斯威辛被煤气毒死，幸免的几个在以色列找到了避难所。阿尔伯利说他知道以色列有许多敌人，所以新霍罗卡斯特对以色列人来说随时都可能出现。他还说现在很少有人与以色列做生意。让德国人与犹太人做买卖一定会给这个充满危险的世界带来希望。

舒尔茨有些心动，他表示了理解和同情。阿尔伯利邀请他访问以色列，舒尔茨慨然应邀。以色列商人（实际上都是摩萨德安排的）不断地宴请他，并告诉他人人都有亲属被纳粹杀害。以色列人说甚至到现在都已过去二十多年了，那个几乎毁了他们的威胁仍然存在。他们告知舒尔茨阿拉伯童子军和大部分国家的敌意使以色列人的生活变得异常的艰难。他们还说最令人头痛的问题是得不到足以拯救以色列人的基本物资。谈话到此没有深入下去，他们适可而止，但舒尔茨的同情心被唤醒了。

在他返回德国后，诱惑舒尔茨的下一步骤开始了。他们向舒尔茨出示了足以让他的小公司变成大企业的以色列订货合同。阿尔伯利认为时机已经来临，他进行了最后的冒险：他要求舒尔茨帮助以色列人搞到200吨二氧化铀矿石。阿尔伯利声称他的国家需要这么多的铀矿石是完成核反应试验，是设在内盖夫的迪蒙纳研究中心要求的（他没有提及在迪蒙纳建造了3层楼房高的秘密地下设施用以发展核武器）。

舒尔茨同意给予协助。1968年3月他的公司与比利时矿务商行订购了铀矿石。阿斯马拉受到了矿务商行和国际原子能机构的详细调查。一切都没有问题：阿斯马拉好像正当地急需大量的铀矿石，经过全新的石化处理后制造肥皂。这是个合法且欣欣向荣的企业；阿斯马拉的经济实力雄厚，在瑞士银行中就有超过五百万美元的存款。

实际上阿斯马拉根本不想生产肥皂，而且在瑞士的数百万美元也是摩萨德秘密存入的，摩萨德还为阿斯马拉公司作了详细的计划，让它向监督员报告这些铀矿将如何处理。由于欧洲对陆路运输核材料的限制极为严格，阿斯马拉计划在安特卫普将这些放射性矿物装船后运往目的地意大利的米兰，最终运往阿斯马拉的工厂。

监督员不了解的是那个意大利公司根本不知道任何有关铀的事情。在摩萨德的鼓动下舒尔茨与一个老朋友进行了联系，要求以设在米兰的公司名义逃避令人厌烦的繁琐手续，包括海关的检查。因为舒尔茨平日享有清白的声誉，那位朋友答应了他的要求。监督员认可了这个交易。

"桔红蝙蝠"行动取得成功

一切所需的文件全部齐全了，摩萨德在瑞士弄了一个伪造的海运公司，在利比里亚将公司注册，从西德船商处买了一艘排水量为 2260 吨的长满铁锈的货船，船名为"舍尔伯格 A"。

1968 年 11 月该艘船雇佣了船员，然后启航开往安特卫普开始装载矿物。将几百吨钢制桶装船的工人不解地注意到每一只桶上都有"桔红蝙蝠"字样的蜡封。船员们同样也感到不解，但很快事件变得更古怪了。

认为他们将前往米兰卸货的船员们按惯例沿西欧海岸航行。但 24 小时后，货船突然改变了航向并停泊在西德的汉堡港。船员们被告知船已卖给了新的买主，将换一批新的船员。船长对船员们的努力表示感谢，并根据合同支付了大量的金钱，大家都感到满意。

1968 年 11 月 17 日，"舍尔伯格 A"离开了汉堡，并通知海港当局将驶往意大利港口热那亚。热那亚港务当局极尽职守地期待该船能在几天内到达。热那亚白等了，"舍尔伯格 A"根本没有出现。事实上该艘船未在任何地方出现。它好像在稀薄的大气中消失了。

刚开始，当局认为该船已经沉没，但沿着驶往热那亚的航线上无人报告沉船的消息。奇怪的是船的拥有者也没有报告该船推迟到达或失踪，也没有失踪船员的家属寻找他们的消息。

当欧洲有关当局试图寻找"舍尔伯格 A"时，它突然在失踪 15 天后出现在土耳其海港伊斯肯德伦。奇怪的是船长和船员都与几周前在西德时的完全不同。并不知道这艘在欧洲被认定为失踪船的土耳其港务部门接受了船长所说的故事，声称他们是从那不勒斯起锚的，希望能得到足够的补给，几小时后就将返回意大利。由于该船未卸下任何货物，并在水中高高漂起，这证明也没有装什么货物，所以土耳其人没有进行例行的检查。船员们仔细地检查了装上船的补给。当他们对一切都满意后土耳其人允许"舍尔伯格 A"继续它的航程。

这艘神秘的轮船再次出现是几周后在西西里的巴勒莫港，在那里新船长和船员离开船只全部消失了。船主又雇佣了一批新船员，"舍尔伯格 A"又驶回安特卫普。它到达后受到了全面的调查，港务当局确信船上没有装载任何货物。核监督员感到震惊：那 200 吨铀矿到底弄到哪儿去了呢？

舒尔茨声称毫无所知，他只是安排了将矿物装船运往意大利的处理厂。但工厂的官员说根本不知道任何有关铀矿的事。船主也许会知道一些，可他已经失踪了，只在瑞典留下一个空空如也的办公室，那里一点线索也找不到。

"舍尔伯格 A"和它装载的货物的下落蒙上了一层秘密的面纱，显然铀矿已被偷走了。到底是谁干的没人知道，但核监督员可无法向全世界交代足以制造 10 枚原子弹的铀矿已避开他们的严密控制不见了，而防止这样的事件发生正是建立这个严密控制系统的目的。

原来就在"舍尔伯格A"于1968年11月17日离开汉堡几天后，在塞浦路斯附近的地中海上与一队以色列小型船队会合。铀矿全部卸下后，"舍尔伯格A"驶往土耳其。

这批铀矿石使以色列得以在5年后完成了原子弹的研制。进而以色列令人难以置信地建成了自己的核武库，尽管规模不大。

无论如何"桔红蝙蝠"行动在建立核威慑的过程中扮演了主要角色这一点是不容置疑的。甚至对一些以实行惊人之举而闻名的间谍机关来说，摩萨德窃取铀矿的行动也是不可思议的。

劫持"瑟斯别格"号

以色列情报机关"摩萨德"获得消息，法国驻印度首都新德里的间谍头目奥弗基尔将军，为印度从巴黎私买了一批铀，准备从安特卫普港装入"瑟斯别格"号货轮运抵印度。

铀！是以色列梦寐以求的东西，得到它，以色列就可以顺利开展自己的核研究。因此，摩萨德决定尽全力将这批铀弄到以色列。

潜伏在巴黎的"摩萨德"间谍乌里迈受命负责将"瑟斯别格"号货轮劫持到以色列。一场惊心动魄的激战便拉开了序幕。

从集装箱脱困

在"瑟斯别格"货轮二号舱的一个集装箱里，潜藏着4名以色列间谍，在静等另外两个人来同他们联络。忽然，他们听到头顶的金属板上传来了时断时续的脚步声。据判断这是两个人。按"摩萨德"计划，当"瑟斯别格"号货轮起航第一夜的凌晨两点钟，将有两名冒充摩洛哥水手的"摩萨德"间谍前来打开他们藏身的集装箱，联络暗号是敲3下箱壁。对此他们4人早已牢记在心。不过从时间看，现在只是前半夜，他们的行动怎么会提前呢？

加季·乌里迈是4人之首，他将耳朵紧贴到箱壁上，听着外面的动静。上面的脚步声响了一阵就停止了，过了许久，再也没有发出联络暗号。事实证明，箱顶上走动的两个人，不是来和他们接头的。郭德迈暗自佩服乌里迈超人的警觉，也为自己的鲁莽而懊悔。过了一会儿，上面的两个人又开始用阿拉伯语说话了，但声音还是压得低低的。从谈话听出他们是阿拉伯人。

隔了一会儿，上面两个人说话的声音逐渐提高，话语中流露出焦躁和愤懑，似乎是因没有找到什么在发火。牢骚过后，他们又轮流用铁锤"叮叮当当"地敲打着每个箱子。事情进一步证实，那两个人肯定不是自己人。看来情况有变，"摩萨德"的原计划已被破坏，上面那两人很可能在冒充他们的联络员。

乌里迈4人已经完全处于孤立无援的境地，他们被封闭在一个严严实实的铁箱里。乌里迈坐在箱角边，苦苦思索。突然他把其他3人召集过来说："请大家注意！上面那两个人根本不会知道我们的事，他们是在寻找别的货物。'摩萨德'派来要同我们联络的那两个人，说不定没能赶上这艘船。如果事情完全与料想的一样，劫船任务就全靠我们4个人了。现在的当务之急是钻出铁箱，否则我们会闷死在这里。"

按夜光表的时间推算，该是白天了。他们决定尽快打开集装箱。郭德迈是个机械工程师，他从工具箱里取出切割工具，认真地查看起集装箱的四壁，最后，他决定从西边切开一个出口。郭德迈右手拿着切割器，左手掀动开关。切割工作进展得十分缓慢。19日晚6点半，郭德迈终于烧开一个能让人爬出去的洞口。当他们确信外面无人时，便一个跟着一个地爬了出去。此时，他们才看清，他们藏身的那个集装箱是放在船舱的最上端，紧靠着船舷的。他们在成排的集装箱上面匍匐前进，很快接近了舱口。接着他们分散开来。乌里迈藏在左舷的两个箱子之间，只露出头观察甲板上的动静。他看清了舱口及其旁边的一架梯子。

郭德迈和翟耶夫隐藏在2号舱的中心，他们把各自的消音手枪装满了子弹。受过专门射击训练的安肯姆隐藏在货舱对面的一个死角里，他的枪法非常好。这时"瑟斯别格"号货轮已行驶到比斯开湾中部。当地11月的夜晚是非常寒冷的，海风刮得很厉害，值班员绝对不会到舱里来检查。乌里迈再次检查了武器，加固枪上的消音器，活动一下枪机，随后将枪放在面前的箱子上，静候时机到来。晚上10点25分，他们听到头顶的甲板上有刮刀的响声，接着舱门缓缓打开。月光倾泻在船舱里，形成了一道同舱口一样粗细的光柱。接着，上面的台阶又传来了轻轻的脚步声。第一个阿拉伯人谨慎地一步一步进入货舱，站到靠近梯子的一个箱子上。后下来的这个人身体肥胖，他刚走下第一个台阶，便用双手将舱盖放下，刹那间，月光消失了，船舱又沉浸在黑暗之中。先下来的那个人打开手电筒，对后边的胖子说："今夜可得把货找到，否则就没有机会了。"他正要继续往下讲，随着一声暗哑的枪响便应声倒地了。又一声枪响，胖子也应声倒地。乌里迈叫同伙把尸体藏好后，下达了强占驾驶台的命令。比斯开湾的夺船之战，就这样开始了。

驶向以色列海域

"瑟斯别格"号货轮的船长别罗乌此时正在驾驶台值班，乌里迈一伙击毙两个阿拉伯人的枪声引起了他的警觉，即同当水手的值班舵工一起到甲板上察看，没有发现什么意外。他们熄灭手灯，又回到驾驶台继续工作起来，直到凌晨3点，接班的才换他们回去休息。

20日凌晨4点40分，甲板上静悄悄的。乌里迈四人偷偷从船舱爬出，顺梯子下来，慢慢朝驾驶台靠近。

接班不久的大副巴尔尼站在驾驶台右面的栏杆边，他眼角的余光无意中发现站在自己身边的乌里迈，他还以为是值班的舵工。突然，他的后背不知被什么硬东西顶了一下，他本能地转过身子，一只乌黑的枪口正对着他的胸膛。

乌里迈让巴尔尼马上打电话给船长，让其到驾驶台来。

巴尔尼无奈地答应了。船长别罗乌很快来到驾驶台，在驾驶台他发现了有几个黑洞洞的枪口对准了他。

"船长先生，从现在起我指挥这条船，你不必害怕，我们决不伤害你和你的下属。但你必须听从命令，懂吗？"乌里迈说道。

别罗乌连连点头。

"改变航向，到以色列海法港去！"乌里迈向别罗乌发出命令。同时，还要他一定设法躲开北大西洋公约组织的侦察机，否则，就炸沉这条船。

"请放心，我一切照办！"在乌里迈的枪口面前，别罗乌战战兢兢地说。

天空逐渐变成了浅蓝色，遥远的天际出现了一道红霞，血红的太阳艰难地爬出海面，并缓慢升起。"瑟斯别格"号货轮宛如一头受制的巨兽，被驱赶着朝以色列的海法港驶去……

萨拉赫获取大量以色列情报

萨拉赫 1954 年出生于西奈半岛以色列占领区，埃及国籍。1968 年被发展为埃及间谍。萨拉赫乔装成"卖蛋少年"出入于苏伊士运河岸边的以色列军营，获取了大量军事机密。他还成功地把七个微型窃听器安放在以色列军营内，致使大量的军营秘密被埃及情报机关获取。

在地雷区放牧的少年

1973 年，埃及和以色列的对抗越来越激烈，战争已经到了一触即发的局势。双方都加强了防备。

一天，一个少年赶着两只山羊到石膏开采场的一个阵地附近放牧。"石膏开采场"是一个战斗阵地的名称，这个阵地的长官叫贾法尔·达尔维什，他跟那个少年是好朋友，所以虽然目前局势很紧张，还是允许那个少年在附近放牧。

这个阵地的官兵几乎都认识那个少年。他是阿拉伯人，今年才 15 岁，身材瘦小，浓黑头发，两眼暗淡无光，显得呆傻迟钝。虽然他貌不惊人，但特别擅于和以色列士兵搞好关系，军官们也很喜欢他。他为他们提供鲜鸡蛋，经常出入军营。他们叫他萨拉赫，他的全名是萨拉赫·哈姆丹·穆斯林。

今天萨拉赫放羊的地方可有点特殊，因为在不远处就布满了地雷。平时那里是禁止放牧的，因而牧草格外茂盛。萨拉赫赶着两只山羊信步走着，后来他停下来，让羊儿自由自在地吃草。

突然一个士兵喊道：

"萨拉赫，把你的山羊赶回来，前面有……"

说到这里他下意识地停住了。

萨拉赫似乎这才发现山羊已经走远了。他吆喝一声，谁知山羊不但没回头，反而走得更快了。

就听"轰隆"一声，一只山羊踩上了地雷，炸得血肉横飞。萨拉赫伤心地闭上了眼。另外一只山羊被气浪掀翻在地上，也踏响了一个地雷，又是"轰隆"一声……

那天晚上，萨拉赫来到苏伊士运河边的一堆石头旁。在那里，他把白天放羊踩到地雷的情况告诉了一个高大的男人。

这个人是埃及情报局的军官，他是来与萨拉赫接头并安排他撤过苏伊士运河的。萨拉赫这次立了大功，那位军官十分高兴，不停地夸奖他。

原来，埃及打算对以色列发动突然袭击。在萨拉赫和其他间谍的努力下，以色列方苏伊士运河沿岸的阵地的情况基本上弄清楚了。可是埃及指挥机关怀疑石膏开采场阵地埋有大量地雷。有人建议用飞机侦察一下，但指挥部否决了这个建议，因为这样容易引起敌人对不停地飞来飞去的侦察机的怀疑，收不到奇袭的效果。最后还是埃及情报机关动用了萨拉赫才解决这个问题。

萨拉赫是在 1967 年底被埃及情报机关发展为间谍的。

巧妙安放窃听器

经过长时间的观察，萨拉赫了解到许多重要的情报。他的间谍技巧在锻炼中也日益纯熟起来。许多埃及成年间谍挖空心思想要获取的情报，这个少年间谍却轻而易举地得到了。

萨拉赫侦察到以色列军方在苏伊士运河沿岸的四个重炮阵地、坦克集结地和周围地雷区的情报。令人吃惊的是，他甚至详细地了解到了以色列军发电设备存放地点和凝固汽油储备库。

每次，萨拉赫都平静地和前来接头的情报人员述说这些情报，似乎这些情报很平常，而接头的人却高兴得要跳起来。

渐渐地，萨拉赫摸清了以色列部队军官们的住处和士兵宿舍、夜间警卫和巡逻队的活动规律。他还了解到装甲部队集结地点及调动情况，萨拉赫把这些都详细地告诉了前来接头的情报人员。

就这样，萨拉赫为那些以色列人提供鲜鸡蛋，"换取"那些极为重要的情报。

埃及情报局交给萨拉赫一个不仅十分重要，完成起来难度也很大的任务，可以说是对萨拉赫的一次重大考验。

前来接头的人交给萨拉赫七个微小的窃听器。这些窃听器都带有小块的磁铁，可以吸附在任何铁器上，萨拉赫奉命必须把这些窃听器安放到以色列军营不易为人察觉的地方，而且要放在比较重要的营房里。

萨拉赫满怀信心地接受了这一任务。

萨拉赫对军营太熟悉了，他轻而易举地把六个窃听器安放到了极为秘密的地方，没有一个人发现他。

萨拉赫苦心思索着该把第七个窃听器安放到什么地方。他认为那六个都安放在军官们的住处，这一个该安放在士兵宿舍了。可是士兵宿舍总是有很多人，总是找不到适当的机会。萨拉赫只好耐心地等待着。

这一天，萨拉赫瞅准了一个机会，钻到一个士兵的床底下。此时屋中空无一人，萨拉赫几乎听得见自己的心跳。他寻找了好一会儿，终于找到一个适当的地方把第七个窃听器安放好。萨拉赫舒了一口长气。

中东十月战争爆发以后，埃及情报机关启动了这些窃听器，以色列的军官和士兵们的话语清楚地传了过来。埃及情报机关设立了一个专门的办公室来"倾听"这些话语。

他们听到当埃及军队发动突然袭击时，以色列的官兵惊慌失措，不知如何办才好。那些军官们胡乱发号施令，士兵们到处乱跑，没有人肯听命令。他们立刻把这些情况报告给前方的指挥官。指挥官根据这些情况布置了强大的心理攻势，使得许多以色列士兵投降了过来。有一个营房的官兵只会说西班牙语，既听不懂英语也听不懂阿拉伯语。"倾听者"们立刻报告了这一情况。前方指挥部于是命令用西班牙语喊话，最后这个营房全体投降了。

在"倾听者"们的配合下，前方战事进展顺利，加快了胜利的进程。而追根溯源，立下最大功劳的是萨拉赫·哈姆丹。

萨拉赫是埃及年龄最小的间谍，也是极为优秀并为埃及情报机构立下汗马功劳的间谍。由于他卓有成效的工作，埃及情报机构对他极为重视。

达罗比赫5人间谍网的行动

达罗比赫出生于法国。父亲是埃及人，母亲是法国人，他父亲去世后，随母亲到了开罗获得一笔遗产，并与埃及情报局建立了联系。后受埃及情报局指派，以法国富商的身份到以色列特拉维夫市建立情报网，先后发展了5名间谍成员，获取了大量有关以色列军事技术方面的情报，为第三次中东战争埃及初战获胜立下了汗马功劳。

刺探飞机工业情报

艾米勒·达罗比赫的母亲是法国人，父亲是埃及人。达罗比赫在开罗居住期间被埃及情报机关发展为间谍，为埃及情报机关服务。

1968年5月，达罗比赫以一个法国富商的身份来到以色列第二大城市特拉维夫。他一到一到特拉维夫，便询问进出口公司办事处、加工和出售钻石的公司、从死海中提炼钾的公司、盐商中心等机构的地址。

达罗比赫在特拉维夫最出名的"罗劳酒家"附近租了一套豪华的住宅，并租用了一辆新式的轿车。很快，达罗比赫就成了特拉维夫的著名人物。他经常出席各种宴会，成为座上宾。在他周围总是聚集着一批商人、经理、经纪人和中间商。

在商界站稳脚跟后，达罗比赫开始着手建立他的间谍情报网，他捕获到的第一个猎物是

> **中东战争**
>
> 中东战争也称阿以战争、以阿战争，是指以色列与埃及、叙利亚等周围阿拉伯国家所进行的5次大规模战争，第一次中东战争发生在1948年，第二次中东战争发生在1956年，第三次中东战争发生在1967年，第四次中东战争发生在1973年，第五次中东战争发生在1982年。五次中东战争，双方各有胜负，造成的人员和财产损失不计其数。

一个名叫玛吉·芭珊斯的年轻漂亮姑娘，她在以色列最大的"贝迪克"飞机制造厂工作。出手大方的达罗比赫很快和年轻漂亮的玛吉成为如胶似漆的情人。

一个假日的清晨，达罗比赫陪同玛吉去海滩。期间达罗比赫点燃了一支香烟，看上去好像有点心事。玛吉见状忙问："亲爱的，你在想什么？可以告诉我吗？"达罗比赫立即抓住这个机会——这个聪明的间谍设计好的机会。他告诉她，他的一些买卖赔本了。姑娘一听，立即焦急起来，她侧身凑近情人的身旁，轻声问："是不是我招来了晦气，让你的买卖受了影响？"达罗比赫苦笑了一下，摇了摇头，然后低声地向她讲起自己的打算："在这个世界上，没有比军火贸易更能赚钱的了。如果我能同以色列政府达成一项购买武器的协议，那么，我们手中的钱，就会多得像奔腾的小河一般。但是，要签订这样的合同必须通过可信赖的中间商并支付一大笔钱。而实现这个目标的首要任务是先设法了解他们缺什么东西，然后我们再提出诱人的方案。玛吉，你肯定能帮

助我，对不对亲爱的?"

达罗比赫继而提出如果知道了以色列飞机工业所面临的困难，那他就能够提出适当的贸易方案。玛吉爽快地答应达罗比赫："亲爱的，只要我能做到，我会尽力去帮助你的。"

在达罗比赫的指导下，玛吉利用安装在手提包上的照相机为开罗的埃及情报局提供了以色列飞机工业最关键的表格、清单、图纸和生产等情报。通过这份情报，埃及军情部门了解到以色列飞机工业发展的现状、前景和遇到的困难。

卓有成效的 5 人间谍网

一段时间后，达罗比赫向埃及情报局送去了一份报告，要求准许他为他的情报网发展一名新成员。他挑选的这个新成员是以色列国防部一名预备役上尉，名叫达纳·艾弗拉姆。达罗比赫在报告中写道："此人已婚，妻子是波兰人，名叫米拉希朗。但由于他们在夫妻生活中不太美满，因此两人缺乏感情。他同玛吉的女友迪布拉·玛兹尔过往密切。"报告中还说："他是一个运气不佳的赌徒，总是不断地输钱，因此负债累累。他不满以色列的一切。他参加过 1956 年苏伊士运河战争，在埃及战斗机突袭米特拉山口时，左腿中弹负伤，造成局部瘫痪。但他并未因此获得任何勋章或奖金。1957年 2 月，他复员到民事部门工作。被安排在海法的以色列技术学院当临时工。他提出抗议和上诉后，才被任命为拉纳比军营射击教练。"

开罗的答复还未收到之前，达罗比赫又打了第二个报告，要求同时发展达纳的情人迪布拉。开罗 12 月中旬批准了这两个报告。间谍网建立起来以后，内部进行了分工，规定了严格的纪律。他们除搜集重大政治动向和军事情报外，还了解以色列妇女组织情况，反政府犹太人的活动，以色列经济困难和人民对物价上涨的不满等情况，由达罗比赫分类整理，及时向上级写报告。

1969 年 2 月，达纳物色了以色列国防军的两名军士，建议发展他们参加间谍网。其中一个名叫奥迪·贝达拉松，在海军服役，另一个名叫伊斯蒂拉·塔莉米，是个女兵，在拉农·尼尔扎妇女监狱中工作。埃及情报局很快批准发展奥迪入伙，但不同意发展伊斯蒂拉。这样，这个间谍网就有 5 名成员了。

在达罗比赫的策划和指挥下，间谍网获得了一份以色列青年组织进行军训的详细计划，提供给埃及情报局。埃及情报局认为这一情报极具实用价值，对这个间谍网进行了嘉奖，并给他们准备了一架无线电收发报机。经过短期的训练之后，收发报的任务交给了迪拉布。密码很复杂，但十分安全，很难被破译。迪布拉每星期一、三、六与开罗联络的呼叫代号是"134"，而在其他时间里，使用"431"。开罗的呼叫代号则与此截然相反。

为了保证密码和发报机的安全，达罗比赫对此作了严格的规定，他不允许迪布拉在同一地点连续发两次报，每次决定发出的电文都用极简练的语句构成，此后交给迪布拉，让她在远离发报的地点译成密码。电文发出后，发报机立即转移。由于达罗比赫十分清楚无线电收发报机和报务员的重要性和危险性，所以他经常向迪布拉讲解以色列反间谍机构可能已经觉察出一个陌生电台的出现，并开始采取措施，跟踪她所发出的无线电讯号。现在已经有一种仪器，可以根据无线电波迅速查出发报机的位置。因此，迪布拉必须赶在敌人行动之前，将报发出去，然后转移，决不能有丝毫的麻痹大意。这是关系间谍网安全的一件大事。迪布拉在达罗比赫反复地叮嘱下，一直小心谨慎，从未发生过违反规定的事。

1969 年 3 月，埃及情报局向达罗比赫发出命令，要他立即离开以色列，另有新的任务。达罗比赫调离后，间谍网在达纳的领导下，继续卓有成效地工作着，为埃及提供了大量有价值的情报，为第三次中东战争埃及初战获胜立下了汗马功劳。

充当苏联间谍的南非将领

　　格哈特生于德国首都柏林。第二次世界大战后随父移居南非，毕业于南非军事学院。1952 年加入南非海军。1956 年被派往英国受训。曾先后任南非驻英国等几个国家的武官。还是南非总理博塔的军事顾问。当过开普顿附近西蒙斯顿海军基地的指挥官。是南非重要将领之一。但他却一直为克格勃工作，出卖了美国、英国、南非、瑞士等国大量机密。

截获精密电子计算机

　　1983 年 11 月 14 日，西德当局应美国的要求，在汉堡港扣留了 3 个货箱。17 日，瑞典赫尔辛堡港海军又扣留了另外 4 箱。这些货箱装有美国高度精密的 VAX11－782 型电子计算机，货运最终目的地是苏联。据北约高级官员说，这种计算机可直接用于军事方面，从而使苏联在半年内即可拥有极为先进的导弹制导系统。

　　此事使西方感到震惊。美国、瑞典、西德、南非、英国及加拿大 6 个国家的情报机构立即展开行动，追查这批货物的订购者和发货人。结果查明竟是早在 1983 年 1 月份于纽约被捕的南非海军高级将领迪特尔·格哈特所为。

　　据调查表明，美园的 VAX11—782 型电子计算机是格哈特在欧洲一家公司于 1982 年多次赴美洽购的，而且订了 3 套。交易做成之后，该公司即突然消失。这批货一般要经过 6 至 8 个地方，才到达最后目的地。据估计，其中一套运往东德，可能已经落到苏联人手中。在西德和瑞典扣留的这一套，途径南非，未曾卸货即转运西德。第 3 套可能还在其神秘的旅途上周游各国。

南非将领充当间谍

　　第二次世界大战后，格哈特随父移居南非，后毕业于南非军事学院。1952 年，他加入南非海军，1956 年以海军中尉衔被派往英国受训，因表现极佳而得以参与南非与英国的军事合作计划。后来，由于他相继担任南非驻英国等好几个国家的武官，因此结识了许多军火商和武器专家。他还是南非总理博塔的军事顾问，有一段时间在国防部主管武器发展计划。南非官员说他是南非最重要的将领之一，相当受重用。过去 10 年内至少负责过 8 项重要军事计划。因此，他不仅熟悉南非的防务情况，而且对美、英等国先进武器有丰富的知识，并且对南非与英国、美国、以色列的军事合作也十分了解。

　　格哈特还担任过开普顿附近西蒙斯顿海军基地指挥官。被捕时他正受命在纽约一所大学进修。

　　被捕后的格哈特供认，1964 年在英国工作时，有一天被一个神秘人物邀请到苏联驻伦敦大使馆。接着的一个星期，他又连续去了两次，每次均有美女陪伴，从此不能自拔。

格哈特结过两次婚，第二次是由苏联情报机构促成的。女方是一位瑞士律师的秘书，会5种语言，早就是苏联间谍，结婚后即成为格哈特与苏联情报机构之间的联络员。在南非时，她每年两次赴瑞士，表面上是回娘家，实际上是秘密会晤苏联情报人员、递送情报和听取指示。

格哈特几乎每个月都向苏联提供情报。一名叛逃到西方的苏联特工人员说，他曾亲自看过格哈特写的有关英国和法国核武器实力和发展计划的情报。10多年来，苏联付给他约1000万美元的赏金。

格哈特野心极大，想当南非总理。苏联则答应给予支持，包括以军事力量帮助他上台。

在20世纪70年代，格哈特至少两次秘密赴苏。他从瑞士经伦敦、维也纳等地，再持假护照化装后去莫斯科。在苏联，他受到克格勃首脑安德罗波夫的热情接待。有一次他还被带到黑海疗养区。

格哈特手里经常有几张苏联航空公司的机票，在瑞士银行里还收藏着几本备用护照，一旦失手，即可在任何时候从非洲或欧洲直飞莫斯科。

10多年来，格哈特为苏联窃取了大量的西方军事情报和尖端科技成果。据南非官员估计，经格哈特偷运到苏联的西方先进军事科技装备重逾百吨。情报内容至少包括：法国飞鱼式导弹及发展中子弹的秘密，法国若干种战斗机和北极星导弹部署情况；英国海军的实力及发展计划；至少有4种美军方使用的电子计算机和多种导弹的秘密，以及太空武器和海军发展计划；北约最新军事部署及美国中程导弹在西欧的部署详情；荷兰、瑞典和挪威军事发展计划，特别是有关潜艇的秘密；南非军事机密及发展计划。

格哈特提供的这些情报对西方防务产生了广泛而深刻的破坏性影响，迫使一些国家修改军事计划。比如，南非将不得不更新西蒙斯顿海军基地的全部通信系统，改变密码。以前由格哈特主管的主要监听印度洋和大西洋南部地区的监听站有一半装备要更换。受震动和损失最大的是英国，因为通过南非与英国的军事合作，格哈特洞悉英国军事秘密。据说，在马岛战争期间，格哈特将英国舰队的位置及活动情况告诉了苏联，苏联又转告阿根廷，致使英舰多艘被击沉。在格哈特被捕前的8个月中，由于格哈特为苏联窃取了最先进的导弹技术，使苏联能够发展一种可与美国潘兴Ⅱ式导弹和巡航导弹对抗的新武器。北约官员认为，这是苏联在中程导弹谈判桌上态度强硬的重要原因。

格哈特还为苏联招募大批间谍。据英国官员估计，格哈特在英国任职期间，至少为苏联招募了120名间谍，至今仍有一半在活动。格哈特以南非发展潜艇为名，在英国报刊上公开征聘有关专业技术人才，应征者达1800人。格哈特在饭店接见了他们，而后逐一审查，选出100名条件最好的人，写出详细材料送给苏联。同时，格哈特还邀请许多朋友组织"海洋情人俱乐部"，约有80人参加，其中包括外国驻英武官及英退休海军军官等。据说，每次活动都有美女陪伴，经费由苏联情报机构支付。英国反间谍机构相信，这些人中，有些很可能有人已成为苏联间谍。

瑞士反间谍机构也怀疑格哈特在日内瓦建立了苏联间谍网。

另外，格哈特还为苏联向非洲推销武器和扩大影响。20世纪60年代末，格哈特在南非成立了一个名为"东非解放运动"的地下组织，大搞政治活动。同时，又将大量有关罗得西亚及安哥拉的情报送给苏联。

格哈特在欧洲有许多家公司，用来掩护其搞间谍活动和做军火买卖。他将东欧国家的武器卖给非洲的地下游击队。通过这种活动，他帮助苏联间谍机构与非洲地下组织建立联系，后来，又在安哥拉、埃塞俄比亚等地帮助建立亲苏政权。古巴军队进入非洲，也可能与格哈特的这些活动有关。

事情败露锒铛入狱

1982年，一名叛逃到西方的苏联特工人员供出了格哈特的间谍身份。美国中央情报局和联邦调查局会同英国反间谍机构立即设法诱捕格哈特。1983年1月的某一天，他们让格哈特的一位同学（实际上是联邦调查局特工人员）约他到纽约某酒店喝酒，在那里将他捕获。不久，又逮捕了格哈特的妻子。美国对格哈特进行初步讯问之后，即转交南非政府进一步审讯。

美国对逮捕格哈特一事严加保密，并布下罗网，令他妻子约苏联驻瑞士官员尼科拉尔夫接头。1月25日，尼科拉尔夫果然如约赴接头地点。瑞士警方按美国、英国和南非有关当局的要求将他拘留，当场搜出其间谍罪证。因此，苏联一直未敢提出抗议。

美国、英国和南非的反间谍机构均承认本身工作失败，致使格哈特20年来一直十分活跃。格哈特被认为是近20年来向苏联提供情报和武器秘密最多的间谍。

潜藏在总理身旁的"鼹鼠"

1974 年，德国发生了一件大事，那就是，1974 年 4 月 24 日凌晨的波恩乌比尔大街，前联邦德国总理维利·勃兰特的政治秘书纪尧姆和妻子克里斯特尔同时被警察逮捕。更为震惊的是纪尧姆和妻子克里斯特尔被证实是民主德国的间谍。这个没有任何文凭、曾是希特勒纳粹党成员的纪尧姆，是如何打入政府内部，成为总理的亲信，进而接近权力中心，成为超级间谍的呢？

18 年的苦心经营终获收益

1927 年 2 月 1 日，亨特·卡尔·海因茨·纪尧姆出生在柏林的一个小镇上。纪尧姆是独生子，母亲是理发师，父亲是音乐家，后来加入了纳粹，曾随军入侵苏联。纪尧姆继承了父母的优点，是个十分聪明好学的孩子，学习成绩非常优秀。纪尧姆 14 岁时开始在照相馆当学徒，这个勤快肯学的少年当然不会想到，这段经历会为他日后的情报工作打下坚实的基础，他擅长的这个职业竟成为他合理隐藏身份的工作。1944 年 4 月 20 日，一向钦佩父亲的纪尧姆在父亲的带动下加入了纳粹，正巧那天也是德国元首希特勒 55 岁的生日，所以纪尧姆总是非常自豪地向朋友展示他那本编号为 970880 的党证。同年的年底，纪尧姆就加入到希特勒青年团，随后参加陆军，满腔热血地投入到西线战争。

德国法西斯战败时，纪尧姆不幸成为英国人的俘虏。1945 年，他逃回柏林的法国占领区，与朋友一起搞起海底摄影。为了适应新形势，他加入了共产主义青年团，之后搬到苏联占领区肖里尔大街与父亲同住，在当时德国最大的出版社任摄影师。

这时，东德国家保安局注意到纪尧姆，他们全面调查了他的家庭背景和身世经历，最后决定吸收他做间谍，成为代号"米沙"的马尔库斯·约翰内斯·沃尔夫的弟子。1950 年，纪尧姆开始在苏联基辅接受严格正规的谍报训练。在那里，纪尧姆如鱼得水一般，学会了无线电、显微照相等新鲜刺激的新技术。最使他兴趣盎然的是通过分析别人，然后利用其人性弱点施展自己的优势而达到目的的心理学。

回到柏林后，为了更好地开展工作，他与米沙介绍的机关职员克里斯特尔·博姆结了婚。博姆曾在德累斯顿接受过秘密的谍报训练，而且还是共产党员，这对夫妻搭档配合得非常默契，出色地完成了一项又一项任务。1954 年底，国家安全部派纪尧姆移民

东德和西德

第二次世界大战后，德国分裂为德意志民主共和国（简称民德国，即东德）和德意志联邦共和国（简称联邦德国，即西德）。两国 1955 年又分别加入华沙条约组织和北大西洋公约组织，两德长期相互对峙。1990 年 10 月 3 日 0 时，分裂长达 45 年之久的德国重新统一，称德国。

西德从事"鼹鼠"工作。命令他设法打入社会民主党，然后努力去得到高职，帮助该党在竞选中胜出。为了适应新的工作环境，纪尧姆先以旅游者的身份秘密去了趟西德。纪尧姆不愧是优秀的间谍，在很短的时间内，他就弄清了西德各党派代表大会的基本情况，尤其是社会民主党的章程和主张等等，他还把党内主要政治家的简历、生活方式，甚至嗜好都了如指掌，满载而归。

1956 年 5 月 4 日，纪尧姆以难民的身份带着妻子从东柏林进入西柏林，然后又乘飞机到法兰克福，申请定居联邦德国。在他的荷兰籍岳母费拉·博姆的担保下，他们顺利通过了西德有关部门对难民的审查，获准在法兰克福定居。隐忍力超强的纪尧姆先从最底层开始做起，开了一家照相复制和胶片复印所，后来又去杂货店打工。他每天兢兢业业、老实勤奋，深受老板的好评。1 年后，纪尧姆觉得自己已经站稳了脚跟，他开始向政坛进军。

他们夫妇同时申请加入所在街道的社会民主党支部。因为隐藏了移民身份，他们又操着流利的柏林方言，所以很顺利就通过了审查进入党内。善于隐忍的纪尧姆依然从日常杂务开始做起，而他的妻子却比较活跃，不断高升，最后成为斯特拉斯堡欧洲

▲纪尧姆（左）和西德总理勃兰特（右）

议会议员维利·比克尔巴赫的私人助理，其实纪尧姆的不事张扬只是为了能够待在家里接收电报，而妻子的工作便是获取情报的重要渠道。4 年间，纪尧姆始终勤勤恳恳地工作，默默地为踏上仕途打好基础。

功夫不负有心人，1961 年，纪尧姆终于当上了社会民主党北法兰克福分部的副书记，等待社会民主党参加竞选的机会。1966 年，民众对社会民主党的信任度越来越高，社会民主党已经意识到自己独立执政的可能性，纪尧姆也开始为将来进入高层展开策划。可因为他所在的北法兰克福选区的候任财政部长的流斯·马特赫费尔对他有成见，他不得不搬到南法兰克福选区，并博得泥水匠出身的议员格奥尔格·勒伯尔的信任，成为勒伯尔最得力的竞选助手。结果是社会民主党大获全胜，格奥尔格·勒伯尔被任命为国防部长，他全力向联邦政府总理维利·勃兰特推荐纪尧姆任职政府官员。

尽管联邦德国的安全部门对他提出了几个疑点，总理府人事处也因为他没有大学文凭而持反对意见，纪尧姆还是凭着多年苦心塑造的忠厚诚实的形象和勒伯尔的推荐如愿进入总理府。1973 年 1 月，勒伯尔再次推荐纪尧姆为党务顾问，他再一次被提交进行更高级别的安全审查，这次的结论是：怀疑纪尧姆是个非常危险的可疑分子。

眼看纪尧姆多年的心血要付之一炬，甚至马上就会被捕，焦虑万分的他一下陷入困顿，不知所措。正值关键时刻，勒伯尔先生站出来力保纪尧姆，勃兰特总理也亲自

指名纪尧姆出任他的私人助理，于是，经过 17 年锲而不舍的努力，纪尧姆终于靠近了政治权力中心。他们夫妻取得的成绩已经超出了东德情报部门的预计，负责人沃尔夫一度为在西德高层中成功安插间谍人员而感到得意。

此时，勃兰特总理的信任和纪尧姆的职位使他的间谍工作如日中天。他每天形影不离地跟随在总理左右，总是那么恭敬，那么诚恳，从不询问，也从不反驳，时刻等候总理的差遣，使总理对他尽心尽职的工作非常满意。总理万万想不到，他总夸奖的贴心助理利用职权之便，每天源源不断地向民主德国的情报机关输送了大量的机密情报，而且悄无声息地用东德方面的思想意志去影响西德的政治。其中有关于联邦政府同苏联和民主德国进行谈判时要达到的目的以及联邦政府所要下达的指示，使民主德国的谈判人员挫败了参加两个德国之间条约谈判的联邦德国代表埃贡·巴尔所设置的圈套；有关于社会民主党内各领导人之间的矛盾，社会民主党作出政治决定的方式；勃兰特总理的个人状况和对各事件的反应，使纪尧姆大获丰收。

巅峰中落网的"鼹鼠"

在长达 18 年的间谍生涯中，尽管纪尧姆很注意自己的言行举止，还是露出了一些蛛丝马迹。在他担任勃兰特总理私人政治助理之前，就被怀疑是间谍了，原因是陆续破获的几起间谍案中都牵涉到了纪尧姆的名字。反间谍机关确认了对纪尧姆的怀疑，又婉转地告诉了总理。因为证据不充分，他们只能向总理提出把纪尧姆留在身边方便调查的建议。可是总理并没有防备纪尧姆，很多重要的电报依然由他经手，所以后来纪尧姆的被捕，导致勃兰特总理不得不辞职。

1957 年，充当间谍的女秘书英格博格·西贝尔格被捕，她死死咬住纪尧姆，又举出一些事实证明纪尧姆是他们的同伙。但纪尧姆只承认他们是极为普通的朋友，只是单纯帮她推荐了工作而已，泰然自若地反驳了她编造的种种谎言。而且按照常识，间谍是不会轻易出卖同志的，这个女人的表现反而证明了纪尧姆的无辜，所以法庭最后还是推翻了对纪尧姆的指控。

1972 年是纪尧姆的灾难年。年初，工会干部格罗诺因在传递情报时被抓获，在他的记事本里发现了纪尧姆的名字。5 月，记者格斯多夫因间谍嫌疑被捕，在他的记事本里也发现了纪尧姆的名字。于是，安全局加紧了对纪尧姆的监视。

纪尧姆有些觉察到形势的不妙。1974 年 3 月，他突然决定去法国南方度假，安全局以为他要逃跑，连忙请求法国反间谍机构帮忙，于是美国中央情报局、法国本土警戒局、西德情报局近百人共同对付纪尧姆。而纪尧姆却像什么也没有发生似的，慢条斯理地驾驶着他的"奥佩尔"轿车又回到了波恩。有关当局紧张了起来，再不敢拖延下去了，迅速下达了逮捕他的命令。

警方在纪尧姆的住处查获了他所使用的一些很说明问题的"工具"，其中有全套的显微照相设备、必须在专门的冲洗室里冲洗的胶卷、一台用来收听短波的半导体收音机等。还发现了大量从东德发来的密码电报，最令警方兴奋的是他们搜到一种特殊的胶卷，证明纪尧姆至少拍了 900 份文件送到了东德。这些文件涉及的面相当广泛，他们夫妇堪称活动最积极、工作最有成效的间谍。各国著名媒体纷纷做出相关报道，整个世界都震惊了！

1975 年 12 月 15 日，联邦德国法院对纪尧姆一案进行了最后判决。纪尧姆夫妇犯有间谍罪和窃取重要机密罪，分别被判处有期徒刑 13 年和 8 年。他们没有为自己发表辩护。

1981 年 3 月，纪尧姆的妻子克里斯特尔首先获得释放。当年的 10 月 1 日，民主德国以被关押的 30 名西德间谍换回纪尧姆。回到民主德国后，他们受到了英雄般的欢迎，得到了嘉奖和晋级。东德外国情报局局长沃尔夫授予他们祖国荣誉勋章，并奖励他们一座湖边别墅。

美雷达专家贝尔为克格勃卖命

　　贝尔是美国一名成就卓著的雷达专家，他被苏联克格勃特工拉下水，成为一名苏联间谍。从此贝尔从不自觉到自觉地为克格勃提供大量尖端技术情报，为苏联一些领域的高端技术跃上新台阶立下了汗马功劳，同时，也使美国及其同盟国损失惨重，一定程度上改变了历史格局。

金钱敲开了情报大门

　　贝尔全名是威廉·霍尔登·贝尔，1920 年生于美国西雅图，18 岁时加入美国海军。参加过二战。1950 年在加利福尼亚洛杉矶的休斯飞机公司工作。

　　贝尔所在的休斯公司多年来一直是国防部承包厂商，又是技术革新的主要厂家。贝尔利用了公司在业务上提供的机会成了一名军用雷达专家。1962 至 1965 年期间，他在欧洲主持过休斯公司的许多工程项目。1974 年，公司又派他到欧洲担负重任。但那时由于美元对欧洲货币疲软，贝尔在欧洲的生活费用开销很大，他把全部存款都花光了。

　　1976 年他回到洛杉矶后，发现年轻人受重用，他自己被撤在一边，他感到他在事业上的前途甚为暗淡。海外工作时的税款，税务局一点儿也不准他少交，4 个办事处逼着向他索债，他负债累累。

　　真是祸不单行，他的家庭又发生了纠纷，一场离婚官司耗费了他绝大部分资产，每周还要付 200 美元的赡养费。18 岁的凯文是贝尔的爱子，在去墨西哥野营旅行时不幸被火烧死。

　　为了重建生活，贝尔娶了一个年轻的比利时空中小姐，他带着新婚的妻子和她的小儿子迁进了加州帕拉亚德雷的克罗斯克里克村公寓大楼里。

　　1977 年秋天，贝尔偶然结识了一个邻居，此人自称马里安·扎哈尔斯基，在芝加哥一家专营进出口工业机械的"波拉姆科"公司担任西海岸经理。贝尔以为这是一家美国公司，但它实际上是波兰政府开办的，扎哈尔斯基则是一个波兰情报官员。

　　扎哈尔斯基得知贝尔在休斯公司负责雷达控制系统之后，就开始跟贝尔近乎起来。他坚持每天陪贝尔打网球，并且故意不显露自己打球的本领，以使贝尔感到有兴趣。他说，他有不少交际费，所以不时送给贝尔一些花钱不多而令人喜欢的礼物。通过一起打球和喝酒吃饭，他逐渐填补了贝尔生活中因爱子身亡而造成的空白。

　　这两个朋友很自然地谈到了各自的工作。在扎哈尔斯基的要求下，贝尔欣然向他提供了一些非机密性的技术资料。扎哈尔斯基问贝尔，工业界有没有人愿意通过"波拉姆科"公司购买机械，贝尔给了他几个人的名字。在三四天后的一个晚上，扎哈尔斯基出乎意外地来了，感谢贝尔提供的关系，还给了他 4000 美元现款酬金，贝尔自知只帮了一点小忙，一宗买卖还没有成交，不该拿这么多酬金。但最后他还是打了一个收条收下了这笔钱。

1978 年秋，扎哈尔斯基向贝尔提出，请他在休斯公司退休后担任"波拉姆科"的顾问工程师。贝尔又惊又喜，感到这个建议使他又有了合心意的新工作，经济上也不必担忧了。在那个期间，他为休斯公司完成了一项秘密研究项目——"隐蔽的全天候枪炮系统"。为了使扎哈尔斯基认识到他确有水平，他就在网球场上把这份资料给对方过目。扎哈尔斯基看到文件上标有"密"字，就要求带回家去进行研究。贝尔知道这样做是不对的，但是他又想，工程师跟未来的雇主谈话时泄露点本行的秘密也是常有的事情。

帕拉亚德雷的那座公寓大楼这时向私人出售单元房了，扎哈尔斯基问贝尔要不要买下一套。贝尔说，他可能付不了现款。扎哈尔斯基提出，也许"波拉姆科"能帮助他，因为今后贝尔将要成为它的一名雇员。

1979 年 1 月某日深夜，贝尔听到门铃响便去开门。扎哈尔斯基微笑着悄悄地把一个装有 7000 美元的信封递给了他。大约一周后，扎哈尔斯基又一声不响地交给他一个装有 5000 美元的信封。

意料不到的大笔收入，使贝尔从巨大的经济压力下解脱了出来，使他能付清拖欠的税款，也能交公寓单元的房款。4 月间，扎哈尔斯基又送给贝尔另一件他从没要过的礼物——一架装有变焦镜头、能一格格地拍摄文件的"佳能"牌照相机。接着，扎哈尔斯基要求贝尔助他一臂之力，他的公司想要得到休斯公司的一些文件，他问贝尔能不能拍摄下来。贝尔出于对朋友兼恩人的感激之情，加上有望获得更多的金钱，他同意了。在以后的几个月中，他晚上从休斯公司把文件带回家拍摄下来，早晨再送回去，前后共拍了好几千页。

提供机密文件给新主人

1979 年 11 月，扎哈尔斯基通知贝尔必须前往欧洲进行"洽谈"。贝尔遵命飞往瑞士，然后驱车到因斯布鲁克，住进了格劳尔酒吧旅馆。第二天早晨，他刚步出旅馆前厅，就有一个人走过来，自我介绍说他名叫保尔。

贝尔同保尔以及另一名年轻的波兰官员一起坐车离开了旅馆，他在路上交出了 3 个胶卷，里面拍的是先进的全天候雷达系统的图纸。在商业中心区，那个年轻官员把胶卷交给了一家商店里的情报员，然后他们又开车到因斯布鲁克郊外的一个僻静地区。保尔和他的下属把贝尔领到一条无人的小路上，询问他在休斯公司的工作情况以及能接触到什么秘密。

保尔在谈话中突然停了下来，拿出贝尔的比利时娇妻和幼子的几张照片，那都是在加利福尼亚贝尔的公寓附近拍下来的。"您有一个很可爱的家庭，"他的声音使贝尔打了个寒噤，"只有极少几个人知道我们的行动。我们靠彼此的信任来保证安全。"保尔晃了晃手里的照片警告说："如果有人不守规矩的话，我会亲自来对付他们的。"这种对于贝尔家庭的明显威胁使他感到恐惧；顿时打消了他对事业的幻想。当天下午，他们在奥林匹克滑雪升降机附近再次会面。当保尔问他以后应当向他付多少酬金时，贝尔回答说："一年 5 万美元，每月再外加两三千。"

保尔未置可否，给了贝尔 5000 美元的百元钞票，另外又给他 2600 美元作为旅行开支，并指示他 1980 年 5 月 7 日再到因斯布鲁克见面。此外，保尔交给贝尔一份指定他从休斯公司窃取资料的清单——防空导弹系统的详细资料、美国军用直升飞机操纵手册，防空参考手册和高能激光雷达探测与追踪系统图纸。贝尔感到惊奇的是，这两个波兰人竟然对所要文件在公司中的编号也都一清二楚。

贝尔回到休斯公司后，抓紧一切时间完成这些任务，他把胶卷交给了扎哈尔斯基。扎哈尔斯基在 1980 年初就付给他两笔钱，每次 5000 元。1980 年 5 月 7 日，贝尔带着拍有先进雷达、导弹系统图纸的胶卷重返因斯布鲁克。那天早晨，他开车到达缆车公司的售票处，保尔的年轻助手已在那里迎候。贝尔在乘缆车翻越丛山时把胶卷交给了这个人。保尔在他们下缆车时走过来跟他握手，领着他在附近散步，把助手留下放风。保尔通知他："我们决定付您 6 万美元，每月外加 3 千美元，至少一开始都用现金付款。"

保尔坚持要贝尔设法到国防尖端研究工程署工作，这个单位是主管研究武器上的重大突破项目的。同时他再次威胁贝尔说，如果在安全方面出了问题，就要对他和他的家庭进行惩罚。

被中央情报局跟踪监视

贝尔 1980 年夏天到东海岸出差时，曾去拜访在国防尖端研究工程署工作的一位朋友。他希望能有足够的勇气向他的朋友坦白，并请他帮助自己从谍报活动中摆脱出来。可是他的朋友不在。贝尔怕自己和家人受害，不得不继续为"主人"服务。

扎哈尔斯基每月都给贝尔 5000 美元的报酬。一次，扎哈尔斯基肯定自己受到了联邦调查局或中央情报局人员的跟踪，也可能有人去跟踪贝尔。他告诉贝尔不要在电话上和公寓里谈任何可能导致定罪的事情。

为了给下一次欧洲之行做准备，贝尔拍摄了一些非常机密的重要文件——巡航导弹视频相关器的设计图纸、TOW 反坦克导弹的改进方案、两个轻型战术航空电子系统以及隐蔽全天候枪炮系统的设计图纸。

1980 年 10 月，贝尔赶到离捷克斯洛伐克边界只有一小时路程的奥地利城市林茨，与保尔的助手见面。会谈后，保尔的助手给贝尔 7000 美元，并指示贝尔继续拍摄更多的文件，并约定下次会面的地点。

1981 年初，扎哈尔斯基调到芝加哥担任"波拉姆科"总经理，贝尔继续为他们效劳。4 月 22 日早晨，贝尔按计划来到苏联驻日内瓦使团对面的雅利安人博物馆门前，同一个等在那里的接头人对上了暗号。这次他随身带来了迄今为止从休斯公司窃得的最机密资料的胶卷——最新式"安静"雷达的设计说明书。这种雷达发射的电波是敌方探测不到的。它将装在 B－1 型轰炸机和更先进的"偷袭者"轰炸机上。贝尔还带来了 F－15 型战斗机的"俯视击落"雷达的设计说明书，战斗机使用这种雷达可以居高临下地发现并摧毁飞得很低的飞机和导弹。

贝尔跟着同他接头的人走进附近的联合国办公大楼。在电梯上，他从公事包里掏出胶卷交给那人，然后两人向日内瓦湖走去，那人在湖畔付给贝尔7000美元，并指定了下次接头的地点——墨西哥城的人类学博物馆。

那个接头人对于拿到的东西相当满意。但贝尔离开接头地点时却有一种不祥之感，担心自己在日内瓦受到了监视。他想对了。由于扎哈尔斯基预先通知了克格勃贝尔要交的是什么资料，因此，克格勃从莫斯科派出高级军官来到现场并立即取走了胶卷。贝尔在日内瓦不管走到哪里，克格勃都在监护着他。但是中央情报局也把贝尔和监护他的克格勃军官都置于自己的监视之下。

事情暴露锒铛入狱

联邦调查局了解到休斯飞机公司丢了一些机密文件。联邦调查局与休斯公司共同进行了调查，一开始就把注意力集中在一些嫌疑对象身上，贝尔也是其中之一。1981年春天，联邦调查局对他的怀疑已到了需要进行跟踪的地步，他们要求中央情报局监视他在欧洲的行动。

1981年6月23日，贝尔到休斯公司上班时，一个负责人把他叫到了会议室。他说："贝尔，这几位先生是联邦调查局的，他们想跟你谈一谈。"

贝尔颓然坐下，双手捂着头，在此后的6个小时里，他供认了一切，还同意协助联邦调查局进一步搜集扎哈尔斯基的罪证。6月28日，他带了一个贴身麦克风，录下了他和扎哈尔斯基的一次秘密谈话，这就进一步证实了扎哈尔斯基的罪行。

> **贝尔窃取的尖端技术资料**
>
> 中央情报局提交给参议院情报特别委员会一份损失估计报告。报告中披露了克格勃通过扎哈尔斯基和贝尔获得的一些尖端技术资料的内容：F-15型战斗机的'俯视击落'雷达系统，B-1型轰炸机和'偷袭者'轰炸机的'安静'雷达系统，坦克上使用的一种全天候雷达系统，美国海军的一种实验雷达系统，'凤凰'空对空导弹，一种舰载监视雷达，'爱国者'地对空导弹，拖带阵列潜艇声呐系统，一种新式空对空导弹，改进了的隼式地对空导弹以及北约组织的一种防空系统。

贝尔窃取的机密资料中包含的情报，将使美国及其盟国的现有武器和未来的先进武器系统受到威胁。波兰政府和苏联政府获得这些情报后，将能在他们的研制工作中节省十亿美元，因为他们能够在短得多的时间内应用美国现成的设计，把制造出来的军备设施投入使用，他们还可以利用获得的技术说明书发展军事防御性措施系统。

1981年11月14日，洛杉矶联邦法院开庭审判威廉·霍尔登·贝尔。由于贝尔跟政府积极合作，所以只判处了他8年徒刑。而扎哈尔斯基被法院判处终身监禁，并驳回了他所有的上诉。苏联尽了一切努力营救他。

贝尔为波兰和苏联提供了大量的尖端技术机密，使苏联节约了大约十亿美元的研制费用和在短期内可以投入使用的美国现代设计，而美国不仅损失了尖端技术，而且使其先进技术受到威胁。

卢默尔同东德情报机关的谈话

卢默尔不到 40 岁就成为西柏林情报机构的最高负责人，负责内政事务的副市长。但是 1981 年 4 月，却在东德女间谍苏珊的引诱下，到东柏林向东德情报机构透露了大量政治机密。

掉进美女陷阱

卢默尔 1932 年生于德国舍讷贝格市。自幼聪明伶俐，多思善辩，对政治尤感兴趣。大学毕业后加入德国基督教社会民主联盟。

1970 年，正当卢默尔才华横溢，官运亨通的时候，一位他多年相识的老朋友，以一种特殊的眼光在观察他。

他的这位朋友名叫贝格曼，服务于东柏林国家安全部。贝格曼对卢默尔在基民盟内部的活动和私人生活很有研究。贝格曼此次专程到东柏林接受了一项任务：寻找势力日益增大的卢默尔的一切薄弱点，相机行事，争取把这位有影响而又熟知西德国防事务谍报工作的人物，拉向东方。

两年过去了。贝格曼尽管想尽了所有办法但工作仍然进展不大。卢默尔是一个强硬的西方派，对东方社会主义国家的政策不感兴趣，要想通过意识形态方面去瓦解他，几乎是不可能的。怎么办呢？

一天，无聊之中，贝格曼拿起了一张当天的晚报。"卢默尔幽会在兰都旅馆"，醒目的标题一下跃入贝格曼的眼帘。似乎有一股电流迅速通过了贝格曼的脑海。一项新的行动计划产生了。

卢默尔生性好色，在政治态度上他强硬如铁，但在美人的攻击下中，他却温顺如羊。

很快，一个经过精心挑选的东德美女特工苏珊来到卢默尔身边，没有费什么周折，卢默尔就成为了这位美女特工的裙下之臣。

东德情报机关这次实行的是放长线钓大鱼，他们让苏珊与卢默尔缠绵达 8 年之久，直到 1981 年 3 月，当时卢默尔已荣升为柏林市议会主席。一次，苏珊要求卢默尔跟她去东柏林一趟。卢默尔本不想去，但经不起苏珊的央求就答应去一趟。谁知这一次东柏林之行令卢默尔万劫不复。

走向心灵的绞刑架

1981 年 4 月，德意志民主共和国首都柏林。卢默尔心神不宁地踏上了这块神秘的土地，美丽的市容并没有使他心情镇定下来。他没敢在市里那些美丽的建筑物前停留，与苏珊坐着一辆计程车，直奔苏珊的家。

令他没有想到的是，在苏珊的家里，已经有两个陌生的男人在等他。两人告诉卢默尔，他们是德意志民主共和国政府的代表，一个叫瓦格纳，一个叫林德纳。他们此来是代表政府同卢默尔谈话的。

卢默尔显得很尴尬，他知道自己陷入了一个什么样的境地，他很清楚对方所说的谈话的内涵。

整个会面安排得极为舒适，但卢默尔已经没有什么胃口了。卢默尔怀着极不愿意又不得不愿意这样做的痛苦心情，开始了与德意志民主共和国的国家安全部人员进行了这场"政治性交谈"。

交谈一直持续到深夜。关于这次交谈的内容，没有任何人透露。但是对于非常熟悉西柏林政治、保密、情报资料的卢默尔来说，只要稍微讲出一点点来，都是涉及西德的重大秘密的。

从东柏林回来以后，卢默尔决定将此事深埋心底，并且不再与东柏林国家安全部的人接触了。但是可能吗，猎物已经到手，怎么能轻易松手。

悬崖勒马为时已晚

回到西柏林后，卢默尔身边虽然经常有更年轻漂亮的女郎陪伴，但他却始终忘不了苏珊。当苏珊打电话要求再次会面时，卢默尔欣然答应了，只是希望单独同她会面，上次两位男士的突然出现令他极为不快。

然而，当卢默尔兴致勃勃地来到苏珊身边时，瓦格纳和林德纳已在苏珊房间，这次，卢默尔仍然不得不和东德安全人员进行了一场政治性谈话。这种情况先后发生过十几次。

自从这样的事情发生多次后，卢默尔开始意识到，他该悬崖勒马了，否则将会毁了他的一辈子。

也许出于内疚，他拼命地工作，成绩颇佳深受上司的青睐。1981年，卢默尔出任主管内政事务的市政委员和冯·魏茨泽克市长的副手，成为西柏林一位显赫的人物。

卢默尔的一举一动仍被东柏林派来的人监视着。卢默尔地位日趋显赫，也正说明其价值。花了本钱的人，往往是不大容易把到手的猎物放开的。

一天，卢默尔正在办公室里为魏茨泽克市长起草一份重要文件，电话铃响了，原来是他的朋友米夏埃尔·皮克打来的。

卢默尔整理好材料，下楼与皮克来到附近一家饭店，边吃边谈，显得十分亲热。

其实，卢默尔此时又犯了一个严重的错误，他忘记了皮克是过去经苏珊介绍认识的。卢默尔只知道皮克是一个教育家，从事国际青年工作。但是，在西方特工档案里，记载着米夏埃尔·皮克的真实身份：曾获东柏林博士学位，国家安全部"非正式的高级工作人员"。

皮克与卢默尔的接触很顺利，他们一同吃饭，一同进舞场，去超级市场。

有一天，皮克通过电话约卢默尔在一个咖啡厅会晤。卢默尔按约前往，在那个咖啡厅，卢默尔又一次见到了他不愿意见的瓦格纳和林德纳两个人。这一次卢默尔严词拒绝了他们进行政治性谈话的要求。

皮克改变卢默尔的态度的企图失败后，东柏林对卢默尔采取了强硬措施。1982 年 5 月底，皮克电话通知市政委员卢默尔他的一封信在他的一位熟人那里。信中装有数张照片，照片上有他在东柏林幽会和寻欢作乐的情景。

卢默尔明白，这是在威胁他，要他屈服。他在电话中大骂皮克，声称他不会接受讹诈，随后便把电话挂掉了。

后来的几个月，有关接近的任何尝试都遭到卢默尔的拒绝。卢默尔的态度之所以比过去强硬，并不是因为他对他在东柏林多年的放荡行为没有顾忌，而是因为他担心自己的前程会因此而毁灭。

不了而了的间谍案

卢默尔的东柏林之行引起了联邦德国反间谍组织的注意。反间谍组织通过他与东柏林接触的蛛丝马迹中，发现了这位大人物的重大间谍行踪。

卢默尔向联邦检察长的交代中，漏洞百出，再次证实了反谍组织的判断。

不久，一份关于处理卢默尔的意见书由反间谍组织总部交到了魏茨泽克市长手中。

然而，魏茨泽克以证据不充分，对卢默尔的处理久拖不办。魏茨泽克也有他的苦衷：当时，正值他竞选总统之际，而卢默尔一向是以强硬派的面目出现，在西柏林选民中很有影响。魏茨泽克一方面需要卢默尔为他拉选票，另一方面也需要卢默尔以廉洁、正派的官员形象出现，以显示魏茨泽克班底的清正团结。如果卢默尔的丑闻一捅出去，魏茨泽克竞选总统的大事就会泡汤。

魏茨泽克担任总统后，接任他的迪普根市长也并没有因为卢默尔毫无顾忌地与东柏林接触而解除他的职务。

但卢默尔终究被免职了，卢默尔事件对联邦德国造成的损失迄今没有明确的结论。因为卢默尔在与东柏林国家安全部的人进行多次"政治性会谈"中，泄露了哪些机密，卢默尔滴水不漏。东柏林对此也一直保持沉默。但卢默尔作为间谍却是证据确凿无可置疑的。

美日历史上最大的工业间谍案

世界电脑界的擎天柱，美国国际商业机器公司 IBM 的总部位于美国纽约市的市中心。这家美国电子计算机公司历史悠久，实力雄厚，是世界电子计算机界的风向标。世界各大商业机器公司都在觊觎它的新动态，甚至不择手段去盗取 IBM 的商业机密，发生在 1980 年的日本窃取 IBM 情报是美日历史上最大的一宗工业间谍案。

从天而降的意外

1980 年 11 月 20 日，位于纽约市中心的美国国际商业机器公司 IBM 总部的一份关于电子计算机软件设计的技术文件，竟然从保险柜里不翼而飞。公司领导十分生气，责令保卫人员尽快查清破案。

美国联邦调查局

美国联邦调查局是世界著名的美国最重要的情报机构之一，隶属于美国司法部，英文全称 Federal Bureau of Investigation，英文缩写 FBI。Fidelity 代表忠诚，Bravery 代表勇敢，Integrity 代表正直。美国联邦调查局根据职能和授权，广泛参与国内外重大特工调查案件，现有的调查司法权已经超过 200 种联邦罪行。FBI 总部在华盛顿，在世界各地设有办事处。

45 岁的理查德·卡拉汉负责 IBM 公司总部保卫工作，他曾在联邦调查局当过 7 年侦探，办事麻利爽快，是名沉着稳定的反间谍高手，一向以精明能干著称。可这次事件却使他束手无策，他明察暗访了近 1 年的时间，那些文件就像在人间蒸发了般，没有找到任何有关的线索。

1981 年 10 月的一天，愁眉苦脸的卡拉汉正在办公室里踱来踱去，突然传来敲门声，一个人开门走了进来。卡拉汉一看，原来是很久没见面的好朋友佩里，他们热烈地拥抱在一起。卡拉汉知道佩里平时工作很忙，没有事情不会来，来了就一定有事。

佩里告诉卡拉汉："我刚从日本回来，我来送给你一件从日本带回来的非常特殊的礼物。"他打开随身带的公文包，拿出一份文件递给卡拉汉。卡拉汉拿过来一看，顿时又惊又喜，原来这份文件正是被盗走的最新电子计算机 IBM3081K 的设计手册的复印件，这简直太让卡拉汉感到意外了。

原来，佩里在这次访日期间，受到日本日立公司的盛情款待。有天吃饭的时候，日立公司的主任工程师林建治特意向他透露说，他们公司弄到了 IBM 公司最新电子计算机 IBM3081K 的设计手册，并表示想继续获取此机型的全部资料。随后，林建治给佩里看了这份复印材料，希望佩里能帮他们找到信息来源。佩里虽然当时满口答应，心里却恨透了这帮日本间谍。于是他把这份复印文件骗到手，回国后就来交给卡拉汉，让卡拉汉想办法对付日本人。听完好友的叙述，卡拉汉下定决心要对这帮日本间谍进行一场大报复。

将计就计引狼入笼

第二天一早，卡拉汉开车来到加利福尼亚州硅谷地区圣克拉拉市一所高级寓所前。这座门前挂着"格莱曼公司"牌子的高级寓所其实是联邦调查局建立的机构，负责经理是联邦调查局特别侦探阿兰·加连特逊。公司的主要工作任务是保护美国高科技，防止尖端技术流向其他国家，同时也负责侦破本地区科技资料被盗案件。卡拉汉来到经理办公室，向加连特逊汇报了日立公司盗窃 IBM 公司重要文件的情况。加连特逊听完后非常气愤，立即召集助手商议对策，他们精心设计了一套捉住日本间谍的连环计。

按照计划，一个星期后，佩里给林建治发了封邀请信，邀请他到著名的赌城拉斯维加斯游玩。1981 年 11 月 3 日，林建治风尘仆仆地来到拉斯维加斯，林建治心里很清楚，他这次来赌城的主要目的是与佩里引荐的格莱曼公司洽谈一笔秘密生意。在佩里为林建治准备的接风宴上，化名为格莱曼公司"哈里逊"的加连特逊和化装成经理助理的卡拉汉也应邀作陪。林建治对他们的身份丝毫没有怀疑，当时就提出日立公司希望获得 IBM 公司最新产品的情报和资料，而且希望日立公司的技术人员能够参观已投放市场的 IBM3380 计算机系统的样品，并得到它的维修手册。酒席上，林建治向哈里逊表示，只要能达到日立公司所要求的目的，日立公司愿意支付酬金。直到林建治把酬金加到 5 万美元，连特逊和卡拉汉才答应考虑一下。第二天上午，急于完成使命的林建治就打电话约哈里逊共进午餐。在酒席开始之前，林建治直截了当地问哈里逊事情考虑得怎么样了。哈里逊表示愿意合作，但酬金还需提高。林建治只好说："有些事我还得跟公司请示，酬金方面我们会尽量让您满意的。只是关于参观 IBM3380 电子计算机系统的事，能不能尽快安排一下呢？"对于这个要求，哈里逊答应尽快安排。林建治拿出一张名片双手递给哈里逊说："这是我们驻旧金山办事处的主任工程师成濑的名片，上面有他的电话，我们想让他去参观，还要麻烦您直接跟他联系。"哈里逊点头同意了。

就在他们周旋的同时，加连特逊的伙伴在另一个地点把日本三菱公司的间谍也引入了圈套。原来，日本三菱公司对美国 IBM 公司先进计算机的情报觊觎很久了，听闻日立公司派林建治赴美活动的消息以后，三菱公司立刻派木春富藏等人到美国打探情况。联邦调查局的密探见三菱公司的间谍也送上门来，就顺手牵羊把他们也引上了钩。

成功收网严惩间谍

1981 年 11 月 12 日，哈里逊给林建治介绍的那个日本工程师成濑打了电话，约好见面参观的时间。15 日，成濑从西海岸的旧金山赶到东海岸康涅狄格州的哈特福德市。哈里逊在机场接到了成濑，他告诉成濑说，哈特福德市的普拉特·惠特尼公司是世界闻名的飞机发动机制造公司，他们最先引进了 IBM3380 电子计算机系统，因此请成濑到这家公司参观。

他们开车来到惠特尼公司附近的停车场，有个人早已等候在那里，给他们在胸前分别戴上普拉特·惠特尼公司的特别徽章。哈里逊给成濑使了个眼色，成濑赶紧掏出装有1万美元现钞的信封，递给了那个人。那个人接过信封朝里看了一眼，就请他们坐进一辆小汽车，带他们进入了普莱德·惠特尼公司的大门。

那个人带他们来到一个隐秘的地下室，地下室里面没有人，只安装着一套全新的电子计算机系统，中央控制台设在机房正中，各种信号显示设备、磁盘驱动装置、读卡装置、绘图设备等一应俱全，令人目不暇接。成濑兴奋极了，迫不及待地打开照相机准备拍照。哈里逊拦住他悄悄提醒他说："成濑先生，请千万注意不要把任何背景拍进去，不能让任何人看出是在这里拍的照片。"成濑连忙点头答应，紧张地开始从不同的角度和距离猛拍起来。哈里逊看在眼里，乐在心里。原来，成濑在这里偷偷拍照的所有情况，都被联邦调查局的密探用微型摄像机录制了下来。

从那以后，哈里逊就成了日立公司员工们心里无所不能的超人，日立公司各部门人员纷纷找哈里逊订购自己需要的情报信息，哈里逊是来者不拒，等待时机成熟好收网捕鱼。

1982年2月7日，加连特逊在夏威夷檀香山大饭店的会客室里等待林建治的到来。时间不长，林建治笑容满面地走了进来，加连特逊微笑着迎上去，两个人就像熟识的老友般寒暄一番。落座后，林建治向加连特逊提出了新要求，他要求加连特逊能够尽快提供有关IBM3081K电子计算机设计思想的全部资料。

加连特逊满口答应林建治的要求，谎称IBM公司有两名高级职员即将退休，IBM公司的绝密文件、硬件软件等等重要资料他们都能弄到，但他们两人的条件是日立公司必须付出与该情报价值相等的酬金，并要现金交易。而且，如果日立方面不能派出与他们相等地位的人物进行洽谈，向他们保证能严守机密，他们就不会答应这种交易。两个人经过激烈的讨价还价，最后以30万美金的价格成交。

日立公司果然上了当。4月23日，林建治立即安排日立公司神奈川工厂的厂长中泽喜三郎博士飞往旧金山，在旧金山饭店同哈里逊和卡拉汉接头。卡拉汉想知道参与这一阴谋的其他人，就请中泽喜三郎画了张日立公司的组织结构图，并装出一副担心窃来的资料会泄露给IBM公司的样子。中泽喜三郎信誓旦旦地保证说，盗来的资料全部由他们保管，而且不使用影印机，全部由他亲自抄写，所以绝不会泄露给任何一个人。紧跟着，日立公司软件工厂计划部的工程师大西勋也找哈里逊购买有关资料。哈里逊一一应承，但要价都很高。至此，日立公司盗窃美国IBM公司技术的主要负责人已经全部在联邦调查局的掌控之中，而且"格莱曼公司"已经得到日立公司先后付给的酬金92.2万美元。加连特逊觉得时机已经成熟，收网的时候到了，于是他召集部下部署收网行动，准备兵分几路，连同三菱公司前来开展间谍活动的人一网打尽。

6月22日上午9点，以林建治为首的3个日本人应邀来到"格莱曼公司"，这里是林建治同哈里逊前一天协商时定下的交货地点。因为他们3个早已是这里的常客，所以不用通报，他们径直进入办公楼。走廊里静悄悄的，楼内好像空无一人。

他们来到哈里逊的办公室，办公室的门敞开着，似乎正等待着他们的到来。他们刚迈进办公室，身后的门砰地关上了，不知道何时闪出几个彪形大汉，以迅雷不及掩耳之势给他们铐上了手铐，其中一人向他们说道："我们已经等待多时了，尊敬的先生们，你们被捕了！"这时，加连特逊慢条斯理地从办公室里间走了出来，林建治高喊救命。加连特逊走到林建治跟前，把一张逮捕证展现在他眼前："林建治先生，我想你应该明白这不是误会。"林建治一下子都明白了。与此同时，在其他地点，三菱公司的有关人员也被捕落网。当天，凡是与此案有关联的日立和三菱公司的驻美人员都被一一收网抓获。

1983年2月，此案在旧金山开庭。经审理后，法官判处林建治罚金1万美元，判处日立软件工程师罚款4000美元，另判日立公司罚款1万美元。这些罚款虽微不足道，但却证明了日立公司窃取商业机密的罪行。至此，这场美日历史上最大的工业间谍案终于以美方的完胜而宣告终结。

"星球大战计划"失窃案

1986年，美国视若宝贝的"星球大战计划"实验资料不翼而飞。中央情报局立即在世界各地展开追查，最终在一次偶然的事件中终于在实验室的电脑上发现了这只"黑手"——"超级用户亨特"，这场无影无踪的间谍与反间谍案最终尘埃落定。

绝密资料不翼而飞

1986年盛夏的一天，中央情报局局长威廉·凯西在家里接到一个电话。电话是他的一个叫乔治的属下打来的，他告诉凯西，有人从加利福尼亚劳伦斯——利弗莫尔激光武器实验室调走了数目不详的实验资料……"中央情报局副局长罗伯特·盖茨在电话里补充说"有人偷走了星球大战的核心机密。"

凯西听后大吃一惊。他要求尽快得到详细情报。

星球大战计划的核心是在宇宙空间，用激光武器击毁敌方的核导弹。加州的劳伦斯——利弗莫尔激光武器实验室，担负着太空激光武器的研究试制工作。它的进展，关系着耗资18000亿美元的星球大战计划的成败。然而现在，好不容易获得的实验资料竟不翼而飞，而且居然在自己的眼皮底下被人偷走，如果落入苏联人手里，对美国人无疑是空前的劫难。

凯西早在第二次世界大战期间，作为一个中尉就在战略服务处从事间谍工作并担任了"欧洲战场秘密情报主任"，负责向德国境内派遣间谍和特工人员，至今他已闯荡了40余年，从默默无闻的特工人员，到现在的中央情报局局长，其中的甘苦与辛酸，他心里十分清楚。

> ### 星球大战计划
>
> 星球大战计划准确的叫法是反弹道导弹防御系统之战略防御计划，简称星球大战。1985年1月4日由美国政府立项开发。计划于1994年开始部署，于20世纪90年代宣布中止。主要内容是以各种手段攻击敌方的外太空洲际战略导弹和航天器，以防止敌对国家对美国及其盟国发动的核打击。

1983年3月23日，里根正式提出以发展反弹道导弹防御网，建立空间战略防御系统为核心的星球大战计划后，凯西更是不遗余力地为里根出谋划策，并动用精锐间谍力量来保护星球大战计划的各项实验，防止泄密。可是，现在还是被外国间谍钻了空子。将关键资料盗走了。

当天上午，在兰利总部局长办公室里，凯西铁青着脸下达了一道命令："不惜一切代价，必须尽快斩断这只黑手！"

于是，遍及世界各个角落的中央情报局立即高速运转起来。

"超级用户"神秘出现

1986 年的夏末秋初，美国旧金山劳伦斯——伯克利实验室，在一次偶然的事件中，人们发现了一只若隐若现的黑手。

一天，宇宙物理学家克里福德·施托尔教授如往常一样倚靠在皮转椅上，神情专注地盯着面前一台正在工作的打印机。伯克利实验室在当今世界上可谓是首屈一指。实验室拥有的计算机中心是美国最重要数据处理网的枢纽。特别是施托尔经过潜心研究，连接上了 ARPANET 和 MIINET 网络系统，这个网络系统是美国科学界、军界和工业界的合作伙伴共同使用的。从这个系统中，可以得到美国军界最机密的情报。

"教授，我们发现计算机在计算过程中，一直存在 75 美分的错误。"说着，一个技术员走进了施托尔的办公室，"我们已经想了许多办法，但就是找不到谁付了这 75 美分，也不知道是哪个程序出了错误。"

"好吧，让我来试一试。"说着，施托尔开始着手寻找这 75 美分的主人。经过进一步的核算，他很快发现，运算程序上并没有任何错误。

"那么问题出在哪个环节上呢?"施托尔感到费解。

第二天，施托尔意外地发现了一个名叫"亨特"的用户，以前在计算机用户表上从来没有出现过这样的一个人。施托尔猜想，可能是哪个大学生私自用一根接线，既省力又省钱地看到了伯克利实验室的研究资料。

施托尔把"亨特"从用户系统中抹掉，以为从今以后不会有其他麻烦了。但不久，"亨特"再次出现在用户名单中，而且这次是以"超级用户"的身份出现的。所谓"超级用户"就是只有计算机系统负责人才能享有的。"超级用户"可以不受限制地使用计算机，包括优先查阅计算机中数据情报的特殊用户。

很明显，这个"亨特"通过美国 TYNHET 数据处理网，未经允许"潜进"了伯克利实验室。无独有偶，与此同时，从阿拉巴马州的一个军事基地又传来令人震惊的消息，"亨特"通过一架计算机从基地指挥中心窃取了军事命令。

至此，施托尔惊奇地感到了问题的严重性。他明白自己遇上了一个需要认真对付的高手，一个真正的计算机专家。于是，施托尔向几个与伯克利实验室有联系的计算机系统的负责人发出了"有人在窃取资料"的严重警告。接着，他又将情况向美国联邦调查局和中央情报局作了通报。

然而，茫茫人海，要找到这个"亨特"，也并非易事。

神秘人物浮出水面

1986 年秋天，西德西柏林市。一辆密封性能极佳的列车在漆黑的隧道中飞快地行驶，在靠近车门边的椅子上，坐着两个潇洒的年轻人。其中有一个长着一头黑发，高高瘦瘦的年轻人有一双纤细得令人吃惊的手，这双纤细的手十分适合从事键盘工作。他的旁边坐着一个身材粗壮、留着大胡子的同伴，右手提着一个褐色密码锁公文箱，左手死死地抓住车厢扶手。这个公文箱里不仅装着他的卡西欧袖珍计算机，而且还装着写着"打开"、"进入"那些大型计算机的密码和暗语的记录纸条。此外，箱子的夹层里还藏有一盘磁带和三个录有计算机程序的磁盘。这些东西是从整个西方世界敏感的计算机系统中窃取的机密数据和编制程序，以及操作程序和用以"打开"大型计算机软件保险系统的"撬窃工具"。

在弗里德里希街地铁车站，两个年轻人双双走出车门。不一会儿，他们来到了坐落在东柏林莱比锡大街 61 号的一幢办公大楼前。12 点整，两人行色匆匆地踏进了这家名为"玛塔·诺维克公司"的大门。

早就迎候在门前的一个年轻漂亮的女秘书引导着两位年轻人来到了一间会议室门口。

"彼得罗先生，欢迎你们。"一位身材高大健壮、年龄在 35 岁左右的中年男人，对那个留着大胡子的年轻人说道。

"我来介绍一下，这是谢尔盖先生，这位就是我说的计算机天才蓬高先生。"彼得罗指了指他身边的同伴，这位身材纤瘦的年轻人笑着点了点头。

一阵寒暄之后，谢尔盖转入了正题："我想你们一定给我带来了一些令人感兴趣的东西。"

"就是这些东西。"彼得罗打开密码锁公文箱，取出磁带、磁盘和记录纸条，一股脑地堆到谢尔盖面前。

谢尔盖心里一阵激动，他清楚地知道这些情报的价值：在这些非同寻常的数据情报中，有许多"原始密码"，其中有的是非常昂贵的、尚未被破译过的计算机原始程序；还有西方数据处理网中成百上千个计算机联络数据，9000 个自动使用有关计算机的暗语，主要是美国科技界和军界通信系统中使用的暗语，这些是打开欧洲、日本和美国计算机系统的"钥匙"，是"进入"西方数据处理中心的，像"芝麻开门"一样的秘诀。也就是说，运用这些秘诀可以轻而易举地打开利弗莫尔激光武器实验室的计算机，从而得到美国星球大战计划的核心机密。

谢尔盖不愧是一个老谋深算的间谍，他心里比谁都清楚这些情报的价值，但他表面上却佯装不感兴趣，只是简单地说："这些东西先放在这里吧，我会叫人核实的，希望我们以后能继续合作。"说着，他从抽屉里拿出一个信封递给了彼得罗。

从此，位于西柏林布尔克拉芬街的"瑞士宫廷旅馆"四层的一个房间，成为蓬高与彼得罗窃取情报的据点。蓬高操纵着 BW8 型计算机，在数据王国里自由自在地遨游。上至星球大战计划核心机密，下到菲利浦公司电视机设计方案，难以数计的情报资料源源不断地"消失"在莱茵河畔。他们所换回的则是大把大把的钞票。然而，正当他们"轻松愉快"地从事着这项特殊的工作——盗窃数据情报时，他们的"图像"终于引起了劳伦斯——伯克利实验室人员的警觉。

"超级用户亨特"被捉

自从施托尔从计算机系统中发现了"亨特"这个魔影之后，他并没有采取在此情况下一般计算机系统负责人所通常采取的行动——想方设法把这个神偷揪出来，而是同自己的对手小心地进行接触。他一方面让"亨特"继续享有"超级用户"的特权，以此使其继续处在安全感中；另一方面对这个"入侵者"的活动展开全面的调查，想方设法把"亨特"留下的蛛丝马迹拼凑起来，以此跟踪追击。然而，"亨特"使用的是一种特殊电路，具有反追踪的功能，根本无法去跟踪和发现他。

施托尔立即将此情况向美国联邦调查局和中央情报局作了通报，陈述了此事的严重性，并提出了建议各方联合采取行动，放长线钓大鱼的方案。此建议很快得到了批准。

得到各方支持的施托尔故意将一个标记 SDINET 的容量很大的数据包输入计算机。这个数据包里装着各种各样的但都无关紧要的数据。其中有一个数据诱饵——该数据是伯克利实验室的联系地址。施托尔有意在这个数据中表明，从这个地址可以通过邮政途径订购有关星球大战计划的材料，解答有关星球大战计划的疑难问题。

1987 年新年的钟声刚过，一条大鱼终于露出了水面。"亨特"毫不迟疑地窃走了施托尔输入的数据包。三个月后，通过数据包中留下的联系地址，有人给施托尔寄来了一封请求他继续提供星球大战其他文件资料的信，并留下他的地址和姓名——美国宾夕法尼亚州匹茨堡"TRIAM 国际集团"公司雅诺斯卡·科西茨。

顺着科西茨这条线索，在美国和原西德情报机关共同努力下，终于查明了"亨特"的真实身份，并开始追踪彼得罗、蓬高等人的下落。

▲未来的间谍飞机——极光间谍飞机

几天之后，在蓬高与彼得罗所在的据点，反间谍人员搜出了计算机记录纸、磁带和 300 多个磁盘。正当彼得罗等人准备离开德国，逃往西班牙马德里之前，便衣特工在机场将他们一举捕获。最终共有 7 名计算机"超级间谍"先后落入法网。

1988 年春天，施托尔教授在美国专业杂志《ACM 通讯》上发表了一篇题为《捕获狡猾的窃贼》的长篇文章。在文中，施托尔介绍了运用综合手段追踪"超级用户亨特"的始末。